JN359887

海外우리語文學硏究叢書 81

해동명장전

홍량호 저

한국문화사

홍 량 호 저

해 동 명 장 전

강 병 도 역

국립출판사
평 양 • 1956

목 차

저자 서문

나라의 가장 중요한 사업을 대별하면 문화 사업과 국방 사업으로 귀착된다。 춘추전(春秋傳—공자가 저술한 중국 고대사—역주)에서는 문화 사업은 대중을 따르게 하는 것이고 국방 사업은 적을 두려워하게 하는 것이라고 말하였다。 주역의 계사(周易繫辭)(주역(周易)의 편명으로 공자가 저술한 것이다—역주)에서는 "황제와 요순(黃帝、堯舜—고대 중국의 전설적 제왕들—역주)은 문화적으로 나라를 통치하였다" 고 하면서 계속하여 『군비로써 위엄을 보인다』고 말하였다。

문화 사업과 국방 사업은 병행하여야 할 것이고 어느 한편을 폐지하여서는 안된다。 륭성하던 삼대(三代—중국 하(夏)、은(殷) 주(周) 三대—역주)는 다 이러한 정책을 실시하였으므로 장구한 세월을 두고 그 뒷시기에는 보기 드문 정도로 평화와 안전을 유지할 수 있었던 것이다。 그 후로부터 한(漢)나라 당(唐)나라 이래로 그 두가지 정책을 버리고 국가를 유지하였다는 말을 듣지 못하였다。

우리 조선은 강토와 인재가 중국에 비하여 손색이 있었다 하더라도 옛날부터 중국 문화를 수입하여 많은 도움을 받았던 것이다。 삼한(三韓) 당시에는 문화 정도가 그다지 높지 않았으나 신라와 고구려 이후로 국가 관리 방법이 능숙하여지는 데 따라 국방은 튼튼하여지고 전술은 발전되였다。 따라서 침략자를 격퇴하고 불의의 사변에 대처하는 데 있어서 인재가 모자라지 않았다。 신라의 김 각간(金角干—김 유신—역주)과 고구려의 을지 문덕(乙支文德)은 나라의 큰 란리를 평정하여 그 공훈이 三국(三國)에서 수위를 차지하였다。 중국의 명장들이라도 그보다 낫지 못할 것이다。

그후 고려 五백년 동안에 거란、몽고、홍건적(紅巾賊) 등 외적들이 거의 해마다 국토를 침범하고 인민을 살륙하였다。 그러나 그때마다 난국을 타개하고 원쑤를 타도하는 명장들이 배출하였다。 강 감찬、김 상락(金上洛)과 같은 장수들은 특히 걸출하여 그의 군사가 굴복하여 본 적이 없고 당시의 강토가 줄어져 본 일이 없었다。 그렇기 때문에 외국 사람들이 고려를 두려워하여 강국이라고 불렀던 것이다。

리조에 들어오면서 력사는 유구하고 인민은 줄어지지 않았으나 병력과 전공은 전대보다는 훨씬 뒤떨어져 있는 형편이다。 그렇기 때문에 임진 란리를 당하였을 때에 국가가 일조에 위험한 상태에 빠지지 않을 수 없었다。 만일 당시 중국의 원조가 없었던들 사태가 어떻게 되였을지 알 수 없었다。 병자년 란리(만주인이 조선을 대대적으로 침공한 사변—역주)에는 무력 침범자들이 무인 지경인 것같이 몰려 들어 잠간 동안에 처참한 상태에 빠지게 되였던 것이다。

이것은 무슨 까닭이였던가? 문화만 숭상하고 국방을 게을리하여 군비가 극도로 빈약했던 때문이다。

더구나 란리가 평정되기만 하면 흡사히 아무런 일도 없었던 것과 같이 무사 태평하게 지내가고 있으니 어찌 한심한 일이 아니겠는가?

나는 이러한 사태를 걱정하여 신라、고구려로부터 리조에 이르기까지의 우리 나라 명장들의 전기를 편찬하여 지난 날의 경험을 보임으로써 오늘의 경각성을 제고하려 한다。 그리고 또한 문화 사업과 국방 사업은 원래 다같이 중요한 것이고 평화와 전쟁에 따라서 약간의 경중에 주의해야 한다는 것을 국내의 위정자들이 모두 알게 하는 데 목적이 있다。

돌아 보면 리조 명장으로서 리 충무공、권 원수、곽 홍의(郭紅衣)(곽 재우의 별명—역주)와 같은 장군들은 그 외 영웅성과 탁월한 공훈으로 보아 신라 고구려 명장들에 뒤떨어지지 않는다。

그렇다면 국내에 인물이 없다고 말할 수는 없는 것이다。 본래 아무런 준비와 훈련도 없이 전쟁을 당하여 중난한 일을 감당해 낸다면 그것은 요행으로써만 가능한 것이다。 이것은 국경 밖에서 침략자를 격퇴하여 국가의 위신을 제고하고 침략자들을 두려워하게 하여 감히 딴 뜻을 두지 못하게 하는 것이라고 말할 수 없다는 것은 물론이다。

참으로 리조의 인물들은 성황을 이루고 있다고 말할 수 있다。 학문으로、문필로、충성으로 중국의 당나라 송나라에 비교할 수 있는 것이고 그 밖에 나라들은 감히 따라오지 못할 정도이다。 이만 하면 세상에 자랑할만 한 것이고 후세의 력사가들도 부끄러워할 필요는 없다。

그러나 오직 국방에 있어서만은 三국 시대보다 뒤떨어져 있는 것은 사실이다。 무슨 까닭인가? 산천과 기후가 변한 까닭인가? 하늘의 뜻이 그때에는 관대하고 이때에는 인색한 때문인가?

다행히 청국과 일본과는 더불어 강화하여 전쟁을 하지 않고 수백년 동안 평화가 유지되는 것은 조선(祖先)의 적덕이고 국가의 행복이라고 할 수 있다。 그러나 국가의 백년 대계는 이것만을 믿고 편하게 잠잘 수 없다。 공자는 평화 사업이 있는 곳에 반드시 군비도 있어야 한다고 말하였으니 성인의 말씀이 의미 심장하지 않는가?

이 글을 읽는 사람은 나의 뜻을 리해하여 주기 바란다。

갑인년 三월

이 계 홍 랑 호

역 자 서 문

우리의 조선들은 수천년 동안 거의 편안할 날이 없을만큼 각종 외래 침략자들의 부단한 침략을 겪어 왔다。때로는 민족적 위기에 봉착한 것도 한두번이 아니였다。

그러나 우리 민족은 의연히 그대로 있다。아름다운 강토와 빛나는 전통은 그대로 우리의 것으로 남아 있다。오직 이것을 위하여 우리의 조선들과 선렬들의 한량없이 고귀한 피가 이 강산 도처에 물들어 있는 것이다。

이 책에 수록되여 있는 것은 우리 선렬들의 한량없는 업적의 적은 부분에 불과한 것이다。 그러나 우리는 이것을 격렬한 감격과 뜨거운 눈물없이 읽을 수는 없다。

「나마 념며에 잠못 일워 할제
차기운 달빛 활 칼에 비치여」
(優心轉輾夜
霜月照弓刀)

이것은 왜적과 싸우는 진중에서의 리 순신 장군의 심정이다。 이것은 동시에 전체 선렬들의 애국 충정이기도 하다。

신라가 불의에 말갈족의 대거 습격을 당하여 절망적 상태에 빠졌을 때의 일이였다。 당시의 명장 소나는 단신으로 적중에 뛰여들어 수 많은 적을 처치하고 결국 적의 화살에 전신이 고슴도치 같이 되여 쓰러졌다。

만주 침략군과 싸운 김 응하 장군도 침략자들의 화살이 그의 전신에 빈틈없이 박혔으나 최후의 일순까지 활

쓰기를 중지하지 않았다。 장군의 강렬한 애국심은 그가 쓰러진 후에도 오히려 그의 손에서 무기를 틀어쥐고 있게 하였다。

임진 조국 전쟁 당시에 령남과 호남 사이의 요충으로 되여 있는 진주성을 향하여 도적놈이 노도같이 쓸어들 때였다。 황 진 장군은 전우의 간곡한 만류에도 불구하고 "조국이 위급한 이때 생명이 다 무엇인가" 하고 소수의 병력으로 진주성에 들어섰다。 그리하여 장군의 최후의 호흡이 정지될 때까지 진주성은 우리의 것으로 남아 있었던 것이다。

곽 재우 장군은 의병을 일으키면서 이렇게 웨쳤다。

『지방 장관들이 저만 살겠다고 도망하고 있다。 우리 같은 백성이 조국을 위하여 생명을 바칠 때가 왔다。』

이리하여 장군에게 있는 온갖 것은 적을 소탕하는데 제공되였던 것이다。

장가 가는 날 밤에 종적이 없어진 정 기룡 장군은 그 이튿날 아침에 적의 대가리를 한 아름 싣고 돌아왔다。

리 정암 장군은 연안성을 수비하면서 성 안에 초막집 한채를 지어놓고 말하였다。

『만일 이 성이 함락되거든 즉시 이 집에 불을 붙이여 다오。 나는 여기서 죽을 것이다。』

우리 선렬들의 조국애는 이러하였다。 우리는 이와 같이 거룩한 선렬들로부터 조국 통일 독립의 영광스러운 과업을 계승하였다。 여하한 일이 있드라도 이 과업을 달성하여 우리 선렬들의 유지에 보답하고야 말 것이다。

우리는 또한 선렬들의 력사를 읽으면서 우리 선대 인민들의 절대로 깨뜨릴 수 없는 애국심、불굴의 투지를 볼 수 있다。

중국 당 나라 소정방이 신라를 정벌하지 않고 돌아가서 자기 나라 임금에게 이렇게 말하였다。

『신라 사람들은 충성을 다하여 자기 조국을 수호하는 때문에 나라는 작으나 정복할 수는 없다』고。

리 순신 장군의 영원 불멸의 업적은 장군이 인민을 사랑하고 인민에 의거한 때문이란 것은 두말할 것도 없다。

고구려의 안시성 시민은 당 태종의 수십만 대군의 포위 속에서도 끝까지 굴하지 않고 결국 오만무례한 당 태종의 콧대를 꺾어 놓고 말았다。

몽고군의 몇 겹으로 되는 포위 속에서 또는 왜적의 광포한 공격을 받으면서 끝까지 자기 고장을 지켜낸 구성 인민과 연안, 동래 사람들, 정봉 六만명의 남녀 노소가 최후의 한사람이 전사할 때까지 싸운 진주 사람들 같은 영광스러운 선조들을 우리는 조상으로 하고 있는 것이다。

또한 우리 인민은 옛날부터 조국의 독립과 인민의 자유를 위하여서는 생활의 차이, 신앙의 여하를 막론하고 한사람같이 궐기하였던 것이다。

임진 전쟁 당시 승려 휴정과 유정은 승려군 五천명을 인솔하고 평양 해방 전투와 기타 수많은 전투에 참가하여 빛나는 전공을 세웠다。

그리고 평남 부호들은 자진하여 곽 재우 장군 부대를 물질적으로 원호하였다。

또한 우리의 선렬들과 선조들은 침략자들과의 투쟁 과정에서 그때부터 빨치산 투쟁 형식을 창조하였다。

특히 홍의 장군 곽 재우는 성동격서(聲東擊西), 출기불의(出其不意), 이일대로(以逸待勞) 등 유격 전법을 유감없이 발휘하여 경상도 일대를 해방시키였다。

정 기룡 장군이 상주 화룡동에서 왜적을 평지로 유도하는 전술, 류 림 장군이 만주 침입군과의 김화 전투에서 보여준 사람 없는 사격술 같은 것은 특별한 창안이라고 할 수 있을 것이다。

더구나 정 기룡 장군은 때로는 과감한 정면 공격으로 때로는 불의의 기습으로 도적들을 얼마나 당황하게 하였는지 알 수 없다。

심지어 왜적들은 그의 본국에서도 『정 기룡 장군이 온다』고 하면 우는 아이도 울음을 그칠 지경이였다고 한다。

이 책은 물론 우리 명장들을 전부 포괄하여 있는 것도 아닌 반면에 엄격한 의미에서 명장이라고 할 수 없는 인물도 포함하고 있다。

특히 당시 지배 계급을 반대하여 용감하게 투쟁한 인민 속에서 나온 인민의 명장들은 거의 전부 누락되어 있는 것이다。

그 반면에는 백제의 흑치 상지같이 적에게 투항한 명장, 실제에 있어서 명장이라고 할수 없는 사람도 있다. 그러나 우리는 특히 상지 같은 사람에게서는 다른 의미의 교훈을 얻을 수 있다. 그가 자기 조국을 위하여 투항할 그때까지는 그 나라 인민들의 무한한 사랑 속에서 살았고 수만명의 군사가 그에게 모여 들었다. 때문에 그는 자기 령토의 二백 여성을 탈환할 수 있었던 것이다. 그러나 그가 한번 투항하고 적국으로 들어간 그날부터 그를 사랑하는 사람은 이 세상에 아무도 없었다. 그는 오직 그 자신 뿐이였다. 그렇기 때문에 한 사람의 간단한 무고 한장이 그의 생명을 그의 업적과 함께 그 자리에서 영원히 소멸시킬 수 있었던 것이다. 때문에 흑치 상지는 우선 번역 출판에서 제외하기로 한다.

신라의 장보고에 관하여는 이 책에서는 특출한 전공을 발견할 수 없을 뿐 아니라 당시 국왕과의 사사 감정으로 그는 반란을 조직하였다. 그도 명장이라고 말하기는 곤난할 것이다.

고려의 리자성은 그때 량반층의 무능과 횡포를 반대하여 궐기한 노예군 진압에 협력하였고 고려의 김 방경은 당시 자국 통치자들의 무능을 반대하여 반란을 조직한 삼별초군을 진압하였고 원나라의 일본 정벌을 방조하였다. 때문에 이 또한 번역본에서 제외하기로 한다.

그리고 정 세운은 극도로 간사하며 장차 반역자로 전락한 김 용 같은 소인과 하나의 당파로 되여 무고한 사람을 중상 무고하는 일을 감행하였다. 뿐만 아니라 조국보다 자기 생명을 위하여 행동하였다는 것이 이 책에도 나타나 있다. 그리고 그는 결국 그의 당파인 김 용 그자의 모략에 의하여 살해당하였다. 리 자성, 김 방경, 정 세운 같은 사람들의 결함에서 우리는 교훈을 찾아야 할 것이다.

우리는 이 책을 읽으면서 지난날 통치자들이 범의 아가리 앞에서도 오히려 종파 투쟁을 그만 두지 못하는 그 추악한 꼬락서니에 격분을 느끼지 않을 수 없다.

리 순신 장군에 대한 무고 중상과 결국 그의 체포 투옥에 이르러서는 차라리 말도 하지 말자. 홍건적의 그 류례 드문 잔인성 때문에 조국의 운명과 전체 인민의 생존 그 자체가 위기에 처하여 있을 때에 고려의 안 우, 김 득배, 리 방실 장군들이 도적을 격파하고 조국과 인민을 야수들의 발톱에서 구출하였다. 그러나 장군들이 승리하고 미처 개선도 하기 전에 기막힌 소인들의 음모에 의하여 전부 몰살당하고 말았다。 이 얼마나한 비극인가。

이와 류사한 실례들은 허다히 있다。 그러한 악한들 때문에 조국은 얼마나 더 위태하였으며 인민은 얼마나 더 손해를 당하였는지 모르는 것이다。 그렇기 때문에 곽 재우 장군의 피를 토하는 듯한 상소문도 있게 된 것이고, 그와 같은 인물이 끝까지 벼슬을 사양하고 은신하여 반 평생을 헛되게 넘기게 된 것도 그 때문이다。

이 책에서 꿈 이야기라든지 기도드린 이야기 기타 신비스러운 이야기들을 자주 발견할 수 있다。 이러한 것들은 물론 미신에 불과한 것이다。 그러나 여기서도 우리는 당시 명장들의 애국심을 볼 수 있으므로 원문대로 번역하여 둔다。

이 책은 지금부터 약 二백 여년 전인 一七三四년에 대제학 홍 량호(洪良浩)가 저술한 것이다。 저자의 사회적 위치와 당시의 력사적 제한성 때문에 상술한 바와 같은 또 그밖의 부분적 결함들을 면할 수 없었다。

그러나 가급적 원본에 수록되여 있는 전체 인물과 내용 전부를 여기에 번역한다。 이것은 보다 완전한 전기를 연구하기 위한 자료로서 그리고 또한 각종의 형식을 통하여 우리의 위대한 선렬의 후손들을 교양하는 데 필요한 초보적 자료로서 제공하는 데 불과한 것이다。

맑스—레닌주의적 력사관에 립각한 완전한 전기를 작성하는 것은 그 선렬들로부터 조국 통일 독립의 위업을 계승한 후대들인 우리의 과업으로 남아 있다。

해동 명장전 원본은 입수할 길이 없으므로 서울 조선 광문회 출판 중간본을 기본으로 하고 삼국사기、고려사 그리고 리조 말엽 현 공렴(玄公廉)이 편찬한 동국 명장전과 대조하였다。

一九五六년 三월 十五일

김 유 신 전

김 유신(金庾信)은 신라 수도 사람이였다。

그의 十二대 조부 수로왕(首露王)이 후한(後漢) 건무(建武) 十八년에 가락(駕洛)의 九개 부락을 통합하여 국가를 형성하였다。 그리하여 그것을 가야(加耶)국이라고 부르다가 뒤에 금관국(金官國)이라고 고치였다。 자손이 계승하여 그의 九대손 구해(仇亥)에 이르렀다。 구해는 김 유신의 증조부로서 신라 사람이였다。 자칭 소호금천씨(少昊金天氏)의 후예라고 하여 성을 김가라고 하였다。 유신의 비석에도 헌원씨(軒轅氏)의 후예이며 소호씨의 후손이라고 씌여 있다。 대개 신라 임금과 동성일 것이다。

김 유신의 조부 무력(武力)은 신주도(新州道) 행군총관(行軍摠官)으로서 일찍 군대를 인솔하고 백제를 정벌하여 그의 국왕을 사로잡고 그 군대 만여명을 섬멸하였다。

김 유신의 아버지 서현(舒玄)은 소판(蘇判) 벼슬을 하고 있었는데 어느 때 로상에서 만명(萬明)이란 녀자(갈문왕(葛文王)의 아들 숙흘종(肅訖宗)의 딸)를 만나고 나서 그에게 어푸러져서 중매도 없이 저희들끼리 결합하고 말았다。 서현이 만노군(萬奴郡)(지금의 진천군이며 거기에 태령산이 있다—저자 주) 태수가 되여 만명을 데리고 임지로 떠나려 하였다。 숙흘종이 그때야 비로소 그의 딸이 서현과 야합한 것을 알고 그를 미워하여 별장에다 감금하였다。 때마침 일어나는 뢰성이 만명을 가두어 둔 방문을 흔들어 놓는 통에 파수보던 사람이 혼비 백산하여 정신을 차리지 못하였다。 만명은 이 틈을 타서 탈출하여 만노군으로 도망하고 말았다。

서현은 경진(庚辰)일 밤에 화성과 토성 두 별이 자기 몸에 내려오는 꿈을 꾸었고 만명도 역시 아이 하나가

금으로 된 갑옷을 입고 구름을 타고 내려와서 자기 방으로 들어오는 꿈을 꾸었다고 한다。그 후 곧 태기가 있어 二十개월 후에 유신을 탄생하였다。때는 진평왕(眞平王)(신라 二六대왕—역주) 건복(建福) 十二년이였고 수(隋)나라 문제 개황(開皇) 十五년 을묘(乙卯)였다。

그의 아버지는 아들의 이름을 지으려 하면서 그의 부인에게 이렇게 말하였다。

『내가 경진일 밤에 좋은 꿈을 꾸어서 이 아이를 얻지 않았소! 경(庚)자는 유(庾)자와 비슷하고 진(辰)자는 신(信)자와 음이 비슷하오。그리고 예전에 유신이란 유명한 사람이 있었다오』하면서 결국 유신이라고 명명하였다。

김 유신이 커서 화랑(花郞)이 되였고 많은 사람들이 유신에게 복종하였다。그의 호를 룡화향도(龍華香徒)라고 하였다。

그의 나이 十七세 되였을 때에 고구려、백제、말갈이 신라 국경을 침략하는 것을 보았다。그는 분연히 그것을 평정할 뜻을 품고 혼자서 중악석굴(中嶽石窟)에 들어가서 하늘을 향하여 이렇게 말하였다。

『적국이 렴치없이 우리 나라를 침범하고 있습니다。저는 하나의 미미한 존재로서 자신의 력량을 촌탁할 겨를도 없이 국가의 환란을 숙청하고저 하오니 하늘은 나의 사업을 도와 주소서。』

그 곳에 류한지 나흘만에 평민의 옷을 입은 한 로인이 와서 김 유신에게 물었다。

『여기에는 독충과 맹수가 많은데 귀한 소년이 무슨 일로 이런 곳에 혼자 있는가。』

김 유신이 이 로인은 보통 사람이 아니라고 생각하고 두번 절하고 이렇게 말하였다。

『저는 신라 사람으로서 국치(國恥)를 씻기 위하여 여기에 왔습니다。행여나 저의 소망이 달성될 수 있을란지요。』

로인은 묵묵히 말이 없었다。

김 유신은 눈물을 흘리면서 간절하게 요청하였드니 로인이 비로소 말하였다。

『자네 나이가 아직 어리면서 三국을 통일할 뜻을 가지고 있다는 것은 장한 일이야』라고 말하고 나서 신비

한 통일 방법을 가르쳐 주면서

『함부로 비밀을 루설하지 말 것이며 또한 이 방법을 옳지 못하게 사용하지 말아야 한다。 만일 그렇게 하지 않는다면 도리여 화를 당할 것이다。』

이렇게 말하고는 그만 간데 온데가 없어져버리고 말았다。 김 유신이 그의 뒤를 따라가 보았으나 종적을 알 수 없었다。

김 유신은 그때부터 자신을 가지게 되여 칼을 품고 열박산(咽薄山)으로 들어가서 사흘동안 하늘에 기도를 드리였다(다음 十三자는 번역하지 않는다 「夜虛角二星光芒下垂劍若飛動」—역주)。

건복(建福) 四十六년 八월에 국왕이 이손(伊飡) 임구리(任求里)와 소판 대인(蘇判大因) 서현 등을 시켜 고구려 랑비성(娘臂城)을 공격하게 하였다。

그러나 고구려 사람들의 역습을 당하여 전사한 자가 무수하였다。 당시 당주(幢主—군사상 직위—역주) 책임을 지고 있던 김 유신이 투구를 벗고 그의 아버지를 대하여

『전쟁을 당하여 용감하지 못하다면 효성이 있다고 말할 수 없습니다』고 말하면서 즉시 칼을 뽑아 들고 말을 달리여 적진으로 뛰여 들어 적장의 머리를 베여들고 왔다。 이에 용기를 얻은 신라 군대는 일제히 공격하여 적군 五천 여명을 죽이고 一천 여명을 포로로 하였다。 그것을 보고 랑비성 사람들이 다 나와서 항복하였다。

선덕왕(善德王) 十一년에 백제가 대량주(大梁州)를 격파하였다。 그때 김 춘추(金春秋)의 딸 자고타소랑(子古陁炤娘)이 그의 남편 품석(品釋)을 따라서 종군하였다가 남편과 함께 전사하였다。

이에 김 춘추가 분개하여 고구려의 원조를 청하여 백제에 대한 원수를 갚으려고 하면서 김 유신에게 이렇게 말하였다。

『나와 당신은 국가의 기둥이 아닙니까? 내가 만일 저 나라에 들어가서 죽는다고 하면 당신은 구경만 하고 계시겠습니까?』

『만일 당신이 돌아오지 않는다면 내가 탄 말은 반드시 고구려와 백제 량국의 땅을 유린하고 말 것입니다。』

김 유신이 이렇게 대답하였다。 그리고 손가락을 깨물어 맹세하였다。

그 뒤에 김 유신이 량주 군주(梁州軍主)가 되였다。 그때 김 춘추가 고구려에 가서 三개월이 지내가도 돌아오지 않았다。 김 유신이 국내 용사 三천명을 뽑아 놓고 그들에게 대하여

『나라의 현명한 재상이 다른 나라에 억류되여 있는 이때에 죽음을 두려워하고 안일하게 지내가려고만 한다면 옳은 일이겠는가?』라고 말하였다。

『장군의 명령이라면 죽는 한이 있더라도 복종하지 않을 리가 있겠습니까?』 일제히 이렇게 대답하였다。

고구려 임금이 이 말을 그의 간첩을 통하여 듣고 김 춘추를 잘 대접하여 돌려보내주었다。

선덕왕 十三년 九월에 왕이 김 유신을 상장군으로 임명하여 백제의 가혜(加兮)성 등 일곱개성을 공격하여 승리하였다。

그 후 얼마 가지 않아서 백제의 대군이 매리포성(買利浦城)을 침공하여 왔다。

왕이 다시 김 유신에게 명령하여 그를 방어하게 하였다。 김 유신이 명령을 듣고 그를 쳐 물리치고 二천 여명을 죽이고 나서 복명하였다。 그러나 김 유신이 자기 집으로 돌아 가기도 전에 백제 군대가 다시 국경에 와서 주둔한다는 보고가 들어왔다。

왕이 다시 김 유신을 대하여

『공을 이처럼 수고롭게 하는 것은 국가의 장래를 위한 것이요』라고 말하였다。

김 유신은 자기 집으로 가지 않고 바로 군대를 정비하여 서쪽으로 떠나게 되였다。 이때 그 가족들은 다 문밖에 나와서 김 유신을 기다리고 있었는데 김 유신은 자기 집 문앞을 지나면서 말을 잠간 세워 놓고 장물을 한 그릇 만들어 오라고 하여 그것을 마시고 바로 떠나고 말았다。 이것을 본 병사들은 모두 장군이 이렇게 하는데 우리들이 어찌 가족 리별하는 것을 슬퍼하고 있겠는가 하였다。

국경에 도착하였을 때 백제 군대들이 신라 군대의 대오가 정연한 것을 바라보고 감히 대항하지 못하고 퇴각하여 버리고 말았다。 왕이 이 말을 듣고 대단히 기뻐하여 김 유신에게 직위를 더 주어 표창하였다。

선덕왕 十六년에 진덕왕(眞德王)이 계승하여 왕으로 되였다。 그런데 대신 비담(毗曇)과 렴종(廉宗)이 녀자 임금은 통치에 능하지 못하다고 하여 그를 폐위시키려고 군대를 동원하여 명활성(明活城)에 진을 치고 있었다。 이때 관군은 월성(月城)에 주둔하고 있으면서 열흘 동안을 두고 전투하였으나 결말이 나지 않았다。

어느날 밤에 커다란 별 한개가 월성에 떨어진 일이 있였다。 이것을 본 비담 등이 그의 군사들에 대하여 별이 떨어진 곳에 반드시 피가 흐르는 법이니 이것은 녀왕이 패망할 징조라고 말하여 군사들이 환성을 올렸다。 이 소리를 녀왕이 듣고 대단히 두려워하였다。

김 유신이 왕을 보고

『원래 좋고 나쁜 것은 정하여져 있는 것이 아니라 사람이 만드는 것입니다。 착한 일은 요괴를 이기는 것이니 자연의 변이(變異)를 두려워할 것이 없습니다』라고 말하였다。 그리고 우상을 만들어 불을 붙이여 연(鳶)에 달아 띄우게 한 다음 그 이튿날 떨어진 별이 다시 하늘로 올라갔다고 선언하였다。 그리고 흰 말을 잡아서 별 떨어진 곳에 제사 지내면서

『지금 비담 등이 신하로서 임금을 쫓아내려 하니 그들이야말로 역적입니다。 사람과 신(神)이 다같이 그를 증오할 것이며 하늘과 땅이 다 그를 용허하지 않을 것입니다。 하늘의 위신으로써 선은 선으로 악은 악으로 조처하여 귀신이 수치를 사지 말게 하기를 바랍니다。』

이렇게 축원하였다。

그리고 나서 전체 장령들을 독려하여 결연히 공격하니 비담 등이 패주하였다。 뒤를 쫓아 그를 공격하여 목을 베고 그의 일족을 도륙하였다。

그해 十월에 백제 군대가 무산(茂山)、감물(甘勿)、동잠(桐岑) 등 세 성을 포위하므로 왕이 김 유신에게 보병과 기병 만명을 인솔하고 대항하게 하였다。

김 유신이 전력을 다하여 싸웠으나 군사가 피로하여 어떻게 할 수가 없었다。 김 유신이 비녕자(丕寧子)를 대하여

『사태는 위급하게 되였소。 자네가 아니면 누구가 군사들의 사기를 추동할 수 있단 말이요?』
비녕자가 김 유신에게 절하면서
『명령대로 할 뿐입니다』
라고 대답하고 적을 대항하여 결사적으로 싸웠다。 그의 아들이며 노비들이며 할 것없이 그를 따라서 모두 전사하고 말았다。
이것을 본 군사들은 감동되여 합사코 저항하여 적군을 격파하고 三천 여명을 죽이였다。
진덕왕 대화(大和) 원년에 김 춘추가 고구려에 청병하여 성공하지 못하고 당 나라에 들어가서 원조를 청하였다。 당 나라 대종이
『그대 나라에는 김 유신이라는 사람이 있다는데 그 사람이면 되지 않겠는가』 하였다。 이에 대하여
『김 유신이 비록 조그마한 재주가 있다고는 하나 중국 군대의 힘을 빌리지 않는다면 린접국의 화근을 어떻게 제거할 수 있겠습니까?』 황제는
『신라가 원래 성실하여 군자의 나라이라는 말을 들었으니 그러한 나라를 원조하지 않을 수 있겠는가?』
이렇게 말하고 소 정방(蘇定方) 장군에게 명령하여 二十만 군대를 인솔하고 백제를 정벌하게 하였다。
이때 김 유신은 량주 군주(軍主)로 있으면서 술만 먹고 놀기만 좋아하여 군사 일에는 아무런 관심도 없는듯 하였다。 그 지방 인민들은 이것을 보고
『평화가 오래 동안 지속되여 인민들의 력량이 축적되여 있으므로 한바탕 전쟁을 할 수 있는 데도 불구하고 장군은 매일 장취하여 깰 줄을 모르니 어쩌면 좋단 말인가?』
이러한 말들을 수근거리고 있였다。
이 소리를 들은 김 유신은 인민들의 의사를 알아차리고 국왕에게
『인민의 의사를 관찰하면 큰 일을 일으킬 수 있으니 이때에 백제를 정벌하여 대량주의 패전을 보복하는 것이 좋을 듯 합니다。』

왕은 말하기를

『증과 부적하니 어떻게 하면 좋겠는가?』

김 유신이 다음과 같이 대답하였다。

『전쟁의 승패는 군대의 수량에 달린 것이 아니라 인민의 의사 여하에 의하여 결정될 것입니다。 오늘날 우리 나라 인민은 한꺼번에 죽는 것을 두려워하지 않을만큼 단결되여 있으니 백제를 무서워할 것은 없습니다。』

왕이 승인하므로 지방 군대를 모집하고 훈련하여 대량성 밖에 도달하였다。 백제군이 저항할 때에 신라군은 패한 체 하여 옥문곡(玉門谷)으로 퇴각하였다。 백제군은 신라군을 무시하고 대거 추격하여 올 때에 신라 복병들이 돌연 백제군 앞뒤에서 일어나서 포위 섬멸하였는데 적장 八명을 사로잡고 적병 천여명을 살상 포로하였다。

이때에 김 유신이 백제군에게 다음과 같이 전달하였다。

『우리 군주(軍主) 품석과 그 안해의 유골이 너의 나라 땅에 매장되여 있고 지금 너희들 장수 八명은 우리 나라에 잡혀 있다。 살아 있는 八명의 생명과 죽은 두사람의 유골과를 교환할 생각은 없는가。』

이 말을 들은 백제 사람들은 두 사람의 시체를 파서 돌려 보내므로 김 유신은 八명의 장수를 해방하여 보내주었다。

그리고나서 김 유신은 백제군을 추격하여 백제 국경안에 들어가서 악성(嶽城) 등 十二성을 함락시키고 적군 二만 여명을 죽이고 九천명을 포로하였다。

공훈을 평가하여 이손(伊飡)으로 승진시키고 상주 행군 대총관(上州行軍大摠官)으로 임명하였다。

김 유신은 계속 백제군을 공격하여 진례(進禮) 등 아홉성을 무찔렀는데 九천 여명을 죽이고 六백 여명을 포로하였다。

그 후 얼마 지나지 않아서 김 춘추가 당나라에서 원군를 얻어 가지고 와서 김 유신과 만나게 되였다。

『내가 다시 살아와서 공을 만나게 된 것은 다행한 일이 아니겠습니까?』라고 김 춘추가 말하였다。 김 유신은 다음과 같이 대답하였다。

『유신이 조국의 위력에 의거하여 백제와의 전쟁에서 백제성 二十개를 공략하고 적군 三만명을 살상 포로하고 또한 품석 부처의 유골을 돌려옴으로써 량주의 치욕을 씻였습니다。 그러나 이것은 천행으로 된 일이지 내가 무엇을 하였겠습니까?』

김 춘추는 김 유신의 의리에 감탄하였다。

대화(大和) 二년 八월에 백제 장군 은상(殷相)이 신라 석토성(石吐城)을 침략하므로 왕이 김 유신과 죽지(竹旨)、진춘(陳春)、천존(天存) 등에게 명령하여 침략군을 방어하게 하였다。

그들은 五개 부대로 논아서 승리와 패배를 거듭하면서 진공하여 도살성(道薩城) 밖에 주둔하였다。

이때에 물새 한 마리가 동쪽으로 날아와서 신라군 병영을 지나 갔다。 이것을 본 장병들은 불길한 징조라고 말하였다。 그러나 김 유신은 그들에게

『오늘 백제 간첩이 올 것이니 너희들은 아무 것도 모르는 체 하고 아무 것도 물어 보지도 말아야 한다』라고 말하고 군중에 다음과 같은 말을 퍼뜨리였다。

『튼튼히 진을 쳐서 조금도 움직이지 말고 래일까지 기다리면 후원군이 올 것이고 그때 가서 결전하게 될 것이다。』

간첩은 이 말을 듣고 은상에게 보고하니 은상이 겁을 내여 감히 공격을 하지 못하고 있었다。 이때에 김 유신이 군대를 출동시켜 일제히 쳐들어가서 은상 등 적장 十명을 죽이고 정중(正仲) 등 백명을 포로하고 군사 八천 九백 八十명을 베고、말 만필과 갑옷 천 八백벌을 로획하였다。 백제 장수 정복(正福)이 군사 천명을 인솔하고 와서 루항하므로 그들 전부를 해방하여 주었다。

영휘(永徽) 五년에 진덕왕이 죽었다。 그러나 그를 후계할 아들이 없으므로 김 유신이 이손 알천(閼川) 등과 함께 의논하여 김 춘추를 왕으로 세웠으니 그이가 태종왕이였다。

영휘 六년(을묘) 九월에 김 유신이 백제를 정벌하여 도비천성(刀比川城)을 극복하였다。 당시에 백제에서는 국왕과 신하가 모두 부화 방탕하여 국사를 돌보지 않으므로 인민의 원한이 극도에 달하였고 재화가 자주 발생하

였다。

유신이 그의 왕에게

『백제왕이 그 백성들에게 가혹하게 하여 그 죄가 걸주(桀紂)(고대 중국의 악군의 표본 인물、걸은 하(夏)나라의 최후왕、주는 은(殷)나라의 최후왕—역주) 보다 더합니다。 참으로 이때야말로 죄인을 징벌하고 인민을 위안할 때이라고 생각합니다』라고 말하였다。

영휘 七년(경신) 六월에 왕이 태자 법민(法敏)과 함께 대군을 동원하여 남천(南川)에 가서 진을 치고 있었다。 이때에 당나라에 가서 원군을 교섭하던 파진손(波珍飡)、김 인문(金仁問)이 당나라 대장 소 정방、류 백영(劉伯英)과 함께 군사 十三만명을 인솔하고 바다를 건너 덕물도(德物島)에 도착하였다。 국왕이 태자와 김 유신、천존 등에게 명령하여 큰 배 백척으로 군대를 싣고 가서 만나게 하였다。

태자가 소 정방을 만났더니 소 정방이 태자에게 자기는 해로로、태자는 륙로로 진격하여 七월 十일에 백제 사비성(泗沘城—지금 부여)에서 만나자고 하였다。

태자는 돌아와서 그 말을 국왕에게 보고하고 장병을 인솔하고 사라(沙羅)에 도착되였다。 소 정방、김 인문 등이 해로로 의벌포(依伐浦)에 들어갔으나 해안 지대가 흙탕으로 되여 행군할 수가 없었으므로 삿자리를 페고 건너갔다。 당군과 신라군이 합세하여 결국 백제를 멸망시키고 의자왕(義慈王—백제 三〇대왕으로 최후의 왕—역주)을 포로하였다。

그 전쟁에서 김 유신의 공훈이 컸었다。 당나라 황제가 사절을 파견하여 그를 표창하였다。

소 정방이 김 유신、김 인문、량도(良圖) 세 사람에게 이렇게 말하였다。

『나는 황제 명령을 받고 용이하게 일을 치르게 되였소。 지금 얻은 백제땅을 당신들에게 식읍으로 논아 주어 공훈을 보상하고저 하니 당신들의 생각이 어떠하오?』

유신이 대답하였다。

『장군이 군대를 거느리고 멀리 와서 우리 국왕의 소원을 풀어 주었으며 우리 나라의 원수를 갚아 주었소。

일국 인민이 은혜 갚을 길이 없어 하는데 우리들이 어떻게 우리끼리만 상을 받아 사욕을 채울 수 있겠소』하고 단연 사퇴하였다。

당나라 사람들은 백제를 멸망시키고 사자강 우에 주둔하고 있다가 九월 三일에 백제 왕과 그의 신하 九十三인과 군사 三만명을 데리고 사자강에서 배로 출발하여 본국으로 돌아가고 류랑장(留郞將)、류 인원 등으로 사자성을 지키게 하였다。

소 정방이 백제 포로들을 당 나라 황제에게 바치니 황제가 소 정방을 위로하고나서 『무슨 리유로 신라를 정벌하지 않았는가?』하고 물을 때에 소 정방의 대답이 이러하였다。

『그 나라 국왕은 영명하여 인민을 사랑하고 그 나라 신하는 충성하여 조국을 보위하고 있으니 나라는 비록 작더라도 정복할 수가 없었습니다。』

김 유신이 추석 날 밤에 자제들을 데리고 문 밖에서 거닐고 있었다。 때마침 어떤 사람이 서쪽으로부터 이편으로 걸어오고 있었다。 김 유신은 즉시 그가 고구려 간첩이라는 것을 알아차리고 그자를 불러 와서

『너의 나라에 무슨 일이 생겼느냐?』

라고 물으니 그 사람이 머리를 숙이고 감히 대답을 하지 못하였다。

김유신이

『우리 나라 임금이 정의를 위반하지 않고 인민의 의사를 저버리지 않으며 모든 사람들이 평화스럽게 각각 자기 사업에 열중하고 있다。 지금 네가 우리 나라에서 본 그대로 너의 나라에 가서 보고하여라』하고 그를 대접하여 돌려 보내 주었다。 고구려 사람들이 그 말을 듣고 신라가 비록 작은 나라이나 김 유신이 재상으로 되여 있는 한 신라를 멸시할 수 없다고 말하였던 것이다。

그해 六월에 당나라 고종이 장군 소 정방을 보내여 고구려를 침략하려 할 때에 당 나라에 들어가 숙위(宿衛)(재외 외교 기관 같은 것—역주)에 있던 김 인문이 지시를 받고 돌아와서 그 사실을 보고하였다。

이리하여 문무왕(文武王)(신라 三〇대왕—역주)이 김 유신、김 인문、문 훈(文訓) 등을 데리고 대군을 동원하여

고구려를 진격하여 남천주(南川州)에 류하게 되였다. 진수(鎭守) 류 인원이 인솔한 군대는 사비강에서 배로 출발하여 혜포(鞋浦)에 상륙하여 그 곳에 머물러 있었다.

류 인원의 전령이 김 유신에게 와서 백제 패잔병이 공와산성(公瓦山城)에 집결하여 있는 까닭에 길이 막혀 전진할 수 없다는 것을 보고하였다.

김 유신이 진격하여 백제군을 포위하고 적장에게 다음과 같은 말을 전달하였다.

『너의 나라 사람은 대국의 원정을 불손하게 방해하지 않는 것이 좋다. 명령에 복종하는 자에게는 상을 줄 것이고 거역하는 자에게는 죽음을 줄 것이다. 너희들이 혼자서 고립하여 있는 성을 지키여 무엇을 바래는 것인가?』

백제군이 큰 소리로 이렇게 웨치였다.

『우리 성은 비록 작으나 군대와 식량이 넉넉하고 사졸은 정의에 불타고 있다. 차라리 모조리 전사할지언정 너희들에게 항복하여 살기를 원하지 않는다.』

김 유신이 웃으면서 궁지에 빠진 짐승도 오히려 살아날 수 있다고 생각한다더니 이것이 그 맞잡이로구나! 하고 공격 명령을 내리였다.

군사들이 일제히 육박전을 전개하여 그 성을 점령하고 적장을 붙잡아 죽이였다. 그리고는 군대와 군마를 휴식시켜 가지고 전진하여 당 나라 군대와 만나려 하였다.

그보다 앞서 신라 왕이 태감(太監)(군사상 직위—역주) 문 천(文泉)을 소 정방에게 보내여 출병한다는 통고를 전달하였던 것이다. 이때 마침 문천이 돌아와서 소 정방의 다음과 같은 말을 전달하였다.

『나는 황제의 명령을 받고 만리 창해를 건너와서 적과 싸우면서 해안에 정박한지 벌써 한 달이 지내갔습니다. 그러나 군대는 오지 않고 식량은 끊어져서 위급하게 되였습니다. 왕은 선처하여야 하겠습니다.』

국왕이 여러 신하들에게 선후책을 물어 보았으나 아무도 대답하는 사람이 없었다. 이때 김 유신이 왕의 앞에 나와서

『오늘은 로신(老臣)이 충의를 다하여 죽을 날인 것같습니다。 제가 적국으로 들어가서 소 장군의 청을 들어줄가 합니다。』

국왕이 앞으로 나와서 김 유신의 손을 잡고

『공과 같은 현명한 신하의 방조를 받으니 무슨 걱정이 있겠소』라고 말하면서 감격하였다。

김 유신이 그 고을의 고잠(皷岑)에 있는 지수사(之岫寺)에 들어가서 정성을 다하여 문을 닫고 혼자 앉아서 향불을 피우고 치성드리기를 여러날 계속하였다。 그리고 사처에 나와서 내가 이번 전쟁에는 죽지 않을 것이라고 하면서 기뻐하였다고 한다。

왕이 국경 밖에 나가서는 부하들의 상벌에 대하여 김 유신이 혼자서 결정해도 좋다는 뜻의 친서를 김 유신에게 주었다。

그해 十二월에 김 유신이 부장(副將)들인 김 인문、 진복(眞服)、 량도 등 九명의 장수들과 함께 군대와 군수품을 이끌고 고구려 령토 안으로 들어가게 되였다。

그 이듬해 정월에 칠중하(七重河)에 당도하였을 때 사람들은 모두 겁을 내여 감히 먼저 건너가려 하지 않았다。

그때 김 유신이 나시서

『제군이 만일 죽음을 무서워하면 무엇하러 이곳에 왔단말인가?』 이렇게 말하고 자신이 먼저 배를 타고 건너 갔다。 이것을 본 장병들은 일제히 도하하여 고구려 지경에로 들어 갔다。

사잇길로 행군하여 산양(蒜壤)에 도착하였을 때에 김 유신이 장병들을 대하여 이렇게 말하였다。

『우리가 지금 죽음을 무릅쓰고 위지에 들어온 것은 당 나라 군사와 함께 두 성을 극복하여 나라의 원쑤를 갚으려는 것이다。 너희들의 생각은 어떠한가? 만일 적을 두려워하지 않으면 성공할 것이고 적을 두려워하면 반드시 붙잡히게 될 것이나。』

전체 장병들은 그 말을 듣고 장군의 명령을 따를 뿐이라고 대답하였다。 이러하여 엄숙하게 평양으로 천군하였다。

도중에서 적군을 만나는 대로 그를 격파하고 갑옷과 무기를 무수하게 로획하였다。

장새(獐塞)의 험로에 당도하였을 때 일기는 갑자기 추워지고 사람과 말들은 극도로 피로하여 왕왕이 도중에서 넘어지는 것이였다。 이때에 김 유신은 웃통을 벗고 말을 타고 앞서 달리였다。 사람들은 이것을 보고 땀을 빽빽 흘리면서 그를 따라갔다。

평양이 멀지 않은 지점에서 보기감(步騎監) 렬기(裂起)와 장사 구근(仇近) 등 十五인을 평양으로 보내여 소정방을 보고 김 유신이 군대를 거느리고 군량을 싣고 근처에 도달하였다는 것을 통지하였다。 그리고 김 인문과 그의 아들 군승(軍勝)을 당 나라 병영으로 파견하여 신라왕의 이름으로 당 나라 군대에 식량을 공급하였다。

소 정방은 그때 군량은 다 되고 군대는 피로하여 제대로 싸우지도 못하다가 식량을 얻게 되여 그것을 가지고 즉시 퇴각하고 말았다。

량도는 군사 八백명을 데리고 해로로 신라에 돌아가게 되였다。

그때 고구려 사람들은 중로에 복병하고 있다가 신라군을 습격하려 하였다。 김 유신이 그것을 알고 북과 북채를 수 많은 소 꼬리에 매달아서 소가 꼬리를 흔들 때마다 북소리가 나도록 하여두고 한편으로는 장작을 쌓놓고 불을 놓아 연기와 불꽃이 부단히 오르게 하였다。 그리하여 그의 군대가 한 곳에 머물러 있는 것같이 하여두고 밤중에 몰래 빠져나와 표하(瓢河)를 급히 건너 대안에서 군대를 쉬게 하였다。

결국 이것을 알아차린 고구려 사람들은 신라군을 추격하였다。 김 유신이 명령하여 적을 일제 사격하는 동시에 전체 당사(幢士)들을 독려하여 결사적으로 저항하여 고구려군을 격퇴하고 장군 한 사람을 생포하고 군사 만여명을 베였다。

이 말을 신라왕이 듣고 사절을 보내여 유신을 위로하고 그가 돌아왔을 때에 상을 주고 식읍을 봉하였다。

룡삭(龍朔) 三년에 백제 여러 지방의 백성들이 암암리에 자기 나라 회복을 계획하여 두솔성(豆率城)에 의거하고 있으면서 일본에 원군을 청하였다。

신라 왕이 김 유신、김 인문、천존、죽지 등을 데리고 출정하면서 웅진(熊津)에 들리여 진수(鎭守)로 있는 당 나라 류 인원의 부대와 련합하여 두솔성에 당도하였다。

백제 사람들이 왜인들과 함께 출진하였으나 신라군이 력전 분투하여 그를 격파하였다。 백제 군사들과 일본 사람들이 모두 항복하였다。

신라 왕이 왜인들에게

『우리 나라와 너의 나라는 바다를 사이에 두고 있으면서 서로 부절히 래왕하여 국교를 맺고 있는데 무슨 까닭으로 백제와 공모하여 우리 나라를 반대하는 것이냐、지금은 차마 너희들을 죽이지 않으니 돌아가서 이러한 사유를 너의 나라에 알려라』고 말하고 그들을 돌려보내주었다。

국왕이 군대를 논아서 백제의 여러 고을을 일제히 공격하여 항복을 받았으나 오직 임존성(任存城) 하나만은 지리가 험하고 성이 높아서 한달을 두고 공격하였으나 결국 그를 점령하지 못하고 말았다。

왕이

『지금 성 하나를 점령하지 못하였다고 하여서 전공이 없다고는 말할 수 없다』라고 말하고 회군하였다。

김 유신에게 밭 五백결을 주고 장병들에게 각각 적당하게 상을 주었다。

당 나라 린덕(麟德) 원년에 백제 사람들이 또다시 사자성에 모여서 반란을 조직하였다。 웅주(熊州) 도독이 군대를 출동시켜 그들을 토벌하였으나 여러 날을 두고 짙은 안개가 끼여 있어 사람을 알아볼 수 없는 형편이라 어쩔 줄을 모르고 있을 때에 김 유신이 교묘한 전술을 가르쳐주어 그를 이기게 하였다。

당 나라 린덕 二년에 당 나라 고종이 사절을 보내여 문안하는 동시에 김 유신에게 봉상정경(奉常正卿)에 평양군 개국공(平壤郡開國公) 직품을 주고 식읍 二천호를 봉하였다。

당 나라 건봉(乾封) 원년에 당 황제가 김 유신의 장자 대아손(大阿飡)인 삼광(三光)을 소환하여 좌정위익부 중랑장(左正衛翊府中郎將)을 삼고 또한 숙위(宿衛)로 임명하였다。

총장(總章)(당 나라 고종의 년호—역주) 원년에 당 나라 황제는 영국공(英國公) 리 적(李勣)(원래 도적 출신으로 당 나라 명창이 된 자─역주)으로 하여금 군사를 동원하여 고구려를 침탈하려 하면서 신라에 동원할 것을 요청하였다。

신라 문무왕이 군대를 통솔하고 호응하려 하면서 흠순(欽純)과 김 인문을 장군으로 임명하였다。

흠순이 왕에게 말하기를

『만일 김 유신과 동행하지 않는다면 후회할 때가 있을 듯 합니다。』

왕이

『공들 세 사람은 국가의 보배다。 만일 모두 적국에 가서 혹 불행한 일이 있다면 우리 나라가 어떻게 된단 말인가! 때문에 일부러 김 유신이 남아 있어 나라를 지키게 하는 것이다。 김 유신은 흡사히 나라의 장성(長城)과 같이 든든하단 말이다。』

라고 말하였다。

흠순은 김 유신의 아우이고 김 인문은 김 유신의 생질이였다。 길을 떠나면서 그들은 김 유신을 방문하고 그에게 묻기를

『지금 우리가 왕을 따라서 미지의 땅으로 들어가려는 이때 무슨 좋은 지도가 있었으면 하나이다。』

김유신이 대답하여

『오늘날 우리 나라는 충성으로 존속하고 백제는 오만으로 망하고 고구려는 교만으로 위태하게 되였습니다。 이제 우리의 정의로써 저이들의 부정의를 친다면 승리는 우리의 것입니다。 더구나 당 나라의 위력으로의 도움을 받는데야 두말할 것도 없습니다。 힘 자라는 대로 싸우기 바라나이다。』

문무왕이 영공(영국공리 적을 의미한다─역주)으로부터 평양을 합락시키고 남한주(南漢州)에 도착하여 여러 신하들에게

『예전에 백제가 우리 나라를 침범할 때에 김 유신의 조부 무력 각간(角干)이 그를 격퇴한 동시에 백제 왕을 포로하였고、김 유신의 부친 서 현은 량주총관(良州摠管)으로서 루차 백제와 전쟁하여 그의 예봉을 좌절시키였던 것이다。 그런데 오늘날 김 유신은 그 조부와 부친의 사업을 계승하여 국가 중신으로 되여、나가서는 장수로、들

어와서는 재상으로 탁월한 공적을 이루었다. 그의 공적을 무엇으로 보상하면 좋겠는가?』

일제히 대왕의 뜻대로 하시라고 말하였다.

이리하여 김 유신에게 대대서발한(大大舒發翰)의 직품과 식읍 五백호를 주고 수레와 지팡이(杖)를 하사하고 왕앞에서 추(趨)(임금 앞에서 무릎으로 걸어가는 예법—역주)하지 않을 것을 허락하였다. 그리고 김 유신의 부하들에게도 벼슬을 각각 한급씩 올려 주었다.

함녕(咸寧) 四년(계유) 봄에 불길한 별이 나타났으므로 왕이 걱정하고 있었다.

이때에 김 유신이 왕에게 가서

『오늘의 변괴는 그 원인이 제게 있는 것이고 나라에 있는 것이 아닙니다. 대왕은 걱정하실 것이 없는가 합니다.』

왕은

『과연 그렇다면 내가 더욱 걱정하지 않을 수 없소.』

라고 하면서 소임에게 명령하여 기도하게 하였다.

그해 六월에 군복 입고 무기 가진 사람 수십명이 유신의 집에서 울고 나가다가 없어지는 일을 본 사람들이 있었다고 한다. 김 유신이 그 말을 듣고 『이것은 반드시 나를 호위하는 신이 가버린 모양이지! 나는 죽을 것이다』라고 하더니 과연 십여일 후에 병들어 눕게 되었다고 한다.

왕이 친히 문병하고 눈물을 흘리면서

『공이 내게는 고기의 물 같이 필요하오. 만일이라도 불행한 일이 있다면 나라 일을 어떻게 한단 말이요.』

김 유신이 대답하여

『불초한 신이 다행히 영명한 임금을 만나서 신임을 받게 되었습니다. 그 결과로 三국이 통일되고 인민들은 한 마음으로 단합하여 다소 평화가 유지된다고 할 수 있습니다. 선대로부터 계승한 임금이 훌륭히 처음에는 그럴듯 하다가도 끝까지 잘 하지 못하여 여러 대를 걸쳐 쌓아올린 공적이 하루 아침에 무너지는 사실을 저는 보아

왔습니다。 성공하기가 쉬운 일이 아닌 줄을 알 뿐만 아니라 보전하기도 어려운 것이란 것을 생각하셔야 합니다。 군자를 가깝게 하고 소인을 멀리 할 것입니다。 이리하여 우에서는 조정이 화목하고 아래서는 인민들이 안정하여 화란이 일어나지 않고 국가의 기초가 튼튼하여 영원 무궁하면 제가 죽어도 여한이 없겠습니다。』

그해 七월 一일에 김 유신이 돌아가니 나이가 七十九세였다。 왕이 부음을 듣고 통곡을 마지 아니하고 부의로 비단 천필과 벼 二천석을 보내고 악대 一백명을 주어서 금산(金山)에 장사하게 하고 해당 소임에게 명령하여 비를 세워 그의 공적을 기념하게 하였다。

다음 해 四월에 선풍(旋風)이 김 유신의 분묘에서 일어나 시조왕(始祖王)의 릉으로 불어가고 먼지가 자욱하였다。 이 때에 릉을 지키는 사람이 그 안개 속에서 슬프게 통곡하는 소리를 들었다고 한다。 이 소리를 혜공왕(惠恭王)(신라 三六대왕—역주)이 듣고 두려워하여 대신을 파견하여 제사를 지내게 하고 축선사(鷲仙寺)에 발 三十결을 회사하여 김 유신의 명복(冥福)을 빌게 하였다。 그 절은 바로 김 유신이 고구려와 백제 두나라를 평정한 기념으로 세운 것이였다。

김 유신의 현손 집사랑(執事郞) 장청(長淸)이 김 유신의 행록 열권을 작성하여 발행하였다。

장 보고、정 년 전

장 보고(張保皐)의 별명은 궁복(弓福)이였다。 그의 친우에 정 년(鄭年)이란 사람이 있였다。 모두 신라 사람이였다。

장 보고의 부친과 조부는 모두 전쟁에 능숙한 것으로 유명하였다。 정 년은 보고를 형이라고 불렀다。 보고는 나이로、정 년은 기예로 서로 뒤지지 않으려 하였다。 정 년은 또한 바다 밑에서 五十리나 걸어 가도 숨이 막히지 않는 재주를 가졌었다。 용감하고 씩씩한 점에 있어서 보고는 조금 정 년에게 뒤떨어졌다。

이 두 사람은 당 나라에 가서 곽자의(郭子儀)(중국 당 나라 현종때 명장—역주)、리 광필(李光弼)(역시 당 나라 명장—역주)과 종유하고 무녕군(武寧軍)(무녕현 주둔군이란 의미—역주) 소장(小將)이 되였다。 두 사람이 말도 잘 타고 활도 잘 쏘며 철창(鐵槍)을 쓰는 데는 당할 사람이 없어 그들의 명성은 중국땅에 널리 알려졌다。

뒷날 장 보고가 귀국하여 흥덕왕(興德王)(신라 四二대왕—역주)에게 이렇게 말하였다。

『중국 일원에는 우리 신라 사람을 노비로 삼고 있는 데가 많으니 치욕이 이 이상 더할 수 있겠습니까! 청해(淸海)(지금 거제도)를 수비하여 도적들이 우리 나라 사람들을 잡아 가지 못하게 하는 것이 좋겠다고 생각합니다。』

왕이 장 보고에게 군사 만명을 주어서 청해를 수비하게 하였다。 그때로부터 해상에는 침략하는 자가 없어졌다。 청해는 신라의 중요한 항구로서 그것을 완도(莞島)라고 불렀다。

희강왕(禧康王)(신라 四三대 왕—역주) 二년에 아손(阿飡) 김 우징(金祐徵)의 부친 김 균정(金均貞)이 아손 리홍(利弘)에게 살해당하였다。 김 우징은 화가 자신에게까지 미칠가 두려워 하여 잔병을 수습하고 처자를 테워가지고 황산진(黃山津)으로 달아나서 청해 대사(大使) 장 보고에게 의탁하였다。 그리하여 자기 부친의 원쑤를 갚을 계획을 세우고 김 양(金陽)으로 더불어 군대를 동원하여 김 명(金明)(희강왕을 죽이고 민애왕으로 된 사람—역주)을 토벌하려 하면서 장 보고에게 말하기를

『김 명이 임금을 죽이고 제가 임금 노릇을 하며 리홍은 나의 선친을 죽였으나 그들이 모두 나와는 불공 대천의 원쑤요。 장군의 군대로써 임금과 나의 아버지 원쑤를 갚게 하여 주기 바라오。』

보고는 개탄하면서 그일을 승낙하였다。

그 보다 앞서 정 년이 실직하여 생활이 곤난하였다。 그는 중국 당 나라 사(泗)땅의 련빙현(漣氷縣)에 우거하고 있다가 어느날 그곳 수비대장 풍 원규(馮元規)를 보고 자기는 장 보고에게 가서 의뢰하겠다고 하였다。 풍 원규는 정 년에게 만일 장 보고와 사이가 좋지 않다면 무슨 일로 제발로 가서 죽을 필요야 있겠는가 하고 만류하였다。 그러나 정 년은 굶어 죽는 것은 싸워서 죽는 것보다 장렬한 맛이 없는 것이고 더구나 고향에 돌아 가서 죽게 되는 데야 더 바랄 것이 있는가 하면서 결연히 귀국하여 장 보고를 만나 보았다。

장 보고는 반가워 하면서 서로 술을 마시고 있었다。 이 술 자리에서 마침 우징의 말을 듣고 그 자리에서 군사 五천명을 정 년에게 맡겨 주면서 장 보고는 정 년의 손을 잡고 눈물을 흘리면서 자네가 아니면 나라의 화란을 평정할 수가 없으리라고 하여 부탁하였다。

그해 十二월에 정 년이 평동장군(平東將軍) 김 양(金陽)、 염 장(閻長)、 리 순행(李順行) 등을 데리고 김 명을 쳐서 그를 죽이고 우징을 왕으로 세웠다。

왕은 청해진 대사 장 보고를 감의군사(感義軍使)로 삼고 식읍 二천호를 봉하고 소환하여 정승을 만들었다。

그리고 정 년으로 장 보고 대신에 청해진을 지키게 하였다。

문성왕(文聖王)(신라 四六대왕—역주)이 왕위를 계승하게 되였다。그는『청해진 대사 장 보고는 일쩍 무력으로 나의 부친을 협조하여 선대의 큰 원쑤를 처단하였으니 그의 공훈을 어찌 잊을 수 있겠는가?』라 하고 그를 청해 장군으로 임명하였다。

문성왕 七년에 왕이 장 보고의 딸을 맞아서 둘째 왕비로 하려 하였으나 여러 신하들이 만류하여

『보고는 섬 사람인데 섬 사람의 딸을 맞아 들인다는 것은 옳지 않습니다。』

왕이 그말을 듣고 중지하고 말았다。

전일에 신무왕(神武王) 우징이 청해로 가서 보고에게 의탁하고 있을 때에

『만일 복수만 하여 준다면 자네 딸과 내 아들을 짝을 맞추어 주겠다』라고 약속하였던 것이다。 그렇기 때문에 이때와서 문성왕이 그의 딸을 맞아 들이려고 하였다。

그러나 일이 틀려지고나니 장 보고는 자기 딸을 맞아 주지 않는 것을 원망하여 청해진에 의거하여 반란을 일으키게 되였다。

왕은 그를 토벌하려 하였으나 그의 군대가 강력한 까닭에 두려워 하여 주저하고 있었다。

이때 무주(武州) 사람 염 장이 왕을 대하여

『만일 조정에서 저의 계책을 들어 주신다면 군사 한사람도 사용하지 않고 맨 주먹으로 장 보고의 머리를 베여 와서 왕에게 드릴 수 있습니다。』

왕이 승낙하였다。

염 장이 거짓 모반하는 체 하여서 청해로 달아났다。장 보고는 그의 용감성을 사랑하여 그를 상빈으로 맞아들여 함께 술을 먹고 취하게 되였다。그때 염 장은 장보고의 칼을 탈취하여 그의 머리를 베고 장 보고의 전체 장병들에게 훈시를 하니 모두다 감히 동요하지 못하였다。

왕이 기뻐하여 염 장에게 아간(阿干) 벼슬을 주었다。

당 나라 두목(杜牧)(유명한 시인 두목지—역주)이 장 보고와 정 년을 평하여 다음과 같이 말하였다。

「장 보고와 정 년이 본래 서로 지지 않으려 한 것은 곽 분양(郭汾陽)과 리 림회(李臨淮)(곽 분양은 곽 자의, 리 림회는 리 광필—역주)의 관계와 같은 것으로서 곽은 결국 과거의 감정을 버리고 리를 등용하여 나라의 원훈으로 되게 하였던 것이다。 정 년이 궁하여 장 보고에 의탁하였을 때에 장 보고는 군사를 논아주어 성공하게 하였으니 장 보고의 현명한 품이 곽 분양과 같다고 할 수 있다。 누가 해동에 인재가 없다고 말할 것인가。」

심나、소나전

심나(沈那)는 백성군(白城郡) 사산(蛇山) 사람이였다。 완력이 출중하고 몸이 날쌔였다。

사산은 백제와의 경계로 되여 있어 신라와 백제는 서로 그 땅을 침범하여 쉴 때가 없었다。

그때 심나는 출전할 때마다 승리하지 않는적이 없었다。

인평(仁平)(신라 二七대 선덕 녀왕 때 년호—역주) 년간에 백성군에서 출병하여 백제 변방을 습격하였다。 그때 백제가 정병을 출동시켜 역습하는 통에 백성군 장병들이 괴주하게 되였다。

이때 심나는 혼자 칼을 뽑아 들고 눈을 부릅뜨고 호령 호령하면서 수십명의 적병을 베여 죽이였다。 이것을 본 적군은 혼이 나서 덤벼들지 못하고 결국 군대를 이끌고 도망가고 말았다。

백제 사람들은 심나를 가리켜 신라의 날아 다니는 장수라고 불렀다。 그리고 저희들끼리 심나가 살아 있는 한 백성군 근처에는 가지도 말라고 경계하고 있였다。

심나의 아들 소나(素那)는 영용하고 호방하여 그 부친의 풍모를 지니였다。

백제가 멸망하고 나서 한주 도독(漢州都督) 도유공(都儒公)이 왕에게 요청하여 소나를 아달성(阿達城)으로 옮겨서 북쪽 변강을 방어하게 하였다。

상원(上元)(당나라 고종의 년호—역주) 二년(을해년) 봄에 아달성 대수 급손(級飡) 한선(漢宣)이 백성들에게 어느 날 일제히 삼 씨를 파종할 것을 엄하게 지시하였다。

이때 마침 말갈(靺鞨)의 간첩이 그 말을 듣고 그의 추장에게 보고하였다。 그러나 그것을 모르는 아달성 사람들은 삼 파종하는 날 전부 전야로 나갔던 것이다。 그 틈을 타서 말갈 사람들은 몰래 성안으로 들어와 략탈을 시작하였다。 이리하여 성중의 늙은이와 어린이들은 당황하여 어쩔줄을 모르고 있던 참이였다。

그때에 소나가 딱 버티고 서서 도적떼를 향하여

『너희들은 신라에 심나의 아들 소나가 있다는 것을 듣지 못하였는가! 나는 원래 죽음을 무서워 하지 않는 사람이다。 싸워 보려는 놈은 덤벼 보라!』

이같이 호령 호령하면서 용약 적중에 돌입하였다。 도적들은 감히 가까이 오지는 못하고 멀리서 소나를 향하여 활을 쏘고 소나도 마주 쏘는데 벌떼같은 화살이 아침 아홉시 경에서 밤 일곱시경까지 계속 날았다。 이리하여 소나의 몸에는 수없는 화살이 박히여 흡사히 고슴도치와 같이 되여 넘어지고 말았다。

소나의 처는 본래 가림군(加林郡) 귀족의 딸이였다。 아달성은 적국에 린접하여 있는 까닭에 소나는 그의 처를 자기 집에다 남겨두고 혼자서 부임하였던 것이다。 그곳 사람들이 소나가 죽었다는 말을 듣고 그의 처를 위문하니 소나의 처가 울면서 대답하여 말하기를

『나의 남편은 항상「장부는 당연히 전사할 것이다。 어찌 자리에 누워 집안 사람의 손에서 죽는단 말이냐」고 말씀하였습니다。 그의 평일의 말씀이 그러 하였더니 지금 그의 말대로 되였을 뿐 입니다。』

왕이 소나가 죽었다는 말을 듣고 눈물이 비오듯 하면서

『그의 부자가 다 국가 사업에 용감한 그것이 바로 세상을 바로잡은 충성(忠誠) 그것이라고 말할 수 밖에 없구나!』

소나에게 영손(迎飡)이란 벼슬을 증직하였다。

부분노전

부분노(扶芬奴)는 고구려 사람이였다。 지혜스럽고 용감하였다。 동명왕(東明王)(고구려 제一대의 왕—역주)에게 복무하여 장군이 되였다。 일찍 군사를 거느리고 오이(烏伊) 등과 함께 태백산(太白山) 동남방에 출동하여 행(荇)족을 정복하고 그 토지를 합병하였다。

그 당시에는 고구려 창건 초기로서 선비(鮮卑)와 말갈(靺鞨) 사람들이 자주 침략하여 변강이 소연하였다。 류리명왕(琉璃明王)(고구려 제二대의 왕—역주) 一一년 여름에 선비가 또 침략하여 왔다。 왕이 그것을 걱정하여 신하들에게

『누가 선비를 제압하겠는가? 토지와 주민을 아끼지 않고 그에게 분여할 것이다』고 말하였다。

부분노가 대답하였다。

『선비는 지리가 험난하고 사람들이 용감하면서 우둔하니 그들과 힘으로 다투는 것보다는 차라리 계책으로 깨뜨려야 하겠습니다。 왕께서 직접 지휘하시고 저는 별동대로서 왕을 따라가는 것이 좋겠습니다。』

이리하여 정병은 어디다 숨겨두고 약졸만을 인솔하여 성 남쪽으로 가서 적을 유도하였다。

선비 군대는 보잘 것없는 군대를 보고 랭소하면서

『누가 고구려를 강국이라 하였던가 드리여 그들을 해치우기 쉽지 않은가。』

왕이 패한 체하여 도망하니 선비가 성을 비워두고 추격하여 왔다。 이때 부분노는 정예한 기병을 인솔하고 사

이 길을 통하여 성문으로 달려 들어 고구려 국기를 성우에 높이 달았다。 선비가 그것을 바라보고 대경 실색하여 관문을 빠져 나가려고 서둘렀다。 왕은 돌아서서 깃 빨을 높이 들고 북을 치면서 몰아쳤다。 선비는 여지없이 패배하여 그 두목들이 전부 항복하고 말았다。

그때로부터 선비는 고구려에 통합되였던 것이다。

왕은 부 분노에게 식읍을 봉하여 주려하니 부 분노가 사양하므로 황금 三十근과 좋은 말 열마리를 주었다。

고구려 초엽에는 부 분노가 대표적 명장이였었다。 그러나 부 분노와 동성인 부 위염(扶尉猒)이란 사람이 있었다는 데 그 역시 장군으로서 북옥저(北沃沮)를 공략하여 그를 멸망시키였다。 그도 분노와 동시기였다。

을지 문덕 전

을지 문덕(乙支文德)은 평양 석다산(石多山) 사람이였다。 그는 침중하고 용감하고 지략이 있었다。 고구려 영양왕(嬰陽王)(제二六대의 왕—역주)에게 복무하여 대신이 되였다。

당시 중국 수(隋)나라 대업(大業) 八년에 고구려가 자기 나라 변강을 침노할 뿐 아니라 거만하고 불손하다는 구실로 수 양제(煬帝) 자신이 대군을 인솔하고 원정을 개시하였다。 그들은 二十四개 부대로 나누어 여러 갈래 길로 진격하여 전군이 평양에서 만나기를 약속하였다。

당시 수 나라 병력은 백 十三만 三천 八백명인데 二백만명이라고 선전하였고 군수품 수송 부대는 그의 배나 되였다。 수 양제 자신의 총 지휘하에 깃발은 대지를 덮어 백리나 늘어섰였다。

그 밖에 좌익위대장(左翊衛大將) 래호아(來護兒)로 하여금 수군을 인솔하고 바다를 건너 먼저 패수(浿水)에 들어가게 하여 수륙 량 방면으로 진격하도록 하였다。

그리고 또한 공부상서(工部尙書) 우 문개(宇文愷)와 소부감(少府監) 하 주(何稠) 등에게 명령하여 료수(遼水)에 배、다리를 가설하고 그를 건너 료동성(遼東城)을 포위하였다。

수 양제는 자기 군대에 대하여

『대체로 군대란 것은 진공과 정지를 다 지휘에 따라서 해야 할 것이고 제멋대로 행동해서는 안 되는 것이다。 원래 료동에는 수차 출정하였으나 매번 전투가 불리하였다。 성을 튼튼하게 포위하고 있으면서 망동을 하지 말아야 한다。』

라고 명령하였다。

수 양제는 공격 명령을 내려면서 그의 막하 장수들에게 또한

『고구려 사람들이 만약 항복하려거든 그를 위무하여 받아들일 것이고 함부로 처리하여서는 안 된다』라고 일러 두었다。

이러하여 료동성이 함락되려 하고 성중의 군대가 항복하려 하였을 때 수 나라 장수들은 본래 명령을 들은지라 감히 먼저 항복을 받지 못하여 그 사연을 양제에게 그때마다 보고하고 성중으로 돌아 왔을 때는 이미 고구려 군대의 방어 태세가 정돈되여 있을 뿐 아니라 저항까지 하는 것이였다。

이렇게 하기를 수차 반복하였으나 수 양제는 그 성을 영구히 함락시키지 못하리라는 것을 종시 깨닫지 못하고 있었다。

당시 좌익위대장군 우 문술(宇文述)은 부여도(扶餘道)로 진출하고 우익위대장군 우 중문(宇仲文)은 락랑도(樂浪道)로 출동하여 수 양제가 친히 인솔한 군대와 압록강 서쪽에서 만나게 되였다。

우 문술 등의 군사는 로하진(瀘河鎭)과 회원진(懷遠鎭) 두 곳에서부터는 사람 하나와 말 한마리에 각각 백일간 먹을 분량의 식량과 갑옷、창、의복、무기 화막(火幕) 등을 맡겨주어 한 사람이 三백근 이상을 지고 가게 하였다。 무거워서 도저히 지고 갈 수 없는데도 불구하고 우 문술은

『짐을 만일 버리는 자가 있으면 목을 벤다』고 선포하였다。

군사들은 견디다 못하여 천막 속에서 몰래 땅을 파고 식량을 묻어 버리고 근근히 행군하는 형편이였다。 이리하여 행군 도중에 군량은 거의 다 되였다。

고구려 왕이 대신 을지 문덕을 수 나라 진영에 파견하여 항복하는 체 하고 적군의 정형을 탐지하게 하였다。

우 중문은 원래 고구려 임금이나 을지 문덕에게서 오는 사람이면 사로 잡으라는 양제의 명령을 받고 있었던 때문에 우 중문이 문덕을 붙잡으려 하였으나 상서 우승(尙書右丞) 류 사룡(劉士龍)이 위무사(慰撫使)로 있으면서

우 중문을 만류하여 붙잡지 못하게 하였다。

을지 문덕이 떠나고 나서야 우 중문이 후회하고 다시 사람을 보내여 문덕에게 할 말이 있으니 잠간 다시 만나고 갈 수 없느냐고 꾀였다。 그러나 문덕은 들은 체도 하지 않고 압록강을 건너 오고 말았다。

우 중문과 우 문술이 그만 을지 문덕을 놓치고 속으로 불안해 하였다。 그런데 우 문술은 군량이 다되였으니 돌아가자고 제의하고 우 중문은 정예 군대로써 을지 문덕을 추격하면 성공할 수 있다고 반대하였다。 우 문술이 한사하고 만류하니 우 중문이 화를 내여

『장군은 十만 대군을 거느리고 와서 한줌도 안 되는 적을 이기지 못하고 돌아가서 무슨 낯으로 임금을 뵈올 것이요。』

결국 그들은 여러 장수들과 함께 압록강을 건너서 을지 문덕을 추격하게 되였다。

을지 문덕은 수 나라 군대가 배고파하는 것을 보고 그를 더욱 피곤하게 하려고 매번 전투를 하다가는 짐짓 패해 달아나곤 하였다。 우 문술 등은 하루 동안에 일곱번 전투하여 일곱번 승리한 셈으로 되여 완전 승리도 목첩간에 있다고 생각하고 동으로 동으로 살수(薩水)를 건너 평양 三十리 밖 어느 산 아래까지 와서 진을 쳤다。

을지 문덕이 이때 우 중문에게 시 한수를 써 보내였다。

『신통한 전략은 영락없이 맞았고、교묘한 전술은 귀신 갈구나。 전쟁에는 이겼고、공훈은 높았으니 그만하고 돌아 가도 좋겠지(神策究天文、妙算窮地理、戰勝功旣高、知足願云止)』

우 중문은 그의 회답에서 을지 문덕을 회유하려 하였다。

을지 문덕이 다시 우 문술에게 사람을 보내여 허위 항복을 청하고 전갈하여

『당신이 만일 군사를 돌려 세우면 우리 왕을 모시고 당신 임금의 처소로 가겠다』하고 말하였다。

우 문술은 자기 군사들이 피곤하여 다시 전쟁할 수 없는 것이고 또 평양성이 견고하여 용이하게 함락시킬 수 없다는 것을 알고 군대를 돌리여 방형(方形)으로 대렬을 편성하여 행군하기 시작하였다。

이때 을지 문덕은 군사를 출동시켜 四면으로 습격하여 전투하면서、행군하면서 추격하였다。

였다。

그해 七월에 살수에 당도하여 수 나라 군사가 중류에 들어 섰을 때에 고구려 군사가 그의 배후를 공격하였다。

수 나라 군사의 후군위장군(後軍衛將軍) 신 세웅(辛世雄)이 전사하고 나니 군사들은 일제히 도망하기 시작하여, 모든 장병들이 하룻 밤 하룻 낮에 四백 五十리를 걸어 압록강에 도달하였다。

수 나라 장군 왕 인공(王仁恭)이 후위를 맡아 공격하여 왔으나 고구려군이 그를 격퇴하여 버렸고 래호아(來護兒)도 고구려 군에게 끌리여 성에 들어갔다가 참패를 당하고 근근히 도망하여 생명만을 건지였다。 그리하여 오직 문 승(文昇)의 부대만이 온전하게 그대로 돌아가게 되였던 것이다。

최초에 수 나라 군사가 료동에 왔을 때에는 그 수가 백만 五천이였는데 다시 료동으로 돌아간 자는 다만 二천 七백명에 불과하였다。 식량 무기를 상실한 것은 한정도 없었다。

수 양제는 노발 대발하여 우 문술 등을 결박하여 끌고 돌아가고 말았다。

고구려 사람들은 평양에 을지 문덕 사당을 지어 제사 지내였다。

안시성주전

안시 성주(安市城主)는 력사가 그의 이름을 잊어 버리였다。 어떤 사람은 그를 양 만춘(楊萬春)이라고 하였다。 그는 재주와 용맹을 겸비하고 있었다。

막리지(莫離支)(고구려의 최고 집정관으로, 여기서는 개소문(蓋蘇文)을 말하는 것이다—역주)의 란리 당시에 그는 성을 고수하여 항복하지 않았다。 막리지가 아무리 공격하여도 함락시키지 못하고 결국 화해하고 말았다。

당 나라 정관(貞觀) 十九년에 당 태종이 직접 고구려를 원정하여 그해 三월에 정주(定州)에 도달하였다。 그는 총관 리 세적(李世勣) 부총관 강하왕(江夏王) 도종(道宗)、 장군들인 설인귀(薛仁貴)、 장손(長孫)、 무기(無忌) 등을 시키여 장령 九명을 대동하고 개모(蓋牟)、 비사(卑沙)、 백암(白巖)、 료동 등의 성들을 공략하고 안시성으로 진격하였다。

고구려 장수 북부 누살(北部耨薩)(누살은 고구려 관직의 명칭—역주) 고 연수(高延壽)와 남부 누살 고 혜진(高惠眞) 등은 자기 군대를 령솔하고 왔으며 말갈군 十五만명 또한 안시 방어를 원조하게 되였다。

당 태종은 리 적과 무기에게 명령하여 정병 二만명을 거느리고 함성을 올리면서 일제히 진격하여 고구려 군사를 격파하였다。 그때 연수와 혜진이 항복하고 말았다。

당 태종은 승전을 기념하는 비석을 그가 있는 산 우에 세우고 그 산 이름을 주필산(駐蹕山)이라고 고치였다。

당 태종은 리 세적에게 말하기를

『안시성은 성이 견고하고 성주는 재주 있고 용감하여 개소문(蓋蘇文)의 공격에도 이 성은 함락되지 않았던 것이다。 건안(建安)이 안시성 남쪽에 있는데 그 성은 군사도 약하고 식량도 모자라니 만일 그 성을 불의에 습격하면 반드시 승리할 것이다。 그러니 그대는 먼저 건안을 칠 것이다。 만일 건안이 떨어지면 안시는 우리 손아귀에 있는 것이다。』

리 세적이

『우리 군량이 전부 료동에 있는데 지금 안시를 지나서 건안을 치게 될 때 고구려 사람들이 만일 우리의 량도를 차단하면 어떻게 하겠습니까? 안시를 먼저 쳐서 그것이 떨어지면 건안은 일거에 점령될 것입니다。』

당 태종이

『그대를 장수로 삼고 내 어찌 그대 말을 듣지 않겠는가 꼭 그릇치지나 말게 하라。』

하고 결국 안시성을 먼저 치게 되였다。

안시 사람들이 당 태종의 깃발들을 보고 성우에 올라서서 북을 치면서 고함을 쳐대였다。

당 태종은 그것을 보고 화를 산더미 같이 내였다。

리세적이 그 임금을 보고 성을 점령하는 날 남자란 남자는 모조리 매장하여 버리게 하자고 말하였다。

안시 사람들은 그 말을 듣고 더욱 한사하고 방어하였다。

고 연수와 고 혜진이 당 태종에게 말하기를

『저희들이 이미 대국에 몸을 의탁한 이상 감히 조그만한 성의라도 바치여 황제로 하여금 빨리 커다란 성공을 얻도록 할 생각은 있으나 다만 안시 사람들은 그의 가정을 생각하여 자진하여 전쟁에 참가하고 있으니 그다지 용이하게는 점령하지 못할 것입니다。 저희들이 十만대군을 가지고도 당 나라 깃발만 보고 도망한 까닭에 이 나라 사람들이 이미 락담하고 있습니다。 이때 오골성(烏骨城) 누살은 늙어빠져서 그 성을 고수하지 못할 것이니 군사를 그 곳으로 옮겨서 진격하면 그날로 격파할 것이고 그 밖에 조그만씩한 성들은 필연 위풍에 놀려 와해하고 말 것입니다。 그 다음에 물자와 식량을 수습하여 당당히 전진하면 이 나라 사람들은 평양을 방위할 수 없을 것입니다.』

모든 신하들이 역시 그 말을 찬동하여

『장량(張亮)(해로로 침입하여 비사성을 강점한 자—역주)의 군사가 비사성에 있으니 그를 소환하면 이틀만에 당도할 것입니다. 고구려의 소란한 틈을 타서 그와 힘을 합하여 오골성을 함락시키고 압록강을 건너서기만 하면 평양을 점령하는 것은 단번에 할 수 있습니다.』

당 태종이 그 말을 좇으려 하는데 무기 혼자만은

『임금이 친히 원정하시는 것은 장수들이 하는 것과는 달라서 위험한 일을 한다든지 요행을 바랄 수 없습니다. 이제 건안과 신성(新城)의 적이 오히려 十만명이나 되는데 만일 우리가 오골성으로 가게 될 때에 그들은 필연 우리의 뒤를 좇을 것입니다. 먼저 안시성을 격파하고 건안성을 함락시킨 뒤에 멀리 진군하는 것이 만전의 계책일가 합니다.』

그 말을 듣고 당 태종은 바로 평양으로 진공할 계획을 중지하고 말았다.

그리고나서 장수들이 급히 안시성을 공격하게 되였다. 그때 성중에서 닭 소리와 도야지 소리가 요란하게 들려 오는 것을 당 태종이 듣고 리 세적에게 말하기를

『성을 포위한지 이미 오래 되였다. 성중의 밥짓는 연기가 가늘어 지더니 지금 닭과 도야지 우짖는 소리 물리니 이것은 반드시 그 군사들을 배불리 먹여 가지고 오늘 밤에 출격할 준비를 하는 모양이다. 우리는 방비를 엄중하게 해야 할 것이다.』

그날 밤에 고구려 군대가 과연 성을 넘어 나오고 있였다. 당 태종이 그 말을 듣고 자신이 군사를 지휘하여 성 아래로 달려 가서 급하게 치니 고구려군이 퇴각하였다.

도종에게 명령하여 군사를 지휘하여 성의 동 남쪽에다 흙산을 쌓아 올려서 성 높이만큼 되였다. 그러나 성중에서도 성을 더 쌓아 올리여 가면서 저항하였다.

당 나라 군사들이 교대로 교전하여 하루에 六、七번씩 전투하였다. 충차(衝車)(옛날 전쟁에 적성을 파괴하는

무기—역주)와 포석(礮石)(역시 구축물을 파괴하는 무기—역주)으로 성첩을 무너뜨리면 성중에서는 따라 다니면서 나무 빗장으로 막아버리는 것이었다。

그때에 도종이 발을 다치었는데 당 태종이 직접 침을 놓아 주는 형편이었다。 주야로 산 쌓을리는 일을 二개월 동안 계속하여 五十만 공수를 들이었다。산 꼭대기에서는 바로 두어길 밑에 성안이 보이는 것이다。도종이 과의(果毅)와 부복애(傅伏愛)로 하여금 군사를 인솔하고 산 꼭대기에 주둔하여 대비하도록 하였다。

그러나 어느날 산이 돌연 쏟아져서 성을 무너뜨렸다。그 마침에 복애는 자기 부대를 리탈하여 도망하고 말았다。 고구려군 수백명이 성 무너진 곳으로 나와 그 산을 탈취하여 그곳에 참호를 파고 수비하고 있었다。

당 태종이 단단히 화를 내어 복애를 베어 그의 머리를 군중에 조리돌리고 장수들에게 명령하여 三일간을 두고 련속 공격하였으나 결국 승리하지 못하였다。 도종이 발을 벗고(죄인들이 하는 의례—역주) 당 태종에게 가서 죄를 청하였다。

당 태종이

『너의 죄는 죽어 마땅하지만 그러나 나는 한 무제(漢武帝)가 왕회(王恢)를 죽인 것이 진 목공(秦穆公)이 맹명(孟明)(중국 춘추 시대에 진 목공이 백 리해의 아들 맹명을 등용하였다。맹명은 진정에 나가서 번번 실패하였으나 진 목공이 계속 신뢰한 결과 결국 패성공을 가져올 수 있었다—역주)을 등용한 것만은 못한 때문에 또한 개모성과 료동성을 격파한 공로도 있고 하여 특별히 용서한다』

하고 말하였다。

때는 이미 늦은 가을이였다。

변방의 바람은 헐결 소산하였다。

당 태종은 생각하였다。 대개 료동은 빨리 추워져서 금방 풀이 마르고 물이 얼어 붙는 곳이다。 만일 그렇게 되면 군사와 말들이 오래 머물러 있을 수 없다는 것은 물론이다。

당 태종은 회군할 것을 명령하였다。 할락시킨 개모와 료동 두 곳의 주민을 붙어서 먼저 료수를 건느게 하고 그리고 나서 안시성 아래에서 열병 시위를 하고 회군을 개시하니 성안에서는 모두 숨을 죽이고 나가지 않고 있는데 안시 성주 혼자 성 우에 올라서서 당 태종에게 하직 인사를 하였다。 당 태종이 성주가 그의 성을 훌륭히 고수한 데 대하여 그를 칭찬하고 비단(縑) 백필을 주고 그의 임금에게 충성할 것을 격려하였다。

리 세적과 도종의 부대를 후위군으로 하여 뒤딸케 하고 당 태종은 료수를 건느게 되였다。 그런데 진흙탕을 만나서 거마가 행진할 수 없는 형편에 처하였다。 그때 무기가 고안하여 수 많은 수레로 다리를 놓은 결과 겨우 그 진흙탕을 통과하였다。 이리하여 그 이듬해 정월에야 근근 당 나라 수도로 돌아가게 되였던 것이다。

그 전쟁에서 당 나라는 현토(玄菟)、횡산(橫山)、개모、마미(磨米)、백암(白巖)、비사、협곡(夾谷)、은산(銀山)、후황(後黃) 등 열개성을 함락시키였으나 신성、건안、주필의 삼대 전역에서 당 나라 군사와 말들이 전사한 것이 十에 七、八이나 되였고 그리고도 결국 성공하지 못하고 돌아간 것이다。

당 태종이 몹시 후회하면서

『만일 위징(魏徵)(당 태종 당시 탁월한 정치가—역주)이 살아 있었던들 내가 이번 걸음을 하도록 내버려 두었을 리가 없었을 것이다』

하고 한탄하였다。 그리고는 즉시 사람을 보내여 위징의 묘에 제사를 지내게 하였다고 한다。

조선 홍 량호(洪良浩)(이 명장전의 필자—역주)가 일찌 건륭(乾隆) 년간에 사신으로 연경(燕京)에 가면서 랑자점(娘子店)을 지나였다。 그 곳에서 안시성이 백여리 된다고 하였다。 촌 사람들이 전하여 내려 오는 말이라 하여

『당 나라 문황(文皇)이 안시성을 치다가 싸움에는 지고 날은 저물어 길을 잃고 헤매였다。 그 때에 산 우에서 닭의 소리가 들려 오므로 소리를 따라 가 본즉 어떤 부인이 문을 열고 맞아들이여 음식을 대접하여 그를 요기시키였다。 임금은 극도로 피곤하여 한숨 잤는데 날이 밝고 나서 보니 사람하나 없이 빈 산이였다。 다만 자기 앞에 닭의 볏 같은 돌이 곧추 서 있었다。 속으로 이상하게 생각하여 신이 도와준 것이라고 믿고 연경으로 돌아가서 사람을 보내여 그곳에 절을 지어 기념하게 하고 절 이름을 계명사(鷄鳴寺)라고 불렀다』

라고 하였다。

나는 거짓 말이라고 생각하였으나 시험하여 보려고 말을 달리여 계명사를 찾았다。 그 곳은 랑자점에서 十여리밖에 되지 않았다。 고찰이 하나 있고 불탑 우에 나무로 깎아 만든 닭 한 마리가 산 것과 같이 앉아 있다。 집앞에는 명 나라 사람이 세운 비 하나가 있는데 거기에 절 이름의 유래가 기록되여 있다。

이것이 비록 정사(正史)의 기록은 아니라고 하더라도 야사에 있어 빠진 부분의 보충으로는 될는지도 모른다。

나는 그때 다음과 같은 감상을 가졌었다。

『큰 나라의 황제로서 온갖 위험한 고개를 넘기고 몇번이나 죽을 지경을 당하였던가。 한심한 노릇이라고 할 수 밖에 없다。 그가 그런 짓을 한 것은 성공을 하고도 만족할 줄을 모르고 득의를 하였을 때에 조심할 줄을 모르는 때문이였다。 언제든지 착한 임금이 되려는 사람은 당 태종의 행동에서 교훈을 찾을 줄 알아야 할 것이다。』

내가 이러한 말을 이 전기 끝에 붙이는 것을 용서하라。

유 금 필 전

유 금필(庾黔弼)은 평주(平州) 사람으로 고려 태조에게 복무하여 마군 장군(馬軍將軍)으로 있다가 여러번 등용되여 대광(大匡)으로 되였다.

북쪽 변방 골암진(鶻岩鎭)을 북쪽에 린접한 종족들이 자주 침략하므로 고려 태조가 장수들을 모아놓고

『지금 남쪽 도적이 아직 멸망하지 않았는데 북쪽 도적까지 걱정스러우니 나는 밤낮으로 근심 걱정이다. 지금 유 금필을 보내여 진압코저 하니 다들 의사가 어떠한가.』

다들 그렇게 하는 것이 좋겠다고 대답하였다.

이리하여 유 금필이 출정하게 되였다. 유 금필은 그 날로 개정군(開定軍) 三천명을 데리고 골암으로 가서 거기에 커다란 성을 쌓고 주둔하게 되였다. 그러면서 북쪽 국경에 린접한 종족들의 추장 三백여명을 소집하여 성대한 잔치를 벌리여 대접하고 그들이 모두 취한 뒤에 유 금필이 그들을 위협하여 전부 굴복하게 하였다. 그 뒤에 그들의 여러 부락에서 몰려와 항복한 자가 천 오백명이나 되고 그들에게 포로되였던 우리 사람 三천여명도 돌아 왔다.

그 후부터 북쪽 변방에는 평화가 도래하였다. 유 금필은 정서 대장군(征西大將軍)으로 되여 후백제(後百濟) 연산진(燕山鎭)을 공략하여 그의 장군 길 환(吉奐)을 죽이고 또 임존성을 쳐서 三천여명을 죽이거나 포로하였다.

그때 백제 장수 김 훤(金萱)、애식(哀式)、한문(漢文) 등이 청주(青州)를 침범하고 있었다.

어느 날 유 금필이 그 고을 남산에 올라가서 앉아 졸고 있을 때에 꿈에 한 선생이 와서

『내일에는 서원(西原)에 반드시 변란이 있을 것이니 꼭 빨리 가보라』

고 하였다.

유 금필이 놀래 깨여 즉시 청주로 가서 백제군과 싸워 그를 격파하고 독기진(禿岐鎭)까지 그를 추격하여 三백여명을 죽이거나 살상 포로하였다.

유 금필은 중원부(中原府)로 달려가서 고려 태조를 만나보고 전투 정형을 보고하였다.

이어 진훤(甄萱)이 고창군(古昌郡)을 포위하고 있다는 말을 듣고 유 금필이 태조를 따라서 고창군을 구원하려 갔었다.

대조가 장수들과 의논하다가

『전투가 만약 불리하게 되거든 죽령(竹嶺)을 넘어 와서는 안 된다. 사잇길을 미리 만들어 두는 것이 필요하다.』

유 금필이

『병법에는 무기가 좋지 못하고 전쟁이 위험한 때에는 죽을 각오만 하고 살겠다는 생각이 없어야만 결정적 승리를 할 수 있다고 저는 들었습니다. 그런데 지금 적을 만나서 싸우기도 전에 패배할 생각부터 먼저 하는 것은 무슨 까닭입니까. 만일 우리가 고창을 구하여 내지 못한다면 그 곳의 三천여명의 군중을 그대로 팔짱끼고 적에게 넘겨 주는 것이니 어찌 통탄하지 않을 수 있겠습니까? 저는 급히 진격하기를 원할 뿐입니다.』

대조가 승낙하였다.

유 금필이 저수봉(猪首峯)으로부터 들여쳐서 적을 깨뜨려 놓았다. 그리고 태조가 그 고을에 들어가서 백성들을 위로하고 개선하였다.

그러나 유 금필은 그후 참소를 만나서 곡도(鵠島)로 귀양을 가고 말았다.

그 이듬해에 진훤의 해군장 상 애(尙哀) 등이 대우도(大牛島)를 침노하였다.

태조가 대광(大匡) 만세(萬歲) 등을 파견하여 그를 구원하려 하였으나 승리하지 못하였다。 태조가 두려워하고 있는 차에 유 금필이 다음과 같은 글을 올려였다。

『제가 비록 죄를 짓고 귀양살이를 하고 있지마는 백제가 우리 나라의 해변을 침노한다는 말을 듣고 저는 본도와 포을도(包乙島) 장정들을 선발하여 군대를 보충하고 군함을 준비하여 방어하고 있사오니 대왕께서는 너무 걱정하지 마시기를 바랍니다。』

태조가 그 글을 보고 감격하여 눈물을 흘리면서

『참소를 믿고 현명한 신하를 추방한 것은 내가 밝지 못한 까닭이다』

고 하면서 사람을 보내여 소환하여 위로하는 말로

『경은 실상 죄 없이 귀양을 가서도 나를 원망할 줄을 모르고 국가만을 생각하는 것을 보니 내 심히 부끄럽다。』

다시 그 이듬해에 유 금필이 정남대장군(征南大將軍)으로 되여 의성부(義城府)를 수비하게 되였다。

태조가 금필에게 사람을 보내여

『백제가 신라를 침략하는 것을 념려하여 항상 대신을 보내여 진압하군 하였더니 지금 들으니 백제 군사가 벌써 혜산성(槥山城) 아불진(阿弗鎭) 등에 들어가서 인민과 재물을 략탈한다고 하니 신라 수도에 침입할는지도 모를 일이다。 경은 응당 나가서 신라를 구원해야 할 것이다。』

유 금필이 장사 十八명을 선발한 동시에 군사를 령솔하고 진군하여 사탄(槎灘)에 도착하였다。 그 때 장병들에게

『만일 여기에서 적군을 만나게 되면 나는 살아서 돌아가지 못할 것이다。 다만 너희들이 나와 같이 화를 당할가 하여 걱정이다。 다 각각 잘 생각해야 한다。』

모두다

『우리들은 부득이하면 모두다 죽을 뿐입니다。 어찌 장군께서만 혼자 살아서 돌아가시지 못하게 하겠습

니까?』

이리하여 서로 동심 협력하여 적을 격멸할 것을 맹세하였다。

사탄을 건넜을 때에 백제 통군(統軍)인 신검(神劍)등과 조우하였다。 유 금필이 싸우려고 하였으나 백제군이 유 금필의 군대가 정예한 것을 보고 싸우지 않고 도망하고 말았다。

유 금필은 그 길로 신라에 들어가니 늙은이 젊은이 모두다 성 밖으로 나와 환영하면서

『의외에 오늘 대광(大匡)을 만나 뵈옵게 되였습니다。 만일 대광이 아니였더면 우리들은 몰살 당할번 하였습니다。』

유 금필이 이레동안 류하다가 본국으로 돌아가는 길에 다시 백제 신검(神劍)의 군대를 만나서 전투하여 대 승리를 거두었고 그의 장수 금달(今達) 환궁(奐弓) 등을 포로하고 그 밖에도 살상 포로가 무수하였다。

첩보가 도착하였을 때 태조는 일변 놀라고 일변 기뻐하여

『유 금필 장군이 아니면 누가 이만한 일을 할 수 있단 말인가!』

유 금필이 돌아 왔을 때에 태조가 뜰에 내려와서 환영하면서 유 금필의 손을 잡고

『경의 공훈과 같은 그러한 공훈은 예전에도 별로 없였다。 나의 마음에 깊이 새겨져 있으니 어찌 잊어 버릴 수 있겠는가?』

유 금필이 사양하여

『국난을 당하여 자신을 망각하고 국가의 위험을 보고 생명을 바치는 것은 저의 당연한 직책일 뿐입니다。』

그 말을 들은 태조는 유 금필을 더욱 소중히 여기였다。

태조 자신이 군사를 인솔하고 운주(運州)를 정벌할 때에 유 금필을 우장군으로 임명하였다。 이 말을 진훤이 듣고 무장병 五천명을 선발하여 가지고 고려 태조에게 와서

『두 나라 군사가 서로 싸움을 한댓자 량편이 모두 멸망하고 말 것이니 량편은 강화를 맺고 각각 그의 령토만을 보존하는 것이 좋을 듯 하오。』

태조가 장령들을 모아놓고 의논하니 유 금필이 말하기를

『오늘 날의 정세는 전쟁하지 않을 수 없는 형편입니다。 대왕께서 제가 적을 격파하는 것을 구경하시고 걱정하시지 말기를 바랍니다。』

드디어 진훤이 미처 전투 태세를 정비하기도 전에 날랜 기병 수천명으로 적을 돌격하여 三천여명을 베거나 포로하고 술사(術士) 종훈(宗訓)과 의사 훈겸(訓謙)과 용장인 상달(尙達) 최필(崔弼) 등을 포로하였다。 이 바람에 웅진(熊津) 이북 三十여성은 풍문만 듣고 항복하고 말았다。

태조가 장수들에게

『라주(羅州) 지경 四十여군은 우리 나라의 울타리 격으로 오래 동안 교화를 입었고 일찍 대신들을 파견하여 위무도하여 주였던 것이다。 그러나 최근 백제가 그 지방을 침노하게 되면서 六년 동안은 해로가 통하지 않으니 누가 라주 일경을 무마하여 주겠는가?』

대광 제궁(悌弓) 등이

『유 금필 외에는 적당한 사람이 없습니다。』

태조가

『요사이 신라와의 교통이 막혀졌을 때 유 금필이 가서 개통하여 놓았던 것이다。 나는 그의 과한 수고를 념려하여 차마 또 나가라고 명령하기가 어렵구나。』

유 금필이 그 말을 듣고

『제가 벌써 나이는 늙었으나 국가 대사에 어찌 전력을 들이지 않을 수 있겠습니까。』

태조 감격하여 눈물을 흘리면서

『경이 만일 내 말을 승인한다면 그 이상 기쁜 일이 있겠는가?』

이렇게 말하고 유 금필을 도통 대장군으로 임명하고 례성강까지 전송하였다。 임금 자신의 배를 주어서 보내면서 三일간을 두고 두류하다가 유 금필이 배를 타고 나서야 비로소 돌아왔다。

유 금필은 라주에 가서 그곳 인민을 안정시키고 돌아왔다。 그가 개선할 때 태조가 또 례성강까지 나가 환영하였다。

그후 유 금필은 태조를 따라서 백제를 정복하고 나서 수년 후에 죽었다。

유 금필은 장령의 지략이 있고 군사들의 지지를 받았다。 항상 출전할 때에는 명령만 받으면 그 날로 출발하여 자기 집에서 자지 않았다。 또한 승리하고 개선할 때에는 태조가 반드시 출영하여 위로해 주었다。 태조의 총애를 시종 여일하게 받는 점에 있어서 다른 장령들이 따를 수 없었다。

시호(諡號)를 충절공(忠節公)이라고 하고 태사(太師) 벼슬을 증직(贈職)하였으며 태조 사당(太祖廟)에 배향(配享)하였다。

강 감찬전

강 감찬(姜邯瓚)의 본명은 은천(殷川)이였다。 그의 五대조 여청(餘淸)은 신라로부터 와서 시흥군에서 살았다。 그의 아버지 궁진(弓珍)은 태조에게 복무하여 삼한 벽상공신(三韓壁上功臣)이 되였다。

강 감찬은 소년 시절에 공부하기를 좋아 하였을 뿐 아니라 기묘한 꾀가 많았다。

성종(成宗)(고려 六대왕—역주) 때에 갑과(甲科)(과거 시험 중 최고 과목—역주) 시험에 일등으로 당선되고 그후 여러번 승급되여 례부시랑(禮部侍郞)이 되였다。

현종(顯宗)(고려 八대왕—역주) 원년에 거란(契丹)의 임금이 자신으로 서경(西京)(현재의 평양을 의미한다—역주)을 침략하였다。

고려군의 패보가 도착하였을 때 모든 신하들은 항복할 것을 주장하였으나 강 감찬만은

『오늘의 이 교란시니는 죄가 강 조(康兆)에게 있습니다。(강 조가 고려 七대왕 목종을 죽이고 정변을 일으킨 틈을 타서 거란이 침입하였다—역주) 걱정할 것 없습니다。 다만 적은 다수이고 우리는 소수이니 그의 예봉을 피하여 서서히 회복할 것을 계획해야 할 것입니다。』

이리하여 왕에게 권고하여 복주(福州)(현재 함경북도 단천 지방—역주)로 피란하게 하고 사람을 거란군에 파견하여 강화를 체결하였다。 이리하여 거란군은 일단 물러갔던 것이다。

현종 五년에 강 감찬은 서경수(西京守)에 내사시랑 문하 평장사(內史侍郞門下平章事)로 임명되였다。

국왕은 그 임명장에 친필로 다음과 같이 썼다。

『경술(庚戌)년 간에 적군이 한강 가에까지 들어왔을 때에 그때 만일 강공의 계책을 쓰지 않았던들 전국 인민은 노예로 되였을 것이다。』

이 글을 본 세상 사람들이 모두 강 감찬의 무한한 영광이라고 생각하였었다。

거란 소 손녕(蕭遜寧)이 침략을 개시하면서 자기 군대를 十만 대군이라고 떠벌리였다。

그때 강 감찬이 서북면(西北面) 행영 도통사(行營都統使)로 되여 있었다。 왕이 그를 상원수(上元帥)로 임명하고 강 민첨(姜民瞻)을 부원수로 임명하였다。 그리하여 장군들은 二十만 八천 三백명을 령솔하고 녕주(寧州)와 흥화진(지금 의주 지방—역주) 사이에 주둔하고 있으면서 기병 一만 二천명을 선발하여 산골에 매복시키고 커다란 참밧줄로 무수한 소가죽을 꿰여 동편의 큰 강을 가로 막아 두고는 대기하고 있었다。

적군이 그 곳에 당도하여 강을 건늘 때에 막았던 가죽 보(洑)를 트면서 동시에 복병을 일시에 출현시켜 적을 철저히 격파하였다。

그러나 소 손녕이 군사를 끌고 바로 수도로 달려들고 있었다。 그때 강 민첨이 그들을 자주(慈州) 래구산(來口山)까지 쫓아가서 다시 크게 격파하였다。

그 이듬해 정월에 거란군이 수도에 육박하므로 강 감찬이 병마 판서(兵馬判書) 김 종현(金宗鉉)에게 군사 만명을 인솔시켜 시급히 쫓아가서 수도를 방어하도록 하였다。

거란군이 실패하고 퇴각하면서 련주(漣州)와 위주(渭州)에 도달하였을 때 강 감찬이 그를 불의에 습격하여 五백여명을 죽이였다。

그해 二월에 거란군이 구주(龜州)를 통과할 때에 강 감찬 장군이 그를 구주 동편에서 요격하였다。

량편 군사가 대치하여 승부가 결정되지 않고 있을 때 마침 폭풍우가 남쪽에서 불어와서 깃발들이 북쪽을 가리키고 있을 때에 고려군이 공격을 개시하니 사기 왕성하였다。

거란병이 북쪽으로 도망을 가므로 그를 추격하여 석천(石川)을 건너서 반령(盤嶺)까지 가는 도중에 적의 전사자가 들판을 덮었고 포로 당한 군사와 노획한 말, 낙타, 갑옷, 투구, 칼, 창들은 이루 다 헤아릴 수가 없었다. 살아서 돌아간 놈은 겨우 수천명에 불과하였다.

거란군이 우리에게 여러번 패배하였지마는 그 때처럼 참패한 적이 없었다.

거란의 임금이 이 말을 듣고 화가 버럭히 나서 사람을 보내어 소 손녕을 책망하여 이렇게 말하였다.

『너는 적을 경시하고 너무 깊이 들어 갔다가 이 지경이 되었으니 무슨 면목으로 나를 만나려느냐! 너는 낯가죽이 두터운 자이니 당연히 낯가죽을 벗겨서 죽여야 하겠다.』

강 감찬이 三군을 인솔하고 돌아와서 포로들과 노획품을 헌납하였다. 강 감찬이 개선할 때에 국왕 자신이 영파역(迎波驛)까지 마중 나가서 비단 천막을 치고 풍악을 잡히며 장병들을 위안하고 금화팔지(金花八枝)를 국왕 자신의 손으로 강 감찬의 머리에 꽂아 주고 한 손으로 강 감찬의 손을 잡고 다른 손으로는 술잔을 들어 전하면서 일변 위로하고 일변 감탄하여 그칠 줄 몰랐다. 강 감찬이 사양하며 하였으나 어떻게 할 수 없었다. 그 역의 이름을 고치어 흥의역(興義驛)이라고 부르게 하고 역리(驛吏)들을 갓 쓰고 띠 띠게 하여 고을 아전들과 동일한 대우를 하게 하였다.

강 감찬이 이미 늙었을 때 국왕에게 말하여 벼슬을 사양하며 하였으나 국왕이 허락하지 않고 노인을 위하여 안석과 지팡이를 주고 사흘만에 한번씩만 조회에 출석하도록 하였다. 그리고 그에게 검교태위 문하시랑(檢校太尉門下侍郞) 겸 내사문하 평장사(內史門下平章事)와 천수현 개국남(天水縣開國男)을 주고 식읍 三백호를 봉하고 추충협모 안국공신(推忠協謀安國功臣)이란 칭호를 내리었다.

현종 十一년에 강 감찬이 다시 벼슬을 그만 둘 것을 요청하였느니 국왕이 허락하고 특히 검교 태부(太傅)에 천수현 개국 자작으로 봉해주고 식읍 五백호를 봉하였다.

국도에 성곽이 없으므로 강 감찬이 성 쌓을 것을 요청하였다. 왕이 승낙하여 고려 국도에 비로소 성을 쌓게 되었다.

덕종(德宗)(고려 九대왕—역주)이 즉위하여 개부의동삼사(開府儀同三司) 위계에 추충협모 안국봉상공신(推

忠協謀安國奉上功臣) 칭호에 태사시중(太師侍中) 직위에 천수군 개국후(天水郡 開國侯)의 작위를 주고 식읍 천호를 봉하였다.

그 후 얼마되지 않아서 강 감찬이 죽으니 나이가 八十四세였다.

시호(諡號)를 인헌(仁憲)공이라 하고 전체 관원들에게 명령하여 회장(會葬)하게 하였다.

전설에 어떤 사신(使臣)이 밤에 시흥군에 갔을 때에 큰 별 한개가 어떤 집에 떨어지는 것을 보고 사람을 보내여 가보고 오라고 하였다. 마침 그 집 부인이 아들을 낳았다고 하는 것이였다. 사신이 이상하게 생각하고 그 아이를 데려다가 길렀던 것이다. 그가 바로 강 감찬이였다.

강 감찬이 재상이 되였을 때에 송 나라 사신이 강 감찬을 보고 저도 모르게 절을 하면서

『문곡성(文曲星)(술가들이 말하는 소위 아홉가지 별(九星) 중의 하나—역주)이 보이지 않은지 오래되였더니 그 별이 지금 여기 있습니다그려』 하였다고 한다.

강 감찬의 성격은 청렴 겸손하고 사 생활을 돌보지 않았다. 그의 체구는 왜소하고 용모는 초라하고 그의 의복은 람루하여 보통 사람과 다른 점이 없었다.

그러나 한번 정색하고 조정에서 국가의 대 정책을 결정할 때에는 우뚝 솟아 국가의 동량으로서의 풍모를 나타내였다. 당시 농사는 풍성하고 인민의 생활은 안정되고 국 내외가 평화한 것은 모두 강 감찬의 공인 것이라고 말들 하였다.

강 감찬이 벼슬을 사퇴하고 성남의 별장으로 돌아가 살면서 락도교거집(樂道郊居集)이란 책과 구선집(求善集)이란 책을 저술하였다.

뒷날 현종의 사당에 배향하였다.

리조 정종 때 개성부에서 오래된 탑(塔) 한개를 발견하였는데 거기에 강 대사가 조국을 위하여 복을 빈 글이 씌여 있었다. 거기에 감찬(邯贊)의 찬(贊)자가 찬(瓚) 자로 씌여 있기 때문에 그 석본(石本)대로 고쳐 둔다.

양 규 전

양 규(楊規)는 목종 때 사람으로 루차 승급하여 형부랑중(刑部郎中)으로 되였다。 현종 원년에 거란의 임금이 그 자신 군사를 거느리고 강 조(康兆)를 토벌한다면서 흥화진(興化鎭)을 포위하였다。

그 때에 양 규는 도순검사(都巡檢使)로서 흥화진사(鎭使) 정 성(鄭成)과 부사(副使) 리 수화(李守和)와 함께 성을 고수하고 있었다。

거란왕이 통주(通州)(지금 평안도 선천 지방—역주) 성 밖에서 벼 베는 남자와 녀자를 붙잡아 가서 각각 비단 옷을 주면서 화살에 맨 편지 한장과 군사 三백 여명을 주어 흥화진으로 보내여 항복할 것을 권고하게 하였다。

그 화살 편지에는

『당신들 나라의 전날 임금이 오래 동안 우리 나라와 화친하여 온 것을 고맙게 생각하였었다。 그러나 지금 역적 강 조가 임금을 죽이고 어린 사람을 세웠으므로 내가 직접 정병을 거느리고 국경에 왔으니 강 조를 붙잡아서 내게 보내면 즉시 회군할 것이고 만일 그렇게 하지 않는다면 바로 개성으로 들어가서 당신들의 처자를 죽여버리고 말 것이다。』

그리고 포고문을 화살에 매여 가지고 성문에 쏘아 꽂았다。

『흥화진 성주와 군인들과 백성들에게 고하노라! 당신들은 전 왕이 당신들을 애호하여 준 은혜를 입었고 려사에서 충신이나 혹은 역적으로 되는 연유를 알만도 하니 당연히 나의 마음을 리해하여 뒷날 후회하지 않게 하라!』

양 규 등은 두번이나 고려 임금에게 글을 올리여 항복하지 말기를 요청하였다.

거란 임금이 양 규가 항복하지 않겠다고 결심한 것을 짐작하고 군사를 동산(銅山)밑으로 옮기였다.

강 조가 군사를 끌고 통주성 남쪽으로 나가서 싸우다가 실패하여 포로가 되였다. 그리고 행영 도통부사(行營都統副使) 리 현운(李鉉雲)、판관(判官)、로 전(盧戩)、감찰어사(監察御史)、로 의(盧顗) 등이 모두 붙들리였다. 그리고 행영도 병마부사 로 정(盧頲)、사재승(司宰丞) 서 숭(徐崧)、주부(注簿) 로 제(盧濟) 등은 전사하였다.

이리하여 거란군이 장구 전진하게 되였다. 그때 좌우 기군(奇軍) 장군 김 훈(金訓)、김 계부(金繼夫) 등이 완항령(緩項嶺)에 복병하고 있다가 적을 불의에 습격하여 단병 접전으로 격파하였다. 그리하여 거란군이 조금 퇴각하였다. 그러나 그들이 강 조의 편지를 위조하여 흥화진에 보내여 다시 항복할 것을 권고하였다.

양 규는

『나는 왕의 명령을 받은 것이고 강 조의 명령을 받은 것이 아니다.』

이렇게 말하고 끝까지 항복하지 않았다.

거란은 다시 로 전과 합문사(閤門使) 마 수(馬壽)로 하여금 격문을 가지고 통주로 가게 하여 항복을 권고하는 것이였다.

중랑장(中郎將) 최 질(崔質)과 홍 숙(洪淑)이 분연히 일어나서 로 전과 마 수를 붙들어 들이고 문을 닫아걸고 성을 고수하였다.

거란군이 곽주(郭州)로 들어갔을 때 방어사(防禦使) 조 성유(趙成裕)는 밤중에 도주하여 버리고 대장군 대회덕(大懷德)、공부랑중(工部郎中) 리 용지(李用之)、례부랑중(禮部郎中) 간 영언(簡英彦) 등은 모두 전사하고 성은 드디여 함락되였다.

거란은 그 곳에 六천명을 남겨 두어 수비하게 하였다.

양 규는 흥화진으로부터 군사 七백여명을 데리고 통주에 이르러 다시 군사 천명을 수습하여 곽주로 가서 거란의 수비군을 습격하여 완전히 섬멸하였다.

三 그 이듬해에 거란 임금이 고려 수도에 침입하여 궁궐을 소각하고 퇴각하였다. 적이 퇴각하는 도중에 구주(龜州) 별장 김 숙흥(金叔興)은 중랑장 보량(保良)과 함께 거란군을 쳐서 만여명을 처치하였다.

양 규는 거란군을 무로대(無老代)에서 습격하여 二천여명을 베고 그들에게 포로당한 고려 남녀 三천여명을 탈환하였다. 그리고 또한 리수(梨樹)에서 싸워 二천 五백여명을 베고 포로 천여명을 탈환하였다. 사흘 후에 다시 여리참(余里站)에서 싸워 천여명을 죽이고 포로 천여명을 탈환하였다. 그날 세번이나 싸워 세번 다 승리하였다.

다시 적의 선봉을 애전(艾田)에서 포착하여 격파하고 一천여명을 베여 죽이였다.

그러던 참에 거란의 대군이 돌연히 닥치였다. 양 규는 김 숙흥과 함께 온 종일 전력을 다하여 싸웠으나 군사들은 다 없어지고 화살은 다 되여 두 사람이 함께 전사하고 말았다.

거란군은 도처에서 고려 장수들의 습격을 당하여 압록강을 건너 도망할 수 밖에 없었다. 그때 흥화진사(興化鎭使) 정 성(鄭成)이 거란군을 추격하였다. 그들이 강을 반쯤 건너갔을 때에 배후로부터 공격하여 거란군이 물에 빠져 죽은자 무수하였다. 따라서 함락되였던 성들이 모두 회복되였다.

양 규는 고군 약졸로 열흘 동안에 일곱번 전투하여 적군의 목을 벤 것만도 수없이 많고 탈환한 포로가 三만여명이요, 로획한 락타, 말, 무기 등이 한정도 없었다.

그의 공훈을 표창하기 위하여 공부상서(工部尙書)를 증직하고 양 규의 처 은률군(殷栗郡) 홍(洪)씨에게 량곡 백석을 주어 평생 먹고 살게 하고 아들 대춘(帶春)에게는 교서랑(校書郞) 벼슬을 주고 김 숙흥에게는 장군을 증직하고 그의 어머니에게는 해마다 서속 五十석을 주고 두 장군에게 다 삼한 벽상공신(三韓壁上功臣)이란 칭호를 주었다. 문종 초에 공신각을 짓고 두 장군의 초상을 안치하였다.

윤 관 전

윤 관(尹瓘)의 자는 동현(同玄)인데 파평(坡平) 윤씨였다.

그의 고조부 신달(莘達)은 고려 태조를 도와서 삼한 공신이 되였다. 부친 집형(執衡)은 소부소감(少府少監)이였다.

윤 관은 급제하여 습유보궐(拾遺補闕)을 력임하고 동궁시강관(東宮侍講官)에 어사대부(御史大夫)로, 리부상서(吏部尙書)로, 한림학사(翰林學士)로 등용되였다.

당시에 녀진족은 발갈의 유족으로서 중국의 수 나라, 당 나라 때에 고구려에 합병되여 산골과 해변에 흩어져 살면서 통일되여 있지 못하였다.

그들 중 정주(定州)와 삭주 근처에서 살던 자들은 고려에 복종한다고 하면서도 금방 모반하였다가 금방 다시 복종하였다가 결정이 없었다.

영가(盈歌)와 오아속(烏雅束) 등이 차례로 추장이 되면서부터 제법 인심을 얻어서 그 세력이 점차로 커갔다.

그들 지역과의 경계선에는 련산이 동해안에서 시작하여 고려 북쪽 경계에 솟아 있었다. 지형이 험난하여 사람이나 말이 들어갈 수가 없었다. 오직 한갈래의 사이길이 있는데 그것을 속칭 병목(甁項)이라고 불렀다. 공을 세우겠다고 생각하는 사람들은 가끔 그 병목을 막아버려 녀진의 출로를 차단하고 출병하여 그들을 정복하자고 건의하기도 하였던 것이다.

녀진 군사들이 정주(定州) 관문 밖에 와서 주둔하고 있었다. 그들이 고려에 대하여 어떠한 음모가 있다고 생각하고 그의 추장들인 허 정(許貞)과 라 불(羅弗)을 붙잡아다가 광주(廣州) 땅에 가두워 두고 심문한 결과 그들이 과연 음모하고 있었다는 것을 알게 되였다。 따라서 그들을 그대로 가두워 두었다。

그때 마침 변방 수비장 리 일숙(李日肅) 등이 보고하기를

『녀진은 실상 미약한 것으로 아무 것도 겁낼 것은 없습니다。 그러나 이 기회에 그들을 정복하지 않다가는 뒷날 반드시 환이 있을 것입니다。』

또한 때마침 오아속이 다른 부족의 부내로(夫乃老)와 사이가 좋지 않았다。 오아속은 그를 공격한다고 하면서 고려 국경에 와서 주둔하고 있었다。 고려왕은 림 간(林幹)을 보내여 그를 방어하게 하였다。

림 간이 녀진 부락으로 너무 깊이 들어가서 공격하다가 그만 참패를 당하고 녀진은 승리한 기세로 정주 선덕관성(宣德關城)으로 몰려들어 살상과 략탈을 자행하고 있었다。

그때 윤 관으로 림 간을 대신하여 동북면 행영 도통(東北面行營都統)으로 임명하고 부월(鈇鉞)(임금이 출정하는 장수에게 특히 주는 무기—역주)을 주어서 보내였다。

윤 관이 녀진군과 싸워 三十여명을 베였으나 이편도 반이나 사상하고 형세가 불리하여 드디여 좋은 말을 하여 사화하고 돌아왔다。

국왕이 걱정하여 천지 신명에게 국경의 적의 소탕을 원조하여 줄 것을 기원하고 그 곳에 사찰을 세웠다。

윤 관이 참지 정사(參知政事)에 판상서 형부사(判尙書刑部事)로 좌천되였다。 그는 임금에게 다음과 같이 말하였다。

『제가 보기에는 적의 세력은 강하여 승부를 예측하기 곤난하오니 그간에 력량을 축적하여 뒷날을 기다리는 것이 좋을 듯 합니다。 제가 패배한 것은 적의 기병과 아군의 보병이 서로 상대가 될 수 없었던 때문입니다。』

이리하여 임금에게 건의하여 별무반(別武班)이란 군대를 조직하여 문관과 무관 중 직책이 없는 자와 아전輩、장사들、남의 종들까지를 전부 거기에 편입하고 지방의 말 가진 사람은 신기(神騎) 부대에、말 안가진 사람은 신보(神步)、조탕(跳蕩)、경궁(梗弓)、정노(精弩)、발화(發火) 등의 각 부대로 편입시켰다。

나이가 二十세 이상되는 남자 중에서 아들없는 자는 전부 신보 부대 서반(西班)에 소속시켜 전체 진부(鎭府)의 군인들과 함께 사시를 가리지 않고 훈련시키였다。 그리고 또한 승려들을 선발하여 항마군(降魔軍)을 조직하였다。

예종(睿宗)(고려 一六대 왕—역주) 二년에 변강 수비장으로부터

『녀진이 돌연 변경에 침입하였다。 그들의 추장은 호로병 한개를 처마끝에 매달아 놓고 부락 사람들에게 의논할 일이 있다고 광고하고 있으니 그의 흉계를 알 수 없다』

라고 하는 보고가 들어왔다。

국왕이 그 말을 듣고 중광전(重光殿)에 나가서 불감(佛龕)(부처를 안치하여 두는 통—역주)에 두었던 숙종(肅宗)(고려 一五대 왕—역주)왕의 맹세문을 량부대신(兩部大臣)들에게 보이였다。 대신들이 그것을 보고 감격하여

『선대 대왕의 유언이 이다지 간절하오니 어찌 이 일을 잊어 버릴 수가 있겠습니까?』

모두다 선대의 뜻을 계승하여 적을 칠 것을 요청하였으나 국왕이 주저하고 있었다。

이때 평장사 최 홍사(崔弘嗣)가 려대 임금의 사당 앞에서 점을 쳐 보았다。 그리하여 전쟁을 개시하여도 무방하다는 결론을 얻었다(그때 얻은 점패는 감(坎)괘와 기제(旣濟)괘였다。 그것은 난관은 있으나 충분한 준비와 열성으로 일하면 성공한다는 괘이다。 그러나 당시의 력사적 사실은 점의 결론대로 되지 않았다는 것은 물론이다—역주)。 드디여 출병하기를 결정하고 윤 관으로 원수를 삼고 지추밀원사(知樞密院事) 오 연총(吳延寵)으로 부원수를 삼았다。

오 연총은 확신이 없어서 윤 관을 보고 자신없음을 말하였다。 그러나 윤 관은 결연히 반대하여

『모든 것은 이미 결정되였소。 무엇을 주저한단 말이요。』

국왕은 서경 위봉루(威鳳樓)에 올라가서 부월을 윤 관에게 주면서 환송하였다。

윤 관과 오 연총은 동계(東界)로 나가서 장춘역(長春驛)에 진을 쳤다。 병력이 十七만인데 二十만이라고 선전하였다。 병마판관(兵馬判官) 최 홍정(崔弘正)과 황 군상(黃君裳) 등을 정주(定州)(현재 함경북도 덕원 지방—역주)와 장주(長州)로 각각 파견하여 녀진 추장에게 거짓말로

『우리 나라는 너의 추장들인 허 정과 라 불을 석방하여 돌려보내겠으니 너희들은 와서 지시를 들으라』
고 일러 보내고 군사를 매복시켜 기다리고 있었다。

녀진의 추장이 그 말을 곧이 듣고 고라(古羅) 등 四백여명이 와서 술을 먹고 만취한 기회에 복병들이 일어나서 그들을 섬멸하였다。 그러나 그 중 기운이 세고 령리한 놈 五、六十명은 성문까지 왔다가 의심을 품고 들어오지 않았던 것이다。 그러므로 병마판관 김 부필(金富弼)과 록사(錄事) 척 준경(拓俊京)을 길 좌우로 논아 매복케 하고 최 홍정에게 정예한 기병을 인솔하고 그들에 호응하도록 하여 적을 거의 모조리 소탕하였다。

윤 관은 자신이 五만 三천명을 거느리고 정주 대화문(大和門)으로 나가고 중군 병마사(兵馬使)이며 좌복야(左僕射)인 김 한충(金漢忠)은 三만 六천 七백명으로 안륙수(安陸戍)로 나가고 좌군 병마사이며 좌상시(左常侍)인 문 관(文冠)은 三만 三천 九백명으로 정주 홍화문(弘化門)으로, 우군 병마사이며 병부상서(兵部尙書)인 김 덕진(金德珍)은 四만 三천 八백명으로 선덕진(宣德鎭)으로 각각 진격하였다。

그리고 또 선병 별감(船兵別監) 량 유송(梁惟竦)과 원흥 도부서사(元興都部署使) 정 숭용(鄭崇用)、진명 도부서 부사(鎭溟都部署副使) 견 응도(甄應圖) 등이 해군 二천 六백명을 데리고 도린포(道鱗浦)로 나갔다。

윤 관의 군사가 대내파지촌(大乃巴只村)을 지나는데 반날이나 계속하였는데 녀진군은 고려 군사들의 세력이 극히 왕성한 것을 보고 제대로 도망하여 버리고 가축들만 들판에 널려 있었다。 문내니촌(文乃泥村)에 당도하였을 때 적은 보동음성(保冬音城)으로 들어가므로 윤 관이 병마 금할(兵馬鈐轄) 림 언(林彦)과 최 홍정을 보내여 급히 추격하여 섬멸적 타격을 주었다。

좌군이 석성(石城) 앞에 도달하였을 때 녀진군이 그곳에 모여 있는 것을 보고 사람을 보내여 항복을 권고하였다。 그러나 녀진군은

『우리는 싸워서 승부를 결정하려 한다。 항복이란 다 무엇인가?』 하고 석성에 들어가서 저항하는 것이였다。 화살과 돌맹이가 비오듯 쏟아지는 통에 고려군이 전진할 수 없는 형편이였다。

윤 관이 척 준경에게

『날은 저물고 일은 급하게 되였다。 장군 리 관진(李冠珍)과 함께 공격하는 것이 좋을 것이다。』

최 준경은

『제가 전일에 죄를 범하였을 때에 장군이 저를 장사라는 것으로 조정에 요청하여 용서를 받게 하였습니다。 오늘은 최 준경이 생명을 바치여 은혜를 갚을 날입니다』

라고 대답하고 갑옷을 떨쳐 입고 방패를 움켜쥐고 석성으로 달려가서 적진중에 돌입하여 적의 추장 두어놈을 쳐 죽이였다。 이 때에 윤 관은 좌군과 합력 공격하여 결사적으로 싸워서 대 승리를 거두었다。 적군은 저희끼리 암석에 떨어져서 남녀 로소할 것 없이 모조리 죽고 말았다。

최 준경에게 비단 三十필을 상으로 주었다。

그리고 최 홍정 김 부필을 보내여 이위동(伊位洞)의 적을 쳐서 머리 一천 二백을 베고 중군은 고사한촌(高史漢村) 등 三十五개 촌을 무찔러 적의 머리 三백 八十을 자르고 二백 三十명을 포로하였다。 우군은 광탄촌(廣灘村) 등 三十二개 촌을 쳐서 二백 九十명을 베고 三백명을 포로하였으며 좌군은 심곤촌(深昆村) 등 三十一개 촌을 공략하여 九백 五十명을 베고 윤 관군은 대내파지촌 이하 三十七개 촌을 공략하여 二천 一백 二十명을 자르고 五백명을 포로하였다。

그리고 나서 윤 관은 록사 유 영약(俞瑩若)을 보내여 첩보를 전달하였다。 국왕은 기뻐서 유 영약에게 七품의 벼슬을 주고 윤 관、오 연총 두 원수와 기타 장령들에게 글을 내리여 찬양하고 각각 적당한 상을 주었다。

윤 관은 다시 장령들을 보내여 국경을 확정하였다。 그때 고려 국경은 동쪽으로는 화관령(火串嶺)에 도달하고 북쪽으로는 궁한이령(弓漢伊嶺)에 미치고 서쪽으로는 몽라골령(蒙羅骨嶺)에 뻗치였다。

다시 일관(日官)(일에 착수하는 날을 고르는 일을 맡은 벼슬—역주) 최 자호(崔資顥)를 보내여 몽라골령 밑에 터를 잡아 성을 쌓니 그 길이가 九백 五十간이였다。 그 곳을 영주(英州)(현재 길주 지역—역주)라고 명명하고、화관령 밑에 九백 九十二간의 성을 쌓고 그 곳을 웅주(雄州)(현재 길주 지역—역 주)라고 부르고、오림금촌(吳林金村)에는 성 七백 七十四간을 쌓고 그 곳을 복주(福州)(현재 단천 지역—역주)라고 하고、궁한이촌에는 六백 七十간의 성을 쌓고 길주(吉州)라고 불렀다. 그리고 영주 성내에 호국 인왕사(護國仁王寺)와 진동 보제사(鎭東普濟寺) 두 절을 창건하였다.

그 이듬해에 윤 관과 오 연총은 정병 八천명을 인솔하고 가한촌(加漢村)의 병목 같은 소로로 진출하였다. 적은 그것을 알고 숲 속에 숨어 있다가 윤 관군이 도착하였을 때 불의에 습격하여 윤 관군이 괴멸하고 겨우 十여명이 남아 있을 뿐이였다. 윤 관은 적에게 겹겹으로 포위되였고 오 연총은 화살을 맞았다. 형세가 대단히 위급하였다.

이 때에 최 준경이 용사 十여인을 데리고 윤 관을 구출하려고 하니 그의 아우 랑장(郞將)인 최 준신(拓俊臣)이 만류하여

『적진이 견고하여 지금 깨뜨릴 수 없는 것인데 공연히 죽어서 무슨 소용이 있단 말입니까.』

최 준경은

『너는 집에 가서 부모를 봉양하는 것이 좋다. 내야 벌써 국가에 바친 몸이니 의리상 가만이 있을 수 없다.』

이렇게 말하고 소리소리 웨치면서 적진에 돌입하여 단번에 十여명을 쳐 죽이였다. 그리고 최 홍정과 김 관의도 군사를 끌고 산골에서 달려나와 원조하였다. 적은 형세 불리하여 군사를 거두어 도망하므로 그를 추격하여 三十六명을 베여 죽이였다.

윤 관 등이 영주에 돌아와서 최 준경의 손을 잡고 감격하면서

『지금부터 나는 너를 조카같이 여길 것이니 너는 나를 아저씨로 생각하여 다오.』

임금의 승인을 받아 최 준경에게 합문기후(閤門祇侯) 벼슬을 주었다.

녀진 추장 아로환(阿老喚) 등 四백 三명이 윤 관의 진 앞에 와서 항복할 것을 요청하고 또 남녀 一천 四백 六十여명이 좌군에 항복하였다.

그러나 조금 뒤에 돌연 적 보병, 기병 합하여 二만명이 영주성 남쪽에 와서 진을 치고 소리소리 도전하여 왔다.

윤 관은 림 언(林彦)과 의논하기를

『저것들은 많고 우리는 적으니 형세가 당할 수 없소。성을 고수하고 있을 수 밖에 없을 것 같소。』

척 준경이

『만일 우리가 나가서 싸우지 않는다면 적군은 날마다 불어만 갈 것이고 게다가 성 중에는 식량도 다 되였는데 외부로부터 원군도 오지 않습니다。이 일을 어쩌단 말입니까、전일에 제가 전승하는 광경을 여러분들이 참관하지 못하였은즉 지금 제가 사력을 다하여 싸울 것이니 여러분은 성 우에 올라서서 싸움 구경을 하시기를 바랍니다。』

이렇게 말하고 결사대를 데리고 성을 나서서 싸워 적 十九명의 목을 자르니 적은 북쪽으로 패주하고 말았다。척 준경은 북을 치고 피리를 불면서 돌아왔다。윤 관이 마루에서 내려가서 환영하면서 손을 마주 잡고 마주 절하였다。

대도독부(大都督府) 승선(承宣)인 왕 자지(王子之)가 공험성(公嶮城)에서 군사를 거느리고 오다가 적의 추장사 현(史現)의 군대를 만나 싸웠으나 불리하게 되였다。이 말을 듣고 척 준경이 정병을 인솔하고 가서 그를 구원하여 적을 격파하고 적의 말을 탈취하여 돌아왔다。

녀진군 수만명이 또 웅주를 포위하였다。최 홍정이 장병들을 고무하니 모두다 사기 왕성하여 결사전을 할 각오를 가지였다。즉시 사방의 성문을 열어 제끼고 일제히 출격하여 적을 산산히 격파하고 八十여명을 포로하였거나 목베였고 병차(兵車) 五十대와 중차(中車) 二백대와 말 四十필을 로획하였다。

이 때에 척 준경이 성 중에 있었는데 웅주 태수가 그에게 이렇게 말하였다。

『성을 수비한지도 인제 오래되였고 군량도 다 되였소。당신이 만일 성을 탈출하고 나가서 군사를 수습하여 가지고 구원하지 않는다면 성 중의 장병들은 조만간 아무 것도 먹을 것이라고는 없이 될 것이요。』

척 준경이 그 말을 듣고 병졸의 다 해진 옷을 빌려 입고 밧줄로 성을 넘어 탈출하여 정주로 갔다。거기에서 군사를 정돈하여 통태진(通泰鎭) 자야등포(自也等浦)로 돌리서 길주에 이르렀을 때 거기에서 적을 만나 전투하여대 승리를 얻었다。 이것을 본 성 중 사람들은 감격하여 울기까지 하였던 것이다。

윤 관은 다시 영주、복주、웅주、길주、함주 그리고 공험진에 각각 성을 쌓고 공험진에 비를 세워서 국경을 표시하였다。 그리고는 자기 아들 언순(彥純)을 왕에게 보내여 보고하는 동시에 축하를 올리였다。

왕은 내시를 윤 관에게 보내여 술을 하사하고 림 언(林彥)에게 명령하여 윤 관의 업적을 엮주 청사의 벽상에 다음과 같이 기록하였다。

『녀진과 우리 나라는 강약과 다소에 있어서 그의 세력이 현수한 차이가 있는 데도 불구하고 녀진은 우리 나라의 변강을 엿보고 틈을 타서 장난을 하며 우리 인민을 살해할 뿐 아니라 그들에게 붙잡혀 가서 그들의 노예로 된 자도 다수에 달하였다。 그러므로 숙종(肅宗)왕이 분노하여 군사를 정비하여 정의의 전쟁을 하려 하였으나 성과를 종화하기 전에 칼을 영원히 놓으시고 말았다。 현재 임금이 왕위를 계승하여 三년을 지내고 겨우 대상(大祥)(부모가 사망한 후 二주년 추도제—역주)과 담제(禫祭)(대상을 지내고 나서 一개월 후에 상복을 벗는 제사—역주)를 치르자마자 신하들에게 말하기를 「녀진은 원래 고구려의 한개 부족으로서 개마산(蓋馬山) 동편에 모여 살면서 대대로 공납을 하여 왔고 우리 선조들의 해택도 많이 받아왔다。 그런데도 불구하고 그들이 일조에 배반하여 곱쓴 짓을 하고 있으므로 선고께서 대단히 화를 내시였던 것이다。 어찌 정의의 짓밟음을 듣고 선군의 치욕을 씻지 않을 수가 있겠는가?」』

이렇게 말하고 중서시랑 평장사인 윤 관을 행영 대원수로 지추밀원사이며 한림학사인 오 연총을 부원수로 각각 임명하여 정병 三十만명을 인솔하고 전력을 다하여 토벌하게 하였다。

윤 관은 일찍 김 유신의 인격을 사모하여

『六월에 강물이 일어서 三군이 얼음을 타고 도하하였다고 하니 지성이 있으면 이러한 일도 있을 수 있는 것이다。』

이렇게 말하고 출병하여 자신 무기를 잡고 적의 경내에 용약 돌입하였다。 三군이 노호하여 한 사람이 백명을 당하여 내는 기세였다。 적군 六천여명을 베였고 그들의 무기를 수없이 로획하였다。 우리 진영에 와서 항복한 자가 五천여명에 달하고 위세를 보기만 하고 혼비백산하여 북쪽으로 도망한 자는 수도 없었다。 녀진은 대세모 고려하지 않았기 때문에 스스로 멸망하게 된 것이다。 녀진이 사는 지방은 三백리 어간으로 동쪽으로는 바다에 대여 있고 서쪽으로는 개마산을 끼고 남쪽으로는 장주、정주에 련접하여 있다。 산천은 아름답고 토지는 비옥하여 우리 나라 백성이 살만한 땅으로서 그것은 본래 고구려의 령토였던 것이다。 그것을 증명하는 비석과 유적들이 지금도 남아 있다。 그후 고구려가 그 땅을 상실하였던 것을 우리 나라가 다시 회수하게 된 것이다。 이것은 자연스러운 리치이다。

이리하여 그 곳에 六성(六城)을 설치하였으니 첫째는 진동군(鎭東軍) 함주 대도독부(咸州大都督府) 관할로서 군사와 백성이 一천 九백 四十八호이다。 둘째는 안령군(安嶺軍) 영주 방어사 관할로서 군사와 백성이 一천 二백 三十八호、세째는 녕해군(寧海軍)、 웅주방어사 관할로서 군사와 백성이 一천 四백 三十六호、 네째는 길주 방어사 관할로서 군사와 백성이 六백 八十호、 다섯째는 복주 방어사 관할로서 군사와 백성이 六백 三十二호、 여섯째는 공험진(현재 회령 지역—역주) 방어사 관할로서 군사와 백성이 五백 三十二호이다。 그들 가운데 우수하고 재능있고 책임 맡길만한 사람을 선발하여 관리하게 하였다。 시경(詩經)(중국 고대 민요 중 三백 一一편을 수집한 책—역주)에서 말하는 『번강 족속들은 교양하여 왕실의 울타리로 한다』고 한 말이 이것이다。

윤 관이 포로 三백 四十六명、말 九十六필、소 三백여두를 헌납하였다。

선주(宣州)(현재 덕원 지역—역주)、통태진(通泰鎭)、평융진(平戎鎭)에 각각 성을 쌓고 함주、영주、웅주、길주、복주、공험진 등과 함께 북쪽 변방의 아홉성으로 정하여 고려 남부 지방 인민들을 이주시키어 고루 살게 하였다。

국왕은 윤 관에게 추충좌리 평융척지 진국공신(推忠佐理平戎拓地鎭國功臣)이라는 칭호와 문하시중(門下侍中)、 판상서 리부사(判尚書吏部事)、 지군국중사(知軍國重事)로 임명하고 오 연총에게는 협모동덕 치원공신(協謀同德致遠功臣)이란 칭호와 상서좌복야(尚書左僕射)에 참지정사(參知政事)로 임명하였다。 그리고 내시중랑(內侍中郞)한 교여(韓皦如)를 시켜 조서(詔書)(임금의 명령서—역주)와 사명장과 비단 안장과 말 두마리를 웅주로 보내여 윤 관과 오 연총에게 각각 논아 주였다。두 장군이 개선할 때에는 왕이 군악대를 보내여 마중하였다。그리고 대방후(帶方侯) 왕 보(王俌)와 제안후(齊安侯)(대방후、제안후는 왕족들에게 봉하여 준 작위—역주) 왕 서(王偦)를 파견하여 동편 교외에서 환영 연회를 배설하였다。

윤 관과 오 연총은 경령전(景靈殿)에서 임금을 만나 복명하고 본래 임금에게서 받은 부월(鈇鉞)을 돌려 드렸다。왕은 다시 문덕전(文德殿)으로 나와서 두 장군을 만나보고 담화하다가 밤이 들어서야 헤여졌다。

그후 얼마되지 않아서 녀진이 또다시 웅주를 포위하므로 왕이 오 연총을 보내여 구원케 하는 동시에 다시 윤 관을 보내여 토벌하게 하였다。윤 관이 승리하고 돌아오면서 녀진 전투원의 머리 三十一개를 바치였다。국왕은 다시 윤 관에게 령평현(鈴平縣) 개국백(開國伯)을 봉하고 식읍 一천 五백호에 실봉(實封) 三백호를 제수하여 주였다。오 연총에게는 양구 진국공신(攘寇鎭國功臣)이라는 칭호를 주였다。

그 이듬해에 녀진이 또 길주를 포위하였다。오 연총이 그를 치다가 크게 패하였으므로 왕이 다시 윤 관을 보내여 구원케 하면서 측근한 신하를 보내여 금교역(金郊驛)까지 전송하였다。

윤 관과 오 연총은 정주(定州)로부터 군사를 이끌고 길주를 향하여 떠나게 되였다。그들이 나복기촌(那卜其村)에 도착하였을 때에 함주 사록(司錄) 유 원서(兪元胥)가 달려와서 보고하기를

『녀진 사람 공형(公兄)、노 불(褭弗)、샤 현(史顯) 등이 우리 성문을 두드리면서 「우리가 어저께 아지고촌(阿之古村)에 갔더니 태사(太師) 오아속(烏雅束)이 강화를 요청하여 우리들에게 그 말을 당신들의 병마사에게 전달하라고 하였으나 지금 전투 중에 있으므로 관문 안에 들어갈 수가 없으니 우리에게로 사람을 보내주면 태사의 뜻을 자세히 전하여 드리겠다」고 말하였다』고 한다。

윤 관 등이 그 말을 듣고 성안으로 들어가서 그 이름난 병마기사(兵馬記事) 리 관중(李管仲)을 파견하여 녀진의 장수 오 사(吳舍)에게 이렇게 말하였다。

『강화는 병마사가 마음대로 할 수 없는 것이나 공형 등을 우리 임금에게 파견하여 말씀드리는 것이 좋을 것이다。』

녀진 장수 오사가 그 말을 듣고 락종하였다. 노 불과 사현 등이 다시 함주에 와서 『우리가 조정에 들어가고저 하나 지금 교전 중에 있으므로 무서워서 들어갈 수 없으니 관리들을 인질로 교환하는 것이 어떻냐?』는 것이였다. 윤 관이 승낙하였고 노 불 등이 조정으로 오게 되였다. 그런데 그들의 요청은 아홉성의 지역을 저희들에게 도 환부하여 달라는 것이였다.

최초에 조정에서는 병목(瓶項)을 점취하여 길을 막아버리면 녀진의 화근을 영원히 끊을 수 있다고 생각하였던 것이다. 그러나 정말 그 곳을 탈취하여 보니 수로 륙로가 사통 오달하여 소문 듣기와는 판이하였다. 뿐만 아니라 그의 령토를 상실한 녀진 사람들은 결사적으로 그것을 회복하려 하여 먼데 있는 그들의 동족들을 끌어와서 해마다 침노하고 간계와 무력 침공 등 하지 못하는 노릇이 없었다. 성들이 워낙 튼튼하여 그들이 용이하게 점령할 수는 없었으나 그것을 고수하노라니 병역을 수없이 상실하지 않을 수 없었다.

또한 개척한 지역이 광활하고 구성의 상거가 너무 멀고 지대가 험난하여 그 지방을 래왕하는 자들이 빈번히 그들의 복병에 습격을 당하는 형편이였다. 그리고 국가의 군사 동원은 쉴 사이가 없어서 전국이 소란하고 더구나 기근과 질병이 병발하여 인민의 불평 불만이 나라에 가득하게 되였다.

이리하여 왕이 신하들을 소집하여 놓고 의논한 끝에 결국 구성을 녀진에게 돌려 주고 구성에서 군수 물자와 식량을 국내로 운반하기로 하였다.

일이 이렇게 되였을 때 평장사 최 홍사와 추밀원사 리 위(李瑋) 등이 선정전(宣政殿)에 들어가서 윤 관과 오 연총이 패전한 데 대하여 죄 줄 것을 극력 주장하였다. 이리하여 윤 관과 오 연총이 돌아올 때에 왕이 승지(承旨)를 보내여 중로에서 부월을 회수하였다. 따라서 윤 관 등은 복명도 할 수 없이 되였다. 이 기회를 타서 재상들과 대간(臺諫)들이

『윤 관 등이 아무 까닭없는 전쟁을 일으키어 전쟁에 실패하고 국가에 손해를 주었으므로 그들의 죄를 절대로 용서할 수 없으니 치죄하여야 겠다』는 것이였다.

그러나 국왕이 그들을 설유하여

『두 원수는 나의 명령을 받아가지고 전쟁을 하게 된 것이다. 그리고 전쟁이란 옛날부터 승패가 있는 법이다. 일시의 패전이 어찌 그들의 죄로 될 수 있겠는가.』

국왕이 이렇게 말하는 데도 불구하고 많은 사람들이 죄 줄 것을 주장하여 양보하지 않으므로 부득이 국왕은 윤 관의 관직을 해임하고 공신 칭호를 박탈하였다.

그러나 얼마되지 않아서 윤 관에게 수태보문하시중(守太保門下侍中)을 시키고 판병부사(判兵部事)에 상주국(上柱國)에 감수국사(監修國史)로 임명하였다. 윤 관이 이를 사절하였으나 임금이 듣지 않고

『옛날 리 광리(李廣利)(중국 한 나라 무제 때 명장—역주)가 대완(大宛)을 정벌하다가 겨우 말 三十마리를 로획해 왔으나 한 무제(漢武帝)는 리 광리가 만리 원정을 한 수고를 고려하여 그의 과실을 묻지 않았다는 말을 들었다. 그리고 진 탕(陳湯)(중국 한 나라 명장—역주)은 질 지(郅支)의 목을 벨 때에 허위로 임금의 명령이라고 하여 군사를 동원하였으나 한 나라 선제(宣帝)는 한 나라 주변의 종족들 앞에서 국가의 위신을 제고하였다고 하여 도리여 진 탕을 제후로 봉하였던 것이다. 더구나 경(卿)은 녀진을 토벌할 때에 선고(先考)의 유언을 받들고 나의 명령에 의하여 무기를 잡고 적 중에 돌입하여 살상 포로한 것이 한정도 없으며 령토를 백리나 넓히였으며 성을 아홉개나 쌓서 국가의 오랜 치욕을 씻었으니 경의 공로는 한량없이 큰 것이다. 원수들은 형체는 사람이나 마음은 짐승이라, 이랬다 저랬다 지상이 없는 것들이다. 그의 잔당들이 의거할 곳이 없이 되여 그들의 추장이 강화를 청하였을 때에 여러 신하들은 모두 그렇게 하는 것이 좋다고 하였던 것이다. 나도 역시 녀진족의 정경을 가엾이 여겨서 결국 점취한 땅을 그들에게 돌려 보내게 된 것이다. 그런데도 불구하고 해당한 직책을 가진 사람들이 법에 의하여 처단할 것을 시끄럽게 주장하므로 부득이 경의 관직을 해임하게 된 것이나 나는 종시 경에게 죄가 있지 않다는 것을 잘 알고 있다. 맹 명(孟明)(중국 춘추 시대 진 목공의 명장으로서 무차 실패하다가 결국 대 승리를 거둔 사람—역주)과 같이 재거(再擧)가 있기를 바란다.』

윤 관이 종시 사양하였으나 국왕이 그냥 허락하지 않았다.

왕의 六년에 윤 관이 사망하였다。 시호를 문경공(文敬公)이라고 하였다。

윤 관은 어릴 때부터 학문을 좋아 하여 손에서 책을 놓지 않았다。

장령으로、 재상으로 되여 군중(軍中)에 있으면서도 오경(五經)을 읽고 있었다。 현명하고 선량한 점에 있어서 당대에 제일가는 사람이였다。 뒷날 예종(睿宗) 사당에 배향(配享)하고 시호를 고치여 문숙(文肅)이라고 하였다。

오 연총전

오 연총(吳延寵)은 해주(海州) 사람으로서 집안이 가난하고 미천하였다. 젊었을 때부터 공부를 착실히 하여 글을 잘 짓고 행동을 신중히 하였으며 진실성과 소박성을 가지였다. 벼슬을 하게 되면서 두각, 중용되여 병부랑중(兵部郎中)으로 되였다. 숙종(肅宗) 五년에 상서(尙書) 왕가(王嘏)와 함께 중국 송(宋)나라에 가서 송 나라 임금의 즉위식을 축하하였다. 그때 본국 조정의 분부에 의하여 태평어람(太平御覽)(송 나라 태평흥국 二년에 리 방(李昉) 등이 임금의 명령에 의하여 편찬한 고서정선(古書精選)으로 약 천권에 달하는 저술—역주)을 구입하려 하였으나 송 나라 사람들이 감추어 두고 팔지 않았다. 오 연총이 그 나라 임금에게까지 청하여 기어이 한질을 구하여 가지고 돌아왔다. 왕이 기뻐하여 정사, 부사와 기타 종자들에게 모두 신분을 돋구어 주었다. 그리고 오 연총에게는 중서사인(中書舍人)으로 임명하고 전주목사(全州牧使)를 맡아보게 하였다.

오 연총은 정치를 하는 데 있어서 관대하고 공평하여 관리와 인민이 모두 좋아하였다. 다시 소환하여 추밀원(樞密院) 좌승선(左承宣)을 맡기였다. 뒤에 상서좌승(尙書左丞)으로 되였다.

예종이 임금으로 되고나서 오 연총은 지추밀원사 어사대부 한림학사로 임명되였다. 그리고는 밖으로 나가서 동북면 병마사로 되였다.

그는 동쪽 변경에서 신기군(神騎軍)을 징모할 것을 요청하였다. 그러나 七十세 이상의 부모를 모시고 있는 독자는 병역을 면제하여 주고 한 집에서 三, 四인 종군하게 되면 한 사람을 면제하고 재상과 추밀(樞密)의 아들은 자원한자 아니면 면제하여 주자는 의견이였다。 국왕이 승낙하였다。

국왕이 녀진을 정벌하려 하면서 오 연총을 윤 관의 부 원수로 임명하였을 때 대신들이 모두 찬성하였다。

오 연총이 주저하여 윤 관에게 사담으로 전쟁에 대하여 의문을 말하였을 때에 윤 관이 『국가 정책은 이미 결정되였으니 두말할 필요가 없다』고 하였던 것이다。 그리하여 그는 결국 출동하여 녀진을 격파하고 령토를 확장하고 아홉성을 구축하였다。 그 공훈으로써 협모동덕 치원공신(協謀同德致遠功臣)의 칭호를 받고 상서좌복야에 참지정사로 임명되고 말 한필을 얻었다。 이러한 사실들은 윤 관의 전기에서 이미 언급되여 있다。

녀진이 다시 침범하여 웅주를 포위하였을 때에 오 연총에게 부월을 주어서 웅주를 구원하게 하였다。 오 연총이 정병 만명을 지휘하여 네갈래 길로 논아서 수로로、 륙로로 진격하였다。 그들을 철저히 타도하고 二백 九十一명을 베여 죽이였다。 그 결과 적은 저희들의 방어 시설을 소각하고 도망하고 말았다。

이러한 공로로 다시 오 연총에게는 양구 진국공신(攘寇鎭國功臣)이라는 칭호에 수사도(守司徒)、 연영전 대학사(延英殿太學士)로 되였다。

오 연총이 개선하였을 때에 임금이 문덕전에서 그를 접견하고 연회를 배풀어 위로하였다。

녀진이 다시 그들의 족속들을 불러 모아가지고 길주성을 포위하였다。 그들은 길주성에서 十리 가량 떨어진 곳에서 작은 성을 구축하고 여섯개의 목책을 설치하고는 격렬한 공격을 가하는 것이였다。 이리하여 길주성은 거의 떨어지려 하였다。 병마부사 리 관진(李冠珍) 등이 하룻밤 사이에 접성을 쌓고 방어와 공격을 계속하고 있었다。 그러나 전쟁이 오래 계속되고 형세가 곤난하게 되여 사망자가 다수에 달하였다。

오 연총이 이말을 듣고 분격하여 출전하려 하므로 국왕이 다시 부월을 주어 보내였다。 그러나 오 연총이 공험진에 당도하였을 때에 적이 길을 막고 있다가 불의에 습격을 가하여 우리 편 군사가 참패를 당하고 말았다。 오 연총이 보고하면서 자신의 과오를 통렬이 비판하였다。 적이 사람을 보내여 강화를 요청하므로 승인하고 돌아왔다。

이렇게 되고보니 재상이 오 연총의 패전한 죄를 추궁할 것을 임금에게 요청하였다。 국왕이 사람을 보내여 부월을 회수하고, 관직을 해임하고 공신의 칭호를 박탈하였다。

그러나 그 후 다시 수사공 중서시랑 평장사(守司空中書侍郞平章事)로 임명되였다。 오 연총이 글을 올리여 사퇴 하였으나 국왕이 허락하지 않고

『조 말(曹沫)(중국 춘추 시대 로 나라 사람으로 제 나라 환공과 로 나라 장공이 평화 담판을 하는 도중에 칼을 빼여 들고 환공을 위협하여 실지를 회복한 사람—역주)이 자의로 국토를 회복하였지만 로 장공(魯莊公)이 그를 책망하지 않았고 맹 명(孟明)이 패전하였으나 진 목공이 계속 등용하지 않았는가。 의논들이 분분하지마는 경의 수고는 잊어버릴 수 없는 것이다。』

이렇게 말하고 도리여 여러번 벼슬을 더 주어 수사도 태위、상주국(守司徒太尉、上柱國)으로、판리례병부사(判吏禮兵部事)로 력임케 하였다。

나이가 六十二세에 사망하였다。 시호를 문양공(文襄公)이라고 하였다。

김 부식전

김 부식(金富軾)은 김 부일(金富佾)의 아우이다。 숙종 때에 벼슬하기 시작하여 우사간(右司諫)과 중서사인(中書舍人)을 력임하였다。

인종(仁宗)(고려十七대 왕—역주) 四년에 어사대부가 되고 호부상서(戶部尙書)、한림학사、승지를 력임、평장사로 승진、수사공(守司空)을 겸하였다。

十二년에 국왕이 묘청(妙淸)의 말을 듣고 재화를 피하여 서경(西京)으로 가려고 할 때 김 부식이 왕에게

『금년 여름에 서경 대화궁(大華宮) 三十여 개소에 뢰성이 진동하였습니다。 만일 참으로 서경이 행복스러운 땅이라면 하늘이 그렇게 하지는 않았을 것입니다。 그러한 곳에 피란하는 것은 잘못인 것 같습니다。』

라고 말하고、다시 간관(諫官)들과 함께 절대로 갈 수 없다는 것을 말하여 국왕은 서경행을 중지하고 말았던 것이다。

바로 그 이듬해인 十三년 정월에 묘청이 조광(趙匡)、류 감(柳旵) 등과 함께 서경에서 반란을 일으키였다。

김 부식이 원수가 되여 중군(中軍)을 지휘하고、리부상서(吏部尙書) 김 부의(金富儀)는 좌군(左軍)을 지휘하고、지어사대사(知御史臺事) 리 주연(李周衍)은 우군(右軍)을 지휘하여 출전하게 되였다。

김 부식이 대신들과 의논하여

『서경의 반란에는 정 지상(鄭知常)、김 안(金安)、백 수한(白壽翰) 등이 관련되여 있는 것은 명백하니 그들을 먼저 제거하지 않는다면 서경을 평정할 수 없을 것입니다。』

얇아 배들이 땅바닥에 붙어버리였다. 이 기회를 타서 서경 사람들이 작은 배 열척에 나무를 싣고 그 우에 기름을 쏟아가지고 불을 붙여 조수에 따라 보내였다. 그리고 미리 강가 덤불 속에 활군을 매복시켜 두어 배에서 불이 일어나거든 일제이 사격할 것을 약속하여 두었던 것이다. 이리하여 불 붙은 배가 리록천의 배에 접촉하여 전함들이 연소하는 바람에 리록천의 무기가 모조리 타버리고 군사들은 물에 빠지고 불에 타 죽어 전멸 상태에 이르렀다. 리 록천은 어쩔줄을 모르다가 쌓여 있는 시체를 밟고 강 언덕으로 기여올라 근근히 살아났다.

이때로부터 서경 사람들이 관군을 경시하게 되여 군사를 더욱 모집하고 그를 훈련하여 대항할 계책을 세우고 있었다.

김 부식은 후군의 미약한 것을 우려하여 밤에 은밀히 보병과 기병 천명을 보내여 후군을 증원하였다. 새벽에 마탄자포(馬灘紫浦)를 건너서 적의 병영에 방화하고는 적진을 향하여 돌진하였다.

종군한 중(僧) 관선(冠宣)이 갑옷을 입고 큰 도끼를 메고 선두에 서서 적 十여인을 쳐죽였다. 관군은 이때를 타서 적을 무찌르고 三백여명을 죽이였다. 적은 혼란 상태에 빠져서 스스로 강에 떨어져 죽는 형편이였다. 적의 선박과 무기를 대량으로 로획하였다. 이리하여 적군의 기세는 일시에 좌절되고 말았다.

그때는 관군이 평양에 주둔한지 벌써 수개월이나 되였다. 김 부식은 초여름의 장마에 홍수가 자주 나게 되면 적의 습격을 받을 것을 념려하여 성을 쌓려고 하였다. 그러나 갑주진(甲州鎭) 수비군이 휴가를 얻어 농사하려고 돌아 온 때를 기다리기로 하였다. 이에 대하여 사람들은

『서경 사람들의 군대가 많지 않으니 지금 전국적으로 군대를 동원하면 수일간에 평정할 것입니다. 수개월에 결말을 내지 못하였어도 늦다고 하겠는데 항차 성을 쌓가지고 방위하려고 하면 이것은 우리의 약점을 보이는 것이 아니겠습니까?』

이렇게 말하니 김 부식이

『서경 성중에는 군사와 식량이 넉넉하고 인심이 단합되여 있으니 공격하여도 승리하기 어렵소. 적당한 계책으로 성공하는 것이 제일이요. 속전 속결을 한다고 하면서 사람을 대량으로 죽일 필요가 있겠소?』

계획을 확정하고 북쪽 변방 고을들과 서남의 가까운 지방들의 군대를 논아서 다섯개 부대에 종속시키고 매개 부대에 성 하나를 쌓게 하고, 순화현(順化縣) 왕성강(王城江)에 또 작은 성 하나씩을 쌓게 하여 二、三일내에 완성하고 군사와 식량을 정비하고는 성문을 닫고 군사들을 쉬게 하였다。 가끔 교전하는 일이 있었으나 그다지 큰 승패는 없었다。

국왕은 측근한 신하들을 파견하여 선무 공작을 하고 김 부식도 역시 록사(錄事)、조 서(趙諝) 등을 보내여 백방으로 설유하고 그들을 죽이지 않겠다는 것을 약속하였다。 그리고 간첩이나 나무꾼을 붙잡으면 먹을 것과 입을 것을 주어서 돌려 보내였다。

조 광 등은 항복할 생각은 전연없고 혹 외적의 침입이나 있어서 관군이 제대로 물러나갈 때를 바라고 있었다。 그때 마침 금(金)나라 사절이 온다는 말을 듣고 적이 길가에 숨어 있다가 그 사절을 습격하여 죽임으로써 고려와 금 나라와의 사이에 틈을 만들려는 계책을 세웠다。 그러나 관군이 적의 간계를 미리 알고 경계를 극히 엄중하게 하였던 때문에 적이 행동하지 못하였다。

적은 그들의 편이 항복하지 못하게 하기 위하여 고려 중군의 허위 문서를 작성하여 그들의 군중에 돌며 보이였다。

그 문서에는

『관군의 각 부대에서 붙잡은 포로나 투항 분자는 늙은이 젊은이 할 것 없이 모조리 죽여버리였다』는 것이였다。 서경 사람들이 처음에는 그 말을 믿었으나 얼마 되지 않아서 투항한 자에 대한 대우가 대단히 좋다는 말을 듣고 점차 귀순하게 되였다。

이때 고려 신하중 한 사람이 건의하기를

『옛날부터 전쟁을 하는 데는 정세 여하를 관찰하여야 한다는 것인데 어찌 일시적 손실만을 생각하고 있겠습니까? 우리 나라는 지금 북조(北朝)(금 나라를 의미한 것이다—역주)와 친선 관계에 있다고는 하나 그의 진의를 알 수 없는데 지금 수만 대군을 동원하여 해가 바꾸이도록 결말을 내지 않으니 만일 외적이 틈을 타서 덤벼들고 국내 도적의 환을 겪게 된다면 어떻게 당하여 낸단 말입니까? 김 부식에게 중신을 파견하여 인명의 사상만 돌보지 말고 날을 정하여 적을 멸망시키라고 하여야겠습니다. 그래도 감히 주저하고 있다면 군법으로 처단하도록 하여야 하겠습니다.』

국왕이 그 말을 김 부식에게 알려 주었다. 그 말을 들은 부식은 다음과 같은 글을 왕에게 올리였다.

『북쪽 변방의 우려와 국내 도적의 변괴는 념려스럽지 않은 것은 아닙니다. 그 점은 조신들이 건의한 말과 같습니다. 그러나 인명의 사상을 불계하고 날을 정하여 놓고 적을 격파한다는 것은 그야말로 오늘의 리해 관계를 고려하지 않은 것입니다.

신이 보기에는 서경의 지리적 조건이 견고하여 용이하게 공략할 수 없습니다. 더구나 성중에 무기가 많고 방어가 튼튼하여 장사들이 선두에 서서 겨우 성앞에 가서는 성을 넘어 가지 못하고 마는 형편입니다. 운제(雲梯)와 충차(衝車)(옛날 무기의 일종으로 운제란 것은 성을 넘어 갈 때에 사용하는 사다리, 충차는 성을 파괴할 때에 사용하는 것—역주)도 아무런 소용이 없습니다. 그 우에 어린 아이와 녀자들까지 벽돌쪽과 기와장을 함부로 던지여 그들도 경시할 수 없는 적군으로 되여 있습니다. 설령 우리의 五개 부대 전부가 한꺼번에 그 성을 치드라도 수일이 못 되여 정예 장병들이 모조리 화살과 돌맹이에 맞아 죽고말 형편입니다. 적이 만일 우리편의 력량이 약한 것을 알고 일제이 공격하게 된다면 그것도 당하여 낼 수 없는 형편인데 어느 여가에 외적을 막을 것입니까?

오늘날 수만의 대군을 동원하여 해가 바꾸이도록 결말을 내지 못하고 있으니 그의 책임은 물론 로신이 져야 할 것입니다. 그러나 변방의 우려와 도적의 변란을 념려하지 않을 수 없는 때문에 만전의 방책을 다하여 꼭 승리해야 할 것이고 장병을 손상시키지 않고 국가의 위신을 추락시키지 말아야 할 것입니다. 지금 나라의 전통이 거룩하고 영명한 임금의 위엄이 큰 데도 불구하고 몹쓸 적이 은혜를 저버렸으니 그는 반드시 멸망하고야 말 것입니다. 적을 토벌하는 일은 전적으로 저에게 맡겨 주시여 제 마음대로 하게 내버려 주신다면 기어이 그를 패망시키여 대왕에게 보답하고야 말 것입니다.』

국왕이 이 말을 듣고 생각하고 여러 사람들의 반대를 물리치고 전쟁에 관한 일을 김부식에게 일임하였다。

그해 三월에 五개 부대가 적을 향하여 일제 공격을 가하였으나 승리하지 못하였다。 여름을 지내고 가을에 이르러도 적과 대치하여 결말이 나지 않았다。

十월에 들어서 적은 식량이 다 되여 늙은 사람들 어린 아이들과 녀자들을 성밖으로 몰아내였는데 그들은 모두 말라 빼뿔어져서 사람의 꼴이 아니였다。 그리고 병사들도 이따금 투항하여 왔다。

김부식이 이때야말로 치를만한 기회라고 생각하고 장병들에게 명령하여 흙산을 쌓게 하였다。

그보다 먼저 양명포(揚命浦) 산 우에 방어 시설을 설치하고 전군(前軍)을 배치하였던 것이다。 이때 서남지방의 각 고을 군사 一만 三천 一백명과 승려군 五백 五十명을 내여 흙짐을 지게 하였다。 그리고 다른 편으로 장군 의보(義甫) 등에게 미리 정병 四천 一백명을 데리고 적의 방해와 탈환을 방어하게 하였다。

十一월에 가서 각 부대가 서경성 서남편에 가서 밤낮을 가리지 않고 역사를 독려하였다。 이것을 본 적은 정병으로 출전하는 동시에 성 우에 활과 대포와 불덩이를 쌓놓고는 저항하였다。

관군은 적당하게 방어하고 있었는데 그때 손님으로 있던 조 언(趙彦)이란 사람이 설계한 제포기(制砲機)를 토산 우에 설치하였다。 그것은 면적 높으고 거대하여 수백근의 돌을 날릴 수 있었다。 그것으로 성루(城樓)를 쳐서 파괴하고 대구(大毬)를 던져서 소각하는 바람에 적은 감히 가까이 오지 못하였다。

토산의 높이는 여덟길이요 길이는 七十여발이요 넓이는 열 여덟발인데 적의 성으로부터 두어발 떨어져 있었다。

토성이 준공되고 나서 김부식이 五군으로 하여금 한꺼번에 성을 치게 하였으나 역시 승리하지 못하였다。 적이 밤중에 군사를 세 부대로 나누어서 전군(前軍)의 진영을 공격하여 왔다。 김부식이 승려 상승(尙崇)을 시키여 도끼를 메고 엄습하여 적군 十여명을 쳐죽이고 나니 적군이 패주하게 되였다。 그때 장군 우방재(于邦宰) 등이 군사를 끌고 추격하니 적이 무기들을 버리고 성안으로 들어가고 말았다。

그 이듬해 二월에 적이 성안에 二중성을 쌓며 하였다。 이것을 본 윤언이(尹彦頤)가

『대군이 출동한지 벌써 二년이나 되였습니다。 세월은 너무 오래 되였으나 사변은 아직 예측할 수 없는 형편입니다。 기습 작전으로 二중성을 파괴하여 버린다면 성공할 수 있을 것입니다。』

김 부식이 그 말을 듣지 않았으나 윤 언이가 한사하고 주장하므로 김 부식이 정예 군대를 세 부대로 편성하였다。 그리고 그들에게 충분한 음식을 공급하게 하였다。 밤 四경에 김 부식은 날랜 말을 타고 전군으로 달려가서 장령들을 독려하여 일제히 진격하고、 중군은 양명문(楊命門)으로 들어가서 적의 목책을 뽑아버리고、 좌군은 성을 넘어 들어가서 함원문(含元門)을 치게 하고 우군은 흥례문(興禮門)을 공격하게 되였다。

적은 이편의 토산이 준공되지 않은 것으로 생각하고 준비하고 있지 않았다가 불의에 습격을 당하게 되여 혼란 상태에 빠지고 말았다。

김 부식은 전투를 독려하고 장병들은 함성을 올리면서 분투하여 성집들을 불살라버렸다。 이리하여 적군은 근저로부터 무너지기 시작하였다。 관군은 이 틈을 타서 닥치는 대로 베여 죽이는 것이였다。

김 부식이 명령하기를

『적을 포로로 하는 사람에게는 상을 줄 것이고 항복한 자를 살해하거나 략탈하는 자는 사형에 처한다。』

그 명령을 들은 군사들은 칼을 칼집에 꽂고 진격하였다。 마침 날이 저물고 비는 오고 하여 군사를 돌리여 퇴각하였다。 포로들과 투항한 자들은 순화현(順化縣)에 보내여 음식을 먹이게 하였다。

그날 밤에 서경 성중은 혼란 상태에 빠지여 조 광은 어쩔줄을 모르다가 자기 집에 방화하여 전 가족이 타죽고 그 여당들도 모조리 자결하고 말았다。 무오(戊午)일에 서경의 사람들은 괴수를 붙잡아 가지고 투항하여 오므로 김 부식은 그들을 받아 들이였다。 그리고 군사들과 남녀 로소의 백성들을 위로하여 성 안에 들어가서 각자의 가정을 보전하게 하였다。 또한 한편으로 어사 잡단(雜端)、 리 인실(李仁實) 등으로 하여금 창고들을 봉하게 하고 군사를 논아서 성문들을 지키게 하고 김 정순(金正純)、 윤 언이를 시키여 군사 三천명을 인솔하고 관풍전(觀風殿)에 주둔케 하고 성중에 포고하여 략탈을 엄금하였다。

기미(己未)일에는 장령들에게 분공을 주어 무기를 수습하고 량곡을 검열하고 성중을 시찰하게 하였다。 신유

(丁酉)일에 김 부식은 비로소 보무당당 경창문(景昌門)으로 들어가서 관풍전에 좌정하고 五군의 장령들의 축하를 받고 사람들에게 성황(城隍)과 신묘(神廟)에 제사 지내게 하고 성중 사람들을 위로하여 그들을 안정시켰다。

그러고 한편으로 병마 판관 로수(魯洙)를 파견하여 승전한 사실을 임금에게 보고하였다。

임술(壬戌)에 임금의 명령에 의하여 최 영(崔永)과 대장군 황 린(黃麟)、장군 더선(德宣)、판관 윤 주형(尹周衡)、주부(主簿) 김 지(金智)와 조 의부(趙義夫)、장사(長史) 라 손언(羅孫彦) 등의 목을 베여 三일간 시가에 호수(梟首)하고 그 잔당들은 한꺼번에 서울로 붙잡아 보내여 루옥하였다가 거세고 반항하는 자는『서경 역적』네자를 자자(刺字)하여 섬 가운데 귀양 보내고 그 다음 가는 자들은『서경』두자만을 자자하여 향부곡(鄕部曲)에 배당하여 주었다。 그들의 처자는 경우에 따라서 량민으로 되는 것을 허락하였다。 조 광과 최 영 등 七명의 처자와 정 지상、백 수한、묘 청、류 감 등의 처자는 전부 붙들이다가 동북 지방 고을들의 노비로 만들었다。

三월에 국왕이 좌승선(左承宣) 리 지저(李之氐)와 전중소감(殿中小監) 림 의(林儀)를 김 부식에게 파견하여 의복、말、안장、금허리띠、금술잔、은약그릇을 주고 명령을 내리여 표창케 하고 수충정난 정란공신(輸忠定難靖亂功臣)이란 칭호와 검교태보、수태위、문하시중、판상서리부사、상주국(檢校太保、守太尉、門下侍中、判尙書吏部事、上柱國)에 대자태보(太子太保)를 겸하게 하였다。 그리고 四군의 병마사(兵馬使) 이하 장령들에게 각종 비단을 각각 적당하게 하사하였다。

그해 四월에 김 부식이 개선하였다。 그에게 일품 저택을 주었다。

인종 十六년에 김 부식에게 검교태사(檢校太師)에、 집현전 대학사(集賢殿太學士)에 대자태사(太子太師)로 임명하였다。

김 부식이 세번이나 사의를 표하므로 국왕이 허락하고 또 동덕 찬화공신(同德贊化功臣)이란 칭호를 주었다。

그리고 김 부식에게

『경의 나이는 많으나 좋은 의견이 있으면 응당 알려 주도록 하라』

고 말하였다.

김 부식은 신라 고구려 백제에 관한 三국 사기를 저술하여 임금에게 바치였다. 국왕이 내시를 보내여 칭찬하고 화주(花酒)를 하사하였다.

의종(毅宗)이 즉위하여 김 부식을 락랑군(樂浪郡) 개국후(開國侯)로 봉하고 식읍 천호에 실봉(實封) 四백호를 제수하여 주었다. 그리고 인종실록(仁宗實錄)을 편찬할 것을 명령하였다.

의종 五년에 김 부식이 사망하였다. 당시 그의 나이는 七十七세였다. 시호를 문렬(文烈)공이라고 하였다.

김 부식은 얼굴과 체구가 거대하고 낯이 검고 눈이 불거진 편이였다. 그리고 문필은 일세를 풍미하였다. 송(宋) 나라 사신 로 윤적(路允迪)이 왔을 때에 김 부식이 접대 역할을 맡았던 일이 있다. 사신의 통역 서 긍(徐兢)이 김 부식의 글 잘하고 력사에 정통한 것을 보고 탄복하였다. 그리하여 그가 고려도경(高麗圖經)(고려에 관한 기행—역주)을 저술하면서 김 부식의 가계와 초상을 편입하여 송 나라 임금에게 올리였던 것이다. 송 나라 임금은 해당 부서에 명령하여 그 책을 각판으로 출판하여 광범하게 전파하였다. 그때로부터 김 부식의 명성이 중국 천지에 퍼지게 되였다. 그 뒷날 김 부식이 사신으로 되여 송 나라에 갔을 때에는 도처에서 三장례(三獎禮)로써 대접하면서 그를 둘러싸고는 정말 선비를 만나보았다고들 말하였던 것이다.

인종 사당에 배향하였다. 문집 二十권이 있다.

조 충 전

조 충(趙沖)의 자는 담약(湛若)인데 시중(侍中) 조 영인(趙永仁)의 아들이다. 원래 자가 집에서 효동(孝童)이란 말을 들었다. 부조의 덕택으로 태학(太學)에 입학하여 상사(上舍)(최고급반—역주)에 진급하여 공부하다가 곧 과거에 급제하였다. 그는 박식이며 기억력이 좋아서 고전들을 모조리 암기하고 있었다. 국자대사성(國子大司成)에 한림학사(翰林學士)로 임명되였다. 한 때 서책(典册)들이 대부분 그의 손에서 나왔던 것이다. 그는 나아가서는 동북면 병마사가 되였고 들아와서는 례부상서(禮部尙書)로 있었다.

고종(高宗)(고려 二三대왕—역주) 三년에 추밀부사(樞密副使)로 한림학사에 승지로 상장군으로 승진하였다. 문신으로 상장군을 겸하는 것은 문 극겸(文克謙)에서 시작되였다가 중간에 폐지된지 오래였다. 그러나 국왕이 조 충은 그의 재주가 문무를 겸하였다고 생각하고 특별히 그렇게 한 것이다.

그때에 김 산(金山)(녀진족 추장의 아들—역주)의 군사가 북쪽 변경을 침노하게 되였다. 고려에서는 참지정사(參知政事) 정 숙첨(鄭叔瞻)을 행영중군 원수로 하고 조 충을 부원수로 하여 五령군(五領軍)을 말겨 주었다. 그리고 수도 사람들은 그의 직업이 있건 말건 종군할만한 사람은 전부 대렬에 참가하게 하였다. 또한 중들을 징모하여 군대를 만드니 도합 수만이나 되였다.

정 숙첨 등이 순천관(順天館)에서 군대를 검열한 결과 군대 중 용감한자는 전부 최 충헌(崔忠獻) 부자의 문객(門客)들이였고 관군이란 것은 전부 로약하고 피로한자 뿐이였다. 원수는 그것을 보고 앞 일을 념려하지 않을 수 없었다.

국왕은 숭문전(崇文殿)에 나와 앉고 정 숙첨과 조 충은 군복을 입은 채로 총관(總管)들을 데리고 궁뜰 안에 들어서서 임금에게 인사하고 임금은 친히 그들에게 부월을 주었다.

그리하여 출발한 군사들은 산예역(狻猊驛)에서 류숙하였다. 마침 눈이 쏟아져서 장병들이 추워 떨면서 전진하지 못하다가 눈이 그치고난 뒤에 흥의역(興義驛)에 당도하였다.

그때 마침 평주(平州) 방어군이 이편을 향하여 전진하고 있었다. 그의 창검과 깃발을 본 전위부대가 적군이 이편으로 진격하고 있는줄 알고 다 도망하기 시작하였다. 그때 오직 조 충만이 흩어지는 군사들을 막아서서 대오를 다시 정돈할 수 있었다.

정 숙첨은 적병이 염주, 백주(鹽州, 白州)에 왔다는 말을 듣고 퇴각하여 흥의역과 금교역(金郊驛) 사이에 주둔하고 있었다.

그 이듬해에 정 숙첨은 파면되고 지문하성사(知門下省事) 정 방보(鄭邦輔)가 대행하게 되였다.

정 방보와 조 충이 군사를 염주로 진군시키는 데 따라서 적이 퇴각하기 시작하였다. 五군의 원수가 적을 안주로 추격하여 태조탄(太祖灘)에 도달하였을 때에 비를 만나 추격을 중지하였다.

그리고는 연회를 베풀고 정신 없이 놀고 있었다. 따라서 경비가 튼튼히 되여 있지 않았던 것이다. 그때 불의에 어떤 사람 하나가 흰말을 타고 진중에 돌입하여 깃발을 내둘러 신호를 하더니 적군이 쏟아져와서 五군을 번개 같이 포위하고 말았다.

제일 먼저 전군이 붕괴하였다. 적은 계속 중군을 육박하여 보루들을 소각하였다. 부대들 대부분의 장병들이 도망하고 오직 좌군만이 저항하고 있었다. 정 방보와 조 충은 좌군으로 쫓아 갔으나 좌군도 결국 패배하여 五군이 모조리 붕괴하고 장병들의 사망자가 수도 없이 많았다. 정 방보와 조 충은 부득이 수도로 돌아갈 때에 적군은 그들을 선의문(宣義門)까지 추격하여 와서 황교(黃橋)를 소각하고 퇴각하였다.

일이 이렇게 되는데 따라서 어사대(御史臺)에서는 임금에게 정 방보와 조 충이 자기 군대를 버리고 혼자서 도망한 죄를 줄 것을 요청하여 그들은 결국 파면되고 말았다.

그러나 그후 얼마되지 않아서 조 충은 다시 서북면 병마사가 되고 그 다음에 추밀사에 리부상서로 되였다。

그것을 본 간관(諫官)들이 임금에게

『조 충이 바로 어저께 패배하여 탄핵을 만나 파면당하지 않았읍니까? 그는 당연히 목숨이나 보전시켜 성공할 때를 기다려 베슬을 시키는 것이 옳습니다。』

국왕은 또 그 말대로 하였다。

녀진 황기자 부대(黃旗子軍)가 압록강을 건너와서 린주(麟州)、룡주(龍州)、정주(靜州) 경계에 주둔하였다。

조 충이 그들과 싸워서 五백명을 죽이거나 포로하였고 그 밖에 죽은 포로와 강에 빠져 죽은 자는 한정도 없었다。

이리하여 조 충의 벼슬은 즉시 회복되였다。

그 이듬해에 조 충을 수사공 상서(守司空尙書)에 좌복야(左僕射)로 임명하였다。

당시 적의 형세는 날마다 성하여가고 관군은 미약하여 어떻게 할 수 없는 상태에 있었던 것이다。 국왕은 조 충을 서북면 원수로 김 취려(金就礪)를 병마사로 하여 부월을 주어 출전하게 하였다。

조 충은 최초의 출전에서 패배한 것을 뼈아프게 생각하여 다음과 같은 시를 지었다。

『만리 원정에 어쩌다 넘어진 말
구슬피 우노라고 세월도 몰랐어라
다시 한번 채찍 휘둘러 주소
적진에 뛰여 들어 짓 밟고야 말려니』

(萬里霜蹄容一蹶
悲鳴不覺換時節
倘敎造父更加鞭
踏躪沙場推古月)

이때에 와서는 조 충의 대오가 정돈되고 호령이 엄격하고 명확하여 부하들이 조 충을 서생이라고 하여 무시하지 못하게 되였다。

조 충이 장단(長湍)을 지나 동주(洞州)에 도착하였을 때에 동편 산골에서 적과 조우하여 그들의 두목들을 포로하였다.

성주(成州)에 도착하여 각 지방 군대를 기다리기로 하였다. 그러나 경상도 안찰사(按察使) 리 적(李勣)이 군대를 데리고 오다가 적을 만나서 오지 못하고 있다는 말을 듣고 장군 리 돈수(李敦守)와 김 계봉(金季鳳)을 보내여 적을 격파하고 리 적을 만나려 하였다. 그러나 얼마 후에 적이 두패로 나누어서 중군을 향하여 진격하여 왔다. 관군은 좌우 방면으로 분배 함성을 울리면서 당당히 전진하니 적군이 그의 위풍에 놀래서 궤주하고 리 돈수 등은 리 적과 만나게 되였다.

적은 흩어졌다가 다시 모여 정예병 전부를 몰아서 공격하여 왔으나 다시 패배하였다. 적의 아장 할타(喝刺)는 궤주하여 도망하고 적의 두목은 강동(江東)성으로 들어가서 방어하고 있었다.

그때 몽고 태조가 그의 원수 합진 급찰라(哈眞及札剌)를 보내여 군대 만명을 인솔하고 동진(東眞)나라의 만노(萬奴)(녀진족 포선만노(蒲鮮萬奴)란 자가 당시 료동에 동진이란 나라를 세웠다. 만노는 포선만노를 말하는 것이다—필자)가 파견한 완안자연(完顏子淵)의 군사 二만명과 함께 거란을 토벌한다고 하면서 우리 땅인 화주(和州), 맹주(孟州), 순주(順州), 덕주(德州)의 四성을 점령하고 바로 강동(江東)으로 진격하여 왔다.

마침 눈이 많이 와서 그들은 후방과 련락이 차단되고 거란군은 성을 고수하여 상대편의 군사를 피로하게 하였다.

합진이 생각다 못해 통사(通事) 조 중상(趙仲祥)을 우리 덕주(德州) 진사(進士) 임 경화(任慶和)와 함께 원수부에 통첩을 보내여 왔다.

『우리 황제가 거란군이 고려에로 도피하여 들어 간지가 三년이나 되여도 소탕하지 못하는 것을 보고 군사를 보내여 그를 토벌케 하였소. 고려에서는 군자와 식량으로써 우리를 원조하여 주기를 바라오.』

그러면서 계속하여 후원군을 요청하고 그의 언사가 극히 단호하였다. 그리고 몽고 임금이 적을 패망시킨 후에는 고려와 몽고는 형제의 국가로서 친선하기를 약속하겠다고 말하였다.

이리하여 고려에서는 상서성(尙書省)을 통하여

『귀국에서 군사를 동원하여 우리 나라의 환란을 구제하여 주고 있소。 우리가 어찌 말씀대로 귀군을 방조하지 않을 수 있겠소。』

이렇게 회답하고 쌀 천석을 수송하면서 중군 판관(判官) 김 량경(金良鏡)으로 하여금 정병 천명으로 그것을 호송하게 하였다。

김 량경이 몽고 진중에 도착하니 몽고와 동진(東眞) 나라 두 원수가 그를 상좌에 모시고는 이렇게 말하였다。

『량국은 형제의 의를 맺기로 합시다。 마땅히 당신의 국왕에게 말씀드려 글을 받아 오면 우리는 우리 나라 임금에게 주청하여 드리겠습니다。』

그 당시 몽고와 동진이 겉으로는 적을 토벌하여 고려를 구원한다고 하였으나 몽고는 야심을 가지고 있었고 사실에 있어서 그때까지 우리 나라와 친선 관계를 가졌던 일도 없었다。 그렇기 때문에 몽고 사람의 요청이 있고나서 그의 진의를 알지 못하여 전국이 물끓듯 하고 조정의 물의가 분분하기만 하고 일이 좀처럼 결정되지 않았다。 그래서 회답은 하지 않고 군수 물자 수송대를 통하여 정형을 조사하고만 있었다。 그러나 조 충 혼자는 몽고를 의심하지 않고 조정의 회답을 독촉하였다。

몽고가 우리 나라의 회답이 늦어지는 데 대하여 성을 내여 책망이 심하였으나 그때마다 조 충은 적당히 말하여 별일 없이 하여왔다。

그 이듬 해에 조 충이 합진(哈眞) 자연(子淵) 등과 함께 강동성을 공격하여 승리하였다。 합진 등이 저의 본국으로 돌아 갈 때에 조 충이 그들을 전송하여 의주에 도착하였다。 합진이 조 충의 손을 잡고 눈물을 흘리면서 차마 리별하지 못하였다。

그때 몽고 군사 중에는 우리 장병들의 말을 탈취하는 자가 있었는 데 조 충이 그것을 보고 강탈자들을 꾸중하면서

『이 말들은 다 국가의 말이다。 비록 죽은 말이라도 가죽을 바쳐야 한다。 절대로 국가의 말을 탈취하여 갈 수 없다。』

자연(子淵)이 우리 사람들을 대하여

『당신들의 원수는 특출한 사람이요 나라에 그러한 장수가 있다는 것은 우연한 일이 아니요。』

조 충이 언제인가 술이 취하여 자연의 무릎을 베고 잠이 든 일이 있었다。 자연은 조 충이 잠을 깰가 하여 제몸을 조금도 움직이지 않고 있었다。 측근자들이 베개를 베여 줄 것을 요청하였으나 자연이 종시 듣지 아니하였다고 한다。 조 충의 신의는 남의 마음을 이만큼 감동시켰던 것이다。

조 충이 개선하였을 때 최 충헌이 그의 공을 시기하여 조 충을 환영하는 행사를 금지하고 말았다。

조 충을 정당문하(政堂文學)에 판례부사(判禮部事)로 임명하고 조금 후에 수태위、중서문하시랑(守太尉、中書門下侍郞)에 평장사(平章事)에 수국사(修國史)로 임명하였다。

그 이듬해에 조 충은 사망하였다。 나이는 五十세였다。 개부의 동삼사에 문하시중을 증직하고 시호를 문정(文正)공이라고 하였다。

조 충은 풍모가 괴걸하였다。 외모는 장중하고 성격은 관후하여 항상 화기있어 규각을 나타내지 않았다。 세번이나 과거 시관으로 되여 뽑아낸 사람들은 모두 명사들로서 나가면 장수요 들어 오면 재상으로 되여 조정과 인민이 그들에게 촉망한바 컸던 것이다。

조 충은 재상이 되였을 때 그의 주택 근처에 독락원(獨樂園)이란 정원을 만들어 놓고 공사 후에는 좋은 친우들을 불러놓고 거문고와 술로써 즐겨하였다。 뒷날 고종의 사당에 배향하였다。

김 취 려 전

김 취려(金就礪)는 언양(彥陽)사람인데 그의 부친 김 부(金富)는 례부시랑(禮部侍郞)이였었다. 김 취려는 조상의 덕으로 과거 보지 않고 정위(正尉)가 되였다가 여러번 진급하여 장군이 되여 동북 변강을 수비하고 있었다. 그 후에는 대장군으로 탁발되였다.

고종(高宗) 三년에 거란의 유족인 두 왕자(二王子)(김산(金山), 김시(金始)를 말한 것—역주)가 황하 이북 지대 인민들을 위협하여 대료(大遼)국 수국왕(收國王)이라고 자칭하고 천성(天聖)이라는 년호를 정하였다.

그의 장수 아아걸노(鵝兒乞奴)가 군사 수만명을 인솔하고 압록강을 건너서 녕주(寧州)와 삭주(朔州) 지경을 침공하다가 그 다음 날에는 의주(義州), 정주(靜州), 삭주, 창주(昌州), 운주(雲州), 연주(燕州) 등지에 침입하여 산과 들을 쓸다니면서 향곡과 우마를 함부로 략탈하고 있었다. 그러다가 한달 남짓하여 먹을 것이 다 되고나서는 운중도(雲中道)로 옮겨갔다.

이에 조정에서는 삼군(三軍)을 눈아서 토벌하게 되는데 김 취려가 후군 병마사로, 최 정화(崔正和)와 진 숙(陳淑)이 부병마사로 되여 출동하였다. 후군은 군사 十三령(領)에 신기(神騎)군을 거느리게 되였다.

삼군이 조양진(朝陽鎭)에 도착하였을 때에 어떤 사람이 적군이 근처에 있다는 것을 알려 주었다. 三군이 각각 별초(別抄)군 백명과 신기군 四十여명을 파견하여 아이천(阿爾川)가에서 적과 대전하게 되였다. 좌군이 다소 퇴각하였을 때에 신기랑장(神騎郞將) 정 순우(丁純祐)가 적 중에 뛰여들어 적의 군기를 든 놈을 베여 죽이니 적이 도망치기 시작하였다. 그 뒤를 추격하여 八十여명을 죽이고 二十여명을 포로하고 그리고 양수척(揚水尺)

(그 직업에 의하여 미천한 신분을 가진 사람—역주) 한 사람을 생포하고 소와 말 수백마리와 인장(印章), 병기 등을 다수 로획하였다. 정 순우를 장군으로 임명하였다.

三군은 다시 적군과 련주(漣州)에서 전투하여 백여명을 베여 죽이였다. 적군 三백여명이 또 구주(龜州)에 와서 진을 쳤다. 이에 군후원(軍侯員) 오 응유(吳應儒) 등이 보병을 인솔하고 불의에 적을 공격하였는데 산원(散員) 함 홍재(咸洪宰) 등이 적군 二백 五十명을 죽이고 三천여명을 포로하였다.

三군이 다시 구주 삼기역(三岐驛)에서 전투하여 이틀 동안에 二백 十여명을 죽이고 三十九명을 포로하였다. 장군 리 양승(李陽昇)이 또한 적을 장흥역(長興驛)에서 격파하였다. 적은 창주에서 연주(延州)로 이동하여 개평(開平)역과 원림(原林)역에 주둔하고 서로 련락하고 있었다.

관군이 신기병장을 보내여 추격하다가 적과 조우하여 전투한 결과 백 九十명을 죽이고 연주로 진격하였다. 구장(九將)이 조종수(趙宗戍)에서 전투하여 적군 七백 六十여명을 베고 말, 소와 깃발, 인패(印牌), 무기 등을 무수하게 로획하였다.

적의 분산되였던 군사가 개평역에 전부 집합하여 진치고 있는 까닭에 고려군의 모든 부대들이 진격하지 못하고 있었다. 그때 김 취려가 칼을 뽑아들고 말을 달리여 장군 기 존정(奇存靖)과 함께 적의 진중에 돌입하여 그들을 쳐부시였다. 적군이 궤주하므로 그를 추격하여 개평역을 지나게 되였다. 이때 적군이 개평역 북쪽에 복병을 묻어 두였다가 관군의 중군을 급격하므로 김 취려가 군사를 돌리여 맞받아 쳐서 그를 궤주시키였다.

원 순(元純)이 밤에 김 취려더러 적은 다수이고 아군은 소수인데다가 더구나 우군이 도착하지 않고 처음에 가져온 三일간의 식량은 지금 다 되였으니 퇴각하여 연주성에 의거하여 뒷 기회를 기다리는 것이 좋을 듯 하다는 뜻을 말하였다.

김 취려는 그 말을 듣고 이렇게 말하였다.

『아군이 여러 차례 승리하여 투지가 아직 왕성하니 이때에 한번 결정적으로 싸우고나서 그 다음에 의논할 시다.』

적이 묵장(墨匠) 평야에 진을 치고 있는데 그 세력이 대단하였다。 원순이 급히 김 취려를 불러오는 동시에 혹기를 올려 신호를 하니 사졸이 물 불을 가리지 않고 진격하여 거개 한 사람이 백명씩을 당해내였다。 김 취려는 문 비(文備)와 함께 적진을 가로 절단하였다。 그리하여 그들이 간데마다 적군은 궤주하여 세번 전투에 세번 승리하였다。 이때 김 취려의 맏아들이 전사하였다。

적군은 향산(香山)으로 도망하여 보현사(普賢寺)를 소각하였다。 고려군은 그냥 추격하여 살상 포로 총수 二천 四백명이였고 남강에 빠져 죽은 자가 또한 수천명에 달하였다。 그리고 남은 자는 밤으로 그들이 데리고 온 녀자들과 아이들을 로변에 버리고 창주로 도망하였다。 그래서 그 지방 일대에는 울고 불고 하는 소리가 산천을 진동하였다。

그때 어떤 사람이 무장을 해제한채 자칭 거란의 관리라고 하면서 고려군 진영에 와서 요청하기를

『우리가 귀국의 변강에서 사건을 일으킨데 대하여는 원체 우리가 죄를 지였다고 할 수 밖에 없습니다。 그러나 녀자들과 아이들이야 무엇을 알겠습니까? 그것들을 다 죽이지 말아 주시고 그리고 우리에게도 과히 하지 마시기를 바랍니다。 우리는 즉시 돌아가려 합니다。』

김 취려가 그 자에게

『네 말을 무엇으로 믿는단 말이냐? 증거를 보이라』하고 술을 주었더니 잘 먹고 돌아갔다。

그 후 얼마 되지 않아서 아아걸노(鵝兒乞奴)가 신임장을 보내여 용서를 빌어 왔는데 먼저 왔던 자의 말과 같았다。

三군이 각각 二천명씩 보내여 그의 정형을 살펴보니 과연 적이 퇴각하면서 버리고 간 식량、무기 등속이 길에 가득하였고 소와 말들은 허리를 도끼로 치고 엉덩이를 칼로 찔러서 대개 사용할 수 없이 만들어 두었다。 파견한 전체 군사 六천명이 청새진(淸塞鎭)에서 전투하여 살상 포로가 무수하였다。 그리고 평로진(平虜鎭) 도령록(都領祿)이 진격하여 또한 七十여명을 죽이였다。 적은 청새진을 통과하여 도망하고 말았다。

고려군이 연주에 주둔하고 있는데 적군의 후속 부대가 대거하여 연주 지방으로 또 들어 온다는 보고를 들었

다 본래 수비군만 남겨두고 그 외에는 전부 출전하게 하였다。 그중 후군은 적을 단독으로 양주(楊州)에서 만나 수천명을 죽이거나 포로하고 그 밖의 량군은 먼저 박주(博州)로 돌아 갔다。

김 취려는 적의 군수품을 거두어 가면서 서서히 행군하여 사현포(沙峴浦)에 당도하였을 때에 적군이 졸지에 출현하여 습격하여 왔다。 김 취려는 전력을 다하여 적을 격퇴하고 또한 군수품을 로획하여 가지고 도착하였다。

원 순이 서문 밖으로 나가서 김 취려를 영접하면서 축하하여

『졸지에 적을 만났으나 능히 그의 예봉을 꺾어버리여 三군 중에서 짐지고 행군하는 군사가 한 사람도 손실을 당하지 않게 한 것은 완전히 공의 덕인 줄로 아오。』

이렇게 말하고 말을 탄채 술잔을 들어 축배를 드리였다。 량군의 장병들과 지방 인민들이 다들 감복하여

『강적과 부닥쳐서 결연히 독려으로 싸우게 되였을 때 그 형세는 실로 위급하였던 것입니다。 그러나 개평、묵장、향산、원림 등 전역에서 후군이 항상 선봉 노릇을 하면서 소수로써 다수를 격파하여 우리 로인들과 어린 것들의 생명을 보전하게 하였으니 은혜를 무엇으로 갚겠습니까? 다만 축수를 드릴 뿐입니다。』

적은 다시 때 五十여명을 끌어 몰아 가지고 창주를 침범하므로 고려군이 그를 쳐서 쫓아버리고 박주에 주둔하였는데 밤에 적을 흥교역(興郊驛)에서 습격하여 四十여명을 포로로 하였다。 그 이튿날 다시 홍법사(洪法寺)에서 싸워 승리하고 또 그 이튿날 장군 김 공석(金公奭)이 적과 그 곳 성문 밖에서 싸워 五十여인을 살상 포로하였다。 그때 김 공석은 은패(銀牌)차고 있는 놈을 베여 죽이였다。

관군이 성내로 들어가서 군사를 쉬게 하는 동안에 적은 밤에 청천강을 건너서 서경(西京)으로 향하였다。 관군이 그들과 싸웠으나 패배하여 장군 리 양승(李陽升) 등 천여명이 전사하였다。

적이 서경성 밖에 도달하여 안정(安定)、림원(林原)역을 무찔렀으나 관군은 그들을 막아내지 못하였다。 적이 대동강 얼음을 타고 서해도(西海道)로 들어가서 황주(黃州)를 함락시키였다。

그 이듬해에 김 취려를 금오위(金吾衛) 상장군으로 임명하고 또한 승선(承宣) 김 중구(金仲龜)에게 남도 군대를 인솔하고 가서 김 취려와 만나게 하였다。 그런데 김 중구는 적과 도공역(陶公驛)에서 싸워 패배하였다。

그보다 먼저 중군은 임금에게 주청하여 군사를 보충하였고 좌승선 차 척(車倜)을 전군 병마사로, 대장군 리 부(李傅)와 김 군수(金君綏)를 부병마사로 삼았다. 상장군 송 신경(宋臣卿)을 좌군 병마사로, 최 유공(崔兪恭), 리 실춘(李實春)을 부병마사로 삼았다. 이리하여 전번에 출동한 삼군과 합하여 五군으로 되여 안주(安州) 대조탄(太祖灘)에 주둔하면서 적과 전투하다가 대패하고 돌아왔던 것이다. 적군은 이 틈을 타서 함부로 덤비게 되였다.

김 취려는 문 비(文備)와 함께 적을 엄습하여 칼을 들고 혼자서 적을 대항하다가 적의 창과 화살을 무수히 맞아 몸을 끌고 돌아 왔다. 적은 그를 선의문(宣義門)까지 추격하다가 퇴각하면서 우봉(牛峯)을 침범하고 림강(臨江)과 장단(長湍)으로 향하였다.

이때 다시 五군을 정돈하여 적을 방어하게 되였으나 적은 동주(東州)를 함락시키였다.

최 충헌(崔忠獻)이 임금에게

『거란군이 동주를 지나게 되였으니 그 형세가 계속 남쪽으로 내려갈 것 같은데 五군은 어물어물하기만 하고 전쟁은 하지 않고 공연히 식량만 소비하고 있습니다. 중군 병마사 오 응부(吳應夫)를 파면하고 전군 병마사 최 원세(崔元世)를 중군 병마사로 대치하고 김 취려를 전군 병마사로 할 것을 바랍니다』라고 하였다.

적군이 교하(交河)를 향하여 징파(澄波)나루 건느는 것을 고려군이 격퇴하였다. 적군이 풍양현(豊陽縣)에 도착하였을 때에 고려군이 횡탄(橫灘)을 막 건느려 하는데 배후로부터 적군의 습격을 받아 좌군이 먼저 패전하였다. 이때 중군과 후군이 산 뒤로 돌아 적의 배후를 습격하여 그를 격퇴하고 로원역(盧原驛)까지 추격하여 다수를 살상하였다. 적은 소, 말, 의복, 식량 등을 다 버리고 도망하였다.

전군과 우군은 지평현(砥平縣)에서 전투하여 적을 격파하고 말 천여필을 로획하였다.

적은 또 원주(原州)에 들어 왔다. 그때 아홉번을 두고 전투하였으나 성 중에서는 식량이 다 되고 성은 결국 함락되고 말았다.

대장군 임 보(任輔)가 가발(加發) 병마사로 되여 성 중의 공 사노예들을 동원하여 부대를 보충하여 출동하였다.

전군과 우군이 적을 양근(楊根)과 지평에서 만나 여러번 전투하여 금 은패와 일산을 로획하였다. 고려군이 적을 추격하여 황려현(黃驪縣) 법천사(法泉寺)에 당도하였다. 그 이튿날 최원세와 김 취려가 적과 맥곡(麥谷)에서 싸워 三백여명을 죽이거나 포로하면서 三일동안에 박달현(朴達峴)까지 추격하여 갔다. 그때 임 보가 또한 군사를 인솔하고 그 곳까지 왔다.

이리하여 고려군은 재 마루에 올라가서 쉬고 있었다. 첫 새벽에 적군이 재 마루 남쪽으로 진군하여 좌우쪽 산으로 기어 올라 요지를 점령하려 하였다. 김 취려는 군사를 좌우편으로 나누어서 진격하게 하고 자신은 중앙에서 전투를 지휘하며 고무하였다. 군사들은 모두 한사람 같이 결사적으로 싸웠다. 적군이 드디여 붕괴하여 그들이 데리고 온 늙은 사람과 어린 아이들, 무기, 군수품을 무수하게 내버리고 도망하였다.

이리하여 적은 감히 남으로 내려오지 못하고 모두 동쪽으로 도주하였다. 명주(溟州) 대관산령(大關山嶺)까지 적을 추격하여 옥대(玉帶)와 금 은패(金銀牌)들을 로획하였다.

그러나 적은 함주(咸州)로 향하여 녀진의 땅으로 들어갔다. 그리하여 녀진 군사를 얻어 병력을 회복하여 다시 침공하려 하였다.

김 취려가 회군할 때에 돌연히 병을 얻었다. 부하 장령들이 안정 가료할 것을 요청하였으나 김 취려는 말하기를

「차라리 변강의 귀신이 될지언정 어찌 집으로 돌아가서 편안하게 치료나 하고 있을가?」

병이 심하게 되여 임금의 명령으로 서울로 업히여 와서 여러달을 두고 치료하여 회복하였다.

적이 다시 군사를 집합하여 고주(高州), 화주(和州)를 침공하고 예주(豫州)를 함락시키였다.

그 때 고려군은 五군을 三군으로 개편하였다.

그 이듬 해에 적군이 다시 대거하여 침공하여 오므로 조 충(趙沖)을 서북면 원수로, 김 취려를 병마사로 삼아서 임금 자신이 그들에게 부월(鈇鉞)(장수가 출정할 때에 임금이 특히 하사하는 무기—역주)을 주어 출동케 하였다. 조 충과 김 취려는 자주 적과 싸워서 그들을 패배시키는 데 따라서 적의 형세가 궁하게 되였다. 그리하여 그들은

강동성(江東城)으로 들어가서 방어 태세를 취하고 있었다.

그때 몽고의 합진 급찰라(哈眞及札剌)와 동진(東眞)의 완안자연(完顔子淵)이 거란을 추격하여 바로 강동으로 진격하였다. 그들은 사람을 고려군 중에 보내어 군사와 군량을 요청하였다. 모든 장수들이 다 몽고군 중에 가기를 싫어 하였으나 김 취려가 말하기를

『나라의 리해 관계가 오늘의 이 일에 달려 있는데 만일 저들의 의사를 거슬렸다가 뒷날 가서 후회한들 무슨 소용이 있겠습니까?』

조 충이 말하기를

『그러나 이 곤난한 일에 장군을 보낼 수 없습니다.』

김 취려가

『일을 할 때 곤난한 것을 회피하지 않는 것이 나라 일을 하는 사람의 본분일 것입니다. 내가 비록 재주는 없으나 장군을 위하여 한번 가 볼가 합니다.』

조 충이

『군사상 제반 사업에 대하여 장군에 의탁해야 할 것이 허다한 오늘날 장군이 가서야 되겠습니까?』

그러나 취려는 지병마사(知兵馬事) 한 광연(韓光衍)과 함께 十장군의 군사와 신기(神騎)군, 대각(大角)군, 내상(內廂)군(신기군은 기병, 대각군은 소부대, 내상군은 근위병—역주)의 정병을 인솔하고 몽고 진영으로 갔다.

합진은 통역을 통하여 취려에게 말하기를

『당신들이 과연 우리와 친선을 하려거든 당연히 먼저 몽고 황제에게 요배(遙拜)(보이지 않는 곳에서 멀리 절하는 것—역주)하고 그 다음에 만노(萬奴)(녀진족의 일부가 료동에 세운 동진국(東眞國)의 임금 포선 만노(蒲鮮萬奴)를 말하는 것—역주) 황제에게 절해야 합니다.』

김 취려는

『하늘에 두개의 태양이 없는 것과 같이 땅에도 두 사람의 황제가 없다고 하는데 세상에 어찌 두 황제가 있

다고 하오。』

이렇게 말하고는 다만 공고 임금에게만 오배하였다。

김 취려는 신장이 여섯자반이요 수염이 배 밑에까지 닿았다。매번 옷을 입을 때에 두 사람의 녀자 종을 시키여 그의 수염을 들게 하고는 띠를 띠는 형편이였다。

합진은 김 취려의 얼굴이 특출하게 잘난 것을 보고 또 그의 능난한 말솜씨를 듣고 감탄하여 마지 않았다。그는 한자리에 앉아서 김 취려의 나이를 물었다。

김 취려가 대답하여

『六十살에 가까워 가오。』

합진이

『나는 五十이 못되나 이미 한 집안 같이 된 이상 당신은 형이 되고 나는 아우가 되는 것이 어떠합니까?』

이렇게 말하면서 김 취려를 동편을 향하여 앉게 하였다。

그 이튿날 김 취려가 다시 합진의 병영으로 갔을 때

합진이 이렇게 말하였다。

『나는 일찍 륙국(六國)을 정벌하면서 귀인을 많이 보았지마는 형님과 같이 잘난 얼굴을 보지 못하였습니다。나는 형님을 소중히 여기는만큼 형님의 부하 장병들도 한 집안 사람들 같이 생각하고 있습니다。』

리별할 때에는 합진이 김 취려의 손을 잡고 부축하여 말에 태워 주군하였다。

수일 후 조 충이 또한 합진의 진영으로 왔을 때에 합진이 묻기를

『원수의 년세는 우리 형님의 년세와 누가 우인가요?』

김 취려가

『내보다 우입니다』라고 하였더니 조 충을 안내하여 상좌에다 앉히고는 술상을 차리고 풍악을 잡히였다。그리고는 몽고 풍속대로 날카로운 칼 끝에 고기를 꿰여가지고 손님과 주인이 서로 받아 먹는데 칼 끝이 왔

다 갔다 할 때에 조금도 주저하여서는 안 되는 것이다。 우리 성병들은 본래 용기가 있다고 하는 자도 어느 정도 난색이 없지 않았으나 조 충과 김 취려는 몸을 일으키여 그것을 받아 먹는데 아주 능숙하였다。 합진 등이 대단히 만족히 생각하였다。

합진은 술을 잘 먹는 자로서 조 충과 술 먹기 내기를 하는데 지는 자는 벌을 받기로 하였다。 조 충은 술을 무수히 먹었으나 취한 빛이 없었다。 그러나 조 충은 최후의 한잔을 받아 가지고는 먹지 않고

『이것을 먹지 못하는 것은 아니지마는 만일 내가 승리하여 내기대로 시행한다면 공이 벌을 받아야 할 판이니 차라리 내가 벌을 받는 것이 옳지 주인이 손에게서 벌을 받아서야 되겠소?』

합진이 그 말을 대단히 좋아하였다。 그리고 그 이튿날 아침에 강동성에서 三백보되는 지점에서 만나기로 하고 헤여졌다。

합진이 강동성 남문에서 시작하여 못을 파는데 넓이와 깊이가 모두 열자 가량 되게 하였다。 이 일을 서문에서 북으로는 완안 자연에게 위임하고 동문에서 북쪽으로는 김 취려에게 위임하였다。 이와 같이 성 밖에 못을 둘러 파서 적군이 도망하지 못하게 한 것이다。

적군은 형세가 대단히 곤난하게 되여 四十여명이 성을 넘어 나와 몽고군에게 항복을 하였다。 그것을 보고 적의 괴수 감사 왕자(喊捨王子)는 자기 목을 제손으로 매여 죽고 졸개들과 녀자들 五만여명이 다 성문을 열고 나와 투항하였다。

합진과 조 충은 투항하는 정형을 검열하고는 왕자의 처자들과 가(假) 승상 평장(平章)이하 백여인을 말 앞에서 베여 죽이고 그 밖에는 죽이지 않고 군사들에게 수비하도록 하였다。

합진이 말하기를

『우리가 만리 밖에서 와서 귀국과 합력하여 적을 격파한 것은 천만 다행한 일입니다。 도리는 당연히 귀국의 임금을 뵈옵고 가야 하겠지마는 우리 군대가 원거리를 행군하기에 지치여 있으므로 다만 사절을 보내여 사례를 드리기로 하겠습니다』

하고는 합진 급찰라가 조 충과 김 취려에게 량국이 동맹할 것을 요청하여 『우리 두 나라가 영원히 형제로 되였으니 자손 만대에까지 내려가면서 오늘날을 잊어버리지 않게 할 것입니다。』

조 충이 군중에 잔치를 배설하고 합진은 포로된 녀자와 소년 七백명과 적에게 포로되였던 우리 사람 二백명을 우리 편에 돌려보내였다。

녀자들 중에서 열다섯살 내외 되는 자들은 조 충과 취려에게 각각 九명씩을 주고 또 준마 아홉마리씩을 논아 주었다。 그 외의 사람들은 자원하여 따라오게 하였다。 조 충은 거란족의 포로들을 각 지방에 논아보내여 인구 희박한 곳을 택하여 살게 하고 토지를 주어 농사를 짓게 하였다。 속칭 거란장(契丹場)이라고 부르는 것이 이것이다。

그 해에 의주(義州)에서 한 순(韓恂)과 다지(多智)가 수비대장을 살해하고 수다한 고을에 의거하여 반기를 들게 되였다。

이에 추밀 부사 리 극서(李克偦)로 중군을, 리 적유(李迪儒)로 후군을 김 취려로 우군을 각각 인솔하고 그를 토벌하게 하였다。 그 이듬해에 김 취려를 추밀 부사로 임명하여 리 극서 대신으로 중군을 지휘하게 하였다。

한 순과 다지 등은 김 원수와 우 가하(于哥下)에게 투항하였다。 우 가하는 한 순, 다지 두 사람의 머리를 베여 중앙으로 보내였다。

그때 三군이 여러 고을에서 역적에 추종한 자들의 죄를 추궁할 것을 요청하였다。

그러나 김 취려는 말하기를

『서전(書傳)에 「그의 괴수를 섬멸하였거든 그를 추종한 자들에 대하여는 실복할 것이고 벌을 주지 말라」고 하지 않았습니까? 대군이 물밀듯 하여 죄 없는 백성이 화를 당한자 무수한 데다가 항차 거란의 란리통에 관동 지방은 폐허가 되고 말았는데 지금 또 우리의 번강을 아주 빈터로 만든다는 것은 안될 말입니다。』

이리하여 곽 원고(郭元固), 김 보정(金甫貞), 종 주질(宗周秩), 종 주뢰(宗周賚) 등을 의주로 파견하여 그 지방 백성들을 위무하게 하였다。

그러나 종 주뢰는 탐욕적인 인간으로 뢰물을 무수히 받아 먹었다。 뢰물을 바치지 않는 사람에 대하여는 구실을 만들어 그를 죽이군 하였다。 이리하여 지방 사람들이 그를 원망한 나머지 군중적으로 성을 넘어 들어 주뢰 등을 죽여 버리고 말았다。 팍 원보、김 보정은 근근히 도망쳐 나와 김 취려에게 그 사실을 보고하였다。

김 취려는 판관과 록사(錄事)를 보내여 백성들을 설복하는 동시에 대장군 조 렴경(趙廉卿)을 보내여 말듣지 않는자들을 로벌하였다。 이리하여 반군들은 비로소 해산되였던 것이다。

당시 거란의 잔당들이 녕변(寧邊) 산 중에 숨었다가 가끔 나와서 도적질을 하군 하였다。 김 취려가 장군을 보내여 그를 평정한 후로부터 나라의 북쪽 변경은 비로소 안정되였다。

그 이듬해에 취려를 추밀사에、병부상서에、 판삼사사로 승진시키였다。 그러나 조금 후에는 참지정사(參知政事)로 옮기였다。 十五년에는 수태위(守太尉)、중서시랑(中書侍郎)에 평장사(平章事)로 되였다。 그리고 그 다음에 시중(侍中)까지 되였다。

二十一년에 김 취려는 사망하였다。 시호를 위렬(威烈)공이라고 하였다。

김 취려는 인품이 소박하며 정직하고 군사 일에는 엄숙하여 장병들이 조금도 군규를 위반하지 못하였다。 술이 있으면 술잔 하나로써 제일 아랫 사람들과 함께 먹군 하였다。 그렇기 때문에 군사들의 죽기를 맹세하는 힘을 얻게 된 것이다。 당시 강동(江東)의 역사는 전부 조 충에게 일임하고 자신은 전쟁에 전력하였다。 그가 적을 제압하는 데 있어서 기묘한 계책이 무수하였다。 그리고 대공을 세웠으나 언제나 자만하지 않았다。 재상이 되여서는 정확하게、신중하게 하부 사람들을 지도하는 때문에 누구도 그를 속인다든지 하는 일이 없었다。 고종의 사당에 배향하였다。

박 서、송 문주 전

박 서(朴犀)는 죽주(竹州) 사람이였다。 고종(高宗) (고려 二三대왕—역주) 十八년에· 서북면 병마사로 되였다。

당시 몽고 원수 살례탑(撒禮塔)이 철주(鐵州)를 함락시키고 구주(龜州)에 이르게 되였다。

박 서는 장군들인 김 중온(金仲溫)과 김 경손(金慶孫) 그리고 정주(靜州)、삭주(朔州)、위주(渭州)、태주(泰州)의 수령(守令)들과 함께 군대를 인솔하고 구주에 모이였다。 박 서는 김 중온 군에게 성의 동서편을 지키게 하고 김 경손 군대에게 성 남쪽을 수비하게 하고 도호 별초(別抄)군과 위주와 태주의 별초군 二백 五十여명을 그 밖의 삼면을 지키게 하였다。

몽고군은 구주성을 여러 겹으로 포위하고는 밤낮으로 서、남、북 삼 방면의 성 문을 공격하여 왔다。

성 중의 군대가 성 밖으로 돌격을 개시하였다。 그때 몽고군에게 위주 부사(渭州副使) 박 문창(朴文昌)이 포로로 되여 몽고군의 앞잡이로서 고려군의 항복을 설유하려고 성 안에 들어왔다。 박 서는 단연 그의 목을 잘라 버리고 말았다。

몽고군은 정예 기병 三백명을 선발하여 북문을 공격하여 왔으나 박 서는 그들을 격퇴하였다。 몽고군은 다시 다락집같은 차와 큰 평상을 만들어 그것을 소가죽으로 둘러 싸고는 그 속에 군대를 싣고 와서 성 밑을 뚫고 길을 내려고 하였다。 박 서는 성에 구멍을 뚫고 쇠녹인 물을 쏟아서 다락 차를 소각하여 버렸다。 그 우에 땅이 꺼져서 몽고군이 치여 죽은 자도 三十여명에 달하였다。 그리고 또한 나무에 불을 싸 놓아 평상을 태워 버리니 몽고 사람들이 혼이 나서 도망하였다。

몽고군이 이번에는 커다란 포차(砲車) 十五대를 가지고 성의 남쪽을 급습하여 왔다。 박 서는 성 우에다가 대를 쌓고 거기에서 포차를 발사하고 돌을 던지여 격퇴하였다。

몽고군은 다시 나무를 잔뜩 쌓아 놓고 사람 기름을 적시여 불을 놓아 성을 공격하여 왔다。 박 서는 물을 끼얹어 불을 잡으려 하였으나 불꽃이 더욱 맹렬히 타 올랐다。 다시 진흙을 물에 타서 끼얹었더니 불이 꺼지는 것이였다。

몽고군이 이번에는 차에다 풀을 싣고 거기에 불을 놓아서 망루(望樓)를 공격하여 왔다。 박 서는 미리 물을 준비하여 두었다가 그것을 쏟아서 불을 죽이였다。

몽고군은 한달 동안이나 성을 포위하고 온갖 꾀를 다하여 공격하였으나 박서는 그때 마다 적당한 방법으로 막아내였다。 공격할수록 방어는 더욱 공고하여질 뿐이였다。

몽고군은 결국 아무런 성과도 거두지 못하고 퇴각하였다。 그러나 그들은 다시 북쪽 변경 지방에 있던 저희들의 군사를 몰고 와서 포차 三十대를 벌려 놓고 성곽을 쳐서 五十간 쪽은 파괴하였다。 박 서는 파괴되는 대로 수축하고 철사로 둘러 막군하였다。

이리하여 몽고군이 다시 공격하지 못하게 되는데 따라서 박 서가 공격으로 전환하여 대 승리를 전취하였다。

몽고군이 다시 큰 포차로 공격하여 오므로 박 서가 다시 포차를 발사하고 돌을 던지여 적군을 쳐 죽인 것이 부수하였다。

몽고군은 퇴각하여 목책을 둘러막고 방어하고 있었다。 그리면서 살례탑이 우리 나라 통사(通事)를 보내여 회안공(淮安公) 정(侹)의 공문을 가지고 구주에 와서 항복할 것을 권고하였다。 그러나 박 서는 단연 거절하고 말았다。

몽고군이 운제(雲梯)(성을 넘을 때 쓰는 사다리—역주)를 만들어 성을 공격하므로 박서는 대우포(大于浦)로써 맞받아 치니 풍비 박산하여 사다리가 범접을 못하였다。 대우포란 것은 큰 칼날을 가진 병기이다。 그 국왕이 우간의대부(右諫議大夫) 최 림수(崔林壽)와 감찰어사(監察御史) 민 희(閔曦)를 구주로 보내였다。 그들은 몽고 사람을 데리고 성 밖에 와서 박 서를 설복하려 하였다。

『이미 회안공 정을 보내여 몽고군과 강화하게 되였고 우리 三군은 모조리 항복하였으니 그대도 전쟁을 중지하고 나와서 항복하는 것이 좋겠소』

하고 여러번 회유하였으나 박 서는 단연 거절하였다。 그때 민 희는 어쩔줄을 모르고 칼을 빼여 자살하려는 소동까지 일으켰던 것이다。

박 서는 그 후에 임금의 명령을 어긴다는 것은 중대한 일이라고 생각하고 결국 항복하고 말았다。

그 뒤 몽고 사절이 도착하여 박 서가 성을 고수하여 항복하지 않은 데 대한 앙갚음으로 박 서를 죽이려 하였다。

최 이(崔怡)가 박 서에게

『당신의 국가에 대한 충성은 거룩한 것이요。 그러나 몽고 사람들의 말도 무서운데야 어쩌겠소。 당신은 잘 생각하여 하시오。』

박 서는 그만 고향으로 돌아가고 말았다。

몽고군이 구주를 포위하였을 때 그 장수 중 七十살 먹은 자가 성루를 둘러보고 감탄하여 하는 말이

『내가 어려서부터 종군하여 세상의 성들과 전투하는 상황을 두루 보아 왔지마는 이와 같은 공격을 당하고도 끝까지 항복하지 않는 군대는 처음 보았다。 성 중의 여러 장수들은 뒷날 반드시 모두 장군이나 재상이 될 것이다。』

아닌게 아니라 뒷날 박 서는 문하 평장사(門下平章事)로 되였던 것이다。

송 문주(宋文冑)도 역시 구주 방어전에 참전한 사람이였다。 그 당시 공훈을 세웠으므로 랑장(郎將)으로 등용되였다。 그리고 二十三년에는 죽주(竹州) 방호 별감(防護別監)으로 있었다。

몽고군이 죽주성에 와서 항복할 것을 강요하였으나 성 중의 장병들은 몽고군을 격퇴하였다. 몽고군이 다시 대포로 성을 치는 바람에 성문이 파괴되었다. 그러나 성 중에서도 대포로 응전하여 몽고군이 감히 접근하지 못하였다. 몽고군이 이번에는 사람 기름(人油)을 짚에 쏟아 가지고 불을 붙이어 성을 치는 것이었다. 송 문주는 그때 일제히 성문을 열어 제끼고 적군을 돌격하였다. 적은 무수한 사망자를 내었다.

몽고군은 온갖 계책을 다하여 十五일간을 두고 공격하였으나 결국 그 성을 점령하지 못하고 그들의 공격 무기를 소각하고는 퇴각하고 말았다.

송 문주가 구주에서 싸울 때에 몽고군의 성 치는 순채를 다 알아 두었으므로 그들의 계획을 먼저 알아 차리고 매번 군사들에게

『오늘에는 적이 반드시 어떠어떠한 기계로 공격하여 올 것이니 우리는 어떠어떠한 기계로 대항하여야 한다』

라고 하였다. 적은 과연 그러한 기계를 가지고 덤벼들곤 하던 것이다. 그것을 본 성 중 사람들은 모두 송 문주를 귀신같다고 말하였다.

그의 공훈에 의하여 송 문주를 좌우위장군(左右衛將軍)으로 임명하였다.

김 경 손 전

김 경손(金慶孫)의 처음의 이름은 운래(雲來)로서 평장사(平章事) 김 태서(金台瑞)의 아들이였다。 그의 어머니가 어느날 꿈을 꾸었는데 오색 구름 속에서 하나의 청의 동자(靑衣童子)를 여덟이 호위하고 내려와서 그 녀자의 품안으로 들어간 일이 있었다。 그리고 나서 즉시 임신하여 아이를 낳으니 얼굴이 아름답고 머리 우에는 뾰족한 뼈가 솟아 있었다。 성격은 무겁고 위엄이 있었으며 지혜와 용기가 뛰여났다。 그리고 대담하고 포부가 컸었다。 화를 낼 때에는 머리 털과 수염이 일어서군 하였다。

일찍부터 과거를 보지 않고 부모 덕으로 등용되여 중요한 벼슬을 력임하였다。 보통 집에 있을 때에는 반드시 검정 옷을 입고 항상 손님을 대한 듯이 근엄하였다。

고종 十八년에 정주 분도장군(靜州分道將軍)으로 있었다。 당시 몽고군이 압록강을 건너와서 철주(鐵州)를 함락시키고 정주에 침입하여 왔다。 김 경손은 근위병의 결사대 十二명을 데리고 성문을 열고 력전 분투하여 몽고군을 패주시키였다。

그러나 얼마 되지 않아서 몽고 대군이 닥쳐 왔다。 지방 사람들은 그것을 보고 몽고군을 막아낼 수 없으리라고 생각하고 모두 후퇴하게 되였다。 김 경손이 성에 들어가 보니 한 사람도 없이 다 도망가고 말았다。 김 경손은 결사대 十二명만을 데리고 산으로 산으로 야간 행군을 하여 이레동안 밥이라고 먹어 보지 못하고 구주에 도착하였다。 구주에 가보니 삭주 수비장 김 중온(金仲溫)이 역시 자기 성을 포기하고 그 곳에 와 있었다。

박 서는 김 중온에게 성의 동서편을 지키게 하고 김 경손에게 성의 남쪽을 경비하게 하였다。

이때 몽고군이 성의 남쪽 방면으로 대거 습격하여 왔다。 김 경손은 결사대 十二인과 여러 고을 별초장들을 데리고 성문을 나와서 장병들에게 명령하기를

『너희들 중에서 생명을 아끼지 않고 퇴각하지 않겠다고 결심한 자는 바른편으로 나서라!』

별초군들이 모두 땅 바닥에 엎드려져 있으면서 나서지 못하였다。 김 경손이 그들에게 명령하여 전부 성안으로 들어 가라 하고 결사대 열두 사람만 데리고 진격하였다。 김 경손 자신이 적의 선봉인 검정 깃발 든 기병 한놈을 쏘아서 거꾸러뜨리고 열두 장사들이 결사적으로 싸웠다。 마침 적의 화살이 김 경손의 팔을 마치여 류혈이 랑자한데도 불구하고 김 경손은 북을 치면서 독전하기를 그치지 아니하였다。

이리하여 四、五차례의 전투를 계속한 결과 몽고군은 결국 퇴각하고 말았다。

그리고 나서 김 경손이 대오를 정돈하여 가지고 쌍소금(雙小笒)을 불면서 성안으로 돌아오니 박 서가 경손을 맞아들여 절을 하면서 감격하여 울기까지 하였고 김 경손도 또한 절하면서 마주보고 우는 것이였다。 이때로부터 박 서는 성 수비하는 일을 김 경손에게 위임하였던 것이다。

몽고군은 성을 여러 겹으로 포위하고 밤낮으로 공격하여 왔다。 차에다 나무를 싣고 와서 치면 김 경손은 포차를 발사하고 쇠물을 쏟아서 그것을 소각하여 버리였다。

몽고군이 일단 물러 갔다가 다시 몰려와서 성을 칠 때였다。 김 경손이 의자에 걸터 앉아서 전투 지휘를 하고 있었는데 적의 포탄이 바로 김 경손의 이마를 스치고 지나가서 그의 뒤에 섰던 군사를 마치여 전신을 분쇄하고 말았다。 모두 김 경손의 의자를 다른 곳으로 옮기는 것이 좋겠다고 말하였으나 김 경손은

『안 된다。 이때 내가 만일 움직인다면 군사들의 마음이 움직이게 될 것이다。』

이렇게 말하였다。 그의 얼굴은 평소와 같이 태연 자약하였고 그의 의자는 끝까지 옮기여 지지 않았다。

격전이 二十여일을 두고 계속되였다。 김 경손은 적의 행동을 예측하여 제때에 놀랠만큼 신통한 방법으로 대처하였다。

몽고군이

『이 성에서는 소수로써 다수를 대항해내고 있다。 이것은 하늘이 도웁는 것이지 인력으로야 될 수 없는 일이다』

라고 말하고 포위망을 풀어 퇴각하고 말았다。

이리하여 김 경손은 대장군으로 지어사 대사(知御史臺事)로 되였다。

二十四년에는 김 경손이 전라도 지휘사로 있었다。 그때 그 지방 반란자 리 연년(李延年) 형제가 원률(原栗)、담양(潭陽) 지방 군사들 중의 반란군을 끌어 모아 가지고 해양(海陽) 등 고을들을 점령하였다。 그들은 김 경손이 라주(羅州)에 있단 말을 듣고 라주성을 포위하였는데 그의 세력이 대단히 왕성하였다。

김 경손이 성문에 올라 바라보고

『적의 무리가 많기는 하나 다들 촌뚜기로구나』

하고 별초군으로 될 수 있는 자 三十여명을 모집하였다。 그리고 한편으로 그 고을 늙은이들을 소집하여 놓고 눈물을 흘리면서 하는 말이

『그대들 고을도 나라의 땅이 아니겠소。 다른 고을에 추종하여 적에게 항복하여서는 안 되오。』

늙은이들이 다들 엎드려 울면서 그렇겠다고 하였다。

김 경손이 출전을 독려하는데 측근자들이 다들

『오늘날 일을 당하여 우리 군사는 적고 적의 수는 많으니 다른 고을의 군사들이 도착하거든 전투를 개시하는 것이 좋을 듯 합니다。』

김 경손이 화를 내어 그들을 꾸짖였다。 그리고는 가두에서 금성산(錦城山)을 향하여 제사를 지내는데 술 두잔을 올리면서

『싸움에 승리가 있게 하오。』

제사가 끝나는 대로 깃발을 들고 나가려 하였다。 이것을 보고 장병들이

『이러다가는 우리의 미약한 정체를 적에게 알려줄 뿐입니다。』

김경손은 단연 호령하여 쫓아버리고 결국 성문을 열고 나가게 되였다。 다 나가고 난 뒤에 문지키는 군사가 현문(懸門)을 닫지 않았다 (현문이란 들어 올려서 여는 성문으로서 나갔던 군사가 다시 들어 올 수 있게 하기 위하여 문을 닫지 않았던 것이다—역주)。 김 경손이 문지키는 자를 베여 죽이려 하였을 때 현문은 비로소 닫쳐졌다。

그때 리 연년은 그의 부하들에게

『지휘사(指揮使)(김 경손을 말하는 것이다—역주)는 구주에서 성공한 대장이다。 그리고 인망이 대단한 사람이니 나는 그를 생포하여 우리의 지휘관으로 삼을 것이다。 그러니 절대로 그에게 활을 쏘아서는 안된다。』이렇게 말하였다。 전투 중에 잘못하여 화살이 비뚜러져 김 경손을 맞힐는지도 모르는 때문에 일체 활을 쓰지 못하게 하고 단병접전으로 싸우게 하였다。

전투가 시작되였을 때 리 연년이 그의 용력만 믿고 바로 뛰어들어 김 경손의 말 고삐를 잡고 끌어내려하는 참이였다。 김 경손이 칼을 빼여 들고 호령하니 별초 군사들이 모두 한사하고 저항하여 결국 리 연년을 베어 죽이고 계속 추격하였다。 이리하여 적은 궤멸하고 한 지방이 또 평정되였다。

김 경손을 불러 들여 추밀원(樞密院) 지주사(知奏事)로 임명하였다。

어떤 자가 최 이(崔怡)에게 『김 경손의 부자가 상공(相公)(재상들의 총칭—역주)을 모함하려 할 뿐만 아니라 반역할 의사가 있다』고 김 경손을 무고하였다。 최 이가 사실을 조사한 결과 무근하다는 것이 판명되여 무고한 자를 강물에 던져 죽여 버렸다。 그리고 김 경손은 다시 추밀원 부사로 등용되였다。

三十六년에 최항(崔沆)이 김 경손의 인망이 큰 것을 시기하여 그를 백령도(白翎島)에 류형을 보내였다。 그 후 二년째 되는 해에 최항은 그의 계모 대(大)씨를 죽이고 그 계모의 전부 소생인 오 승적(吳承績)도 강물에 던져 죽이였다。 그리고는 김 경손을 오 승적과 인척 관계가 된다고 하여 몰래 사람을 류형지에 보내여 그를 바다물에 던져 죽이고 말았다。

김 경손은 여러번 대공을 세워 국가와 인민의 신망이 컸었다。 그러나 일조에 흉악한 놈의 손에 살해 당하고 말다니 통분히 여기지 않는 사람이 있겠는가。

리 자성전

리 자성(李子晟)은 우봉군(牛峯郡) 사람으로서 그의 아버지 리 정(靖)은 병부상서였다。 리 자성의 성격이 강직하고 맹렬한 데다가 용기가 있고 체력이 강하였다。 여러번 종군하여 공훈을 세웠었고 따라서 상장군에까지 등용되였다。

고종 十八년에 몽고 원수 살례탑이 군사를 인솔하고 침략하여 왔다。 국왕은 리 자성에게 三군을 통솔하고 몽고군을 방어하게 하였다。

리 자성이 동선역(洞仙驛)에서 진을 치고 있을 때였다。 해질 무렵에 탐정군이 와서 적군이 근처에 없다고 전갈하여 주므로 전체 부대가 안장을 풀고 휴식하고 있었다。 그때에 돌연히 어떤 사람이 산 우에서 『몽고군이 온다!』고 웨치는 마람에 군사들이 일제히 혼란 상태에 빠지게 되였다。 과연 몽고군 八천여명이 돌입하였다。 리 자성과 장군 리 승자(李承子)와 로 탄(盧坦) 등 五、六명이 한사하고 저항하는데 리 자성은 화살에 맞고 로 탄은 창에 맞아 말에서 떨어졌다。 그때 마침 군사가 그들을 구제하여 근근히 죽음을 면하였다。 흩어졌던 군사들도 다시 모이게 되여 적과 싸운 결과 몽고군이 약간 퇴각하였다。

마산(馬山) 지방 도적패 중에서 이 전쟁에 종군한 자 두 사람이 있었다。 그들은 이때 몽고군을 쏘는데 쏠 때마다 적이 거꾸러지는 것이였다。 이 바람에 관군이 기세를 얻어 적을 격퇴하였다。

그 이듬해에 수도를 강화도로 옮기게 되였다。 어사대(御史臺)에서 종노릇 하던 리 통(李通)이 개성이 비여 있는 틈을 타서 경기 부근 지방의 반란자들과 성내에 있는 노예들을 끌어모아 개성 류수 병마사를 쫓아 버리고

三군을 편성하였다。 그리고 여러 사찰들에 통첩을 보내여 중들을 소집하여 국가와 개인의 돈과 량곡을 탈취하고 있었다。

임금은 리 자성을 후군의 지휘관으로、 밀원(密院) 부사 조렴경(趙廉卿)을 중군의 지휘관으로、 상장군 최 군(崔瑾)을 우군의 지휘관으로 각각 임명하여 반란자를 토벌하게 하였다。

반란자들은 강가에 나가서 관군을 대항하였다。 관군이 승천부(昇天府) 동쪽 들에서 접전하여 반란자들을 격파하였다。 그리고나서 별장 리 보(李甫)와 정 복수(鄭福綏)는 야별초군을 인솔하고 먼저 개성으로 갔다。 반란자들은 성문을 닫고 성을 지키고 있었다。 리 보가 거짓말로 『우리는 벌써 관군을 깨뜨리고 돌아왔으니 빨리 성문을 열어 달라』고 하였다。 문을 지키던 자가 그 말을 곧이듣고 두말 없이 성문을 열어 주었다。 리 보와 정 복수가 성안으로 들어서면서 문 지키던 사람을 죽이고 바로 리 통의 집으로 가서 그의 목을 베였다。 계속하여 리 자성이 도착하였다。 반란자들의 두목들은 숨어 버리고 그의 잔당들은 모조리 처단되였다。

그 전에 충주(忠州) 부사(副使) 우 종주(于宗柱)와 판관 유 홍익(庾洪翼)은 서로 사이가 좋지 않았는데 몽고군이 침입하였을 때에는 의성(義城)을 지키는 데 있어서 의견이 일치하지 않았다。 우 종주는 량반 별초군을 거느리고 유 홍익은 노예 잡색군을 인솔하고 있으면서 호상 시기와 질투를 사업으로 하였다。 그러다가 정작 몽고군이 닥쳤을 때는 우 종주와 유 홍익 등은 량반들을 데리고 성을 버리고 도망치고 말았던 것이다。

그리하여 오직 노예군만이 남아 있으면서 힘을 합하여 몽고군과 싸워 그를 격퇴하는 데 성공하였다。

몽고군이 퇴각하고 나서 우 종주 등이 그 고을로 돌아왔다。 그들은 제일 먼저 국가와 개인의 은 제품들을 점열한 결과 얼마간 도난 당한 것이 판명되였다。 이에 대하여 노예 군사들은 몽고군이 략탈하여 갔다고 말하였으나 호장(戶長) 광립(光立)이란 자들은 노예군의 지휘관을 모략으로 죽이였다。 노예군은 그것을 알고

『몽고군이 왔을 때에는 모조리 도망하였던 놈들이 이제와서는 몽고군이 략탈하여 간 것을 우리에게 덮어 씌워 우리를 모조리 죽이려 든단 말인가。 우리는 선수를 써야 한다。』

이렇게 말하면서 장례에 모이는 것 같이 하여 노예 군중을 집결하여 먼저 그들을 죽이려던 수모자의 주택을 소

각하고 량반 토호들로서 본래 노예들의 원한의 대상으로 되여 있던 자들을 샅샅이 찾아 내여 죽여버리고 그 업대에 『만일 도망간 놈들을 숨겨주는 놈이 있으면 전 가족을 몰살한다』고 포고하였다.

국왕은 다시 리 자성에게 三군을 인솔하고 노예군을 토벌하게 하였다.

리 자성이 달천(達川)에 도착하여 보니 강물이 깊어서 건늘 수 없으므로 다리를 만들고 있었다. 그때 노예군 지휘자 두어 사람이 강 건너편에서

『우리는 우리의 우두머리를 베여 항복하려고 하니 어떻게 할 것인가』하고 물었다. 자성이

『만일 그렇게 한다면 너희들을 다 죽일 필요는 없을 것이다』라고 대답하였다.

노예군 지휘자들은 그 말을 믿고 성안으로 돌아와서 승려군의 우두머리 우본(牛本)을 죽여가지고 관군에게로 왔다.

관군은 이들을 두고 머뭇거리였다. 그 동안에 노예군의 건장한 자는 다 도망할 수 있었다. 그 후에 관군이 입성하여 잔당들을 잡아 죽이고 재물과 소와 말들을 로획하여 국가에 바치였다.

또 그 이듬해에 리 자성을 중군 병마사로 임명하여 룡문창(龍門倉) 반란자들을 토벌케 하여 그의 지휘자인 거복(居卜)과 왕심(往心) 등을 죽였다.

그때 동경(東京)에서도 최 산(崔山)과 리 유(李儒)가 반란을 일으키였으므로 또 리 자성을 보내여 토벌하게 하였다.

리 자성은 군사를 기느리고 밤낮으로 행군하여 영주성(永州城)에 의거하여 대기하고 있었다. 반란군은

『자성의 군대가 원거리에서 달려 왔으니 피로하여 있을 것이다. 그들의 피로한 틈을 타서 공격해야 한다』

하고 영주 남쪽 교외에 집결하였다. 관군 중에 성우에 올라가서 반란군을 관찰한 자가 리 자성에게

『우리 군대는 폭양에서 원거리를 행군하여 왔고 적의 세력은 왕성하니 그의 예봉을 당할 수가 없습니다. 우리는 성문을 닫고 군사를 수일간 휴식시키고 난 뒤에 싸우는 것이 좋겠습니다.』

리 자성이 말하였다.

『그렇지 않다 피로한 군사를 휴식하게 하면 더욱 태만하게 되는 것이다。 그리고 만일 우리가 여러날을 두고 싸우지 않고 있으면 적은 우리의 실정을 알고 어떻게 나오려는지 알 수 없다。 그러므로 이대로 숨 쉴새가 없이 쳐야 한다。』

그리고는 결국 성문을 열어 제끼고 돌격을 개시하여 반란군이 미처 대오를 정비하기 전에 강습하여 그를 철저히 분쇄하였다。 전사자는 수십리 어간에 널려졌고 최 산 등 수십명을 베고나서 이렇게 명령하였다。

『추종자를 설유하고 죄를 주지 말것이다 (脅從罔治)。』

이 말을 듣고 백성들이 매우 기뻐하였다。

리 자성이 동경을 평정한 후로 당시 장군들이 날마다 그 집에 모여들게 되였다。 리 자성은 이러다가는 당시 권문 세가들의 시기와 질투를 살는지도 모르겠다고 생각하고 병이 났다고 핑게하여 문을 닫고 사람을 만나지 아니하였다。 사람들은 그를 요령을 아는 사람이라고 말하였다。

문하 평장사(門下平章事) 벼슬로 있다가 죽었다。 시호를 의렬(義烈)공이라고 불렀다。

한 희 유 전

한 희유(韓希愈)는 가주(嘉州) 아전이였다。 말 타고 활 쏘기를 잘하였다。 대담하고 도략이 있였다。 항상 동네 사람들과 불놓이를 하고 있었는데 말을 달리여 불 속으로 나는 듯이 들락날락 하였다。 그것을 보는 사람들이 놀래지 않을 수 없었다。 그러나 한 희유는 웃으면서 『대장부는 적을 돌파할 때에 죽음을 두려워 하지 않는단 말이야!』하고 말하였다。

한 희유는 최초에 대정(隊正)으로 되였다가 여러번 승차되여 대장군으로 되였다。 김 방경을 따라 진도(珍島)와 제주도에서 반란군을 토벌하여 공훈을 세웠다。 일본 정벌 당시에는 김 방경이 한 희유를 선봉으로 내세웠다。 한 희유는 단병 접전을 할 때에 맨손으로 적의 칼을 탈취하다가 손을 상하여 피가 철철 흐르는데도 적군 다수를 베여 죽인 일도 있였다。

충렬왕은 한 희유를 부지밀직사사(副知密直司事)로 임명하였다。 임금은 원 나라 내안(乃顔)이 반란을 일으켰단 말을 듣고 그의 토벌을 원조하기 위하여 한 희유에게 호패(虎牌)를 주고 우익 만호(萬戶)로 임명하여 군사를 거느리고 출발하게 하였다。

그러나 원 나라 임금이 벌써 내안을 생포하였다는 말을 듣고 회군하고 말았다。

그 뒤에 원 나라 임금이 한 희유에게 쌍주 금패(双珠金牌)를 주고 장전 만호(帳前萬戶)로 임명한 다음 또다시 판밀직 삼사사(判密直三司事)로 임명하였다。

내안의 잔당 합단(哈丹)이 고려를 침범하므로 원 나라에서는 설 도간(薛闍干)과 나만알대왕(那蠻歹大王)을 파견하여 각각 군사를 인솔하고 고려군을 원조 하게되였다。

고려군이 먼저 설 도간과 함께 밤낮으로 행군하여 드디여 적을 연기(燕岐)에서 깨뜨리였다。 그러나 그후 얼마 되지 않아서 적의 정예 기병이 재차 진격하여 방군이 대전하게 되였다。

적중의 용사 한 사람이 이편을 향하여 화살을 쏘는데 백발 백중으로 이편 군사를 넘어뜨리는 것이였다。 그때 한 희유가 긴 창을 들고 말을 달리여 적진에 벼락같이 돌입하는 기세에 적군이 좌우로 갈라졌다。 한 희유는 그 활 쏘는 용사를 끌어 내여 목을 베여 창 끝에 궤여 들고 적군에게 시위하니 적군의 사기가 저상되였다。 그때를 타서 대군을 몰아 강습하여 적을 깨뜨리니 적 로 적(盧賊)의 부자(父子) 등 二천명가량의 기병이 궤주하고 말았다。

한 희유가 개선하면서 석파역(石破驛)에 주둔하고 사람을 임금에게 보내여 포로들을 바치였다。 국왕은 한 희유에게 적의 패잔병을 계속 소탕할 것을 명령하였다。

그후 얼마되지 않아서 한 희유를 소환하여 강도(江都)를 수비하는 책임을 맡겼다가 다시 동 북면도 지휘사로 임명하였다。 원 나라 임금은 한 희유를 회원 대장군(懷遠大將軍)으로 삼고 삼주호부(三珠虎符)와 활、화살、옥띠、은 한 정(錠)(은으로 만든 통화 단위—역주)、말 안장 한개를 전공에 대한 상으로 주였다。 계속하여 지첨의부사(知僉議府事)벼슬을 주고 진변 만호(鎭邊萬戶)로 삼았다。

충선왕(忠宣王)이 세자로서 연경 저택에 있을 때에 교위(校尉)로 있던 김 신보(金臣甫)가 한 희유를 세자에게 무고하여

『제가 처음 한 희유의 사위 홍 수(洪綏)를 따라 연경에 왔을 때에 한 희유가 나더러 홍 수를 배반하였다고 하여 뜰 아래에 동댕이를 치고 나의 처자를 능욕하였습니다。 한 희유는 어떤 사람이기에 그는 뜰아래란 것이 있는 줄도 모른답니까?』

세자가 감정을 품고 임금에게 한 희유를 강직시킬 것을 요청하였다。 임금은 조 인규(趙仁規)에게 조사할 것을 명령하고 순마(巡馬)를 보내여 한 희유를 소환하였다。 그때 마침 한 희유가 손님들과 술을 먹다가

『내가 무슨 죄가 있기에 순마를 보내여 물어본단 말인가』

하고 태연히 술만 먹고 있었다。 순마가 그러한 사실을 임금에게 보고하니 임금은 화를 내여 순마와 요위병 二十여명을 보내여 한 희유를 포박하는 동시에 그가 차고 있던 호부를 박탈하였다。

한 희유는 성격이 강직하고 청렴하였다。 따라서 자기 자신이 죄가 없다는 것을 확신하고 있었기 때문에 좀시 굴복하지 않았다。 그러나 그는 결국 조월도(祖月島)로 류형을 가게 되였다。

한 희유는 여러번 군공을 세운 때문에 그를 알고 있는 원 나라 사람들도 원통하게 생각하였다。

그 뒤에 수사공에 중경류수(守司空、中京留守)로 개성부사 상의(開城府事商議)로、도첨의(都僉議)에、도감사(都監事)로 임명하였다。 그리고 계속 찬성사(贊成事)、판판도사(判版圖事)로 옮기였다。

한 희유와 본래 사이가 좋지 않은 만호(萬戶) 인후(印侯)는 한 희유가 반란을 일으킬 음모를 하고 있다고 무고하여 그는 섬 가운데로 류형을 당하고 있었다。 그후 얼마되지 않아서 소환되였으나 원 나라에서 그를 붙들어 가고 말았다。 그때 마침 임금이 원 나라에 들어갔던 길에 한 희유와 인후의 시비를 해명하여 주었으므로 한 희유는 석방되고 도리여 첨의시랑 찬성사(僉議侍郎贊成事)에 가중대광 첨의 중찬(加重大匡僉議中贊)으로 임명되였다。

고려 국왕이 그때 승려 소경(紹瓊)을 궁중에 불러들여 불상을 그리게 하고 화엄경(華嚴經)을 읽고 있었다。 그리고 숙창원(淑昌院) 왕비와 함께 보살계(菩薩戒)를 받았다。 한 희유는 승지(承旨) 최 숭(崔崇)과 함께

『비밀 기록에 「국왕이 중을 섬기면 반드시 멸망한다」는 말이 있으니 전하는 주의하셔야 하겠습니다。』

이렇게 말하였으나 임금은 듣지 않았을 뿐 아니라 즉시 한 희유를 중찬(中贊)으로 좌천하였다。

한 희유는 국왕을 따라 원 나라에 들어갔다가 그 곳에서 죽었다。 그의 성질은 활달하고 소박하고 호사하지 않았다。 집안은 가난하여 항상 남의 빚을 지고 있었다。

그가 국왕을 따라서 사냥을 할 때에 쏘면 반드시 명중하였다。 국왕이 그에게 말을 주면 그것을 기르지 않고 남에게 주어버리였다。

인후는 한 희유를 본래 형으로 섬기였던 것이다。 한번은 인 후가 한 희유의 집에 갔다가

『아! 우리 형님이 이처럼 가난한 줄이야 알았소』하고 국왕에게 요청하여 서속 수백석을 주게 하였다。

인 후는 그것으로써 최유에게 은혜를 베풀어 준 것이라고 생각하고 있었던 것이다。

어느날 인 후의 문객인 배 정지(裴廷芝)가 국법을 위반하였으므로 한 희유가 배 정지를 처벌하려고 하는데 인 후가 한 희유더러

『내 은혜를 잊어버렸단 말이요?』

라고 하는 것이였다。이 말을 들은 한 희유는 무섭게 화를 내여 찼던 칼을 뽑아 들고 인 후를 향하여 다가섰다。그때 중찬(中贊) 홍 자번(洪子藩)이 배 정지에게 눈짓을 하여 한 희유가 가졌던 칼을 뺏어가지고 달아나게 하였다。한 희유가 배 정지를 쫓아 갔으나 붙잡지 못하였던 것이다。그러나 다른날 배 정지가 희유에게 와서 사죄를 할 때에 한 희유가 그에게

『전일에 만일 네가 아니였던들 내가 인 후를 죽일번 하였구나。』

한 희유가 비록 늙었을 망정 평일에 활、화살、갑옷、투구 등을 손질하여 금방 전쟁에 나갈 차비를 하는 듯하였다。또한 달밤에 긴 창을 들고 달리고 뛰고 하면서

『네 힘이 아직 쓸만 하구나。』

충렬왕이 복위한 이후로 왕 유소(王維紹)와 송 린(宋璘) 등이 일을 꾸미여 임금 부자를 리간하고 있었다。한 희유는 자력으로 출세하여 재상의 지위에 이르렀으므로 임금의 은혜에 감동하여 오직 자기 할 일에 충실하였을 뿐이고 임금에 대한 비판을 적게 하였다。그것을 가지고 충선 세자는 한 희유를 왕 유소、송 린와 당파로 지목하여 감정을 가지고 있었다。그리하여 한 희유가 죽고 나서는 한 희유의 아들 한 겸(韓慊)을 가주(嘉州)로 귀양보내였다。

원 충 갑 전

원 충갑(元冲甲)은 원주 사람이다. 몸집는 작으나 단단하고 눈빛이 번개불 같았다. 향공진사(鄕貢進士)(지방관이 추천하여 선발된 진사—역주)가 되여 본 고을 별초군에 소속하여 있었다.

충렬왕 당시에 합단(哈丹)의 적당이 철령을 넘어 몰려드는 통에 지방 백성들이 뿔뿔이 도망하고 있었다. 적당은 원주(原州)에 웅거하여 있었는데 그의 기병 五十명이 치악성(雉岳城)밑에 와서 노략질 하고 있었다.

그때 원 충갑이 다만 보병 여섯 사람을 데리고 그 적당들을 쫓아 버리고 말 여덟 마리를 뺏어가지고 돌아왔다.

그 다음에 적당 도라도(都剌闍), 독어내(禿於乃), 패란(孛蘭)등이 군사 四백명을 이끌고 다시 치악성 아래 닥치였다. 원 충갑은 결사대로 중산(仲山)등 일곱 사람을 데리고 적정을 규찰하다가 중산이 먼저 적진중으로 달려들어 한놈의 머리를 베는 동시에 그들을 동문 밖으로 습격, 사이 없이 추격하니 적들은 말과 안장들을 버리고 도망하고 말았다.

그것을 본 방호 별감(防護別監) 복 규(卜奎)가 대단히 기뻐하여 원 충갑이 로획한 말 스물다섯 마리를 그에게 선사하였다.

적당은 다시 왔다. 수많은 깃발을 들고 와서 성을 여러 겹으로 포위하였다. 그리고는 편지를 보내여 원 충갑더러 항복하라고 권고하는 것이였다. 원 충갑은 뛰여나와 당장 편지 가지고 온 놈의 목을 베여서는 그 편지를 그 머리에다 비끌어매여 적을 향하여 던져 주었다.

적들은 일단 물러 가서 공격 무기를 대량으로 준비하여 가지고 다시 왔다。 그것을 보고 성안에 있는 사람들은 벌벌 떨고 있었다。 적들은 이번에도 그들이 붙들어간 녀자 두 사람을 관전하여 항복할 것을 요구하였다。 원 충갑은 이번에도 그들의 목을 잘라 버리였다。 그것을 본 적들은 함성을 올리면서 달려와 온갖 방법을 다하여 공격하는데 화살이 비오듯 하였다。 성이 거의 함락되게 되였을 때 흥원창 판관(興元倉判官) 조 신(曹愼)이 성밖으로 뛰여나와 싸우고 원 충갑은 동(東)산으로 올라가서 한놈을 베여 죽이였다。 그 서슬에 적들이 약간 혼란 상태에 빠지게 되였다。 이 때에 별장 강 백송(康伯松) 등 三十여명이 원조하고 그 고을 아전들인 원 현(元玄)、부행란(傅行蘭)、원 종수(元鍾秀) 등이 국비 학생 안 수정(安守貞) 등 백여명을 데리고 서봉(西峯)으로 내려가서 적을 협공하였다。 조 신이 북을 치는데 적의 화살이 조 신의 바른 팔을 꿰뚫었으나 북 소리는 그냥 그대로였다。

이러하여 적의 선봉이 다소 퇴각하게 되는데 따라서 적의 후군이 놀래여 밀치락 닥치락 넘어지고 밟고 하는 판에 그 고을 군사들이 일제히 공격하여 함성 소리가 산천을 진동하였다。 전후 열번을 두고 싸워서 적을 단단히 쳐 부시고 도라사 등 六十八명을 베여 죽이고 적군의 태반을 사살하였다。

그러고 나서는 적들의 기세가 좌절되여 다시 덤벼들지 못하였고 또 그 지방 성들이 모두 튼튼하게 방어하고 있었다。 그것은 모두 원 충갑의 힘으로 된 것이였다。 그 군공에 의하여 여섯 차례나 승차되여 삼사(三司)로 되였다。

우윤(右尹) 오 기(吳祈)가 아첨으로 임금의 총애를 받게 되였다。 그는 임금 부자간에 리간을 붙이는 것과 충직하고 선량한 사람들을 모함하는 것을 사업으로 하고 있었다。 사람들은 모두 이를 갈고 있었으나 무서워서 감히 말을 하지 못하였다。 그러던 참에 원 충갑이 五十여명을 인솔하고 가서 오 기를 준렬히 론죄하고 그를 붙들어서 원 나라로 압송하였다。

충선왕(忠宣王) 당시에 원 충갑은 응양군 상호군(鷹揚軍上護軍)으로 임명되였다。 그 다음 충숙왕(忠肅王) 六년에는 식목 도감(式目都監)이 충갑을 표창할 것을 요청하여 추성분용 정란 광국공신(推誠奮勇定亂匡國功臣)이란 칭호를 주었다。 그러고나서 二년뒤에 죽었다。 당시 그의 나이는 七十二세였다。

안 우、김 득배、리 방실 전

안 우(安祐)의 아명은 발드(拔都)로서 탐진현(耽津縣) 사람이였다。 김 득배(金得培)는 상주(尙州) 사람이고 리 방실(李芳實)은 함안현(咸安縣) 사람이였다。

안 우는 공민왕(恭愍王)(고려 三一대왕—역주) 원년에 군부판서(軍簿判書)로 응양군상호군(鷹揚軍上護軍)으로 되였다。 그리고 시추 밀원사와 참지 중서정사(參知中書政事)를 력임하였다。

김 득배의 아버지 김 록(金祿)은 벼슬이 판전의(判典醫)에 이르렀다。

그전에 교을 아전으로서 김 조(金祚)란 사람이 있었는데 그는 만궁(萬宮)이란 딸 하나를 두었였다。 그 아이가 일곱살 먹었을 때에 김 조는 거란 란리를 피하여 백화성(白華城)으로 갔었는데 적군이 가까이 다가와서 영접결에 만궁을 길 가에 버리고 달아났다。 그후 사흘만에 만궁을 어느 숲속에서 발견하였는데 그 아이가 하는 말이 밤이 되면 무엇이 와서 저를 껴안고 있다가 낮이 되면 가군 하였다는 것이였다。 사람들이 그것을 이상하게 생각하고 조사하여 본 결과 범이 그렇게 하였다는 것을 알았다。 그 아이가 자라서 그 교을 아전 김 일(金鎰)에게 출가하여 김 록을 낳았고 김 록은 김 득배를 낳았던 것이다。

김 득배는 과거에 급제하여 예문검열(藝文檢閱)로 있다가 여러번 등차되여 전객부령(典客副令)으로 있었다。 그는 공민세자를 따라 원 나라에 들어가서 숙위(宿衛)를 한일도 있였다。 공민왕이 즉위하고 나서 그에게 우부대언(右副代言)을 시켰다。 공민왕 六년에 그는 서북면 드순문사로 홍건적과 왜적의 방어 도 지휘사로 있었다。 그 후에 추밀원 직학사(樞密院直學士)로 임명되였다。

리 방실은 충목왕(忠穆王)(고려 二九대 왕—역주)이 세자로 있을 때에 그를 따라서 원 나라에 들어가면서 시종한 공로가 있다고 하여 충목왕이 즉위하고 나서 리 방실을 중랑장(中郞將)으로 있게 하였다가 호군(護軍)으로 옮기고 토지 백결(結)(옛날 토지 면적 단위—역주)을 주였다. 공민왕 三년에 그는 대호군(大護軍)으로 전임되였다. 그때 선성(宣城)(당시 중국의 현명—역주)의 달로화적(達魯花赤)인 로 련상(魯連祥)이 반란을 일으키였다는 말을 듣고 리 방실이 룡주(龍州) 수비군을 인솔하고 몰래 강을 건너 바로 로 련상의 집에 가서 그의 부자를 자살하여 머리를 서울로 보낸 일이 있다.

공민왕 七년에 안우는 안주 군민만호(安州軍民萬戶)로, 김 원봉(金元鳳)은 그의 부만호로, 경 천흥(慶千興)은 서경(西京)군민만호로 김 득배는 그의 부만호로 각각 임명되여 갔다. 그리고 리 방실은 그들의 비장으로 되여 갔다. 정부에서는 그들의 성공을 위하여 수도 성문 밖에서 축원하는 제사를 지내였다.

그 이듬해에 홍건적(紅巾賊)(중국 원 나라 당시 강화 지방에서 일어난 반란군으로서 머리에 붉은 수건을 쓰고 있었다—역주)이 다음과 같은 통문을 돌리였다.

『백성들이 오래 동안 오랑캐에게 유린당하고 있는 것을 통분하게 생각하여 의병을 이르키여 중원(中原)을 회복하려 한다. 그래서 벌써 동으로 제로(齊魯)(현재 중국 산동성 지방—역주) 지경을 넘어 섰고 서으로는 함진(函秦)(섬서성, 감숙성 지방—역주)으로 진출하였고 남으로는 민광(閩廣)(복건성, 광동성 지방—역주)을 통과하였고 북으로는 유연(幽燕)(하북성 지방—역주)에 접하게 되였다. 백성들은 모두 배고픈 자가 고량진미를 얻은 것같이, 병든 자가 좋은 약을 만난 것같이 몰려 들고 있다. 지금 전체 군사들을 단속하여 백성들을 불안하게 하지 말 것을 전체 장수들에게 명령한다. 백성들 중에서 따르는 자들은 위무하여 줄 것이고 거역을 고집하는 자는 처벌할 것이다.』

적의 수괴이며 가짜 평장(平章)인 모 거경(毛居敬) 등이 그의 졸개를 자칭 四만명이라고 과장하면서 압록강의 얼음을 타고 건너와 의주를 함락시키고 부사(副使) 주 영세(朱永世)를 살해하였다. 그리고 정주(靜州), 린주(麟州)를 점령하여 도지휘사 김 원봉을 살해하고 린주에 웅거하고 있었다.

안우가 군사를 인솔하고 진격하지 적이 도망하므로 그를 추격하여 적 三十여명의 머리를 베였다。 적은 제속 도망하여 철주(鐵州)로 들어갔다。

안우는 기병 七十여명을 데리고 전쟁터로 가면서 산 우에서 말을 휴식시키고 있었다。 그때 불지에 적의 괴수가 군사를 이끌고 대거 습격하여 왔다。

안우의 장병들은 모두 어찌할 줄을 모르고 있었으나 안우만은 태연히 이야기를 계속하면서 소변 보고 손 씻고 양치하고 그리고 나서 침착하게 말을 타고는 군사들을 인솔하고 적의 정면을 진격하였다。 적 기병 두어놈이 창을 들고서 제법 용기있는 체 하였다。 그때 병마판관 정찬(丁贊)이 먼저 칼을 뽑아 들고 소리소리 내달아 적장 하나를 베여버리는 기세에 적군이 약간 퇴각하게 되였다。 그 기회를 타서 안우와 리방실이 맹호같이 달려들어 적에게 막대한 손실을 주였다。 이리하여 적은 퇴각하여 정주、린주 등지에 머물어 있었다。

이와 같이 승리하였다는 말을 국왕이 듣고 사람을 보내여 안우에게 금띠(金帶)을 주었다。

선주(宣州)지방 사람들은 적군이 접근하여 온다는 말을 듣고 다 달아나 버리고 적들이 군사 천여명으로 백성들이 버리고 간 량식을 훔쳐 가고 있었다。 그것을 들은 안우와 김 득배는 보병과 기병 천명으로 도적을 추격하였다。 적은 물건을 지고 가는 때문에 빨리 달아나지 못하였다。 그들을 쫓아서 그럭저럭 적의 진지에까지 도달하였다。 불의에 적의 정예군의 요격을 당하여 안우군이 패배하게 되였다。 그리하여 천호(千戶) 오 중흥(吳仲興)과 장군 리 인우(李仁祐)가 전사하고 군사와 군마들도 무수히 전사하였다。 그리하여 안 우군은 정주(定州)로 퇴각하지 않을 수 없었고 적은 드디여 서경(西京)을 함락시키고 말았다。

그 이듬해였다。 리 방실이 적을 철화(鐵化)에서 조우하여 적 백여명을 죽이였다。 그리고 전체 부대가 생양역(生陽驛)에 류하게 되는데 군사의 수는 二만명에 달하였다。

그때 마침 날이 추워서 군사들의 수족에 동상이 생기고 쓰러지는 자도 적지 않았다。 적은 포로를 살해하여 그 수가 만으로 계산되였고 시체가 산같이 쌓이게 되였다。

우리 군대가 서경으로 진격하였을 때에 적은 룡강(龍岡)과 함종(咸從)으로 퇴각하여 주둔하고 있었다。

국왕은 안 우를 안주(安州) 군민도만호(軍民都萬戶)로 임명하고 리 방실을 상만호(上萬戶)로, 김 어진(金於珍)을 부만호(副萬戶)로 각각 임명하여 적을 토벌하게 하였다.

안 우 등이 함종으로 진공하였다. 그러나 우리 군대가 미처 진세를 정돈하기도 전에 적군이 돌격을 개시하여 우리 군대는 그만 패주하게 되였다. 적은 정예 기병으로 뒤쫓아 와서 동 북면에서 적과 회전하였다. 그때 마침 천호(千戶) 정 신계(丁臣桂)가 군사 천명을 데리고 와서 원조하여 적과 결사적으로 싸운 결과 적의 머리 수십개를 베였다.

적 四백여명은 숙주(肅州) 산골에 들어가 있다가 그의 도당이 서경에서 패전하였다는 말을 듣고 의주로 달아나게 되였다. 중랑장(中郞將) 류 당(柳塘)과 랑장(郞將) 김 경(金景)이 의주에 있다가 룡주(龍州) 동지의 군사를 동원하여 적을 맞받아 공격하니 적이 정주(靜州)성으로 들어가 방어하고 있었다. 류 당이 정주로 진공하여 그 곳의 적을 섬멸하고 계속 함종의 적을 공격하니 적의 형세가 곤경에 빠지여 목책안으로 들어가서 방어하고 있었다. 우리 보병은 울 안에 들어가서 적을 무찌르고 기병은 울을 둘러 싸고 적을 란사하여 二만명을 사살하고 적의 가짜 원수를 생포하였다.

적이 퇴각하여 증산현(甑山縣)에서 방어하고 있었다. 리 방실이 정예 기병 一천명으로 연주강(延州江)으로 달려오고 안 우, 김 득배, 김 어진이 역시 정예 기병을 인솔하고 계속 도착하였다. 적이 창황 중에 강물을 건느다가 물에 빠져 죽은 자가 거의 수천명에 달하였다. 적은 밤을 타서 강 언덕에 기여 올라 도망하였다.

리 방실 부대가 새벽 밥을 먹고 적을 추격하니 적당은 굶주리고 피로하여 안주, 철주 등 두 고을 사이에 죽어 넘어진자가 질편하였다. 리 방실이 날랜 기병으로 추격하여 수백명을 죽이였으나 적은 죽기를 작정하고 저항하였다. 리 방실은 그의 군사와 말들이 모두 피로한 것을 보고 추격하던 것을 중지하였다.

살아 남은 적당 三백명은 하루 낮 하루 밤만에 의주에 도착하여 압록강을 건너 도망하고 말았다.

안 우 등은 최초에 압록강에서 시작하여 서경에 갔다가 함종으로 해서 다시 압록강으로 돌아오는 동안에 대개 아홉번이나 전투하였다. 안 우와 김 득배는 리 순(李珣)과 김 인언(金仁彦)을 국왕에게 보내여 승전한 사실을 보고

하였다。 국왕은 그들을 위로하고 부대를 불러오게 하여 전체 장병들에게 대연회를 열게 하였다。 안 우에게는 추충절의 정란공신(推忠節義定亂功臣)이란 칭호와 중서 평장정사(中書平章政事)란 벼슬을 주었고 김 득배에게는 수충보절 정원공신(輸忠保節定遠功臣)이란 칭호와 정당문학(政堂文學)이란 벼슬을 주고 리 방실에게는 추성 협보공신(推誠協保功臣)이란 칭호와 추밀원 부사(樞密院副使)란 벼슬을 주었다。

홍건적의 전함 七十척이 다시 서해도를 침략하므로 리 방실을 보내여 방어하게 하였다。 리 방실은 그들을 풍주(豐州)에서 요격하여 二十여명의 목을 베였다。 전체 적은 도망가고 말았다。

국왕은 여러 신하들을 모아 놓고 연회를 열고 리 방실에게 옥띠(玉帶)와 옥갓끈을 주었다。 임금의 딸이 그것을 보고

『어찌하여 그처럼 좋은 보배를 쉽게 남에게 주나이까?』

임금은

『우리 조국을 패허로 돌아가지 않게 하고 백성을 멸망하지 않게 한 것은 모두 리 방실의 힘이다。 내가 살을 베여 그에게 주어도 그의 은혜를 갚을 수 없거늘 더구나 이따위 물건이 다 무엇이란 말이냐!』

공민왕 十년에 홍건적 가짜 평장(平章)、반 성(潘誠)、사 류(沙劉)、관 선생(關先生)、주 원수(朱元帥) 등이 룡봉(龍鳳)이란 년호를 사용하면서 도당 二十만명을 데리고 압록강을 건너서 삭주와 니성(泥城)을 침략하게 되였다。

국왕은 안 우를 상장군으로、김 득배를 도병마사로、리 방실을 도지휘사로 각각 임명하여 적을 토벌하게 하였다。

그런데 그때 숙주(肅州) 군수 강 려(康呂)가 백성들의 가옥을 소각하고 도망하여 버리고 적당은 무주(撫州)에 주둔하고 있었다。

적당은 다수이고 우리편은 소수이므로 리 방실은 무모하게 싸우는 것을 경계하여 군사를 전진시키지 않고 있었다。 그리고 일방으로 국왕에게 은주(殷州)、순주(順州)、성주(成州)와 양암현(陽岩縣)、수덕현(樹德縣)、

강동현(江東縣)、삼등현(三登縣)、상원현(祥原縣)의 백성들과 량곡을 절령책(岊嶺柵)으로 옮기게 하여 달라고 요청하여 국왕이 그것을 승낙하였다。

리 방실은 판사농사(判司農事) 조 천주(趙天柱)、좌승(左丞) 류 계조(柳繼祖)、대장군 최 준(崔準) 등을 보내여 적을 박주(博州) 지방에서 공격하여 그를 깨뜨리였다。

례부상서 리 순은 태주(泰州)에서 적을 공격하여 七명의 머리를 베고 리 방실은 지휘사 김 겨제(金景磾)를 데리고 개주(价州)에 이르러 적군 백 五十여명의 머리를 베였다。안 우는 조 천주(趙天柱)、정 리(鄭履)、장 신보(張臣補)、리 원계(李元桂) 등을 파견하여 보병、기병 四백명으로 박주에 도착하여 적 백여명의 목을 자르고 리 방실은 또 기병 백명으로 연주에서 적 二十명의 목을 잘랐다。

이리하여 승리를 거둔 안 우는 전체 부대를 령솔하고 안주로 전진하여 주둔하고 있으면서 국왕에게 승전 보고를 하였다。국왕은 안 우를 도원수로 임명하였다。

그러나 적당이 또 불시에 안주를 습격하여 우리 군대가 패전하여 상장군 리 음(李蔭)과 조 천주가 전사하였다。 그리고 적은 김 경제를 포로하여 그들의 원수로 임명하고 우리 진중에 통첩을 보내였다。

『군사 백 十만명을 거느리고 동으로 향하여 나가니 빨리 와서 항복하라。』

국왕이 밀직제학(密直提學) 정 사도(鄭思道)와 김 두(金枓)를 보내여 절령책을 지키게 하였다。

적당은 절령책 곁에 만여명을 복병시키고 있다가 닭이 울 무렵에 정예 기병 五천명으로 책문을 깨뜨리고 들어왔다。우리 군대는 혼란 상태에 빠지고 안 우와 김 득배 등은 단신으로 말을 달리여 도망하지 않을 수 없었다。안 우는 군사를 수습하여 총병관(摠兵官) 김 용(金鏞) 등과 함께 금교역(金郊驛)에 주둔하고 있었다。김 용이 좌상시(左常侍) 최 영(崔瑩)을 파견하여 서울 군대를 요청하였다。

국왕은 일이 위급하게 된 것을 알고 피란할 것을 계획하여 서울의 늙은이、어린 아이들을 먼저 성 밖으로 나가게 하니 인심이 소란하게 되였다。

적군의 선봉은 이미 흥의역(興義驛)에 도달하고 국왕과 공주는 남쪽 방면으로 피란하려는 참이였다。

그때 김 용、안 우、리 방실 등은 수도로 달려 와서 수도를 사수해야 한다고 주장하였다。

최 영은 큰소리로 통렬하게 호소하였다。

『상감께서는 조금만 참으시면 장병들을 모집하여 나라를 보위하겠습니다。』

그러나 재상들은 서로 바라보기만 하고 말이 없었다。

국왕은 부득이 민천사(旻天寺)로 들어갔다。거기서 가까운 신하들을 거리로 내 보내여 의병을 대대적으로 모집하려 하였으나 수도 사람들은 전부 달아나 버리고 초모에 응하는 자는 얼마되지 아니하였다。

안 우 등이 어떻게 할 수 없다고 생각하고 국왕에게

『저희들은 여기 남아 있으면서 적을 방어하겠사오니 상감께서는 피란하시기를 바랍니다。』

국왕은 결국 남방으로 떠나게 되였다。 국왕이 숭인문(崇仁門)을 나가는데 늙은이、젊은이가 엎더지락 자빠지락、어머니와 아들이 서로 버리고 도망하고 부상자는 들판에 가득하고 통곡소리는 천지를 진동하였다。

수일후에 적은 드디여 수도를 점령하고 말았다。 그들은 수개월간을 두고 주둔하면서 소와 말을 무수히 죽여 그의 가죽으로 둘러 막아 성을 만들고 거기에 물을 뿌리여 얼게 하여 사람이 기여오르지 못하게 하였다。그리고는 시민들에 대하여 형언할 수 없는 야수같은 행동을 감행하였다。

국왕은 복주(福州)에 있으면서 정 세운(鄭世雲)을 총병관으로 임명하여 전군을 감독하게 하였다。

공민왕 十一년에 안 우、리 방실、김 득배、황 상(黃裳)、한 방신(韓方信)、리 여경(李餘慶)、안 우경(安遇慶)、리 구수(李龜壽)、최 영 등이 二十만 대군을 거느리고 와서 수도 교외 천수사(天壽寺) 앞에서 진을 쳤다。

정 세운이 전군을 독려하여 일제히 진격하여 수도의 적을 포위하고 정 세운은 두솔원(兜率院)으로 물러가서 주둔하고 있었다。

그때 마침 눈 비가 와서 적의 경비가 해이하여진 것을 알았다。리 여경이 숭인문을 담당하고 있었는데 그의 부하인 호군(護軍) 권 희(權僖)가 적정을 탐지하고 와서 적의 정예군이 전부 이쪽에 모여 있으니 불의에 습격하면 반드시 승리할 것이란 것을 알려 주었다。

그 이튿날 날이 밝기 전에 권 희가 기병 수십명을 데리고 적진에 돌입하여 함성을 올리는 바람에 적군이 정신을 차리지 못하였다. 그름을 타고 사방에서 일제히 들여 치는데 리 성계(李成桂)는 그의 군대 一천명을 데리고 제일착으로 진격하여 적을 무찌르고 해질 무렵에 가서는 적당의 괴수인 사 류, 관 선생 등의 목을 베였다.

적당은 혼란 상태에 빠져서 서로 밀치락 닥치락 시체가 성 안에 가득하였다. 목을 자른 것만도 대개 十여만명에 달하고 원 나라 임금의 옥새 두개, 금보물 한개, 옥인장 세개, 금, 은, 동으로 된 인장들과 금, 은 그릇과 패면(牌面)(원 나라 당시 신임장 같은 것—역주) 등을 획득하였다.

여러 장수들이

『궁지에 빠진 도적들을 몰살하는 것은 옳지 않다』

고 말하여 숭인문과 탄현문(炭峴門)을 열어 주었다. 적의 잔당인 파 두반(破頭潘) 등 十여만명이 도망하여 압록강을 건너 달아나고 말았다. 이리하여 란리는 평정되였던 것이다.

우리 군대가 수도의 적을 치던날 적들이 비록 궁지에 빠졌으나 그들은 의연히 성루를 쌓고는 그를 고수하고 있었다. 그때 리성계가 길 가 집에서 쉬고 있었는데 밤중에 적군이 포위망을 뚫고 도망하려는 것을 알고 리 성계가 동문으로 달려갔다. 그러나 적군과 아군이 성문으로 들어가려 나오려 서로 뒤섞이여 가도 오도 못하게 되였다.

그때 몰래 리 성계의 뒤로 돌아온 적이 창으로 리 성계의 귀 뒤를 찌르려고 덤비였다. 형세가 위급하게 되였을 때에 리 성계는 칼을 뽑아 들고 앞에 있는 사람 七、八명을 처치하고 말을 날려여 일약하여 성을 넘어갔다. 그 때에 리 성계가 탔던 말이 사람 하나 밟지 않은 것은 이상한 일이였다.

당시 김 용은 평소에 정 세운과 더불어 임금에게 서로 잘 보이려고 애쓰고 있었으며 안 우, 김 득배, 리 방실 등이 큰 공을 세워 임금이 그들을 소중하게 생각할 것을 몹시 시기하였다. 이리하여 안 우 등으로 하여금 정 세운을 죽이게 하고 죄를 그들에게 덮어씌워 모조리 죽여 버릴 계책을 세웠다.

김 용은 임금의 편지를 위조하여 그의 조카이며 전 공부상서(工部尙書)인 김 림(金琳)을 안 우에게 보내여 정

세운을 처치할 것을 권고하였다。 그리고 국왕의 말이라고 하여

『정 세운이 본래 경을 시기하고 있였다。 적을 깨뜨린 뒤에는 경이 화를 면하지 못할 것인데 왜 선수를 써서 그를 처치하지 않고 있는가?』

안 우와 리 방실이 김 득배를 그의 본영으로 방문하고

『지금 정 세운이 적을 무서워 하여 전투에 참가하지 않았소。 더구나 김 용이 전한 편지가 이러하니 이대로 하는 수 밖에 없을것 같습니다。』

그러나 김 득배는 이렇게 말하였다。

『지금 겨우 적을 평정하였을 뿐인데 어찌 우리끼리 살륙할 수 있단 말입니까。 옛날 양저(穰苴)는 장가(莊賈)를 제 마음대로 죽이였으나 위청(衛靑)은 소건(蘇建)을 죽이지 않았습니다 (전 양저는 중국 춘추 시대 제(齊) 나라 명장으로 감군(監軍)인 장가를 사소한 일로 살해하였다。 그러나 한(漢) 나라 명장 위청은 그 부하 소건이 큰 과오가 있었으나 그를 용서하여 대공을 세우게 하였다—역주) 이것은 옛날이나 지금이나 명심해야 할 좋은 실례로 되여 있는 것입니다。 조심해야 합니다。 만일 부득이한 일이라면 그를 붙들어다가 임금에게 물어보는 것이 좋을가 합니다。』

안 우와 리 방실은 돌아갔다가 밤에 다시 와서

『정 세운을 죽이라는것은 임금의 명령이라 우리들이 성공을 하고도 임금의 명령을 어기여 후환을 당하게 된다면 어떻게 한단 말입니까。』

김 득배는 강경히 반대하였으나 안 우 등이 기여이 술 자리를 만들어 놓고 정 세운을 불러왔다。 정 세운이 왔을 때에 안 우 등이 장사들에게 눈을 주어 그를 결국 쳐 죽이고 말았다。

국왕이 그러한 사변을 듣고 직문하(直門下) 김 진(金瑨)을 보내여서 특사령을 내리여 그 장수들이 국왕 있는 처소에 모이게 하여 그들의 마음을 안정시키려 하였다

그후 얼마 되지 않아서 복주 군수 박 지영(朴之英)이 재상들에게 이렇게 말하였다。

『리 방실이 저 혼자서 정 세운을 죽이였습니다。 그는 안 우 등도 역시 죽이고 말았습니다。』

그 말을 들은 국왕은 또 무슨 변고가 일어날 것을 두려워 하여 김 진을 불러 들이고 군사를 동원하여 리 발실을 토벌하게 하였다。 그때 판사(判事) 김 현(金賢)과 상장군 홍 사우(洪師禹)가 여러 장수들이 정 세운에 관하여 의논한 글을 올리였다。 그것을 본 국왕은 대단히 기뻐하여 김 현에게 금、은과 포백을 주고 김 진을 보내여 장수들을 용서하는 일방 박 지영을 불러 꾸짖었다。

『너는 어찌하여 그따위 거짓말을 하고 있는 것이냐? 네가 늙은 것을 고려하여 아직 처벌하지 않는다。』

이렇게 말하고 다만 그의 관직만 파면하고 고향으로 돌려 보내였다。

그리고 지주사(知奏事) 원 송수(元松壽)를 파견하여 안 우 등 여러 장수들에게 의복과 술을 하사하게 하였다。 안 우가 함창현(咸昌縣)에 왔단 말을 듣고 임금이 대신들 중에서 지혜있는 자들을 선택하여 그를 영접하게 하면서 한편으로 비상 사태에 대비하여 시중(侍中) 류 탁(柳濯)을 파견하여 두었다。

류 탁이 안 우 앞에 꿇어 앉아서 술을 권하면서 원수가 서서 술을 들기를 권하였다。 그러나 안 우가 감히 술을 들지 못하는 것을 보고 류 탁이

『지금은 공은 우리 조국을 회복하였소。 그러나 내가 만일 지위로써 원수를 대한다면 한잔 먹은 뒤에 새삼스리 원수에게 서서 들기를 권하겠소。』

이렇게 말하고는 눈물을 흘리였다。

그 이튿날 안 우가 개선하여 행궁(임금이 깨지 나와 있는 처소—역주)으로 가서 임금을 만나보려 하였다。 그때에 김 용이 목 인길(睦仁吉)이란 자를 시키여 안 우를 중문으로 인도하게 하고 문지키는 자들을 사촉하여 망치로써 안 우의 머리를 치게 하였다。 불의에 머리를 맞은 안 우는 얼굴빛도 변하지 않고 그가 차고 있던 주머니를 세번이나 치면서 큰소리로

『너희들은 잠간 게 있거라 임금 앞에까지 가서 이 주머니에 들어있는 편지를 임금에게 드리고 나서 죽으려 한다。』

이 소리를 임금이 듣기도 전에 망치든 놈은 안 우의 머리를 다시 쳐서 죽여 가지고 뜰 아래로 끌어 내티

였다。

국왕은 안 우가 죽은 줄도 모르고 말을 전하여

『너희들은 마음대로 정 세운을 죽이였지! 지금 너를 죽이지 않는 것은 네가 큰 공을 세운 때문인줄 알아라。』

안 우가 죽으면서 말한 주머니 안의 편지란 것은 김 용이가 안 우 등을 속이여 정 세운을 죽이게 한 위조 편지였다는 것은 두말할 것도 없다。

김 용은 그의 조카 김 림이가 그의 간계를 루설할가 두려워 하여 그를 먼저 죽이고 임금에게 말하기를

『안 우 등이 주장(主將)을 저의들 마음대로 죽이였습니다。 그것은 임금이 그들의 안중에 없다는 것을 의미하는 것입니다。 그들의 죄를 용서할 수 없다고 생각합니다。』

국왕이 비로소 안 우가 죽었다는 것을 알았다。 국왕은 안 우의 어린 아들 안 판(安祿)이 길가에서 울고 있단 말을 듣고 그를 불러들여 궁중에 류하게 하였다가 그에게 어디로 가겠느냐고 물어 보내 주었다。

안 우의 부하 장병들은 안 우가 죽었단 말을 듣고 놀래여 다 흩어지려 하였다。 그 말을 국왕이 듣고 그들을 불러와서 술과 식사로써 그들을 위로하여 주었다。

김 용은 홍 언박(洪彦博)、류 학、렴 제신(廉悌臣)、리 암(李嵒)、윤 환(尹桓)、황 상、리 춘부(李春富)、김 희조(金希祖) 등과 함께 임금에게 말하여 다음과 같은 방을 써서 붙이게 하였다。

『안 우 등은 충성하지 못하여 저의 마음대로 정 세운을 죽이였다。 안 우는 벌써 처단되였다。 누구든지 김 득배와 리 방실을 붙잡아 오는 자에 대하여는 세계 단을 뛰여 벼슬을 승급시켜 줄 것이다。』

그리고는 대장군 오 인택(吳仁澤)、어사중승(御史中丞) 정 지상(鄭之祥)、만호 박 춘(朴春)、김 유(金庾) 등을 파견하여 김 득배와 리 방실을 붙잡아 오게 하였다。

그날 리 방실은 임금있는 처소로 오는 도중에 룡궁현(龍宮縣)에 도착하였다。

국왕이 리 방실의 장인 우산기(右散騎) 신 순(辛珣)과 안렴(按廉) 성 원규(成元揆)에게 명령하여 리 방실을 영

접하게 하였다。 그때 박 춘이 방실에게 가서 임금의 분부를 전하니 리 방실이 뜰 앞에 내려가서 꿇어 앉았다。 그때 오 인태이 칼을 뽑아 리 방실을 쳐서 거꾸러뜨리였다。 리 방실은 한 동안 기절하여 있다가 소생하여 원장을 뛰여 넘어 달아났으나 박 춘이 좇아 가서 리 방실을 붙잡게 되였다。 리 방실은 박 춘의 칼을 뽑으려 하였으나 정 지상이 뒤따라와서 리 방실을 쳐 죽이고 말았다。

김 득배는 기주(基州)에 도착하여 변고가 일어났다는 말을 듣고 기병 무어명을 데리고 산양현(山陽縣) 선영(先塋)(선대의 무덤—역주) 부근에 가서 숨어 있었다。 국왕은 김 득배의 동생 김 득제(金得齊)를 화산(花山)으로 류형보내고 김 득배의 처자를 붙잡아 들여 고문하게 하였다。

김 득배의 사위이며 직강(直講)인 조 운흘(趙云仡)이 그의 장모에게 『바로 대여주어 고초를 당하지 않도록 하라』고 말하였다。 김 득배의 안해는 오래 동안 참아 내다가 결국 말하고야 말았다。

김 유、박 춘、정 지상、성 원규 등이 김 득배를 붙잡아 목을 베여 상주(尙州)에서 효수(梟首)(큰 죄인의 머리를 베여 높이 달아 두어 사람들에게 보이여 경계하는 것—역주)하였다。

당시 김 득배 나이는 五十一세였다。 그의 머리를 보는 사람마다 슬퍼하지 않는 자라고는 없었다。

김 득배의 제자이며 직한림(直翰林)인 정 몽주(鄭夢周)는 국왕에게 요청하여 김 득배의 시체를 거두어 장사하면서 다음과 같은 추도문을 읽었다。

『아! 하늘아! 내 무삼 죄란 말인가? 아 하늘이여 이 사람이 누군데 이 지경이란 말인가?

선한 사람은 복을 받고 악한 사람은 화를 받는다는 것은 자연의 법칙이고 착한 사람에게 상을 주고 악한 사람에게 벌을 주는 것은 인간의 법률이라고 나는 들었다。 자연의 법칙과 인간의 법률은 다르기는 하나 리치는 같은 것이다。 그렇기 때문에 옛날 사람들은 「운명이 사람을 이기나 사람이 다수이면 운명도 이긴다」 라고 말하였다。 운명이 사람을 이긴다는 것은 과연 무슨 리치이며 사람이 다수이면 운명을 이긴다는 리치는 어데로 갔느냐?

지난날 홍건적이 우리 나라에 침입하였을 때 국왕은 피란하고 국가의 운명은 위급하게 되였을 때 오직 김 공이 한번 전체 인민의 궐기를 호소하였었다。 이에 일국 인민이 향응하여 일어났다。 공은 자기 몸이 만번이라도 죽을 것을 결심하여 나라의 위기를 극복하였던 것이다。

대체로 오늘의 우리들이 이 땅에서 밥을 먹고 이 땅에서 잠을 자는 것이 누구의 덕이겠는가? 그에게 설혹 죄가 있다고 하더라도 그의 공으로 덮어주는 것이 옳지 않은가? 설사 죄가 공보다 크다고 하더라도 개선하고 나서 정당한 방법으로 처벌하여도 늦지 않을 것이다。 어찌하여 전쟁에 나갔던 말이 땀도 마르기 전에、승리의 노래가 끝나기도 전에 태산같은 공훈을 칼 끝에 피로 만들고 만단 말인가? 이것이 내가 피눈물로써 하늘에 물어 보려는 말이다。

공의 충성스럽고 장렬한 영혼은 아마 천추 만대를 두고 저승에서 울고 있을 것이다。

아! 이것도 운명이란 말인가? 이 일을 어찌 한단 말이냐?』

라 방실의 아들 중문(中文)과 안 우의 아들은 다들 나이가 겨우 열살 남직하였다。 그 아이들이 가두에서 놀고 있으면 사람들이 제가끔 음식을 먹이면서

『오늘 우리들이 편하게 먹고 자고 하는 것은 세 원수의 덕이 아닌가。』 이렇게 말하면서 눈물을 흘리지 않는 사람들이 없었다。

정 세 운 전

정 세운(鄭世雲)은 광주(光州) 장택현(長澤縣) 사람이였다.

공민왕이 세자로 있을 때에 그를 따라서 원 나라에 들어가 숙위(宿衛)(신라 때부터 중국에 파견하여 둔 외교 기관인 동시에 본국에서 가는 사절들의 호위 기관—역주)하고 있었다. 그후 여러번 등용되여 대호군(大護軍)으로 되였다.

공민왕이 즉위하고 나서 정 세운은 공 일등으로 등록되였다.

정 세운은 김 용(金鏞)과 함께 국왕에게서 총애를 받았었다.

양광도(楊廣道) 안렴(按廉)으로 있던 김 남득(金南得)이 홀적중랑장(忽赤中郞將) 정 곡(鄭谷)을 매질하여 모욕한 일이 있었다. 정 곡의 취우 권 석화(權石和) 등이 임금에게 그 일의 해명을 신소하였다. 그러나 정 세운과 김 용이 김 남득과 함께 임금에게 교묘하게 달하여 권 석화 등을 도리여 대형에 처하는 동시에 섬에 류형 보내게 하였다.

그리고 또한 정 세운과 김 용은 밀직부사(密直副使) 임 군보(任君輔)가 임금의 총애를 받는 것을 시기하여 임금에게 무고하여 그를 제주도로 류형 보내게 한 일도 있다.

정 세운은 군부판서(軍簿判書)로 지문하성사(知門下省事)를 겸임하였다. 그리고 기 철(奇轍)(고려 녀자 기(奇)씨가 원 나라 순제(順帝)의 황후로 되였는데 그의 세력에 등을 대고 기황후의 형인 기철이 국권을 좌우하면서 원 나라의 충복으로 행동하다가 처단되였다—역주)을 처단한 공으로 공 일등으로 표창되였다.

공민왕 八년에 홍건적이 서경을 함락하였을 때에 정 세운이 서북면 도순찰사로 되여 갔다。 그는 황주로부터 돌아와서 이렇게 말하였다。

「적이 서경으로 들어가서 나무로 성을 쌓고 있으니 그들은 왕성을 진격할 계획은 아닌 모양입니다。 동요하지 말아서 인심을 안정시키는 것이 좋을 것입니다。」

그는 참지정사(參知政事)로 전임되였다。

왜적이 양광도에 침입하여 오고 수도에는 계엄령이 선포되였다。 일체 관원들이 모조리 종군하게 되였다。 종군하여가는 간관(諫官)들이 임금의 처소로 하직하러 왔을 때 정 세운이

「간관이 종군한다는 말은 여태 들어본 일이 없소。 이러고야 나라 체면이 무엇이란 말이요。」

이리하여 임금의 명령으로 그들의 종군을 중지하게 하였다。

공민왕 十년에 홍건적이 수도를 함락시키고 국왕은 복주로 피란하였다。 정 세운은 추밀(樞密)로서 응양군 상장군(鷹揚軍上將軍)을 겸하여 임금을 따라가게 되였다。

정 세운의 성격은 충성하고 청백하여 밤낮으로 격정하면서 적을 소탕하고 나라를 회복하는 것이 자기의 책임인 듯이 말하였다。 그리하여 임금은 더욱 그를 신뢰하게 되었던 것이다。

정 세운은 또한 누차 임금에게 요청하여 비장한 교서를 내리여 인심을 위로하게 하는 동시에 사절을 각도에 보내여 군사를 독려하여 적을 치게 하였다。

국왕은 결국 정 세운을 총병관(摠兵官)(총지휘관—역주)으로 임명하고는 다음과 같은 교서를 내리였다。

「우리 태조(고려 태조 왕건을 의미함—역주)는 나라를 창건하시였고 력대 임금께서는 계승하여 백성의 생활을 돌보아 편케 하시였는데 내 대에 와서는 안일에 물젖이 국방 사업을 폐지하다싶이 하였다。 그러다가 결국 홍건적의 침범을 당하게 되여 내가 남쪽으로 후퇴하지 않을 수 없이 되였다。 국가의 일을 생각할 때마다 통분한 것을 참을 수 없다。 지금 여러 장수들을 파견하여 군사를 소집하여 적을 토벌하려 한다。 정 세운에게 전 책임을 지워 보내니 자처의 장병들은 그의 지시를 따를 것이다。 만일 그의 지시를 위반하는 일이 있으면 국법으로 처단

한다。』

정 세운이 정청에 나가서 부연히 하는 말이,

『내가 세력이 미약하여 이 모양이로구나. 내가 만일 재상이 되였다면 국가는 란리를 겪어낼 수 있을 것이다。』

또한 류 숙(柳淑)에게

『내가 래일이면 출병하겠는데 공은 가서 군사를 점열해야겠소。』

류 숙이 웅대하여

『부대들이 이미 죽령(竹嶺) 대원(大院)에 도착하였다 합니다。』

『군대가 만일 기약을 위반한다면 공은 책임을 면할 수 없을 것이요。』

류 숙은 즉시 떠나가서 군사를 독려하였다。 그리고 정 세운은 김 용을 대하여

『지금 재상들이 적을 방어하는 충성이 이 모양이니 누가 탐지 않는단 말이요。 만일 적을 섬멸하지 못하여 그들이 산골에 숨어서라도 살 수 있게 한다면 국가를 위하여 우려되는 일이요。』

수시중 리 암(李嵒)이 말하였다。

『지금 적이 침입하여 임금과 신하들이 피란하게까지 되여 세상의 웃음거리로, 나라의 치욕으로 되였소。 이러한 때에 공이 솔선하여 국가 대의를 주창하고 출병하여 나섰으니 나라의 회복과 안정이 이 걸음에 달렸다고 생각하오。 공은 조심하시기를 바라오。』

정 세운이 떠나게 되는데 국왕은 그에게 중서평장사 벼슬을 주었다。 그의 위치는 二상(二相)과 三재(三宰)의 중간쯤 되는 것이였다。

국왕이 우달적(于達赤) 권 천우(權天祐)를 파견하여 의복과 술을 정 세운에게 하사하였다。 정 세운은 임금에게 글을 올리여

『장수들이 적을 잡았다는 것을 보고하더라도 우선 상을 주지 마시는 것이 좋을가 합니다。 저는 적을 잡고도

자주 보고하지 않으려 합니다。 그것은 여마들을 공연히 피로케 할 필요가 없는 때문입니다。 결정적 전투가 있고나서 자세하게 보고하려고 생각합니다。』

서경 사람 고 경(高敬)이 군중에 와서

『성중의 백성들이 말할 자가 무려 만명이나 됩니다。 장수를 보내여 백성들을 위무하는 것이 좋을 것 같습니다。』

정 세운이 그 말을 옳다고 생각하고 때부장서 리 순을 보내여 피란민들을 위로하고 그들을 수도로 데려가게 하였다。

공민왕 十一년에 정 세운은 여러 장수들을 독려하여 수도를 포위하여 적을 쫓아버리고 란리를 평정하였다。 그리고 나서 대장군 김 한귀(金漢貴)、중랑장(中郞將) 김 경(金景)을 로포(露布)(전쟁에서 승리한 사실을 보고할 때에 그 보고문을 사람들이 볼 수 있도록 막대기에 달아들고 갔던 것이다—역주)를 들리여 임금있는 처소로 보내였다。

국왕은 대단히 기뻐하여 김 한귀에게 금 스물닷량중과 비단 두필을、김 경에게 비단 두필을 주었다。그리고 내첨사(內詹事) 리 대두리(李大豆里)를 보내여 정 세운에게 의복과 술을 주고 태후(太后)와 공주(公主)도 각각 의복과 술을 보내 주었다。

그러나 그후 얼마 되지 않아서 정 세운은 안 우 등에게서 살해되고 말았다。 (이 사실은 안 우전에 자세하게 나와 있다—역주) 홍 언박(洪彦博)이 그가 죽었단 말을 듣고 이렇게 말하였다。

『총병관이 출병할 때에 언어 행동이 몹시 거만하더니 그렇게 되고 만 것은 당연한 것이다。』

정 세운에게 첨의정승(僉議政丞)을 증작하고 정중하게 장사 지내주었다。그밖에 국왕은 호종(扈從)한 일과 나라를 구한 일로 각각 공一등으로 표창하였다。

안 우 경 전

안 우경(安遇慶)의 가계와 경력은 미상하다。

공민왕 八년에 안 우경은 안 우등을 따라서 홍건적을 몰아내고 그 후 안 우등과 함께 국토를 회복하였다。 이리하여 공 一등을 받았고 흥왕적(興王賊)(원 나라에서 만들어 낸 고려 왕족 덕흥(德興)의 침입군—역주)을 토벌한 공으로 또 공 一등을 받았다。

원 나라에서는 홍건적을 평정한 공으로 사람을 보내여 안 우경에게 봉훈대부(奉訓大夫)、광문감승(廣文監承) 벼슬을 주었다。

원 나라에서 덕흥군을 고려왕으로 할 것을 계획하여 고려로 들어가게 하였다。 이에 대비하여 안 우경이 찬성사(贊成事)로서 도지휘사가 되여 의주에 주둔하고 있으면서 파사부(婆娑府)、(파속(婆速) 혹 박삭(博索)이라고도 하는데, 지금 심양 지방에 있었다—역주) 탈탈화손(脫脫禾孫)에게 글을 보내여 고려의 최 유(崔儒) 등 악당들의 반역적 죄행을 폭로하였다。

그 보다 먼저 안 우경은 병마사 김 지서(金之瑞)와 옥 천계(玉天桂)에게 각각 요지를 지키게 하고 송 분석(宋芬碩)에게 의주 궁고문(弓庫門)을 지키게 하고 기병 十여명으로 압록강변을 경비하고 있었다。

한밤중에 적이 초도(椒島)에 왔단 말을 듣고 안 우경은 도순찰사 리 구수(李龜壽)、도병마사 홍 선(洪瑄)、순무사 지 룡수(池龍壽)에게 각각 급박한 사태에 대하여 보고하였다。

그때 정병들은 기한에 떨고 있어 움직이기 곤난한 상태에 있었다。 새벽녘에 적이 압록강을 건너온단 말을 들고 안 우경이 관속 七十여명을 데리고 성 우에 올라가서 바라보니 적이 궁고문을 포위하고 있었다。 안 우경은 군사를 거느리고 그 곳으로 달려갔다。 그러나 그때 적군은 이미 성을 넘어 들어 문 지키는 군사를 죽이였으나 송 분석은 그런 줄도 모르고 있는 판이였다。 그런데도 불구하고 안 우경은 군사들의 선두에 서서 일곱번이나 전투하여 적군을 구축하였다。

그러나 산 우에로 쫓겨갔던 적군이 우리 군대의 수가 얼마 되지 않은 것과 그 우에 후원군이 없는 것을 알아차리고 함성을 올리면서 일제히 진격을 개시하였다。 우리 군대는 그것을 막아내기 곤난하여 성 안으로 퇴각하게 되였다。

그때 최 흑로(崔黑驢)란 용사가 말에서 내려 창을 잡고 성문 앞에 버티고 섰는 통에 적들이 그 위풍에 눌려서 범접을 하지 못하였다。 그 사이에 뒤떨어졌던 우리 군대가 전부 성 안으로 들어가고 나서야 용사는 유유히 말을 타고 성안으로 들어갔다。

리 구수、홍 선、지 룡수들이 불의에 적군이 닥쳤단 말을 듣고 각각 기병 十여명씩 데리고 달려와서 여러번 전투하였으나 형세가 불리하였다。 그때 마침 탔던 말이 넘어져서 홍 선이 사로 잡히게 되는데 따라서 우리 군대가 패하여 안주로 퇴각하였다。

그리고 적은 선주보 들어가서 웅거하고 있었다。

국왕이 찬성사 최 영을 도순위사(都巡慰使)로 임명하고 리 성계에게 동북면에서 정예 기병 천명을 인솔하고 오도록 하고 니성(泥城)에 있던 도체찰사(都體察使) 리 순과 도병마사 우 제와 박 춘 등에게 군사를 거느리고 와서 원조하게 하였다。 이리하여 우리 군대의 기세가 회복되였다。

적의 척후 기병이 정주에 왔을 때에 안 우경이 정예 기병 三백명을 령솔하고 그를 쳐부시고 그의 장수 송 신길(宋臣吉)을 생포하여 죽이여 적군에게 보여 주었다。 이것을 본 적들은 사기를 상실하였다。

그때에 안 우경、리 구수、지 룡수 그리고 도병마사 라 세(羅世)군을 좌익으로 하고 리 순、우 제、박 춘、리 성계군을 우익으로 하고 최 영군을 중군으로 하여 정주에 당도하였다。

비 정계는 그때 여러 장수들이 설패한 것은 비겁하여 전력을 들이지 않은 때문이라고 말한 일이 있어 장병들이 그를 샘어하였던 것이다。

그때 적군은 이미 수주(隨州) 탄천(灘川)에 진을 치고 있었다。 장병들이 비 정계에게 『내일의 전투는 당신이 혼자 맡아 하시오』라고 말하여 비 정계는 비로소 그들이 자기를 샘어한다는 것을 알았다。

그 이튿날 적군이 세 부대로 논아서 전투 준비를 하고 있었다。 비 정계 자신이 적의 중앙 부대를 담당하고 부하 토장 두 사람을 좌우 각 부대를 담당케 하여 맹렬히 공격하고 있었다。 그때 비 정계가 탄 말이 그만 잘못 진탕에 빠져 들어갔다。 사태가 극히 위급하게 되었을 때 그 말은 일약하여 솟아 올라서 위기를 탈출하였다。 사람들이 모두 놀래였던 것이다。

비 정계가 계속 적을 공격하여 적장 두어놈을 쏘아 넘어뜨리는 기세에 적이 퇴각하기 시작하였다。 그 때에 좌우익의 두 장수가 칼을 빼아들고 무찔러 적군이 붕궤되고 말았다。

그후 얼마 되지 않아서 왜적이 교동(喬洞)을 점령하였단 말이 있어 도성 안이 발꾼 뒤집혀졌다。 국왕의 명령에 의하여 안 우경이 지 용수 디 순과 함께 三十三명의 병마사를 인솔하고 동서강(東西江) 승천부(昇天府)에 군대를 포치하고 왜적을 방어하였다。

그후 얼마 되지 않아서 안 우경에게 추성량절선력 익찬공신(推誠亮節宣力翊贊功臣)이란 칭호를 주었다。

안 우경은 오 인택(吳仁澤)과 함께 신돈(辛旽)을 제거하여 버리려고 계획하다가 비밀이 루설되어 매형을 당하고 남원(南原)으로 귀양가고 가족은 노비로 되고 재산은 몰수당하였다。

그후 신돈이 처단되고 나서 안 우경을 소환하여 다시 찬성사로 임명하고 서경도 만호를 맡기였다。 그때 안 우경은 디 순과 함께 오로산성(五老山城)의 적을 쳐서 승리하고 원 나라 추밀원부사、 합라불화(哈剌不花)를 포로하여 돌아왔다。

정 지 전

정 지(鄭地)의 처음 이름은 준제(准提)였고 라주(羅州) 사람이였다. 얼굴이 괴걸하게 생기였고 어릴 때부터 큰 포부를 가지고 있었다. 독서를 좋아할 뿐 아니라 그의 기본 의의를 료해하고 있었으며 어디로 가나 책을 가지고 다니였다.

공민왕 二十二년에 중랑장 리 희(李禧)가 임금에게 해전(海戰) 훈련을 할 것을 요청하는 글을 올리였다.

국왕이 그것을 보고

『리 희는 벼슬도 하지 않는 사람으로서 오히려 이렇게 나라를 위하여 의견을 말하여 주는데 수많은 문무 백관 가운데는 아직 리 희 같은 사람이 하나도 없단 말인가』하고 탄식하였다.

위사(衛士) 류 원정(柳爰廷)이

『중랑장 정 지가 일찍 평구책(平寇策)(외적을 방어하는 계책에 관한 저술—역주)을 저술하였으나 아직 올리지 않고 있습니다』라고 말하였다.

정 지가 마침 속고적(速古赤)으로서 임금을 호위하고 있을 때에 임금이 그에게 류 원정이 말한 저술에 대하여 물어 보았다. 정 지는 즉시 자기 주머니 속에서 그것을 꺼내여 임금에게 올리였다. 임금은 그것을 보고 대단히 기뻐하였던 것이다.

이리하여 국왕은 정 지를 전라도 안무사(按撫使) 겸 왜인추포 만호(倭人追捕萬戶)로 임명하였다.

그리고 박 더무(朴德茂)가 또한 리 희와 정 지의 계책과 같은 의견을 제의한 일이 있었는데 박 더무를 또한

경기(京畿) 왜인추포 부사로 임명하였다。 그리고 나서 국왕이 재상들을 대하여

『지금 리희、정지 등에게 벼슬을 주는 것을 경들은 이상하게 생각할 것은 없소。 그들의 성공을 바라며 사람들의 마음을 격려하려는 까닭이요。 만일 그들이 공을 세우지 못하는 날이면 용서하지 않을 것이요。』

이렇게 말하였다。

다시 정 지에게 부하 八十五명을、리 희에게 六十七명을 각각 맡겨주고 직위를 올려 주었다。 그리고 밀직사(密直司)에게 명령하여 정 지와 리 희에게 천호 공명첩(空名牒)(성명을 적지 않은 신임장—역주) 二十장과 백호 공명첩 二백장을 주었다。

그때 정 지와 리 희는 수차에 걸쳐 수십개조에 달하는 계책을 임금에게 제의하였는데 그것은 대개 다음과 같은 내용으로 되여 있었다。

『륙지 깊이 사는 백성은 배 타는 데 익숙하지 못하여 왜적을 방어하기에 적당치 않습니다。 해변에서 생장한 사람들만을 선발하여 저희들의 지휘하에 맡겨 주시면 五년 이내에 해상을 평정할 수 있습니다。 그리고 도순문사 같은 것은 공연히 비용만 들이고 백성을 괴롭게만 하고 있으니 그러한 직책은 그만두게 하는 것이 좋겠습니다。』

국왕은 순찰사 최 영을 불러와서 그 일을 의논하였다。

그 전에 최 영이 륙개도를 순찰하면서 전함 二천척을 건조하여 각 지방의 군대로써 왜적을 잡으려 하였으나 백성들은 고통이 너무 심하여 살림을 뜯어없고 도망가는 자들이 열명에 五、六명씩이나 되였다。 그러므로 정지 등이 건의하여 그 일을 그만 두게 한 것이다。

우왕(禑王) 三년 여름에 왜구가 순천、락안 등지를 침노하여 왔다。 국왕이 정 지를 례의판서(禮儀判書)로써 순천도(順天道) 병마사로 임명하여 왜구를 토벌하게 하였다。 그는 왜구 十八명을 베여 죽이고 三명을 생포하였다。 그리고 나서 판사(判事) 정 량기(鄭良奇)를 보내여 첩보를 전달하였다。 우왕은 기뻐하면서 정 량기에게 백금 五十량중을、그의 어머니에게 쌀 十석을、정 지에게 말、안장、비단 등을 각각 주어 표창하였다。

그해 겨울에 정 지는 다시 왜적을 쳐서 四十여명을 베여 죽이고 두 놈을 생포하였다。 그리고 판사 정 룡(鄭龍)을 파견하여 첩보를 올리였다。 우왕은 역시 정 룡에게 베 一백 五十필과 말 한마리를 주었다。

우왕 四년에 왜구가 또 령광、광주 동복(同福) 등지에 들어와 인민을 략탈하므로 정 지가 도순문사 지 용기(池湧奇)와 조전(助戰) 원수 리 림(李琳) 등을 시키여 왜적을 옥과현(玉果縣)까지, 추격하였다。 왜적들은 미라사(彌羅寺)로 들어가므로 그 절을 포위 소각하면서 들이족치는 통에 도적들은 거의 모조리 타져 죽고 말 백여필을 로획하였다。 그 전투에서 정 지의 공훈이 수위를 차지하였다。

첩보를 듣고 국왕은 정 지와 지 용기에게 각각 은 五十량중을 주어 표창하였다。

왜적이 또 담양현 등지에 들어와 도적질하므로 정 지가 지 용기와 함께 그를 토벌하여 十七명의 목을 베였다。 그후 정 지는 전라도 순무사로 되고 우왕 八년에는 해도(海道) 원수로 되였다。

그때 또다시 왜적의 선박 五十척이 진포(鎭浦)에 들어 왔다는 말을 듣고 정 지는 적을 군산도(群山島)까지 추격하여 그중 四척을 로획하였다。

九년에 또 왜적과 싸워서 철저히 격파하였다。 우왕이 정 지에게 금띠 한개와 백금 五十량중을 주었다。

정 지는 전함 四十七척을 이끌고 라주、목포에 정박하였다。 도적들은 큰 선박 백二十척을 끌고 경상도 연해에 집결하고 있어 연해 지방 인민이 공포에 떨고 있었다。 합포(合浦)(지금 경상도 마산—역주) 원수 류 만수(柳曼殊)가 정 지에게 급박한 사태를 통지하여 왔다。

정 지는 즉시 출발하여 밤낮을 가리지 않고 행군하는데 어떤 때에는 자신이 직접 노질을 하기도 하였다。 그것을 본 노젓는 군사들은 더욱 사력을 다하여 배를 저었다。 섬진(蟾津)에 도달하여 합포 군사들을 집결하였다。

도적 때는 이미 남해 관음포(觀音浦)까지 침입하였다。 그때 마침 비가 와서 군사 행동이 곤난하게 되였다。 정 지는 지리산(智異山)에 사람을 보내여 비가 그치기를 축원하였다。

『나라의 존망이 이번 걸음에 달려 있습니다。 원하노니 하늘은 우리 나라를 도와 주어 수치가 돌아오지 않게 하여 주소서。』

과연 오던 비가 그치였다。 도적들은 하늘을 가리운 깃발들과 바다를 덮은 전국으로 사방을 포위하고 기여들었다。 정 지는 하늘을 향하여 승리를 념원하면서 정성을 다하여 절을 하였다。 조금 있다가 순풍이 불어오므로 중류에 돛을 다니 배는 나는 듯이 달려 순식간에 박두양(朴頭洋)에 당도하였다。

왜적은 정병 백 四十명을 태운 큰 배 二十척을 선봉으로 하여 접근하여 왔다。 정 지는 적의 배를 맞받아 공격하여 깨뜨려버리니 적의 시체가 바다를 덮을 지경이였다。 그리고 화포를 발사하여 적선 十七척을 소각하였다。

그날 정 지는 장병들에게

『우리 군사들이 적을 격파한 일이 많으나 오늘과 같이 통쾌하게 승리한 일은 없다』라고 말하였다。

승리의 소식을 듣고 우왕은 대단히 기뻐하여 궁중에서 특제한 술을 보내 주어 정 지를 위로하였다。

그 전투가 있기 바로 전에 군기윤(軍器尹) 방 지용(房之用)이 사신으로 일본에 갔다가 돌아오는 길에 바다에서 왜적을 만나게 되였다。 왜적은 그를 붙들어 목을 매여 배 밑바닥에 가두어 두고는 만일 이 전쟁에서 저희들이 이기지 못하면 그를 제일 먼저 베여 죽일 것이라고 말하였던 것이다。 그러나 전쟁은 도적들의 전멸로써 끝났기 때문에 방 지용이 죽음을 면할 수 있었다。

정 지는 병으로 사임하였다。 그후 얼마 되지 않아서 지문하부사(知門下府事)로 되였고 계속하여 해도 도원수(海道都元帥)로 양광(楊廣)도、 전라도、 경상도、 강릉도 도지휘처치사(都指揮處置使)로 임명되였다。 우왕 十년에 다시 문하평리(門下評理)로 되였다。

그러나 우왕이 환관(宦官) 김 실(金實)을 정 지에게 보내여

『도통사(都統使) 최 영이 군함을 건조하여 해전 준비를 하고 화포(火砲)까지 설치하였으니 그의 배려가 주도하다고 할 수 있다。 그러나 경이 해도 원수로 되고 나서 이때까지 왜적이 국로를 침범하고 있으나 아직 완전히 평정치 못하고 있으니 그 허물은 사실상 경에게 있는 것이 아닌가』

하고 정지를 책망하였다。

정지는 엄숙하게 사죄하면서 자신이 일본을 정벌할 것을 요청하여

『근래 중국에서 일본 정벌을 계획하고 있는 모양인데 만일 중국이 우리 국토에 기지를 가지게 되고 그들의 군함이 우리 나라에 정박한다면 그 군대의 양식에 우리가 곤난을 받을 뿐만 아니라 그들이 우리의 실정을 탐지할 우려가 없지 않습니다。 일본 사람이라고 하여서 전 국민이 다 도적은 아닌 것이고 오직 하찮은들이 대마도와 일기도(一岐島) 등지에 의거하여 무시로 우리 해변에 들어와서 도적질하는 것입니다。

만일 우리가 선수를 써서 그들의 죄상을 성토하고 며거하여 도적의 소굴을 복멸하여 버리는 동시에 일본 정부에 통지하여 그의 잔당을 청소하고 귀순하게 한다면 왜적의 우환을 영원히 근절할 수 있을 것이고 중국 군대가 출동할 리유도 제거할 수 있을 것입니다。

지금 우리 해군은 모두 해전에 능숙하여 신사(辛巳)년 일본 정벌(고려 충렬왕 七년에 고려군과 원군이 련합부대가 일본을 정벌하다가 실패한 사실—역주) 당시와는 같지 않습니다。 만일 적당한 때에 순풍을 타고 출동한다면 손쉽게 성공할 수 있습니다。

그러나 전쟁이란 것은 시간이 가는 데 따라서 해이가는 것이고 군대란 늙으면 피로하여지는 것입니다。 그런데 지금 해병들이 각종 부역에 블복이여 토왕걸 생산만 하고 있는 판입니다。 이 기회에 단호한 대책을 수립하여 왜적을 소탕한다면 일거 량득이로 될 것입니다。』

우왕 十四년에 리 성계를 보내어 중국 료동방을 정벌(고려 철령 이북이 원 때 원 나라에 소속되어 있었는데 명 나라에서 그 지역을 계속 자기 령토로 간주하므로 그 실지를 회복하기 위하여 출정하였으나 리 성계가 행군 도중에서 회군하고 말았다—역주)할 때에 정 지가 안주도 도원수(安州道都元帥)로서 리 성계를 따라 출정하였다。 그러나 리 성계를 따라 회군하고 말았다。

당시에 왜적이 우리의 양광도、전라도、경상도에 침입하여 그해 여름에서 가을까지 그 지방들을 모조리 초토로 전화시키고 있었으나 지방 수령들과 장수들은 하나도 그것을 막아내지 못하였다。

왜적들이 정 지라면 무서워 하고 있었다。 그러므로 그를 량광도、 전라도 경상도、 도지휘사로 임명하여 여러 장수들과 함께 출전하게 하였다。

왜적은 함양(咸陽)으로부터 운봉(雲峯)을 넘어 남원(南原)까지 들어왔다。 정 지는 도순문사(都巡問使) 최 운해(崔雲海)와 부원수 김 종연(金宗衍)과 조전(助戰) 원수 김 백흥(金伯興)을 데리고 적에게 결정적 타격을 주어 그들이 밤을 타고 도망하게 하였다。

그때 지방 인민들은

『만일 그 성공적 전투가 없었다면 三도 인민이 거의 소멸될 뻔 하였다』

라고 말하였다。

우왕은 승리한 정 지에게 궁중에서 특제한 술과 비단을 주어 표창하였다。

공양왕(恭讓王) (고려 三四대왕—역주) 첫해에 김 저(金佇)가 변 안렬(邊安烈)과 함께 우왕을 다시 맞아 오려고 획책한 일이 있었다。 (리 성계 등이 우왕을 폐위하였었는데 김 저 등이 그의 복위를 획책한 것—역주) 그때에 정 지가 그 사건에 관련되였다고 하여 그를 지방으로 류형 보내였다。 그리다가 그 이듬해에 공양왕이 좌헌납(左獻納) 함부림(咸傅霖)을 정 지에게 파견하여 그를 계림(鷄林)에서 고문하게 하였다。 그러나 대간(臺諫)들이 법에 의하여 처리할 것을 요청하므로 부득이 정 지를 횡천(橫川)으로 옮기여 두었다。

그후 윤 이(尹彝)와 리 초(李初)의 사건 (윤 이와 리 초가 명 나라에 몰어가서 리 성계를 무고한 사건—역주)에 정 지를 관련시켜 그를 청주(淸州)에 투옥하고 심문하였다。 그러나 정 지는 여하한 고문에도 굴복하지 않고

『리 시중(리 성계를 말함—역주)이 대의를 세워 회군할 때에 나는 옛날 중국의 이 윤(伊尹)과 곽 광(霍光)의 행동(이 윤은 중국 고대 은(殷) 나라 재상이다。 원래 성 탕(成湯)을 원조하여 당시 하(夏) 나라의 무도한 임금 걸왕(桀王)을 처단하고 성 탕을 임금으로 세운 사람、 곽 광은 중국 한(漢) 나라 사람으로 그 나라 임금(창읍왕—昌邑王)이 못났으므로 폐위하고 선제(宣帝)를 세운 사람—역주)으로써 그에게 권고한 일이 있었다。 그때 리 시중은 내 말을 듣고 심각하게 생각한 일이 있었던 것이다。 그러한 일이 있는 내가 윤 이와 리 초 당파에 무슨 상관이 있단 말이냐。』

이렇게 말하고 하늘에 맹세하면서 감개무량한 얼굴을 하고 있였다。 형리는 그에게서 아무런 조서도 받지 못하고 이튿날보다 가혹한 고문을 할 계획이였으나 수해(水害)가 들어서 그만두게 되였다。

공양왕·三년에 료동 정벌로부터 회군한 공로로써 공 二등을 기록하고 록권(錄券)과 밭 五十결을 주었다。 다시 대간들과 형조(刑曹)는 임금에게 정 지가 변 안렬의 당파란 것은 실상 무근한 무고란 것을 말하여 그를 석방하였다。

그는 즉시 광주(光州)로 은퇴하였다。 그후 그를 판개성부사(判開城府事)로 불렀으나 듣지 않았다。 그는 병으로 사망하였다。 그때 나이는 四十五세였고 시호는 경렬(景烈)이였다。

최 영 전

최 영(崔瑩)은 평장사(平章事) 최 유청(崔惟淸)의 五대손이였다. 풍모가 영특하고 완력도 비상하였다。

최초에 양광도(楊廣道) 도순문사(都巡門使)의 막하에 배속되여 여러번 왜적을 생포하였다。 그의 용감성이 알려져서 우달적(于達赤)으로 되였었다。

공민왕(恭愍王)(고려 三一대 왕—역주) 첫해에 조 일신(趙日新)이 반란을 일으켰을 때 최 영이 안 우(安祐)、최 원(崔源) 등과 협력하여 반란군을 평정하고 나서 호군(護軍)으로 되였고 공민왕 三년에는 대호군으로 되였다。

최 영은 류 탁(柳濯)과 함께 원나라 승 상(丞相) 탈탈(脫脫)을 따라서 고우(高郵)성(중국 강소성의 현명、원 나라에 대한 반란군이 이 지방을 점거하고 있었다—역주) 정벌에 참가하였다。 전후 二十七차에 걸친 전투에 적성이 함락되려할 때 탈탈이 무고를 만나 돌아 가는 데 따라서 전쟁을 중지하고 말았다。 그 이듬해에 적을 회안로(淮安路)에서 방어하여 팔리장(八里莊)과 사주(泗州)、화주(和州) 등지에서 여러번 전투하였다。 적의 선박 八천여척이 회안을 포위하고 있었으나 최 영은 적을 밤낮으로 계속 공격하여 그를 격퇴하였다。 적군이 재차 진공하였으나 최 영에게 분쇄되고 말았다。 그리고 본국으로 돌아와서 인 당(印璫)과 함께 압록강 이서 지방에 있던 적의 八개 기지를 공략하였다。

공민왕 六년에 서해、평양、니성(현재의 평안북도 창성—역주)、강계 지방의 체복사(體覆使)로 되였다。

그 이듬해에 왜적이 오차포(吾叉浦)에 침입한단 말을 듣고 최 영이 복병하고 대기하였다가 적을 불의에 습격하여 승리하였다.

그 이듬해에 최 영이 서북면 병마사로 되였다.

홍건적이 서경(지금의 평양—역주)을 강점하였을 때 최 영이 다른 장수들과 함께 철화(鐵和) 등지에서 전투하였다.

그 이듬해에 최 영은 평양윤(平壤尹)으로서 서북면 순문사를 겸하였다.

당시 전쟁의 피해는 아직 회복되지 않고 백성들은 기한에 떨고 있으므로 최 영이 구제미 공급소를 광범하게 설치하고 리재민에게 량곡과 종곡을 분배하는 동시에 시체들을 매장하게 하였다.

그는 좌산기상시(左散騎常侍)로 전임되였다.

十一년에 최 영은 안 우(安祐), 리 방실(李芳實) 등과 함께 홍건적으로부터 수도를 탈환하고 나서 훈 一등에 도형벽상(圖形壁上)으로 표창되고 전리판서(典理判書)로 임명되였다.

十二년에 김 용(金鏞)(홍건적의 란리를 평정하고 조국을 구제한 안 우, 김 득배, 리 방실, 정 세운 등 장군들을 살해한 원흉으로서 다시 원 나라와 밀모하여 매국적 행동을 감행하다가 처단된자—역주)이 흉계를 꾸미여 그의 졸도를 밀송하여 흥왕행궁(興王行宮)(사찰 흥왕사를 행궁으로 하고 있었다—역주)을 침범하였다. 최 영이 그 말을 듣고 우 제(禹磾), 안 우경(安遇慶), 김 장수(金長壽)와 함께 군사를 인솔하고 달려가서 배반자들을 모조리 처단하였다.

그때에도 훈 一등으로 표창하고 진충분의 좌명공신(盡忠奮義佐命功臣)이란 칭호를 주고 평리(評理)로 전임시키고 조금 후에 찬성사(贊成事)로 승진시키였다.

十三년에 반역자 최 유(崔濡)가 덕흥군(德興君)을 떠받들고 압록강을 건너 국내에 침입하였다(당시 원 나라는 친원파 최 유, 김 용 등을 앞잡이로 하고 본래 원 나라에 가 있던 고려 충선왕의 서자 덕흥군을 고려 임금이라고 하여 그로 하여금 고려를 침범하게 하였다—역주).

우리 군대가 침입자들과 싸웠으나 형세 불리하고 적은 승승 장구하여 선주(宣州)를 점령하는 데 따라서 인심이 물끓듯 하였다.

최 영이 도순위사(都巡慰使)로 되여 정병을 인솔하고 안주로 달려가서 부대들을 지휘하였다。 조정이나 백성들이 다 그를 신뢰하여 적을 무서워 하지 않았다。 그런데 혹시 도피하는 군사가 있으면 최 영은 단연 그를 참살하여 군사 규률을 강화하였다。

최 영은 다른 장수들과 군대를 논아 인솔하고 달천(㺚川)에서 적을 여러 방면으로 공격하여 대 승리를 전취하고 병마부사 안 주(安柱)를 조정에 파견하여 첩보(捷報)를 올리였다。

十四년에는 왜적이 교동(喬洞)과 강화(江華)를 침범하였다。 최 영이 동서강도지휘사(東西江都指揮使)로 되여 동강(東江)의 적을 진압하였다。

그 전에 밀직(密直)으로 있던 김 란(金蘭)이 그의 말을 신돈(辛旽)(공민왕이 불교에 미혹하여 중 신돈을 우대하는 데 따라서 신돈은 권세를 얻어 온갖 악행을 다하고 결국 왕위를 엿보다가 처단되였다—역주)에게 주었으므로 최 영이 김 란을 질책한 일이 있었는데 그 말을 들은 신돈은 최 영을 항상 증오하였다。 그러던 차에 최 영이 고봉현(高峯縣)으로 사냥하러 갔을 때 신돈이 임금에게 최 영을 무고하였다。 국왕이 리 순(李珣)을 보내여 최 영을 다음과 같이 책망하였다。

『왜적이 창릉(昌陵)에 침입하여 세조(世祖)의 초상을 훔쳐갔는데도 불구하고 경은 도지휘사로 있으면서 그런 것도 알지 못하고 군사를 데리고 사냥만 하고 있는 것은 무슨 까닭인가? 지금 경을 계림윤(鷄林尹)으로 전임시키는 것이니 빨리 부임할 것이다。』

최 영은 그 말을 듣고 대궐을 향하여 탄식하였다。

『지금 내가 저지른 죄는 생명을 보존하기 어려운 죄이다。 그런데도 불구하고 내가 계림윤으로 된 데 대하여 임금의 큰 은혜를 감사한다。』

이렇게 말하고 최 영은 임지로 떠났다。

그러나 신돈은 그것도 만족하지 않고 다시 『최 영과 리 구수(李龜壽) 등이 환관(宦官)들과 결탁하여 웃사람 아랫 사람을 리간 중상하고 있다』는 말을 만들어 최 영을 무고하였다。 그리고는 그의 졸도 리 득림(李得林)을 보내여 최 영을 심문하게 하였다。

최 영은 그것이 신돈의 무고란 것을 알았으나

『빨리 처형하라』고만 말하였다。

임금은 최 영의 三품 이상의 작위를 전부 박탈하고 그의 토지와 노예를 몰수하고 먼 곳으로 류형보내였다。 리 득림이 기어이 최 영을 죽이려 하였으나 그때 합포(合浦)를 수비하고 있던 정 사도(鄭思道)가 저사하고 반대하였다。 리 득림이 신돈에게 요청하여 정사도도 파면시키였다。

二十년에 최 영을 소환하여 찬성사(贊成事)에 六도 도순찰사로 임명하였다。 최 영은 군사를 등록하고 군함을 건조하였다。 그러나 그는 장령들과 지방 수령들로서 과오있는 자를 독단적으로 파면하였다。 그때 사람들은 최 영이 간부들을 료해하지 못하는 까닭에 그들에게 대한 정책이 세밀하지 못하다고 말하였다。

최 영은 경상、전라、양광도순문사로 전출되였다。 그때 헌사(憲司)가 최 영의 등용을 반대하여

『최 영이 六도 순찰사로 있을 때에 그 지방 백성들의 소동을 일으키였는데 지금 다시 도순문사로 임명할 수 없습니다。』

최 영이 그 말을 듣고 임금에게

『저는 충심으로 나라에 몸을 바치려 하였을 뿐입니다。 그러나 지금 저와 같은 비방을 듣게 되였으니 저를 파면하여 주심을 바랍니다。』

그러나 임금은 본래 명령대로 집행하려 하였으나 대간(臺諫)과 도당(都堂)(대간은 임금의 잘못을 바로 잡도록 요청하는 기관、도당은 중앙 정청—역주)이 최 영을 대신할 자를 추천하였다。 그후 얼마 되지 않아서 최 영에게 진충분의 선위좌명 정란공신(盡忠奮義宣威佐命定亂功臣)이란 칭호를 주었다。

명 나라 대조(太祖)가 림 밀(林密) 등을 고려에 보내여 제주도 말 二천마리를 보내라고 요청하였다。 그러나 합적(哈赤)、석질리필사(石迭里必思)、초고독불화관음보(肖古禿不花觀音保) 등이 다만 말 三백필을 보내왔을 뿐

이였다 (당시 제주도를 몽고인이 점거하고 있었다—역주)。그것을 보고 림 밀 등이 분개하고 따라서 고려 국왕은 신하들과 의논하여 제주도를 정벌하게 되였다。

그해 七월에 최 영이 양광、전라、경상도 도통사(都統使)로 되고 렴 흥방(廉興邦)이 도병마사로 되고 리 희필(李希泌)、변 안렬(邊安烈)이 양광도 원수로 되고 목 인길(睦仁吉)、림 견미(林堅味)가 전라도 원수로 되고 지 윤(池奫)、라 세(羅世)가 경상도 원수로 되고 김 유(金庾)가 三도 조전(助戰) 원수 겸 서해 교주도(交州道) 도순문사로 되여 군함 三백 十四척과 군사 二만 五천 六백명을 인솔하고 출정하였다。국왕은 그들에게 다음과 같이 명령하였다。

『제주도는 원래 우리 나라에 속하여 있으면서 五백년 동안을 두고 대대로 공납을 바치여 왔던 것이다。그러나 근년에 몽고 유목민 석 질리 등이 침입하여 우리 사신을 죽이고 우리 백성을 예속시키고 있으니 그들의 죄상은 이루 다 헤아릴 수 없을 지경이다。

오늘 최 영에게 부월(鈇鉞)(군대 최고 지휘권을 부여한 표식으로 임금이 주는 도끼의 일종—역주)을 주어 적을 토벌하게 한다。부대들을 독려하여 적을 섬멸할 것이다。』

조정 대신들이 출정하는 장수들을 전별할 때 장령들이 모두들 눈물을 흘리였으나 최 영과 변 안렬은 평소와 같이 태연하였다。

군대가 라주에 당도하였을 때에 최 영이 영산(榮山)에서 열병하고 다른 장령들과 약속하기를

『각도 선박을 식별하기 위하여 돛대 우에 각각 다른 깃발을 달고 각 선박에는 지휘자를 배치하여 질서를 유지하게 할 것이다。

그리고 군함들이 출발할 때 대오를 정연히 하고 규률을 엄숙히 하며 도중에서 왜적을 만나 그를 생포하는 자에 대하여는 큰 상을 주게 할 것이다。

또한 부대가 제주에 도달하면 전체 부대는 동시에 진공하여 너무 앞서거나 뒤떨어지지 말아야 할 것이고 염기를 신호로 하여 각 부대의 동정을 호상 련락하면서 도통사의 나팔 소리에 호응할 것이다。

전루가 시작되여서는 적당에 가담한 자로서 명령에 복종하지 않는 자는 전부 죽이고 항복하는 자를 막지 말고 적당 괴수의 재산과 공사 증권 및 금、은、인장 등과 마적(馬籍)(말을 등록한 대장—역주)을 얻으면 전부 관청으로 수송하고 그것을 얻는 자에게는 상을 줄 것이다。

사찰과 도전(道殿)(도교의 사원—역 주)과 신사(神祠) 등은 수호하여 그것을 훼손하지 말고 재물을 획득하거든 먼저 군함으로 수송할 것이고 도피자는 군법으로 처단할 것이다。』

그리고 최 영이 또

『국왕이 나에게 명령하여 반역자를 토벌하게 하였으니 내 말은 즉 국왕의 말인 것이다。 그러므로 내 말에 복종한다면 일을 성공할 수 있을 것이다。』

전체 장수들이 다 엄숙하게 맹세하였다。

함대가 금산곶(黔山串)에 도달하였다。 장령들이 말하기를

『함선들이 출발한지 벌써 오래되였고 풍세도 점차 강하여지고 있으니 빨리 행군해야겠습니다。』

최 영이 명령하기를

『오늘은 풍세가 불리하니 보길박(甫吉泊)에 가서 정박하고 류하게 하라。』

변 안렬의 부하 군대가 제 마음대로 먼저 출발하므로 최 영이 대단히 화를 내여 명령을 위반한 사실을 돛대우에 달아 각 함선들에 경고하였다。 그러나 조금 있다가 각도 선박이 일제히 돛을 달고 출발하므로 최 영도 부득이 떠날 수 밖에 없었다。

그 이틑날 함대는 제주에 도착하였다。 최 영이 장령들에게 분공하여 사방으로 적을 공격해 들어갔다。 적 석질대 등은 기병 三천 여명으로 명월포(明月浦)에서 저항하고 있었다。

최 영이 전 제주 목사 박 윤청(朴允淸)을 파견하여 적을 설유하였다。

『오늘 군사를 동원하여 너희들의 죄를 묻게 되였다。 대세는 벌써 너희들이 어떻게 할 수 없이 된 것이다。 그러나 적당의 두목만을 처단할 것이고 성주(星主)와 왕자(王子)(성주와 왕자는 제주도 토호중 제주도를 통치하던 사

람의 칭호로서 그후 제주 목사를 성주라고도 불렀다―역주)와 사판들과 군사와 백성들은 전과 같이 안심하고 살게 할 것이다。 비록 적당에 가담한 자일지라도 항복하면 용서할 것이다。 그러나 만일 거역하면 대군이 한번 들이닥치는 날 옳은 사람도 그들 때문에 휩쓸려 처단당할 수 있는 것이다。 그렇게 되고 나서는 후회하여도 소용없을 것이다。』

이러한 글을 보내고 최 영은 장령들과 함께 군대를 인솔하고 상륙하였다。

그러나 군사들이 어름어름하고 진군하지 않고 있으므로 비장(裨將) 하나를 베여 군중에 시위하였다。 그것을 보고 대군이 일제히 좌우로 진격하여 적을 크게 깨뜨려 놓았다。 그리고 그 기세에 계속 三十리까지 추격하다가 날이 저물고 나서 본영으로 돌아왔다。 그때 명월포 가에 진을 치고 있던 적이 안무사(安撫使) 리 하생(李下生)을 죽이였다。

부대들은 한라산(漢拏山) 밑에 주둔하면서 군사들을 쉬게 하였다。 당시 우리 군사들이 적당의 말을 대량으로 로획하였다。

적의 괴수 세 사람이 도전하여 왔다가 거짓 패주하는 체 하였다。 그것은 그들이 효성、오음(曉星、五音)의 평야로 우리 군대를 유도하여 끌어 내놓고 기병으로 유린하려는 것이였다。

최 영은 적의 간계를 짐작하고 정예 한 군사에게 명령하여 적을 급격히 추격하니 그들은 한라산 남쪽 호도(虎島)로 도망하고 말았다。 최 영이 전 부령(前副令) 정 룡(鄭龍)을 시키여 날랜 함선 四十척을 인솔하고 그 섬을 포위하게 하고 자신도 정병을 거느리고 계속 진격하였다。

〃석질리필사〃가 그의 처자와 졸도 수십명을 데리고 나타났다。 그때 〃초고독불화관음보〃도 일이 다 틀렸다고 생각하고 절벽에 떨어져 자살하였다。

최 영은 〃석질리필사〃와 그의 자식 세명의 목을 베여 〃초고독불화관음보〃의 머리와 함께 지병마사(知兵馬使) 안 주(安柱)에게 부탁하여 본토로 보내였다。

그러나 동도(東道)(제주도의 지역 명칭―역주)의 합적(哈赤) 석다시만(石多時萬) 조장홀고손(趙莊忽古孫) 등이 졸도 수백명으로 성을 고수하여 항복하지 않으므로 최 영이 장수들을 데리고 그들을 쳤는데 그들이 패주하므로 계속 추격하여 두목놈을 포로하고 그 잔당들을 섬멸하였다。

제주 정벌에서 금패(金牌) 아홉개、은패 열개、공인(印) 三十개、말 천마리를 로획하였다。 공인은 만호와 안무사와 그리고 성주와 왕자에게 맡기고 말들은 각 고을에서 논아 기르도록 하였다。 그리고 군사 가운데 말이나 소를 잡아 먹는 자가 있으면 처단하거나 팔을 자르는 형벌을 주어 군대 규률을 확립하였다。

이리하여 전체 군사들이 조심하여 조금도 범칙하지 못하였다。

그해 十월에 최 영이 개선하였다。 당시 공민왕은 이미 사망하고 없으므로 재궁(梓宮) (죽은 임금의 빈소(殯所)—역주)에 보고하였다。

우왕(禑王) 첫해에 최 영이 판삼사사(判三司事)로 되였다。

그후 최 영이 판순위부사(判巡衛府事)로 있을 때에 최 영의 질서(姪婿)이며 판사(判事)인 안 덕린(安德麟)이 살인을 한 일이 있었는데 도당(都堂) (당시 중앙 정부의 최고 기관중 하나—역주)에서는 그가 최 영의 친척이라고 하여 그의 죄를 경감시킬 생각으로 최 영 자신의 지도하에 있는 순위부로 그 사건을 이관하였다。

최 영이 그 말을 듣고 화를 내여

『안 덕린이 무죄한 사람을 죽였으니 헌사(憲司) (사법관청—역주)에서 응당 처단해야 할 것이다。 더구나 내가 사법관청이 아닌 순위부에 있으면서 어찌 그를 취조할 수 있겠는가。』

이렇게 말하고 그를 헌사로 돌려보내고 말았다。

왜적이 또 들어와서 련산(連山) 개태사(開泰寺)를 점거하였다。 그때 원수 박 인계(朴仁桂)는 왜적과 싸우다가 전사하였다。 최 영이 그 말을 듣고 자진하여 왜적을 토벌할 것을 요청하였다。 그러나 우왕은 그가 벌써 로인이라고 하여 출전을 만류하였으나 최 영이

『한줌도 안 되는 왜적이 이처럼 횡포하니 놈들을 제때에 제압하지 않는다면 반드시 곤난을 당할 때가 있을 것입니다。 그리고 군대란 것은 평소에 단련시켜 놓지 않으면 필요할 때에 소용이 없게 됩니다。 제가 비록 몸

은 늙었으나 마음은 늙지 않았으니 빨리 출전하도록 하여 주시기를 바랍니다.』

이와 같이 재삼 간청하여 왕의 허락을 받고 바로 그날로 출발하였다.

그때 도적들은 병든 놈 늙은 놈만 배를 태우고 겉으로는 퇴각하는 체 하면서 실상 정예한 놈들 수백명을 더욱 깊으게 기여들게 하여 도적질하고 있었다. 홍산(鴻山)에 들어와서는 놈들의 만행이 절정에 달하여 살륙 략탈을 함부로 하고 세력도 경시할 수 없었다.

최 영이 양광도 도순문사 최 공철(崔公哲)과 조전(助戰) 강 영(康永) 등으로 더불어 홍산으로 진군하여 전투를 개시하였다. 최 영이 먼저 가장 험악한 지대를 점령하였는데 그 곳은 三방면이 모두 절벽으로 되여 있고 오직 한가닥 길만이 평지와 통하여 있었다. 다른 장수들이 모두 겁을 내여 전진하지 못할 때 최 영이 최선두에 서서 결사적으로 돌진하였다. 도적들은 한목으로 흩어지는 것이였다. 그때 도적 한놈이 총림 속에 숨어 있으면서 활을 쏘아 최 영의 입술을 맞치였다. 그리하여 류혈이 랑자하였으나 그는 얼굴 빛도 변하지 않고 숨어 있는 놈을 쏘아 단번에 거꾸러뜨리고 그리고 나서 자기 입술에서 화살을 뽑는 것이였다. 더욱 맹렬히 공격하여 철저히 분쇄하고 도적들을 거의 모조리 살상 포로하고 말았다.

판사 박 승길(朴承吉)을 중앙으로 파견하여 승리한 사실을 보고하였다. 우왕은 대단히 기뻐하여 삼사우사(三司右使) 석 문성(石文成)을 보내여 최 영에게 의복, 술, 안장, 말을 주어 위로하고 다시 의사와 약품을 보내여 그의 상처를 치료하게 하였다. 최 영이 개선할 때에는 우왕이 재상들에게 명령하여 교외까지 나가 연극을 놀린다, 의장병을 세운다 하여 최고의 의례로써 마중하였다.

론공 행상을 하게 될 때에 최 영을 시중(侍中)으로 등용하려고 하니 그는 단연 사퇴하였다.

『만일 내가 시중으로 된다면 용이하게 외부에 나갈 수가 없을 것입니다. 왜적을 완전히 소멸한 뒤에도 늦지 않을 것입니다.』

그래서 그를 철원부원군으로 봉하고 기타 장병들을 각각 공적에 따라서 표창하였다. 최 영의 막하 장병들은 홍산파진도(鴻山破陣圖)(홍산에서 왜적을 격파한 것을 표현한 그림—역주)를 그려 올렸는데 왕은 리 색(李穡)에게 명령하여 이에 대한 찬사를 짓게 하였다。

신우왕 三년에 또 왜적이 밤중에 몰래 착량(窄梁)에 침입하여 우리 군함 五十여척을 소각하였다。 바다가 대낮과 같이 밝을 지경이였다。 그리고 전사한 군사도 천여명에 달하였다。 만호 손 광유(孫光裕)는 적의 화살에 맞아 종선을 타고 도망하여 근근히 살아났다。

왜적은 또 강화부(江華府)에 침입하였다。 만호 김 지서(金之瑞)와 부사(府使) 정 언룡(鄭彦龍)은 마니산(摩尼山)으로 도주하고 도적들은 대대적으로 략탈할 뿐 아니라 김 지서의 처까지 붙들어 갔다。

우왕은 라 세(羅世)와 리 원계(李元桂)를 보내여 도적을 토벌하게 하고 최 영은 도통사로 되여 승천부(昇天府)에 도착하여 적을 방어하였다。 도적들은 강화에서 퇴각하여 수안(守安)、통진(通津)、동성(童城) 지방에서 살륙 략탈을 자행하였는데 놈들이 지난 땅은 빈 땅으로 되고 말았다。

최 영이 경 복흥(慶復興)등과 함께 경천(敬天)에 도착하여 도적 막을 계책을 의논하였다。

최 영이

『왜적의 만행이 이 지경인데 그래 원수는 무슨 면치로 낯을 들고 다닐 작정이요。』

이렇게 탄식하면서 눈물을 흘리였다。

또 말하기를

『손 광유가 우리 절도사를 배반하였기 때문에 도적의 포학이 이 모양으로 되게 하였으니 만일 손 광유를 처단하지 않는다면 어떻게 군률을 세운단 말이요。 내가 그를 처단해도 좋지마는 독단적으로 사람을 죽일 수도 없지 않소。』

이리하여 우왕에게 요청하여 손 광유、김 지서、정 언룡을 투옥하고 리 희춘(李希春)을 강화 만호로 김 인귀(金仁貴)를 강화부사(府使)로 임명하였다。

그때 소년 하나이 적중에서 도피하여 돌아 왔으므로 그에게 도적의 정형을 물어보았다。 그 소년은

『놈들은 무서운 사람은 머리 흰 최 만호 뿐이라고 항상 말하고 있었습니다』라고 말하였다。

최 영이 우왕에게

『교동과 강화는 실로 우리 나라의 요새지입니다。 그런데도 불구하고 권문 세가들이 그 지방의 토지를 독점하고 있는 까닭에 우리 군대에 대한 식량 공급이 곤난하게 되여 있습니다。 그 지방의 일체 사전(私田)을 폐지하여 군량을 충족시켜야 하겠습니다。』

우왕이 그것을 승낙하고 교동으로부터 아이들과 로인들은 내지로 옮겨오고 장정들만은 그대로 두어 농사를 하게 하였다。 그리고 원수들에게 명령하여 그들의 부하 군사중에서 각각 十명씩 선발하고 애마(愛馬)、 궁사(宮司)、 창고인(倉庫人)(말 먹이는 일、 궁성을 관리하는 일、 창고 지키는 일을 맡은 사람들의 뜻―역주)을 군사로 징발하여 강화를 경비하게 하였다。

그 보다 먼저 김 진(金縝)이 경상도 원수로 있으면서 도내의 유명한 기생이란 기생은 모조리 모아서 부하 장병들과 함께 밤낮 진탕 술만 먹고 있었다。

김 진은 소주를 특히 좋아한 때문에 군중에서는 그를 『소주도(燒酒徒)』라는 별명을 지어 불렀던 것이다。 병졸 오장 비장들이 조금이라도 그의 뜻을 어기는 날이면 매질하거나 욕지거리를 하였기 때문에 분개하고 원망하지 않는 사람이 없었다。 그러다가 왜적이 합포 진영을 소각하고 략탈할 때에 모두들

『소주도더러 도적을 막게 하라!』고 말하고 진격을 거절하였다。 결국 김 진은 저 혼자 도망하여 버리고 우리 편은 결국 참패하고 말았다。 그리하여 김 진을 가덕도(嘉德島)에 귀양보내고 합포 도천호(都千戶) 리 동박(李東摶)과 김 원곡(金元轂)을 사형에 처하였던 것이다。

그런 일이 있었는데 이때에 와서 최 영이 탄식하여 말하기를

『김 진、 손 광유 등은 모두 패군의 책임을 지워 단연히 그들을 처단하여 다른 사람들을 경계해야 할 것이였다。 그러나 법을 위반하여 김 진을 용서하더니 지금은 또 손 광유 등을 석방하고 말았다。 국법이 이렇게 문란하고야 어떻게 국가를 꾸려갈 수 있단 말인가?』

당시 국도가 해변 가까이 위치하여 있기 때문에 왜적을 두려워하여 안쪽으로 깊게 수도를 옮기려 하였다。 그러나 최 영이 군대를 강화하여 수도를 고수할 것을 혼자서 주장하였다。

그러나 우왕은 천도할 것을 고집하여 철원(鐵原)에 궁성을 구축할 것을 명령하였다。

최 영이

『지금 천도를 한다면 농사에 지장을 주고 백성들을 소란케 할 뿐만 아니라 왜적에게 우리 령해를 내주어 더욱 참월한 생각을 하게 하는 것입니다。 이와 같이 국가의 위신을 떨어뜨리는 것은 좋은 계책은 아니라고 생각합니다。』

우왕이 그 말이 옳다고 생각하고 천도 계획을 중지하고 말았다。

최 영이 수도 방비에 대하여

『수도의 성곽은 너무 넓어서 十만 대군으로도 수비하기 곤난합니다。 그러므로 안성을 하나 더 구축하여 불의의 화를 방비하도록 해야 하겠습니다。』

그 말을 듣고 목 인길(睦仁吉)이

『지금 로역을 일으킬 수 없습니다。』

우왕이

『미신에 구애되어 성 쌓는 일을 중지하는 것이 옳은가?』

우왕 四년에 왜적의 선박들이 대규모적으로 착량에 집결하여 승천부(昇天府)로 침입하였다。 그리하여

『수도를 공략하겠다』

고 떠들고 있었다。 이리하여 전국이 공포에 쌓이여 계엄 상태에 있게 되였다。

우왕은 군대들에 명령하여 동서강(東西江)을 경비하게 하고 위병들을 궁성 문에 배치하여 적의 침공에 대비하고 있었다。

도적들은 발방리(發防里)에 도달하였다。 우리 군대는 성 우에 올라가서 적을 바라볼 수 있게 되였다。

최 영이 부대들을 독려하여 해풍(海豐)으로 진군하고 찬성사(贊成事) 양 백연(楊伯淵)이 그를 방조하였다。

적이 그것을 탐지하고는

『최 영 부대만을 격파하면 수도를 점령할 수 있다』

고 말하고 다른 진지들을 통과하여 버리고 바로 해풍으로 진출하여 즉시 우리 중군으로 덤벼들었다.

최 영이

『나라의 존망은 이 전투에 달려 있다』

고 하면서 양 백연과 함께 도적을 역습하다가 형세 불리하여 최 영이 부득이 퇴각하게 되였다. 그때 태조(리조 초대 왕으로 된 리 성계의 칭호—역주)가 정예 기병을 인솔하고 맹호같이 달려가서 양 백연과 함께 적을 짓부시여 놓았다. 최 영은 도적들이 흩어지는 것을 보고 부대를 지휘하여 측면으로부터 습격하여 적을 거의 완전히 섬멸하였다. 잔당들은 밤을 타서 도망하고 말았다.

그날 밤에 궁성 안에서는 최 영이 도망갔다는 풍설이 돌아 인심이 소란하여 혼란 상태에 빠졌다. 우왕이 피란하려 하고 신하들은 행장을 꾸려 겹겹이 궁성 문 안에 모여 대기하고 있었다.

그때 여러 원수들이 전승 보고를 보내 왔으므로 비로소 계엄령을 해제하고 신하들은 승리를 축하하였다.

조정에서는 최 영의 전공에 대하여 안사공신(安社功臣)이란 칭호를 주었다.

어느날 경 복흥, 황 상(黃裳), 우 인렬(禹仁烈)이 최 영의 사저에 갔었다. 당시에 정 지(鄭地)가 왜적과 순천(順天) 땅 조양(兆陽)에서 전투하다가 실패한 일이 있었다. 이에 대하여 최 영이 경 복흥 등에게

『대신들은 나라 일을 걱정하지 않는 것같으니 무슨 까닭이요. 지금 왜적의 조량이 저 모양이요구려! 비록 정 지 한 사람이 용감하다고는 하지마는 도적 떼가 저렇게 많은데야 어떻게 할 수 있겠소.』

이 말을 들은 대신들은 부끄러워 하지 않을 수 없었다.

우왕이 장수들을 보내여 왜적을 치게 되는데 최 영이

『제가 비록 적에게 죽는 한이 있더라도 조금도 후회할 것은 없습니다. 다만 저의 이름이 외국에 다소 알려져 있는 이때 제가 만일 도적의 손에 죽는다면 혹 국가의 위신에 손상이나 있지 않을가 하는데 대하여는 다소 념려가 없지 않습니다. 그러나 도적들의 난행이 이 지경에 이르러서야 저는 앉아서 방관만 하고 있을 수는 없

습니다。』

이렇게 말하고 임금에게 요청하여 부대를 인솔하고 출전하게 되였다。

그때 도당 대신들이 출정하는 장수들에 대한 전송회를 열었는데 최 영만은 거기에 참가하지 않고

『최근에 문하부(門下府)에서 요청하여 환영과 전송의 폐를 금하기로 되였는데 어찌 재상으로서 먼저 법령을 위반한단 말인가!』

적의 침공에 대한 비상 경보가 또 전달되였다。

우왕이

『외부만을 소중하게 알고 내부를 경하게 생각해서는 안 된다』

고 하면서 최 영이 외부로 나가는 것을 중지시키였다。

우왕 六년에 최 영이 해도(海道) 도통사를 겸임하고 장령들을 데리고 동서강(東西江)에 진을 치고 왜적에 대하여 경비하고 있었다。

그때 최 영은 병에 걸리였는데 다른 장수들이 말하기를

『도통사의 병환이 위중합니다。』

『군사를 거느리고 싸움에 나와서 어찌 병을 고려할 수 있겠소。』

당시 중국 명 나라에서는 금、은과 말、옷감 등을 공납하라고 독촉하여 왔다。 시중、윤환(尹桓) 등이 재상으로부터 평민에 이르기까지 차등을 두어 옷감 거출할 것을 주장하였다。

최 영은 단연 반대하였다。

『지금 백성들이 탄리에 시달리고 생활이 국히 곤난한 이때 그 우에 옷감까지 내라고 한다는 것은 안될 말입니다。 그렇지 않아도 온갖 폐단이 한정도 없는데 명 나라는 걸핏하면 납공만을 추구하고 있으니 어찌 그 요구에 다 수응만 하고 있겠습니까? 우선 사신을 명 나라에 파견하여 공납의 액수를 감하도록 할 것이고 그래도 안 될 때에는 그때 가서 할 일입니다。』

우왕은 최 영의 공을 표창하고 철권(鐵券)을 주었다。 그리고 그의 七년에는 수시중(守侍中)으로 임명하였다。 최 영이 군함을 건조하기 위하여 각도 군사를 동원하고 승려들을 모집하여 무섭게 독촉하였다。 그 때문에 최 영을 원망하는 사람이 많았으나 一년미만에 거대한 군함 백 三十여척을 건조하여 각 요새에 배치하였다。 그 때부터 왜적의 침입이 다소 완화되고 인민들은 도리여 기뻐하였다。

전일에 우왕이 최 영에게 토지를 주려 하였으나

『국가 창고가 비여 있습니다』

라고 말하면서 그를 사퇴하였다。 뿐만 아니라 자기 량곡 二백석을 내여 군량을 보충한 일이 있었는데 이때 다시 량곡 八十석을 제공하였다。

최 영을 문하시중(門下侍中)으로 임명하였으나 병으로 사퇴하고 도통사 인(印)을 임금에게 올리면서 군사 지휘권의 해임을 요청하였다。

十一년에 우왕이 최 영을 데리고 해주(海州)에로 사냥하러 나갔는데 도중 백리 어간에 봉물과 진상이 계속 불절하고 따라가는 시종들의 행패가 말할 수도 없었다。 그래서 지방 순찰관들、 수령들、 아전들、 백성들이 다들 고통을 견디여 낼 수 없을 지경이였다。 그러나 우왕은 혼자 좋아하여 돌아갈 줄을 모르고 있었다。

최 영이 인민의 고통이 극심하다는 것으로써 우왕을 극력 설복하여 돌아가게 되였는데 우왕이 백주(白州)에 도착하여 연안부(延安府) 큰 못에서 고기 구경을 하고 가자는 것이였다。 최 영이 왕의 말 앞에 서서

『저의 군사 수천여명 중에서도 사람과 말이 쓰러진 것이 수다합니다。 더구나 접대하기 곤난한 이때 촐지에 촌주석으로 행차하시면 백성들의 피해가 말할 수 없을 것입니다。』

왕이 결국 고기 구경을 중지하고 말았다。

당시에 최 영은 태조와 함께 그 명성이 중국에까지 알려져 있었다。 명나라 사신 장부(張溥)와 주 탁(周倬) 등이 국경에 도착하여 태조와 리색을 물었다。

우왕이 최 영에게 명령하여 교외에 나가 주둔하게 하고 태조를 동북면 도원수로 임명하여 장 부 등을 만나지

못하게 하였다。 그리고 곧 최 영을 령삼사사(領三司事)로 다시 임명하였다。

우왕 十三년에 어떤 사람이 료동땅으로부터 도착하여 말하기를 고려 정부에 대하여 명 나라 임금이 처녀와 수재(秀才)와 환관(宦官) 각각 천명씩과 소와 말 각각 천마리씩을 구한다는 것이였다。 그 말을 듣고 대신들이 걱정하고 있을 때 최 영이 말하였다。

『만일 그것이 사실이면 군사를 동원하여 명 나라를 정벌해야 하겠습니다。』

十四년에 우왕이 최 영과 의논하고 림 견미(林堅味)와 렴 흥방(廉興邦)(당시 정권을 좌우하던 세력가들—역주)을 처단하고 최 영을 다시 시중으로 임명하였다。

최 영이 태조와 더불어 정부에 들어가서 림과 렴 두 사람이 사용하던 사람들을 전부 처단하려 하였다。 태조가 그것을 반대하여

『림 견미와 렴 흥방은 집정한지가 오래되여 현재 중요 관리들은 전부 그들이 등용한 자들입니다。 그러니 지금 와서는 그 사람들의 능력 여하로써 사용 여부를 결정할 것입니다。 그들의 죄과는 벌써 기왕의 일이 아닙니까。』

그러나 최 영은 그 말을 듣지 않았다。 태조가 다시 사람을 최 영에게 보내여

『죄인들은 이미 멸족을 당하였고 악당들은 벌써 제거되였으니 오늘날 와서는 살벌을 단연히 중지하고 그 대신 관대한 정책을 실시해야 합니다。』

최 영이 이번에도 듣지 않았다。

양광도 안무사 최 유경(崔有慶)이 림 견미와 렴 흥방의 노복 八명을 붙잡아 처단하고 중앙에 사람을 보내여 보고하였다。 최 영이 안무사의 처사가 명확하지 않고 림과 렴의 졸도들을 모조리 처단하지 않은 데 대하여 대단히 화를 내여 보고하러 온 사람을 죽이려 하였다。 그러나 태조가 극력 만류하여 그만두게 하였다。

우왕이 최 영의 딸을 왕비로 삼을 생각이 있어서 사람을 보내여 그 말을 전하였더니 최 영이

『신의 아이는 비루할 뿐 아니라 본처 소생이 아니오니 임금의 배필이 될 수 없습니다。』

이렇게 말하면서 간곡하게 거절하였다。 그러나 최 영의 부하 정 승가(鄭承可)와 안 소(安沼)가 우왕의 뜻을 살피여 승낙을 얻게 되였다。 그 이튿날 우왕이 최 영의 집으로 가서 말을 하사하고 최 영은 말과 궁중 의복을 바치였다。 그리고 그의 딸은 녕비(寧妃)로 되였다。

그전에는 우왕이 최 영의 정직한 것을 두려워 하여 최 영의 사택에는 별로 가지 않았으나 녕비를 총애하면서부터 최 영의 사택에 자주 가는 일이 있었다。

그전에 서북면 도안무사 최 원지(崔元沚)가 보고하기를

『료동(遼東) 도사(都司)가 승차(承差) 리 사경(李思敬) 등을 압록강 가에 보내여 다음과 같은 방을 붙이였다。

『「명 나라 호부(戶部) (인구와 조세, 부역 등을 관리하는 중앙 정부의 부서—역주)는 그 임금의 분부에 의하여 철령(鐵嶺) 이북, 이동, 이서 지방은 원래 개원(開原) 관할에 소속하여 있었으므로 그 곳의 군인과 한인, 녀진인, 달달(達達)인, 고려인들을 계속 료동에 소속시킨다」는 것이였다。』

이리하여 료위(遼衛) (료동 지구를 통할하는 관청—역주)를 공략할 것인가 그렇지 않으면 강화를 요청할 것인가에 대하여 최 영이 다른 대신들과 의논하게 되는데 모두들 강화를 주장하였다。

그러나 조 림(趙琳)이 료동에 들어가려 하였으나 가지 못하고 돌아왔다。

최 영이 여러 대신들을 소집하여 철령 이북을 명 나라에 할양할 수 있는가에 대하여 문의하였는데 다들 『할양할 수 없다』고 말하였다。

우왕이 최 영을 단독으로 만나 료동 정벌에 대하여 의논할 때 최 영이 그것을 지지하였다。 공산 부원군(公山府院君) 리 자송(李子松)이 그 말을 듣고 최 영의 사택을 찾아가서 료동 원정이 옳지 않다는 것을 극력 주장하였다。 최 영은 리 자송을 림 견미의 도당이라고 하여 매를 때려 류형을 보내였다가 뒤이어 그를 처단하고 말았다。

최 원지가 다시 다음과 같이 보고하여 왔다。

『료동 도사(都司)가 지휘관 二명으로 군사 천여명을 데리고 강계에 도착하여 철령위(鐵嶺衛) (본래 원 나라에서 고려의 철령 이북을 통치하던 기관이였는데 명 나라 때 와서 그러한 통치 기관을 설치하였다가 후일 고려 인민의 반대에 의하여 폐지하였다—역주)를 설치하기 위하여 명 나라 임금은 벌써 관리를 임명하고 군사를 주둔시키였다。』

우왕이 그 말을 듣고 울면서

『신하들이 나의 료동 정벌 계획을 듣지 않더니 이 꼴이 되였구나!』

즉시 八도 군사를 초집하고 최 영은 교외에서 그 군사들의 훈련을 개시하였다。

얼마 되지 않아서 후군 도독부(後軍都督府)는 료동 백호(百戶) 왕 득명(王得明)을 보내여 철령위를 설치하였다는 것을 통고하였다。

최 영은 왕에게 말하여 료동 기군(旗軍)으로서 통문을 가지고 국경에 들어온 자 二十一명을 처단하고 다만 리 사경 등 五명만을 도착한 그 장소에 억류하여 두게 하였다。

그리고 우왕은 서부 지방으로 사냥을 간다고 핑게하고 녕비와 최 영을 데리고 서해도로 들어가 봉주에서 류하면서 최 영과 태조를 불러

『나는 료동을 정벌하려고 결심하였으니 경들은 진력하여 주기를 바란다。』

태조는 료동 정벌이 옳지 않은 리유를 거듭 말하여 우왕이 그럴듯이 생각하게 되였다。 그러나 밤에 최 영이 왕의 처소로 가서 다른 말을 귀담아 들을 필요 없다는 것과 결정대로 할 것을 권고하였다。

우왕은 평양으로 가서 각 도 군대 징모 사업을 독려하는 한편 배다리를 압록강에 가설하게 하고 대호군(大護軍) 배 구(裵矩)로 하여금 그것을 감독하게 하였다。

그리고 림 견미와 렴 흥방의 재산을 배로 서경에 운반하여 군사들의 상품으로 준비하여 두고 국내 승려를 모집하여 군사로 만들었다。

그때 최 영은 八도 도통사로、조 민수(曺敏修)는 좌군 도통사로、태조는 우군 도통사로 임명되여 다른 장령들과 함께 평양을 출발하려 하였다。 그때 최 영이

『지금 대군의 행군이 만일 달포가 걸리면 큰 일이 성공될 수 없습니다。 신이 직접 따라가서 감독해야 하겠

습니다。』

『경이 만일 간다면 내가 누구와 함께 정사를 의논한단 말이요。』

최 영이 기어이 직접 출전할 것을 요청하니 우왕이 말하기를

『경이 간다면 나도 따라 가겠소。』

그때 어떤 사람이 니성(泥城)으로부터 와서 『료동에 있는 군대가 전부 오랑캐를 토벌하려 동원되여 가고 료동 성내에는 지휘관 하나만 남아 있으니 만일 이때 대군이 들이밀면 전쟁을 하지 않고도 이길 수 있다』고 말하는 것이였다。

최 영이 대단히 기뻐하여 그 사람에게 많은 상품을 주었다。

또 도선(道詵)이란 중이 예언하기를 『문수회(文殊會)(문수란 것은 보살 이름으로서 그 보살의 지혜를 비는 불교의 식—역주)를 개설하면 적은 저절로 굴복한다』는 것이였다。 그 말을 듣고 최 영은 동궐 속에서 문수회를 개설하는 데까지 이르렀다。

최 영이 우왕에게 두번 세번 요청하여

『상감께서는 서울로 돌아가시면 제가 여기 있으면서 여러 장령들을 지휘하겠습니다。』

이에 우왕은

『선왕(先王)』(우왕의 선대 임금인 공민왕을 말함—역주)이 살해당한 것은 경이 남부 지방으로 출정한 때문이요。 내가 어찌 하루라도 경을 떠나서 살 수가 있단 말이요』라고 거절하였다。

군대가 위화도(威化島)에 도달하였을 때에 좌우군 도통사들이 다 임금에게 회군 명령을 하도록 요청하였다。 그러나 우왕은 끝끝내 승낙하지 않고 도리여 급속히 진군할 것을 독촉하였다。

당시 멸망한 원 나라 잔당들이 사막 지방에 도피하여 있으면서 저희들이 원 나라로 자처하고 있었다。 최 영은 그들에게 배 후(裵厚)란 사람을 파견하여 료동 정벌에 후원군을 보내주어 서로 협공할 것을 약속하였다。

최 영이 일을 꾸미는 데 있어서 치밀하지 못하고 서두르기만 하는 품이 이와 같았다。

좌우군 도통사들이 다시 사람을 최 영에게 보내여 빨리 회군하도록 하여 줄 것을 요청하였으나 그는 종시 듣지 아니 하였다。

이에 태조가 대의 명분을 말하면서 장령들을 설복하여 자의로 회군하고 말았다。 그것을 알고 최 영과 우왕은 개성으로 돌아갔다。

회군한 부대들은 개성 근교에 주둔하고 있으면서 최 영을 제거할 것을 요청하였으나 우왕은 승낙하지 않고 민수 등의 작위를 박탈하고 최 영을 좌시중으로 임명하였다。 그러나 부대들은 성 안으로 몰려 들어 오므로 최 영이 안 소(安沼) 등에게 명령하여 정병을 인솔하고 그들을 방어하게 하였다。

그러나 성 안의 군대는 즉시 패주하고 최 영은 형세 급박하게 되여 화원(花園)으로 달려가 분김에 화원 문지키를 창으로 찔러 죽이고 들어갔다。 군대들은 화원을 겹겹으로 포위하고 『최 영아 나오라!』고 소리소리 웨쳤으나 그는 움직도 하지 않고 팔각전(八角殿)에 들어앉아 있었다。

군대는 일시에 원장을 파괴하고 화원으로 몰려들었다。 곽 충보(郭忠輔) 등 三、四명이 바로 팔각전 안으로 뛰여들어 최 영을 찾아내였다。 우왕은 최 영의 손을 잡고 울면서 작별하고 최 영은 왕에게 하직하고 충보를 따라 나갔다。

태조가 최 영에게

『이러한 사변은 나의 본뜻은 아니요。 그러나 료동 정벌은 다만 대의(大義)에 위반(명 나라를 정벌하는 것이 의리에 위반된다는 것이다—역주)될 뿐만 아니라 우리 국가를 위태하게 하는 일로 원망이 대단한 때문에 부득이한 처사인 것이요、잘 가시요。』

최 영을 고봉(高峯)으로 류형 보내였다。

찬성사(贊成事) 송 광미(宋光美)와 밀직부사(密直副事) 조 규(趙珪)、안 소、정 승가 등은 은신하였으나 안 소와 정 승가는 붙잡히여 순군(巡軍)에 투옥되였다。 장령들이 의논하여 최 영을 합포로 이송하고 송 광미를 원주(原州)로、안 소를 안변(安邊)으로、정 승가를 령해(寧海)로、 판밀직(判密直) 인 원보(印原寶)를 함창(咸昌)으로、등지밀직(同知密直) 안주(安柱)를 봉주(鳳州)로, 지밀직(知密直) 정희계(鄭熙啓)를 음죽(陰竹)으로 각각 류형보내였다. 그들은 모두 최 영과 친근한 사람들이였다.

창왕(昌王) (고려 三三대왕—역주)이 즉위하고 나서 다시 최 영을 데려다가 순군에 루옥하고 왕 안덕(王安德), 정 지(鄭地), 류 만수(柳曼殊), 정 몽주(鄭夢周), 성 석린(成石璘), 조 준(趙浚)을 시키여 최 영과 내원당(內願堂)의 중 현 린(玄麟) 등을 심문하게 하였다. 현 린은 그 전에 최 영과 계획하고 승려군을 징모하였으며 료동 원정군이 회군하였을 때 최 영과 함께 그 군대에 대하여 저항한 사람이였다.

결국 다시 최 영을 충주(忠州)로 류형보내고 조 규를 각산(角山)으로, 밀직사(密直事) 조 림(趙琳)을 풍주(豐州)로 각각 매를 때리여 귀양 보내고 정 승가, 안 소, 송 광미, 인 원보를 그 류형지에서 사형에 처하였다. 그 뒤에 최 영을 다시 불잡아 와서 순군에 가두어 두었다.

전법판서(典法判書) 조 인옥(趙仁沃), 리 제(李濟) 등과 문하부랑사(門下府郎舍) 허 응(許應) 등이 최 영을 사형에 처할 것을 상소하여 창왕이 승낙하고 말았다. 결국 그는 처형되였던 것이다.

당시 그의 나이는 七十三세였다. 그는 처형당하는 그 순간에 안색도 변하지 않았다. 그가 죽는 날 수도 시민들은 철시를 하고 아이들과 녀자들도 다들 울지 않는 사람이 없었다. 그의 시체가 길가에 놓여 있을 때에 길가는 사람들도 다들 말에서 내리여 경의를 표하였다. 정부에서는 쌀, 콩, 벼, 종이 등으로 부의(賻儀)(사람이 사망하였을 때에 보내는 원조 물자—역주)하였다.

최 영의 성격은 강직하고 충성하고 청렴하였다. 한창 전투를 할 때에도 거동이 태연하여 화살과 돌들이 비오듯 한 데서 조금도 무서워 하는 기색이 없었다. 전쟁을 할 때엔 추상같이 준엄하여 반드시 승리하고야 마는 것이였다. 전사들이 만일 조금이라도 퇴각하는 날이면 즉시 처단하였다. 이리하여 대소 百회에 걸쳐 전투하였으나 간 데마다 전공을 세웠고 한번도 패전한 일이 없었다.

최 영의 나이가 열여섯살 되였을 때 그의 아버지가 사망하면서 최 영에게 경계하기를

『너는 언제나 금을 돌과 같이 보아야 한다.』

최 영은 그 말을 일평생 명심하여 사생활에는 관심을 돌리지 않고 음식과 의복이 검소하였으며 의복과 식량이 끊어질 때도 한 두번이 아니였다。 비록 그의 몸은 장상의 지위에 있었고 오래 동안 군사의 전권을 장악하고 있었으나 뇌물이란 그 집에 들어간 일이 없으므로 그의 결백성에 세상 사람들이 감탄하였다。 그는 대체만을 들어쥐고 사소한 일에 관심을 두지 않은 때문에 일평생에 그의 부하 장병들 중에서 그가 얼굴을 알고 있는 사람은 수십명에 불과하였다。

그는 전쟁을 하면서도 가끔 시 짓기를 좋아하였다。 그리고 옳지 않은 사람을 보면 그를 극도로 미워하고 통렬하게 배격하였다。

정청에 들어가서는 반드시 공이 있고 유능한 사람을 선발 등용하고 쓸모 없는 인간은 즉시 추방하였다。 그리고 사리(私利)를 돌보고 강기를 문란하는 사람이 있으면 그를 모두 고쳐 주려고 노력한다。 그가 정청에 들어 가면 항상 정정 당당하게, 솔직하게 말하는 것이였다。 그는 어느 때 사람들에게

『나는 국사에 대하여 밤새도록 생각하여 그 이틀날 아침에 동료들에게 말하고 보면 대신들 중에서는 나와 같이 생각하는 사람이 없다는 것을 알았다。』

그는 성질이 다소 우직하고 그 우에 공부를 하지 않은 편으로 일을 모두 주관으로만 처리하였다。 그리고 사람을 잘 죽임으로써 위신을 세우려 하였는 때문에 죽을 죄를 범하지 않은 자로서 죽은 례가 허다하였다。 그렇기 때문에 간대부(諫大夫) 윤 소종(尹紹宗)이 최 영을 비평하여

『공훈은 일국을 덮었고 죄상은 세상에 가득하다』

고 하였다。 이 말이 그에게는 적절한 말일 것이다。 그의 시호는 무민(武愍)이였다。

리 지 란 전

리지란(李之蘭)의 성은 동(佟)이요、이름은 두란(豆蘭)인데 녀진족의 금패 천호(金牌千戶) 아라불화(阿羅不花)의 아들이였다。

어느 때 커다란 별 한개가 우물 우에 드리운 일이 있였다。그것을 바라 본 사람이 이런 말을 하였다。

『이것은 계명성(啓明星—금성을 태백성 혹은 계명성이라고 불렀다—역주)이란 것인데 그 밑에서 반드시 영특한 사람이 탄생되는 것이다。』

그후 얼마 되지 않아서 리 지란이 출생하였다。그는 성장하는 데 따라서 용감하였을 뿐만 아니라 말타고 활쏘는 것이 능숙하였는 데 세습으로 천호가 되였다。

그는 고려 공민왕 때 그의 령지의 백호 주민을 대동하고 고려에 투항하여 북청주(北靑州) 땅에 거주하고 있으면서 태조(리 성계—역 주)의 부하로 복무하였다。

그때 원 나라 지정(至正)(원 나라 순제 당시의 년호—역주) 년간에 태조가 고광성(古匡城—지금 경흥(慶興)—저자 주)을 정벌하는 데 종군하였다。그때 태조의 서모인 최씨의 꿈에 어떤 로인이 와서 말하기를 개강(价江)에서 활을 쏘는 사람이 있는데 그는 큰댁 량반의 보좌로 될 수 있다고 하였다。그때 리 지란이 마침 개강 근처에서 사슴을 쏘고 있었던 것이다。대조가 그를 만나보고 신기한 사람으로 생각하고 그를 신덕 왕비(神德王妃—리 성계의 처로서 리 성계가 임금이 되면서 부르는 칭호—역주) 강(康)씨의 형의 딸과 결혼시켜 가지고 출전할 때마다 데리고 다니였다。

몽고 승상, 납합출(納哈出)이 기병 수만명을 인솔하고 홍궁(洪肯—지금 홍원—저자 주)에 침입하였다。 리지란이 군사를 인솔하고 함관령(咸關嶺)을 넘어 합란(哈蘭) 평야에서 전투를 개시하였다。 납합출이 창을 휘두르면서 덤벼들 때 태조가 몸을 굽히여 말에서 떨어지는 듯 하면서 납합출의 겨드랑을 향하여 활을 치쏘고 리 지란은 측면에서 공격하였다。 납합출은 태조가 금방 화살을 멕이는 것을 보았는데 어느 름에 태조는 말우에 일어서 있고 그의 삼추리 아래서 화살이 날아 나오는 것이였다。 그리고 지란이 달려 와서 태조를 보호하고 있는 것이였다。 납합출은 당할 수 없다는 것을 깨닫고 도망하고 말았다。

왜적이 밤에 강도성(江都城)을 습격하여 부사(府使) 김 인귀(金仁貴)를 살해하고 또 착량(窄梁)으로부터 승천부(昇天府)에 침입하였다。 우왕은 왕비와 궁녀들을 데리고 피란할 차비를 하였다。

리 지란이 태조를 따라 해풍(海豊)으로부터 승천부로 달려갔다。 적장이 백마산(白馬山)을 넘어 리 지란을 향하여 달려들 때 지란이 그를 단번에 사살하고 졸개들을 패주시키였다。

그후 얼마 되지 않아서 왜적이 다락배(樓船) 五백척을 이끌고 진포(鎭浦)를 침범하여 그 지방들을 초토로 전화시키고 다시 호남 방면으로 들어와서 운봉(雲峯)을 함락시키고 인월역(引月驛)에 주둔하고 있었다。

그 말을 듣고 리 지란이 군사를 인솔하고 정산(鼎山)으로 달려 갔다。 적장이 창을 끌고 태조의 배후를 엄습하여 왔다。 그것을 리 지란이 보고 말을 급히 달려 오면서

『뒤를 돌아 보시오』 하고 웨쳤다。

그러나, 태조가 미처 돌아보기도 전에 리 지란이 벌써 전통에서 화살을 뽑아 단번에 적장을 쏘아 죽이였다。

왜장 아기발도(阿其拔都)는 나이가 겨우 열 다섯살인데도 그의 용기가 다른 두목보다 특출하였다。 그것을 보고 태조가 리 지란에게 그를 생포하라고 지시하였다。

그러나 리 지란은

『저 놈을 죽이지 않으면 반드시 사람을 상하게 할 놈입니다』

이렇게 말하고 적을 강습하였다。 그러나 아기발도는 갑옷과 투구를 둘러 쓰고 있어 목이라든지 얼굴도 보이지 않는 것이였다。 태조가 리 지란에게

『내가 먼저 저놈의 투구를 쏘아 벗길 터이니 네가 계속하여 얼굴을 쏜다면 저놈이 죽을 수 밖에 없을 것이다』라고 말하였다。

태조가 즉시 그 놈의 투구를 맞치여 말에서 떨어뜨리고 계속하여 리 지란이 그 얼굴을 쏘아 죽이였다。 그것을 보고 왜적들은 대성 통곡을 하면서 도망하였다。

또 녀진 장수 호 발도(胡拔都)가 기병 四만을 데리고 단주(端州)에 침입하였다。 그때 리 지란은 그의 모친상을 당하여 청주(靑州)에 가 있었다。 태조가 그를 소환하여

『나라 일이 급하니 아들이 부모상으로 집에 있을 때가 아니라고 생각한다』고 하였다。

리 지란이 울면서 그의 고향을 향하여 절하고 이어 활과 화살을 차고 종군하였다。

리 지란이 선봉으로 되여 호 발도를 먼저 길주 평야에서 맞아 싸웠으나 패하고 본영으로 돌아오는데 태조가 도착하였다。 호 발도는 아주 두터운 갑옷을 세겹이나 입고 그 우에 홍갈색의 겉옷을 걸치고 검정 암말을 타고 그의 진 앞에서 대기하고 있었다。

태조가 도착하였을 때 그는 태조를 속으로 경시하고 단신으로 칼을 빼여 들고 달려 들었다。 태조도 또한 단신으로 말을 달리여 칼을 휘두르며 접전하게 되였다。 그러나 칼들은 번쩍번쩍 공중을 칠 뿐이고 어느편도 맞치지 못하였다。 어느 사이에 태조가 말을 급히 돌리여 적당한 거리에서 적의 등을 활로 쏘았다。 그러나 적의 갑옷이 두터워 화살이 깊이 들어가지 않으므로 다시 그의 말을 쏘아 거꾸러뜨리니 적장은 땅에 떨어지고야 말았다。 그것을 본 적의 졸도들은 그의 두목을 구조하려 달려오고 우리 군대도 역시 진격하여 대접전이 버러졌다。 태조는 군사들을 지휘하여 적군을 분쇄하고 호 발도는 근근히 살아 도망하였다。

단주 란리가 평정되고 나서 리 지란은 갑옷을 벗고 고향으로 돌아가서 그의 모친상을 마치였다。

청성백(靑城伯) 심 덕부(沈德符)가 왜적을 중문령(中門嶺)에서 방어하다가 실패하고 왜적이 토아동(兎兒洞)까지 침입하였다.

태조가 군사를 인솔하고 합란부(哈蘭部)에 도착하였다. 그는 정병을 선발하여 산중에 복병하여 두었다. 그때 리 지란이 조 영규(趙英珪) 등 기병 백여명을 데리고 느릿느릿 행군하고 있었다. 왜적들이 그것을 보고 이상하게 생각하여 감히 다가들지 못하였다. 리 지란이 먼저 그들에게 도전하여 그들을 바로 태조의 진지로 유도하였다. 태조는 쫓겨 가는 체 하여 왜적들을 복병하여 둔 곳으로 끌고 와서 군사를 돌리여 반격을 개시하여 왜적을 사살하였다. 그때 리 지란도 말을 달려 함께 몰아쳤다. 왜적들이 전적으로 붕괴되여 함관(咸關)에서 우두산(牛頭山)까지 三十리 어간에 적의 시체가 들을 덮을 지경이였다.

이리하여 리 지란의 용명은 고려 북부 지방에 떨치여 몽고 종족들이 모두 벌벌 떨고 있었으며 왜적도 멀리 도망하고 말았다. 그리하여 그후 五十년 동안에 조국의 변강을 침범하지 못하였다.

우왕이 료동을 정벌할 때(이 사실에 대하여 자세한 것은 최 영 전에 나와 있다—역주) 태조는 우군 도통사로, 리 지란은 원수로 되여 패강(浿江)에서 출발하여 위화도(威化島)에 주둔하고 있였다. 그때 오랜 장마에 강물이 불어 군대가 건너갈 수 없었다. 태조가 리 지란에게

『전체 군대를 동원하여 명 나라를 정벌하는 것은 옳은 일이 아니다. 국제적으로 죄를 짓는 것보다는 회군하여 일국의 기초를 튼튼히 하는 것이 좋지 않은가?』하고 말하였다.

리 지란이 결심하고 그 말을 찬성하였고 결국 회군하게 되였다. 당시 회군한 것을 국내 사람들이 기뻐하였다고 한다.

당시 익양백(益陽伯) 정 몽주(鄭夢周)가 왕씨(고려 임금 성—역주)의 왕통이 끊어지려는 것을 보고 김 진양(金震陽)과 함께 전력을 다하여 왕씨의 왕통을 유지하려고 계획하였다. 태종(리 성계의 다섯째 아들 방원으로서 뒷날 리조 三대왕으로 된 사람의 왕호—역주)이 연회를 열었을 때 공신 정 몽주는 노래를 불러 그의 결심을 피력하였다(태종은 왕씨로부터 왕위를 탈취할 생각으로 그 연회에서 정 몽주의 협력을 구하였다. 그러나 정 몽주는 노래를 불

며 자기 의사를 표시하였다。『이 몸이 죽고 죽어 일백번 고쳐 죽어 백골이 진토(塵土)되여 넋이라도 있고 없고 임 향한 일편단심이야 변할 줄이 있으랴』라는 노래를 불렀던 것이다—역주)。 장령들이 리 지란에게 정 몽주를 죽이라고 권고하였다。 그러나 그는 정색하여

『내가 어찌 충신을 살해한단 말이요』하고 말하였다。

그러나 그 뒤에 고 려(高呂)와 조 영규 등이 정 몽주를 결국 살해하고 말았다。

태조가 결국 왕위에 오르고 나서 지란에게 비로소 리 지란이란 성명과 식형(式馨)이라는 자(字)를 주고 도병마사로 임명하여 북쪽 변방을 수비하게 하였다。

리 지란은 녀진족을 교양하여 그들을 순종하게 하였다。 그들은 자원하여 국민으로서 군대에 복무하고 조세와 부역을 담당하기를 누구보다도 뒤떨어지지 아니 하였다。 그리고 장구한 동안에 봉두 머리로 살아 오던 그들이 처음으로 갓을 쓰고 띠를 띠게 되였던 것이다。 그리하여 장백산에서 훈춘(訓春) 지방에 이르기까지 천 여리의 령토가 국토로 편입된 것은 리 지란의 공인 것이다。

최초의 공신 평정에서 리 지란에게 철권(鐵券—공신을 표창하는 쇠로 만든 표식—역주)을 주었으나 그는 병이 났다고 하면서 나오지 않았다。

그 후에 태조가 측근자를 보내여 리 지란을 그의 침실로 불러 들여 신하들의 인물에 대하여 물어 보았다。 리 지란이 특히

『정 도전(鄭道傳)은 간사한 인간입니다。 그는 반드시 제 목숨에 죽지 못할 것입니다。』 이렇게 말하고 벼슬을 거절하고 돌아 갔다。 그후 정 도전은 과연 범죄를 하고 처단되였으므로 사람들이 지란의 예견성에 탄복하였던 것이다。

태종도 그가 사람을 알아 보는 것을 찬양하여 또한 그에게 추충병의 익대 정사공신(推忠秉義翊戴定社功臣)이란 칭호를 주고 청해군(青海君)으로 봉하였으나 지란은 북청으로 돌아가고 말았다。

태종 十년에 지란을 루차 소환하였으나 그는 올라오지 않고 자기 머리를 깎아 등용될 수 없다는 것을 표시

하였다. 당시 사람들은 그의 뜻을 물론 리해하지 못하였던 것이다.

그는 七十一세에 사망하였다. 그의 유언에 의하여 화장을 지내고 탑을 세웠다.

명 나라 숭정(崇禎—중국 명 나라 사종(思宗) 당시의 년호—역주) 병자(丙子)년 가을에 폭풍이 일어나고 뢰성이 진동하더니 그 탑이 홀지에 헐리였다. 그 고을 사람들이 탑에 가 보았더니 그 석회 가운데 『금래』(金來—금 나라가 침입한다는 뜻, 금 나라는 녀진족이 세운 나라로서 령토는 만주, 몽고 북부 중국에 걸치여 있었다—역주)란 두 글자가 나타나 있었다. 과연 그해 겨울에 금 나라 사람들이 우리 나라에 침입하여 왔으므로 다들 신통한 일이라고 말하였다.

조정에서 나라 북변에 그의 사당을 세우고 그의 초상을 안치하여 봄, 가을로 제사를 지내게 하였다.

저자인 홍 만종가 북변에서 벼슬살이하고 있을 때에 리 지란의 초상을 보았는데 그의 체구는 보통 사람에 불과하고 얼굴은 고운 녀자와 같고 두볼이 붉고 눈동자는 샛별과 같았다. 그러나 그를 장자방(張子房—중국 한 나라 태조 막하의 특별한 책사—역주)과 같은 인물이라고만 할 것이랴.

최 윤 덕 전

최 윤덕(崔潤德)의 자는 여화(汝和)이고 흡곡(歙谷) 사람으로서 양장공(襄莊公) 최 운해(崔雲海)의 아들이였다。 최 운해는 국초에 알려져 있던 명장으로 서북면 도순문사로 되여 오래 동안 변강에 나가 있었다。 그때 그는 아들 윤덕을 이웃에 사는 양수척(楊水尺—일정한 직업이 없는 천민—역주)의 집에 부탁하여 두었던 것이다。

최 윤덕이 점점 자라나면서 완력이 특출하였고 활 쏘는 것도 억세였다。 그는 가끔 양수척을 따라 사냥하러 나갔다。

그런데 어느날 그는 혼자 산중에 갔는데 별안간 굉장히 큰 짐승 한마리가 덤불 속에서 뛰여 나왔다。 그것을 보고 온갖 짐승들이 모두 도망을 치는 것이였다。 최 윤덕은 단번에 그 짐승을 쏘아 죽이고 돌아 와서 양수척에게 말하기를

『어떤 물건이 나왔는데 얼룩덜룩한 무늬가 있고 굉장히 큰 것이야 그것이 무엇일가? 내가 그것을 쏘아 죽이였어』

하는 것이였다。

양수척이 가 보았더니 다른 것이 아니라 바로 굉장히 커다란 범이였다。 그는 놀래지 않을 수 없었다。

그때 최 윤덕의 아버지 최 운해은 합포를 수비하고 있었다。 양수척이 최 윤덕을 데리고 가서 윤덕의 용력에 대하여 이야기 하였더니 최 운해가

『한번 시험을 해 봐야겠다』

하고는 아들을 데리고 사냥하러 나갔다。 최 윤덕은 과연 이리 뛰고 저리 뛰면서 쏘는 대로 맞치지 않을 때가 없었다。 그의 아버지는 웃으면서

『그 애가 민활하기는 하나 아직 법식을 잘 모르고 있다。 지금의 그의 재주란 포수의 재주에 불과한 것이다』

고 하였다。

그후 최 윤덕은 활쏘고 말타는 법을 배워 결국 유명한 장수로 되였다。

세종(世宗―국문을 창정한 유명한 리조 四대 왕으로 태종의 세째 아들―역주) 기해(己亥)년에 왜적이 비인(庇仁)을 침범하였을 때 윤덕은 참찬(參贊)으로서 三군 절도사로 되여 령상(領相) 류 정현(柳廷顯)을 보좌하여 대 승리를 거두고 돌아왔다。

려연(閭延) 사변(당시 파저강(婆猪江)―만주 동가강(佟家江)―부근의 녀진이 중국 명 나라 변방을 침범하다가 패주하여 우리 북쪽 변강인 려연 지방을 침범하므로 그들을 포로하여 명 나라에 압송한 일이 있었다。 그로부터 녀진족들이 여러번 국경을 침범하게 되였다―역주)이 있은 이후로 임금이 국경 경비에 류의하여 여러번 무사들을 소집하여 궁중 후원에서 활을 쏘게 하고 그들의 무예를 관람하였다。 국왕이 침략자의 로벌을 계획하면서 여러 신하들에게 三군을 령솔할 사람을 의논하여 선정할 것을 명령하였을 때 모두들 최 윤덕이 중군을 지휘해야 한다고 주장하였다。

이리하여 최 윤덕은 평안도 도절도사로 안주 부사를 겸하게 되였다。 국왕이 그를 만나보고 말과 활을 하사하였다。

그는 부임하여 공무를 보는 여가에 관청 뒷결의 공지에 참외를 심으고 그것을 자신이 매고 있었다。

어느날 소장(訴狀)을 가지고 온 사람이 참외밭을 매고 있는 최 윤덕에게

『사또가 어디 계시나요。』

물으므로

『저기 계십니다。』

이렇게 대답하고 얼른 들어가서 옷을 바꾸어 입고 소장을 재결하여 주었다고 한다。

또 어떤 촌 녀자가 최 윤덕을 보고 울면서

『저의 남편을 범이 물어 갔습니다』고 말하였다。 윤덕이

『응 내가 너의 원쑤를 갚아주마』

하고 즉시 무장을 하고 달려 가서 범을 쏘아 죽여 배를 갈라 금방 먹히운 사람의 뼈를 끄집어 내여 의복에 싸고 입관하여 매장하게 하여 주었다。 그 녀자는 너무나 고마워서 얼마를 울었는지 몰랐다。 그 지방 인민들은 다들 그를 부모와 같이 사모하였다。

파저강(婆猪江) 야인(야만인이란 뜻으로 녀진족을 말한 것이다—역주) 리 만주(李滿住) 등이 우리 변방을 침범하여 군사와 백성을 략탈 살륙하고 있으므로 국왕이 최 윤덕을 보내여 그들을 토벌하게 하였다。

그는 三도 군대 一만 四천명을 모아 가지고 강을 건너 주둔하였다。

그때 노루 네마리가 병영에 뛰여 든 일이 있었다。 윤덕은 그것을 보고

『노루란 야수가 아니냐。 오늘 야수가 저절로 와서 잡힌다는 것은 야인들이 모조리 섬멸된다는 징조이라고 말할 수 있다。』 (야인을 야수에 비교하여 사기를 고무한 것이다—역주)

이렇게 말하고 장령들과 의논하여 작전을 계획하고 어허강(魚虛江)가에 도착하여 군사 六백명으로 목책을 설치하고 류숙하였다。 十九일 새벽에 림합라(林哈剌)의 방채를 공략하고 타납(吒納)에 주둔하였다。 방채안의 적은 전부 도망하고 오직 강가에 있던 적 십여명이 사격하고 있었다。

최 윤덕이 곁에 있던 통사(通事)를 시키여 그들을 향하여 웨쳤다。

『우리가 출병한 것은 다만 홀라온(忽剌溫) 때문이고 너희들 때문이 아니니 무서워 할 것은 없다。』

적들은 모두 말에서 내려 사죄하였다。

그리하여 그는 오 명의(吳明義)를 시키여 축하의 편지를 올리고 다시 박 호문(朴好問)을 보내여 다음과 같은 장계를 올리였다。

『선덕(宣德—명 나라 선종 시기의 년호—역주) 八년에 명령을 받고 파저강의 적을 토벌하려 합니다. 분부가 도착되는 대로 출병하려 합니다. 삼가 말씀드립니다.』

즉시 보병과 기병 一만명과 황해도 군대 五천명을 동원하여 四월 초 十일에 강계부(江界府)에서 집결하여 여러 장수들이 일곱 갈래길로 군사를 나누어서 한꺼번에 진격하게 되였다.

그달 十九일에 장수들이 불시에 적을 습격하여 남녀 二백 三十六명을 생포하고 백 七十명을 죽이고 소와 말 一백 七十여마리를 로획하였다.

첩보를 들은 국왕은 선위사(宣慰使) 박 신생(朴信生)을 보내여 술을 하사하여 장령들을 위로하고

『오늘의 승리는 실로 천지의 힘과 조선(祖先)의 도움으로 얻어진 것이다』라는 뜻의 선언을 발표하였다.

최 윤덕이 개선하였을 때에는 지신사(知申事)에게 명령하여 그를 환영하게 하고 승리한 사실을 전국에 선포하는 동시에 장령들에게 각각 적당하게 표상하였으며 연회를 열고 축하하면서 국왕이 친히 술잔을 들어 권하고 세자에게도 명령하여 술을 권하게 하면서 앉아서 받아 마시게 하였다. 그리고 군관들에게 명령하여 서로 대하여 춤을 추게 하였다. 그리고 최 윤덕도 역시 술에 취하여 춤을 추었다.

국왕이 김 종서(金宗瑞)를 보고

『경이 언제인가 최 윤덕은 수상이 될 수 있는 인물이라고 하지 않았소, 경은 대신들과 의논하여 보는 것이 어떻소』

하자 대신들이 모두

『최 윤덕은 공평하고 청렴하고 정직하여 수상이 되여도 부족할 것이 없습니다』하였다.

이리하여 최 윤덕은 우상(右相—우의정—역주)으로 임명되였다.

국왕이 신하들에게

『전쟁한 뒤에는 방어를 충실히 해야 한다. 장의 얼음이 풀린 뒤에는 려연 지방의 수비는 그다지 긴요하지 않다고 말하는 사람이 있으나 야인들의 원쑤 갚으려는 뜻을 예측하기 어려운 것이니 념려하지 않을 수 없다.』

이렇게 말하고 우외정(右議政—즉 최 윤덕—역주)으로 도안무찰리사(都按撫察理使)로 임명하여 서부 국경을 수비하게 하였다.

최 윤덕이 출발할 때 국왕이 경회루(慶會樓)에 나와서 전송하고 지신사 안 숭선(安崇善)을 시키여 홍제원(洪濟院)까지 전송하게 하였다。 최 윤덕이 강계에 도착하였을 때 국왕이 그에게 글을 보내였다。

『수고하오。 경이 나라 일로 안팎으로 수고하게 되였소。 중앙의 중신으로서 국경을 수비하여 적을 위압하고 변방을 안정시키여 나의 걱정을 덜어 주니 고맙소。 이 혹한 시절에 부디 몸 조심하오。 지금 내관(內官) 엄자치(嚴自治)를 보내여 연회를 열어 경을 위로하게 하고 의복 한벌을 보내니 받아 주오。』

그후 최 윤덕이 돌아와서 사망하였는데 시호를 정렬(貞烈)공이라고 하였다。

리 종 생 전

리 종생(李從生)의 자는 세치(世[illegible])[illegible]고 함평(咸平) 사람이였다. 소시절부터 포부가 커서 사람들이 [illegible] 큰 인물이 될 것으로 보았는데 그가 자라나면서 활쏘고 말타는 것이 능숙하였다.

세조(世祖—리조 제七대왕으로 세종의 둘째 아들—역주) 당시에 무과(武科—군사 간부를 선발하는 시험—역주)에 급제하였다.

임금이 무사들을 시험하여 궁중 후원에서 활 쏘기 모임을 열었을 때 리 종생은 세번 쏘아 다 정곡(관역의 최중심—역주)을 맞치였다. 국왕이 그를 크게 표창하고 계단을 초월하여 동관 첨사(潼關僉使)로 임명하였다.

정해년에 리 시애(李施愛)가 북쪽 변방에서 반란을 일으키였다(회령 부사로 있던 리 시애가 당시 지배 계급을 반대하는 농민들을 추동하여 반란을 조직하였다가 실패하고 녀진족 지역으로 도피하려 하였으나 그의 부하들이 그를 체포하여 와서 투항하였다—역주). 국왕이 그의 토벌을 장령들에게 명령하였다. 그때 리 종생이 선봉장으로 되여 만령(蔓嶺)에 당도하였다.

반란군의 세력이 완강하였던 때문에 모두들 정신을 잃고 전진하지 못하였다. 게다가 주력 부대도 도착하지 않았다.

그때 리 종생이 말에서 뛰여 내려 커다란 나무 하나를 뽑아 들고 좌우로 휘두르는 바람에 군사들이 함성을 올리면서 전진하게 되였다. 그리고 나서 종생이 말을 달려 돌격하여 적군을 붕괴시키였다.

그때 주력 부대가 도착하여 리 종생의 전투 상황을 바라보고

『저 검은 얼굴에 대정옥(大頂玉)(고관의 표식으로 되는 옥관자—역주)을 달고 있는 사람이 누구인가』 하니

모두

『그가 바로 리 위장(李衛將)입니다』 하였다.

리 시애는 그때 패전하고 녀진 지역으로 도망하려다가 그의 부하에게 살해당하고 말았다.

리 종생이 개선하였을 때 그가 란리를 평정한 공훈을 평가하여 함성군(咸城君)으로 봉하였다.

그 해에 명 나라 임금이 건주위(建州衛—당시 평안도에 린접하여 있는 만주 땅으로서 녀진족이 거주하고 있던 지역—역주)를 정벌하려 하면서 조선에 원조를 요청하여 왔다. 그 때도 리 종생이 출정하여 녀진의 소굴을 섬멸하고 돌아왔다.

무자(戊子)년에 리 종생이 녕변 부사로 되고 그 이듬해 기축(己丑)년에 그 곳에 수비군을 주둔시킴에 따라 그는 절도사를 겸하였다. 그 뒤에 또 평안 동도、평안 서도、평안 중도 절도사를 겸하였다. 그후 을미(乙未)년에는 충청 병사로 되였다.

기해(己亥)년에 윤 필상(尹弼商)이 건주위를 정벌할 때 리 종생이 위장으로 되여 종군하였다. 그때 강바닥의 빙판에서 말이 미끄러져 리 종생은 부상을 당하였다.

원수가 그것을 보고 달려가 구조하면서

『공이 아니면 누가 선봉이 되겠소』

하고 말하니 리 종생이 바로 말에 뛰여 올라 바로 적진 중으로 돌입하여 적의 천막들을 소각하고 돌아왔다.

원수가 그를 위로하여 말하기를

『이번 전쟁의 승리는 완전히 공의 힘으로 얻어진 것이요』

하였다.

그 뒤에 리 종생은 남도 병사로 되고 다시 경상 좌도 병사로 되였다.

을묘(乙卯)년에 국왕의 사망을 당하여 그는 비통하여 하였다。 그뒤 그는 병을 얻어 죽었다。 당시 그의 나이가 七十三세였다。 시호를 장양(莊襄)이라고 불렀다。

그는 성격이 소박하고 정직하고 관후하였고 국사를 처리할 때 원칙을 지켰다。 주량은 한정도 없었으나 한번도 실수한 일이 없었다。 때문에 그의 친우들이 그를 주덕(酒德)이라고 불렀던 것이다。

어 유 소 전

어유소(魚有沼)의 먼 선조인 중익(重翼)의 본성은 지(池)씨였는데 날 때부터 그의 체격과 용모가 이상하게 생기고 겨드랑 밑에 비늘이 달려 있었다。

그가 자라나서는 고려 태조에게 복무하였다。 당시 사람들이 모두 『아무는 비늘 셋달린 사람으로 보통 사람이 아니다』라고 말들 하고 있었다。 태조가 그를 만나보고

『네게 정말 비늘이 있다면 너는 물고기라고 할 수 밖에 없다。』

이렇게 말하고 그에게 어(魚)라는 성을 주어 그 뒤부터 그의 자손들은 어가로 되고 말았다。

어유소의 아버지 어 득해(魚得海)는 당시 유명한 장수였다。

어유소는 나면서 영특하고 자라면서 활쏘기 말타기가 특별하게 우수하였다。

리조 세조 당시 병자(丙子)년에 무과(武科—군사 간부 선발 시험—역주)에 一등으로 당선되였다。 그리고 세조 八년에 회령부사(會寧府使)에 북병사를 겸하였다。

리 시애(李施愛)가 절도사 강 효문(康孝文)을 살해하고 그 지방에 의거하여 반란을 조직하였다。

구성군(龜城君) 왕 준(王浚)이 도통사로、찬성(贊成) 조 석문(曺錫文)이 부통사로、강 순(康純)과 어 유소가 대장으로、허 종(許琮)이 부모 상중에 있으면서 절도사로 되여 리 시애를 토벌하게 되였다。

강 순과 허 종 등이 홍원(洪原)에서 싸우고 북청(北青)에서도 싸우고 또한 만령(蔓嶺)에서 싸웠다。 그때 적군이 험난한 고지를 점령하고 있으면서 화살을 빗발치듯 쏘아 군사들이 그 곳으로 올라 갈 수가 없었다。

그때 어유소가 조그마씩한 배들에 정병을 싣고 그들에게 풀빛과 구별할 수 없는 푸른 옷들을 입혀 가지고 바다로부터 절벽을 타고 올라갔다。 그리하여 그 산의 절정에 집결하여 산의 중허리에 있는 적의 배후를 충격하였다。 동시에 산 밑에 있던 군사들은 방패를 들고 개미떼처럼 기여 올라갔다。

반란군은 혼란 상태에 빠져 결국 붕괴되고 리시애는 길주로 도망하여 녀자들과 재물을 끌고 모아 가지고 녀진 지역으로 도주하려 하였다。 그때 길주 사람 허유례(許由禮)가 리시애의 도당인 리주(李珠) 등을 설복하였다。 그들은 리시애를 포박하여 가지고 군중에 투항하여 왔으므로 리시애를 참살하고 그의 머리를 서울로 보내였다。

이리하여 구성군 왕준 이하 장령들을 승급시키고 어유소에게 적개공신(敵愾功臣) 칭호를 주고 계단을 초월하여 공조판서(工曹判書)로 임명하였다。

명나라 성화(成化—명나라 헌종(憲宗) 시기 년호—역주) 시기 정해(丁亥)년에 명나라 임금이 건주(建州)를 정벌하면서 우리 나라와 함께 협공할 것을 요청하였다。 어유소와 남이(南怡)가 군사를 돌리여 출정하였다。 어유소는 바로 적의 소굴에 돌입하여 리만주 부자의 목을 자르고 그 밖에 생포한 것도 무수하였다。

그리고 나서 서 있는 나무를 깎고

『조선 대장 어유소가 건주를 평정하고 돌아간다』

라고 대서특필하여 두었다。 그 후에 명나라 군대가 도착하여 그것을 보고 저의 임금에게 보고하였다。 명나라 임금은 무척 기뻐하여 사신을 파견하여 어유소에게 은과 비단을 주어 표창하였다。

건주를 평정하고 돌아올 때 적의 용맹한 기병 수십명의 돌격을 당하여 군대가 일시 혼란 상태에 빠지게 된 일이 있었다。 그때 어유소가 눈을 크게 뜨고 버티고 서서 호령하는 통에 군사들이 복종하지 않을 수 없었다。 그는 혼자서 말을 달리여 활을 쏘는데 쏘는대로 적이 거꾸러지고 남은 적들은 범접을 못하고 궤주하고 말았다。

기축(己丑)년에 그를 북병사로 임명하고 신묘(辛卯)년에는 또 좌리공신(佐理功臣)이란 칭호를 주고 예성군(蘂城君)으로 봉하였다。

임진(壬辰)년에는 숭정 대부(崇政大夫)로 올려주고 다시 북병사로 임명하였다. 그러나 이 유소는 그의 어머니가 이미 늙었으므로 그를 봉양하기 위하여 간절하게 벼슬을 사퇴하였다.

국왕이 타일러 하는 말이

『나라 북방을 수비하는 데 있어서 경을 당할 자 없는 이때 어머니 때문에 지정할 여가가 있겠는가.』

이렇게 말하고 가마와 관복과 궁중 음식을 하사하였다.

을미(乙未)년에 적이 또 경성(鏡城)을 침범하여 왔으나 이 유소가 즉시 그들을 섬멸하였다.

그때 국왕이 특히 직제학(直提學) 홍 귀달(洪貴達)을 보내어 비단옷과 신발을 하사하였다. 그리고 불러서 우참찬(右參贊)으로 임명하였다가 병조판서(兵曹判書)에 우찬성(右贊成)으로 전임시키었다.

기해(己亥)년에 명 나라 임금의 요청에 의하여 건주를 정벌하며 가다가 강물이 아직 얼어 붙지 않았으므로 회군하였다.

임인(壬寅)년에 국경 근처에 있던 여진 사람들의 부락 전체가 몰려 다른 곳으로 이주하고 있다는 것을 알게 되었다. 국왕이 특히 이 유소에게 명령하여 그들을 위무하여 안정시키도록 하였다.

이 유소가 급히 달려가서 우선 사람을 보내어 설유하는 글을 전달하였다. 그러나 그들은 처음에는 신임하지 않고 그 글을 땅 바닥에 던져 버리었던 것이다. 그러나 글을 가지고 간 사람이

『이 유소 대감이 여기와 계신다』

고 말하였더니 그들이

『대감님은 참으로 우리 아버지와 같이 생각합니다. 대감을 한번 만나 볼 수 있을가요?』

하였다.

이 유소가 그 말을 듣고 그들의 부락으로 달려 가니 그들은 죽 늘어서 절하면서 명령을 기다렸다. 이 유소가 그들을 성의껏 설복하고 결국 그들의 주장을 버리고 돌아와서 본래 있던 데서 살게 하였다.

국왕이 대단히 그를 찬양하고 활을 상으로 주었다. 계속하여 판중추부사(判中樞府事)로 임명하였다.

기유(己酉)년에 국왕이 경기 일원의 군사를 열병할 때 어유소가 그를 호종하고 갔다。 그러나 영평현(永平縣)에 이르렀을 때 행궁내에서 그는 급병으로 돌연히 사망하였다。 임금은 슬퍼하여 마지 않았다。

어유소의 성격은 관대하여 사람을 대하여 역증을 내는 일이 없었고 군중을 사랑하고 일에는 세밀하여 선비기풍이 있었다。 선정을 할 때 적을 대하여서도 그의 마음은 평정을 잃지 않았다。 그의 완력은 三백근의 활을 다루었고 쏘면 반드시 맞히였다。 여진 사람들이 간혹 선물을 가져 왔으나 하나도 받지 않았다。

이리하여 조국의 변경은 그로 하여 무사하였고 엄연히 나라의 장성(長城)같이 든든하였다。

그가 사망한지 十여년 뒤에 정장(貞莊)이란 시호를 주었다。

리 순 신 전

리 순신(李舜臣)의 자는 여해(汝諧)이고 본은 덕수현(德水縣)이다. 어릴 때부터 영특하고 활발하고 작은 일에 구애되지 않았다. 다른 아이들과 함께 놀 때에는 항상 전투 유희를 하였다.

그가 자라면서 군사에 류의하여 말타기 활쏘기에 뛰여나게 우수하였다. 무인들과 함께 놀면서도 성격이 고상하고 간결하고 과묵하여 더러운 말을 하지 않았다. 이리하여 친우들로부터 특별한 존경을 받았다.

선조(宣祖) 병자년에 과거에 급제하였다. 그러나 구차하게 권세있는 사람을 찾아 다니면서 청탁 같은 것을 하지 않았으므로 림시로 훈련원봉사(訓練院奉事)로 있었을 뿐이였다.

당시 병조판서(兵曹判書) 김 귀영(金貴榮)이 그의 첩의 딸을 리 순신에게 주려고 하였으나 그는 거절하면서

『벼슬 길에 들어 서면서 권세 집안에 의탁부터 먼저 할 수가 있읍니까』하고 말하였다.

리 문성공(李文成公) 리 이(李珥—리 률곡 선생—역주)가 리조판서(吏曹判書)로 있을 때 리 순신의 명성을 듣고

『그 사람은 나와 일가 간이로구만』하고 사람을 넣어 만나 보기를 청하였으나

『일가 간으로서는 만나 볼 수 있으나 리조판서로서는 만나 볼 수 없습니다』(리조판서는 벼슬을 전형하는 대신인 때문에 만날 수 없다는 뜻—역주)하고 응하지 않았다.

그뒤 북부 변강의 권관(權管)으로 있다가 만기가 되여 충청 병사의 군관으로 옮기였다.

그는 자기 뜻을 굽히여 가면서 남에게 순종하는 일이 없였다。 발포 만호(鉢浦萬戶)로 있을 때였다。 당시 수사(水使)로 있던 성 박(成鎛)이 관청뜰에 서 있는 오동 나무를 베여 자기 거문고를 만들려고 하였다。 그러나 리 순신은 그것을 단연 거절하였다。 수사는 화가 꼭지까지 났으나 결국 베여 가지 못하고 말았던 것이다。

그후 건원보(乾原堡) 권관으로 되였을 때다。 녀진족 우을지내(于乙只乃)가 국경 근처에서 귀찮게 하고 있였다。

리 순신은 교묘한 방법으로 적을 유인하여 붙잡아 서울로 보내였다。 그 지방 병사가 리 순신이 저를 통하지 않고 그 일을 한 것을 미워하여 그가 독단적으로 군사를 동원하였다는 것으로 처벌할 것을 요청하였다(조정에서는 장군의 공을 인정하고 있었으나 병사의 이러한 참소 때문에 장군을 표창하지 않고 말았다—역주)。

리 순신은 아버님이 돌아 가시여 三년 거상을 마치고 사복시 주부(司僕寺主簿)로 승차하였다。 그 다음에 조산 만호(造山萬戶)로 선발되였다。 당시 그 지방 감사가 건의하여 록둔도(鹿屯島)에 둔전(屯田—주둔 하여 있는 군사들이 그의 군량을 위하여 경작하는 토지—역주)을 설치하고 리 순신에게 그것의 관리 책임까지 맡기였다。

리 순신은 그 지내가 동떨어져 있는데다가 군사의 수가 적은 것을 우려하여 여러번 증원하여 줄 것을 요청하였으나 그때 병사(兵使)인 리 일(李鎰)이 허락하지 않았던 것이다。 그리하여 가을에 곡식이 익었을 무렵에 과연 도적떼가 목책을 뚫고 달려 들었다。

리 순신이 몸소 매적하여 그의 두목을 거꾸러뜨리고 적당을 추격하여 그들에게 포로되였던 군사 六十여명을 탈환하였다。

일이 이렇게 되니 병사는 구실을 만들어 그를 살해하여 버림으로써 자기 죄를 면하려고 하였다。

그리하여 형구를 벌려 놓고 그의 목을 자르려 하였다。 그때 군관들이 죽 둘러 서서 울면서 마지막 작별 술을 권하였다。

리 순신이 엄숙한 태도로

『죽고 사는 것은 운명이요、 술은 먹어 무엇한단 말이요』

하고 말하였다。그리고 그 길로 바로 병사 처소에 들어 가서 병사의 잘못을 항의하고 조서에 대한 서명을 강경하게 거절하였다。병사는 기세가 꺾이여 그를 루옥하여 두고 임금에게 보고하였다。선조는 그의 무죄한 것을 짐작하고 전쟁에 나가 공을 세우라고 하였다(당시 죄인을 백의(白衣)로 종군시켜 전공을 세우면 죄를 용서하는 법이 있었다—역주。

그는 그후 얼마 되지 않아서 배신한 녀진족을 격파하여 목을 잘라 바치고 나서 놓이여 돌아왔다。

전라도 순찰사 리 광(李洸)이 리 순신을 그의 군관으로 쓰면서

『자네 같은 재능을 가지고 이처럼 불우한 처지에 있단 말인가?』

이렇게 말하고

순찰사는 임금에게 요청하여 리 순신을 그 도의 조방장(助防將)으로 되게 하였다。

기축(己丑)년에 정읍 현감(井邑縣監)으로 임명되였다。그때 도사(都事) 조 대중(曹大中)이 정 여립(鄭汝立)의 반란 사건에 관련되여 취조를 당하게 되였는데 금부 도사가 그의 가택을 수색하는 도중에 리 순신의 서한이 발견되였다。금부 도사는 그를 만나 서한이 발견되였다는 것을 말하고 슬그머니 그 서한을 소각하여 버리자고 하였더니

『내 서한에는 별다른 말은 없네。그리고 그것이 수색 도중에 나타난 이상 올려 가야 하네』

하고 말하였다。

그 서한 때문에 혐의받은 일은 없었다。

조 대중이 처형되여 그의 관이 읍내로 통과할 때 리 순신이 음식을 차려 놓고 곡하였다。그리고 이렇게 말하였다。

『그는 자백을 하지 않고 죽었으니 죄가 있고 없는 것은 알 수 없는 일이다。최근까지 본도 도사로 있은 사람을 나로서 괄시할 수는 없다。』

정승 정 언신(鄭彦信)이 역시 루옥되여 있었다。리 순신이 마침 공사로 서울에 갔다가 전일의 선생이였던

정 언신을 옥문에 가서 문안하였다。 그 말을 들은 사람들이 다들 옳은 일이라고 칭송하였다。

비국(備局)에서 군사 간부로서 등용할만한 사람을 선발하게 되였는데 문충공(文忠公) 류 성룡(柳成龍)이 그와 한 고향 사람으로 그가 영명하다는 것을 잘 알고 있었으므로 극력 추천하여 고사리 첨사(高沙里僉使)로 승진시키였다。 그것을 보고 대간은 너무 빨리 올라 간다고 떠들어 댔다。 얼마 안 되여 그는 당상관(堂上官)으로 올라 만포(滿浦) 첨사로 되였다。 그때도 대간들은 너무 빠르다고 들고 나섰던 것이다。

신묘(辛卯)년에 진도 군수(珍島郡守)로옮기고 가리포(加里浦) 첨사로 되였다가 즉시 전라좌도 수군 절도사(水軍節度使)로 등용되였다。

그때 왜적과의 관계가 벌써 좋지 않았는데도 불구하고 아래 우 할것 없이 태연 무심하고 있는 형편이였다。

그러나 리 순신만은 그러한 사태를 대단히 우려하여 방비에 전력을 들이였다。 질박한 철사를 제작하여 바다 어구를 가로 질러 막았다。 그리고 거북선을 창제하였는데 그의 갑판에서 송곳같은 못이 들려 박혀 있어 적이 기여 올라오지 못하게 되였고 군사들은 갑판밑에 들어서서 四면 八방으로 총을 놓게 되여 있었다。 그것으로 적선을 떠받거나 소각하여 항상 승리를 전취하였던 것이다。

임진(壬辰)년 四월에 왜적이 대대적으로 침입하여 부산, 동래를 함락시키고 령남 지방을 거치여 바로 서울로 밀고 올라 가는 것이였다。

리 순신이 그것을 알고 군대를 끌고 쫓아가서 원수를 쳐부시려 하였다。 그러나 부하 장병들이 모두

『우리가 좌도 수비를 맡아 있으면서 함부로 관할 구역을 떠나 우도로 갈 수 없습니다』

하고 반대하였다。

오직 군관 송 희립(宋希立)과 만호 정 운(鄭運)만이 리 순신의 의견에 찬성하였다。 리 순신이 다음과 같이 명령하였다。

『오늘날 우리의 할 일은 다만 생명을 바치여 원수를 격멸하는 것이다。 만일 이 일을 반대하는 자 있으면 사형에 처할 것이다。』

그리고 관하 각처 군사를 앞 바다에 집결하여 가지고 출발하려던 차에 경상 우수사 원 균(元均)이 그의 해군을 모조리 상실하고는 후원을 요청하여 왔다。

리 순신은 즉시 군대를 령솔하고 경상우도로 출발하였다。

옥포(玉浦) 만호 리 운룡(李雲龍)과 영등(永登) 만호 우 치적(禹致績)의 안내로 옥포에 당도하여 우선 왜적들의 선박 三十여척을 격파하고 고성(固城)에 도착하였다。

그 곳에서 원쑤들이 서울에 들어 갔다는 것과 국왕이 서부 방면으로 후퇴하였다는 말을 듣고 리 순신이 통곡하면서 군사를 끌고 본영으로 돌아 왔다。

원 균이 다시 후원을 요청하므로 로량(露梁)으로 진격하여 왜선 十三척을 격파하고 적을 사천(泗川)까지 추격하였다。 그때 그는 왼편 어깨에 적탄을 맞은채 활을 그대로 쏘면서 종일토록 독전하였다。 전투가 끝나고 나서야 군중에서 리 순신이 탄환 맞은 것을 알고 놀래지 않는 사람이 없었다。

六월에 적과 당포(唐浦)에서 조우하였다。 왜적의 두목은 층계 다락이 있는 그림 배를 타고 있는데 그 놈은 금빛 관을 쓰고 비단 웃옷을 입었다。 그리고 그의 무기들은 몹시 번쩍거렸다。 리 순신이 돌연히 함성을 올리면서 육박전을 전개하여 통전(筒箭—화살을 대통안에 넣어 발사하는 일종의 옛날 무기—역주)으로 그 두목을 사살하고 졸도들을 완전히 섬멸하여 버렸다。

그날 점심 때 적선이 또 대량으로 침입하므로 리 순신이 전번 전투에서 로획한 다락 배를 적군으로부터 一리 가량 떨어진 곳에 두고 그를 소각하니 그 가운데 있던 화약이 폭발하여 소리와 불꽃이 천지를 진동하였다。 적은 이번에도 패퇴하고 말았다。

그후 얼마되지 않아 전라도 우수사 리 억기(李億祺)가 관하 해군을 전부 인솔하고 와서 그와 련합하여 적과 고성앞 바다에서 싸웠다。 왜적의 두목은 三층 다락 배를 타고 푸른 일산을 들고 대전하였다。 리 순신이 그 놈을 단번에 사살하고 三十여척을 깨뜨리고 나니 살아 남은 놈들은 황겁하여 해안으로 기여 올라 도망치고 말았다。

그때로부터 여러번 있은 전투에 항상 승리하여 도적들은 군사를 거두어 멀리 도망하였다。 리 순신은 여기와 함께 본영으로 돌아왔다。

왜적들이 다시 량산(梁山)으로부터 호남 지방으로 침입한다는 말을 듣고 리 순신이 또 고성 견내량(見乃梁)으로 진군하여 갔다。

그때 바다를 덮고 들어오는 도적떼들의 선박을 만나게 되였다。 리 순신은 퇴각하는 체 하면서 적군을 한산도(閑山島) 앞 바다까지 끌어다 놓고 돌연 군사를 돌리여 대공격전을 전개하였다。 포연이 하늘에 가득한 속에서 적선 七十여척을 모조리 깨뜨려 버리였다。 적의 원 두목 평수가(平秀家)는 근근히 빠져 달아나고 놈들의 전사한 장병은 수만명에 달하였다。 이리하여 전국에는 일대 소동이 일어났던 것이다。

다른 왜적 부대가 안골포(安骨浦)로부터 평수가 부대를 구원하려 오므로 그것을 맞받아 습격하여 四十여척을 깨뜨려 버리고 그 길로 부산에 머물러 있는 적을 진격하여 놈들의 근거를 복멸하려 하였다。 그러나 도적들은 산으로 올라 가서 방책를 부설하고 들어 박혀 있으므로 부득이 그들의 빈배 백여척만을 소각하고 돌아왔다。

당시에 왜적이 조선 팔도에 들끓고 관군과 의병들이 모조리 련패하여 누구도 놈들을 대항하지 못하였다。 그러한 환경에서 오직 리 순신 장군만이 대 승리하였다는 첩보가 조정에 계속 들어오고 있었던 것이다。

임금이 그를 대단히 사랑하여 세번이나 직품을 올리여 정헌 대부(正憲大夫—정이품의 위계—역주)로 승진시키고 글을 내리여 찬양하였다。

리 순신은 자기 본영은 지리상 너무 서편으로 치우쳐 있으므로 한산도로 진지를 이동하여 전라도, 경상도 두도를 함께 방어하는 것이 필요하다고 요청하였다。 그 한산도는 거제현(巨濟縣)의 남쪽에 있어 전라도와 경상도로 통하는 수로의 인후로 되여 있었다。 조정에서는 드디여 수군 통제사(水軍 統制使)란 제도를 설치하고 리 순신에게 그것을 겸하게 하였다。

원 균은 처음부터 배 한척을 가지고 리 순신에게 붙어 있는 형편이였으나 첩보는 항상 련명으로 올리였던 것이다。 그러나 조정에서는 리 순신의 전공이 특출한 것을 알고 그를 통제사로 등용하였다。 이로부터 원 균이 그의 부하로 된 것을 부끄럽게 생각하고 딴 마음을 가지게 되였다。 리 순신은 그를 항상 원만하게 포옹하나 그는 제멋대로 행동하고 감정에 사로잡혀 군사 규률을 준수하지 않았다。 리 순신은 국가 대사를 그릇칠가 념려하여 자기를 교체하여 줄 것을 간곡히 요청하였다。 조정에서는 부득이 원 균을 충청 병사로 전임시키고 말았다。

일이 이렇게 되고 나니 원 균은 더욱 감정을 품고 권세가들과 결탁하여 리 순신을 무함하고 있었다。

원래 적장 평행장(平行長—소서행장—역주)은 대마도에서 우리 나라에 복종하고 있던 자로서 우리 사람을 대하기가 부끄러웠든지 친분을 보이는 체 하고 있었다。 그때 조정에서는 그자를 통하여 놈들에게 붙잡혀 간 왕자를 돌려 올가 하고 경상 병사 김응서(金應瑞)를 시키여 그자와 왕래하고 있었다。 이러한 일을 알고 있던 평수길(平秀吉—풍신수길—역주)은 반간 정책을 쓸 것을 획책하였다。 그리하여 행장의 부하인 요시라(要時羅)를 보내여 비밀리에 다음과 같은 말을 전하였다。

『강화가 성립되지 않은 것은 전혀 가등청정(加藤清正)이 전쟁을 주장하고 있는 때문입니다。 그는 방금 다시 돌아 올 것이니 귀국의 해군으로 그를 해상에서 요격하여 죽여 버리면 전쟁은 제대로 중지될 것입니다。』

그러면서 그자는 계속하여 청정이 타고 오는 배는 어떻게 생겼느니、 깃발은 어떻고、 표식은 어떻고、 빛갈은 어떻다느니 하고 일러 주었다。

조정에서는 그따위 말을 곧이 듣고 리 순신에게 청정을 공격할 것을 독촉하였다。 그러나 리 순신은 요시라의 간사하고 측량하기 어려운 말을 믿을 수 없으므로 형편을 보면서 움직이지 않고 二、三일간을 지내였다。

요시라가 다시 와서 말하기를

『가등청정이 벌써 해안에 접근하였는데 어째서 이 기회를 놓치렵니까』 하였다。

이에 대간은 서로 다투어 가면서 글을 올리여 리 순신이 진격을 지연시키고 있는 것은 국가에 죄를 범한 것이라고 떠들어댔다。 체찰사(體察使) 리 원익(李元翼)은 그렇지 않다는 것을 해명하였고、 류 성룡은 본래 리 순신을 추천한 사람으로 혐의를 받고 있는 터이라 그를 구출하려고 나서지 못하였다。 이리하여 당시 조정의 의논이 두편으로 나뉘지게 되였다。

국왕이 그의 측근자를 파견하여 사실을 조사하게 하였으나 그자도 역시 원 균의 당파이라 사실을 외곡하여 보고하였다。

이리하여 정유(丁酉)년 二월에 리 순신은 결국 체포되여 심문을 받고 나서 결국 엄벌을 당하게 되였다。

그때 정승(政丞) 정 탁(鄭琢)이 국왕에게 글을 올리였다。

『리 순신은 명장입니다。 그의 죄를 용서하고 종차로 공을 세워 죄를 면하게 하는 것이 옳다고 생각합니다。』

국왕도 역시 그의 공로를 생각하여 특별히 용서하여 백의 종군하여 공을 세우라고 명령하였다。

그때 리 순신의 어머님이 아산(牙山)에서 병으로 돌아 가시였다。 리 순신은 가는 길에 들려 성복(成服—상복을 입는 의식—역주)만 하고 즉시 전쟁터로 출발하면서

『나는 평생에 충성과 효성에 전심 전력하려 하였더니 지금와서 보면 두가지를 다 상실하고 말았구나』

하였다

군사들이나 백성들이 길을 막아서서 눈물을 흘리고 전국 사람들이 모두들 원통하게 생각하였다。

그 동안에 원 균이 리 순신을 대신하여 통제사로 되여 있으면서 리 순신의 정책과는 정반대로 하고 있었다。 운주당(運籌堂—장군이 작전 계획을 수립하는 처소—역주)에는 기생들을 가득 모아 놓고 항상 술에 곤드라져 있으면서 일은 보지 않았다。 그리고 포악하기 짝이 없어 얼핏하면 매질이였다。 이리하여 전체 군대에 정신상 통일이 있을 리 없였다。

요시라가 또 와서

『대군이 방금 바다를 건느는 참이니 그를 가로 질러 공격하면 됩니다』

고 하였다。

조정에서는 다시 원 균에게 독촉하였다。

원 균은 전번에 이미 리 순신이 왜적을 치지 않은 것을 반대한 이상 이번에 그를 칠 수 없다고 할 수는 없는

형편이였다。

그해 七월에 원균은 전체 부대를 인솔하고 전진하였다。 왜군이 원균 부대를 이리저리 유인하여 가다가 앞을 타고 역습하는 바람에 전군이 붕괴되여 원균은 도망하다가 죽어 버리고 군함 백여척이 전부 침몰되고 한산도도 점령당하였다。 그리고 리 순신이 저축하여 두었던 수년간 사용할 수 있는 군량이며 무기들이 일조에 없어지고 말았다。

한산도를 함락시키고 나서 적은 서해로 해서 상륙하여 남원(南原)을 점령하였다。 이리하여 충청도와 전라도 지방을 벌써 방비해 낼 수 없이 되였다。 일이 이렇게 되고 나서야 조정에서는 행장의 간계를 깨닫고 리 순신을 다시 통제사로 임명하였다。

리 순신은 겨우 기병 十여명을 데리고 순천부(順天府) 지경에 달려가서 군함 十여척을 수습하고 흩어졌던 군사 수백명을 소집하여 도적들과 어란도(於蘭島)에서 싸워 승리하였다。

조정에서는 리 순신의 군대가 미약한 것을 고려하여 리 순신에게 상륙하여 있으면서 적당히 하라고 하였으나 리 순신은

『신이 만일 상륙하면 적선은 서해를 경유하여 바로 올라갈 것이니 그렇게 되면 중앙이 위대하게 될 것입니다』 하고 말하였다。

국왕이 그말을 옳다고 하였다。

그때 호남 지방 피란민들의 선박 백여척이 여러 섬들에 정박하고 있었다。 리 순신이 그들의 배를 군함들의 배후에 집결시켜 기세를 돋구도록 약속하여 놓고 전체 군함 十여척을 끌고 적군을 진도(珍島) 벽파정(碧波亭) 밑에서 요격하였다。 그때 적선 수백척이 한꺼번에 들이 미는데 그 기세가 산이 내려 덮이는 듯 하였다。 리 순신이 한일자로 진형을 벌려 놓고 총과 활을 빗발치듯 쏘아대니 적군이 혼란 상태에 빠졌다。 그때 거제현령(巨濟縣令) 안 위(安衛)가 자기 배를 돌리여 퇴각하려는 것을 보고 리 순신이 뱃머리에 서서 중선을 보내여 안 위의 머리를 잘라오라고 명령하였다。 형세가 급하게 된 안 위는 죽자하고 적중에 돌입하였다。

그 싸움은 결국 적군의 참패로 끝나고 놈들의 명장이라는 마다시(馬多時)를 잡아서 목을 잘랐다。 군대의 위세는 다시 떨치게 되였다。

첩보를 듣고 국왕은 리 순신의 직품을 숭정(崇政)으로 올려 주려 하였으나 말 많은 사람들이 그의 직품이 그만 해도 높은데 또 올려 줄 것은 없다고 하여 중지하고 부하 장령들에게만 상을 주고 말았다。 양경리(楊經理—명 나라 사람 양호(楊鎬)—역주)도 서울에 있다가 역시 은과 비단을 보내여 표창하였다。

당시에 륙로는 전쟁 때문에 교통이 차단되여 군량 운반이 계속되지 못하여 그것이 두통거리로 되여 있었다。 리 순신이 피란선(避亂船)들에 격문을 보낸 결과 그들은 군량을 서로 솔선 운반하여 주었을 뿐 아니라 의복들을 헌납하였다。 이리하여 군사들은 배불리 먹고 따뜻하게 입고 전쟁할 수 있었다。

리 순신은 어머님 상중에 전쟁에 나온 관계로 항상 고기를 자시지 않고 매일 다만 한줌의 쌀로 지내면서 작전을 계획하고 일을 처리하노라고 밤에도 취침을 하지 못하여 얼굴이 말이 못 되였다。 국왕이 그 말을 듣고 특사를 보내여 권도(權道—특별한 경우에 례절을 지키지 않는 것—역주)를 쓰라고 분부하는 동시에 좋은 음식을 하사하였다。 리 순신이 마지 못하여 그것을 받았다。

무술(戊戌)년 봄에 리 순신은 강진(康津) 고금도(古今島)로 진지를 옮기고 백성을 모아 둔전을 경작하였다。 그것을 듣고 남부 지방의 인민이 련속 몰려들어 그 지방이 아주 튼튼한 기지로 되였다。 그해 가을에 도독(都督) 진 린(陳璘—명 나라 사람—역주)이 해군 五천명을 인솔하고 원조하러 왔다。 진 린의 성격이 조포하고 교만한 것을 알고 국왕이 그의 비위를 거스릴가를 념려하여 리 순신에게 사람을 보내여·그를 잘 대접하라고 가만히 일러 두었다。

리 순신이 위의를 장엄하게 갖추어 먼데 있는 섬에까지 가서 진 린을 환영하고 병영에 도착하였을 때에는 대연회를 열어 그를 대접하였다。 그래서 명 나라 사람들은 대단히 좋아 하였다。 그러나 그들은 여염집들을 략탈하고 돌아 다니므로 인심이 소란하여졌다。

리 순신이 돌연 군사들에게 명령하여 가옥들의 지붕을 헐어 버리고 의복짐을 배안에 운반케 하였다。 그것을 진 린이 보고 이상하게 생각하고 사람을 보내여 물어 보았다。

리 순신은

『명 나라 군대가 왔을 때에 다들 부모를 만난듯이 좋아 하였습니다。 그러나 지금와서 그들의 포악과 략탈에 백성이나 군사들이 견디여 내지 못하여 모두 피란을 가고 있습니다。 나는 명색이 대장으로 혼자 있을 수는 없으니 다른 섬으로 옮겨 가려 합니다』

라고 대답하였다。

진 린이 그 말을 듣고 무안하기도 하고 겁도 나서 바로 리 순신의 처소로 와서 사죄를 하는 동시에 성의를 다하여 만류하는 것이였다。

리 순신이

『만일 장군이 내말을 들어 준다면 여기에 그냥 남아 있을 수도 있습니다。』

진 린이

『장군의 말을 듣지 않을 리 있겠습니까。』

리 순신은 다시

『귀국 군대가 우리 나라 사람을 함부로 노예와 같이 취급하고 있습니다。 만일 장군이 나더러 그것을 적당히 금하도록 승낙하여 준다면 두 나라 군대는 별 일 없이 호상 협조할 수 있을 것입니다』

하고 말하였다。 진 린이 승낙하였다。 그 다음부터는 명 나라 군사가 규률을 위반하면 그를 포박하여 치죄하였다。 이리하여 그 섬의 군사와 백성의 생활이 안정되였다。

록도 만호(鹿島萬戶) 송 여종(宋汝悰)이 명 나라 함선들과 함께 적을 진격하여 적선 六척을 로획하고 머리 七十개를 잘라 가지고 왔다。 그러나 그 싸움에서 명 나라 군사는 아무런 소득도 없었다。 그때 진 린이 리 순신과 함께 술을 먹고 있다가 그 말을 듣고 부끄러운 김에 화를 내였다。

리 순신이

『장군이 우리 나라 군대를 지도하고 있지 않습니까 우리 나라 군대가 승리한 것은 그것이 바로 귀국 군대의 승리로 되는 것입니다. 내가 어찌 공을 차지할 수 있겠습니까 우리가 얻은 것을 전부 드릴 것이니 장군은 그대로 귀국에 보고하시기를 바랍니다』

하였다. 진 린이 무척 좋아하며

『본래부터 장군은 조선의 명장이란 선성을 들었더니 과연 그 말이 틀리지 않습니다』

하였다. 한편으로 송 여종이 기가 막혀 억울한 것을 호소하니 리 순신이 웃으면서

『도적들의 대가리는 썩은 뼈다귀에 불과한 것이다. 그것을 가지고 저 사람들과 다투고 있단 말인가 너의 군공은 내 보고에 들어 있으니 별관할 것이 없다』

하였다. 송 여종이 다시 감복하였다.

그때부터 진 린은 리 순신이 군대를 지휘하고 승리를 쟁취하는 법을 관찰하고 절절히 탄복하였다. 그는 우리의 판자집으로 된 큰배 하나를 빌려 그것을 타고 군무를 보면서 대소사를 리 순신에게 문의하고 나서 행동하였다. 그는 항상 이렇게 말하였다.

『리 순신은 소국 인물이 아니다. 그가 만일 중국에 들어가 벼슬을 한다면 당연히 천하에서 제일 가는 장군이 될 것이다. 그가 소국에 태어나 있게 된 것은 참으로 가석한 일이다.』

진 린이 선조에게 글을 올리기를

『리 순신은 천지를 움직일만한 재주를 가졌으며 국운을 만회하는 태양같은 공훈을 세웠습니다』운운.

진 린은 확실히 순신에게 마음으로부터 감복하였던 것이다.

륙군 제독(提督) 류 정(劉綎—명 나라 사람—역주)이 묘족(苗族) 군대를 인솔하고 와 있었다. 그는 진 린에게 적장 행장(行長)을 협공할 것을 약속하였다. 이에 따라 해군은 적이 주둔하고 있는 항구로 진격하였으나 승부가 결정되지 않고 있었는데 류 정의 륙군은 약속을 위반하고 도착하지 않았다.

그것은 행장이 적의 나라 관백(關白—당시 일본의 실제적 최고 권력을 가진 자의—역주)인 수길(秀吉)이 죽었단 말을

을 듣고 철퇴할 것을 계획하고 있었으나 우리 해군이 퇴로를 차단할 것을 무서워하여 류 정에게 뢰물을 먹여 공격을 완화하도록 한 때문이다. 그리고 한편으로는 진 린에게 비밀히 련락하여 놈들이 철퇴할 길을 열어 달라고 요청하였다. 진 린도 뢰물에 쏠리어 그렇게 할 것을 승낙하려 하였다.

그때 리 순신이 나무쪽에 비밀히 글을 써서 진 린에게 먼저 승낙하는 것이 옳지 않다는 것을 알려 주었다. 이리하여 진 린의 얼굴이 붉어지면서 그만 두고 말았다.

행장이 그것을 알고 우리 군대에 총과 칼을 선물로 보내왔다. 리 순신은 그 물건을 가지고 온 놈을 단단히 꾸중하여 쫓아 보내였다.

왜적은 식량이 고갈되여 명 나라 군대의 식량을 사 먹고 지내다가 그들의 요구를 거절한 이후로 다시는 오지 않았다. 진 린은 리익을 보던 길이 끊어진 것을 애석하게 생각하고 행장을 내버려 두려고 생각하고 남해에 있는 적을 친다고 하면서 리 순신에게 먼저 출발할 것을 독촉하였다. 그러나 그의 심사를 잘 알고 있는 순신은 그 말을 강력히 반대하였다.

이 바람에 행장은 곤난하게 되여 사천에 주둔하고 있는 적에게 후원을 요청하려고 횃불을 들어 신호를 보내였다. 사천에 주둔하고 있던 적이란 것은 바로 살마주(薩摩州) 부대였다. 그 놈들은 용맹하기 짝이 없고 경솔하게 행동하지 않았다. 놈들이 행장의 부대가 위급하다는 신호를 보고 비로소 전체 부대를 데리고 도착하였다.

그날 저녁에 커다란 별 한개가 바다 가운데 떨어진 일이 있었다. 그것을 보고 우리 군사들은 이상하게 생각하였다.

리 순신이 명 나라 선박과 함께 로량(露梁)에서 적을 만나 전투하였다. 저녁에서 아침까지 수십차에 걸친 가렬한 전투를 계속한 결과 적군이 퇴각하게 되였다. 그러나 그때 리 순신 장군은 돌연히 적의 탄환에 맞아 쓰러지고 말았다.

리 순신의 조카 리 완(李莞)은 대담하고 용감하였다. 그는 즉시 리 순신의 시체를 안아 방안에 모시고 돌아간 사실을 발표하지 않고 여전히 깃발을 들고 독전하였다. 그리하여 배가운데 있던 군사들도 모두 그 전투가 끝날 때까지 그러한 사실을 알지 못하였던 것이다。

그 싸움에서 도독 진 린이 적군에게 포위되였는데 우리 군대가 그를 구출하였다。 그날 점심 때 적군은 왜주하고 행장은 그 틈에 끼여 탈주하였다。

진 린은 리 순신이 탄 배로 사람을 보내여 사례하려 하였다。 그배안에서는 벌써 리 순신이 돌아 가신 것을 발표하였던 것이다。 진 린이 그 말을 듣고 의자에서 떨어지면서 땅을 치고 대성 통곡하는데 따라서 두 나라 진중의 곡성이 바다를 진동하였다。

국왕이 리 순신 장군의 부음을 듣고 슬퍼하여 마지 않으면서 사람을 보내여 제사를 지내게 하고 의정부 우의정(議政府右議政)을 증직하였다。 령구가 아산 구택으로 돌아갈 때 연로의 인민들이 모여 들어 곡성과 제사가 천리 거리에 끊어 지지 않았다。

부대의 요청에 의하여 수군의 병영에 사당을 세우고 국왕이 충민(忠愍)이란 당호를 하사하였다。 거제도 군대와 백성들이 역시 사당을 세우고 때를 따라 제사를 지내였다。 호남 지방 인민들은 동령(東嶺)에 비를 세워 그의 전공을 기념하였다。

란리가 평정되고 나서 임진년의 훈공을 평정할 때 리 순신 장군에게 좌의정을 더 증직하고 효충장의 적의협력 선무공신(效忠仗義迪毅協力宣武功臣)이란 칭호를 하사하고 덕풍 부원군(德豐府院君)으로 봉하고 충무(忠武)공이란 시호를 내리였다。

리 순신이 가정에 계실 때는 독실하고 엄정하였으며 군사를 지휘할 때에는 명령이 간명하고 법도가 있었고 군사 하나도 함부로 죽이지 않았다。 전체 군대가 한마음 한뜻으로 되여 명령을 어기지 않았다。 적을 대하여 전투를 진행할 때에는 침착하게 행동하여 진격할 때와 퇴각할 때를 잘 알고 있었다。 때문에 (이와 같이 평소부터 군사를 훈련하여 둔 때문에—역주) 그 몸이 전투 진행중에 쓰러졌으나 군사 규률이 여전하게 유지되여 결국 승리할 수 있었던 것이다。

진중에 계실때에 항상 척후를 멀리 보내여 정찰하고 엄중하게 경계하여 적이 침입할 때에는 그것을 먼저 알꾸 있었다. 그러므로 군사들은 그의 예견성에 감복하였다. 밤이 들어 장병들이 쉬고 있을 때 그는 친히 화살을 수리하고 정돈하였다. 평상시에는 군사들에게 활만 주었다가 적군이 다가 왔을 때에야 화살을 나눠 주었다 (화살의 절약을 위하여—역주). 그리고 그 자신이 활을 잡고 사격할 때에 부하 장령들이 그를 부축하여 말리면서

『어찌하여 국가를 위하여 자중하시지 않습니까?』

하면 그는 하늘을 가리키면서

『내 명은 저기 있다. 어찌 너희들만 적 앞에 내세운단 말이냐』

하였다.

당시 론평자들은 그의 근엄한 행동, 란리에서 죽음을 두려워 하지 않는 충성, 전쟁에서 부대를 지휘하는 방법에 있어서 그는 다만 국가 운명을 만회한 원훈일 뿐만 아니라 옛날의 명장들도 그를 롱가할 수 없다고 말하였다.

그의 조카는 뒷날 의주 부윤(義州府尹)으로 있었다.

그때 금(金)나라 (녀진족이 동부 일대와 중원 북부에 세운 나라—역주) 군사가 졸지에 침입하므로 그들을 대항하여 싸우다가 전사하였다. 사람들은 그에게 그의 숙부의 작풍이 있다고 말하였다.

권 률 전

권 률(權慄)의 자는 언신(彦愼)인데 령의정(領議政) 권 철(權轍)의 아들이였다。

그는 혁혁한 집안에 태여났으나 권세를 부리는 일이 없었다。그는 나이가 四十이 되였어도 과거에 응시하지 않았다。어떤 사람은 부조의 덕으로 벼슬할 수도 있지 않으냐고 권하였으나 그는 웃어 버리고 마는 것이였다。

선조(宣祖—리조 一五대왕—역주) 때에 비로소 명경(明經) 과목(옛날 관리 등용을 위한 시험 과목으로서 경서(經書)중에서 선정한 시험 제목—역주)으로 문과(文科—문과 시험—역주)에 선발되여 승문원(承文院) 정자(正字)로 임명되고 계속 전적랑서(典籍郎署)로 등용되였다。다시 경성부 판관(鏡城府判官)으로 나갔다가 일년후에는 사임하고 돌아왔다。

만력(萬曆—명 나라 신종(神宗) 시기의 년호—역주) 때 신묘(辛卯)년에 의주 목사(義州牧使)자리가 비여 있었다。조정에서는 권 률이 큰 인물이란 것을 알고 그를 의주 목사로 임명하였다。

임진(壬辰)년 四월에 일본 관백(關白—당시 일본 정권을 실제적으로 장악한 지위—역주) 평수길(平秀吉)이 대군을 동원하여 六十만명이라고 떠벌리면서 휘원(輝元)、청정(清正)、행장(行長) 등을 침략군 두목으로 만들어 바다를 건너 우리 나라로 침입하여 왔다。

놈들은 부산、동래 등을 련거퍼 함락시키였다。서울안은 물끓듯 하였다。

국왕이 말하였다。

『권 률이 유능한 인재라고 들었는데 지금 어디에 있는가 그에게 령남、호남 지방의 요해지 방어를 맡겨야 하겠다.』

그날로 권 률을 광주 목사(光州牧使)로 임명하였다.

권 률은 국왕에게 인사 말을 드리고 바로 임지로 떠나려 하였다. 그때 승지(承旨)가 그에게

『무엇하러 그렇게 빨리 출발하려 하오』

하니 권 률은

『국가의 일이 위급하게 되여 있소. 이때야 말로 신하들이 죽음을 각오해야 할 때가 아니겠소. 어찌 아회를 모양으로 작별한다고 울고 불고 하면서 어물어물 시간을 보내겠소』

하였다

당시 오래 동안 평화가 계속되던 끝에 졸지에 적군의 침입을 당하여 중앙의 대관들은 모두 영남, 호남 지방을 마치 사지인 것 같이 무서워 하고 있을 때였다. 그러나 권 률은 적개심에 불타면서 태연히 출발하였다. 사람들이 그것을 보고 머리를 수그리지 않을 수 없었다.

권 률이 혼자서 말을 달리여 임지에 도착하여 미처 사업에 착수하기 전에 국왕은 서부 지방으로 피란을 가면서 군사를 징모하여 호위하라는 것이였다.

전라도 순찰사(巡察使) 리 광(李洸)과 방어사(防禦使) 곽 영(郭嶸)이 군사 四만명을 동원하였다. 리 광 자신이 二만명을 령솔하고 라주 목사(羅州牧使) 리 경록(李慶祿)을 중위장(中衛將)으로, 조방장(助防將) 리 지시(李之詩)를 선봉으로 결정하였다. 곽 영도 二만명을 령솔하고 권 률을 중위장으로, 조방장 백 광언(白光彥)을 선봉으로 결정하였다.

그달 二十일에 두개 부대가 각각 딴 길로 진군하였다. 리 광은 룡안(龍安)으로부터 강을 건너 림천(林川) 온양(溫陽) 등으로를 경유하여 올라가고, 곽 영은 전주(全州)로부터 려산(礪山), 공주(公州) 도로를 통하여 전진하여 직산(稷山)에서 만나게 되였다.

그때 경상도 순찰사 김 수(金睟)와 충청도 순찰사 윤 국형(尹國馨)도 군사를 거느리고 와서 련합하였다. 각

부대는 수만명씩이나 되고 위세도 왕성하였다.

그 길로 수원(水原)으로 가서 진을 치고 있으면서 리 광이 곽 영에게 룡인(龍仁)에 있는 적을 진격하라고 명령하였다. 그러나 권 률이 반대하였다.

『도적들이 벌써 험한 고지에 의거하고 있으니 놈들을 치다 보고 싸우는 것은 어려운 일입니다. 지금 장군은 군사와 물자를 뿔다 생이 하여 나라를 구원하러 가는 길입니다. 국가의 존망이 오늘의 우리 행동에 달려 있습니다. 신중히 고려하여 만전의 계책을 강구할 것이고 당장 눈앞의 조그마한 도적을 상대로 하여 다투고 있을 때가 아닙니다. 우리는 즉시 한강을 건너 림진강을 막고 있으면 서북 지방이 안전하게 될 것이고 후방과의 련락도 확보할 수 있을 것입니다. 그러면서 정형을 관찰하고 준비를 든든히 하고 기회를 보면서 조정의 명령을 기다리는 것이 옳습니다.』

리 광이 그 말을 듣지 않았다. 곽 영이 먼저 백 광언을 파견하여 진격할 지형을 관찰하게 하였다. 그러나 백 광언은 돌아 와서

『길은 좁은데다가 밀림 지대이라 경솔하게 진군할 수가 없습니다』

하였다.

그 말을 들은 리 광이 화를 내는 기색이 있는 것을 보고 곽 영은 그만 행군을 개시하였다. 리 광은 다시 지시하여 명령하여 곽 영을 원조하게 하였다.

五월 五일 리 지시와 백 광언은 각각 정예 군사 천명씩을 인솔하였다고 하여 적을 정시하는 눈치를 뵈었다. 권 률이 그들을 경계하여

『경솔하게 전진할 것이 아니라 중위군(中衛軍)이 도착하거든 전투를 시작해야 할 것이오』

하였다

그러나 백 광언은 적이 소수인 것을 보고 군사를 몰아 올려 쳤다. 도적들이 칼을 휘두르면서 높은 곳에서 뛰어 내리는 통에 우리 군사가 흩어지게 되였다. 적은 그 기세를 타고 함부로 덤벼들어 리 지시, 백 광언이 다

전사하고 군사들은 투지를 상실하였다。

아침에 도적떼가 산골을 좇아 깃발들을 버티고 나타 나는데 따라서 우리의 전체 부대가 붕괴 상태에 빠지고 말았다。

권 률은 드디여 광주로 돌아와서

『종사(宗社 —현대 임금들의 위패를 안치한 곳—역주)는 소각되고 국왕은 피란을 갔다。 이때 신하된 자로서 나라가 망하는 것을 바라만 보고 있을 수 있는가。』

이렇게 탄식하였다。 그는 그 고을 청년 五백명을 소집하고 동시에 린군들에 호소하여 또 천여명을 모아가지고 경상도 접경에 진을 쳤다。 그때 남원 지방의 란민들이 민가를 소각하고 국가 창고를 탈취한다는 말을 듣고 권 률이 그 지방으로 진지를 옮기고 인심을 안정시키였다。

리 광은 권 률이 기병하였다는 말을 듣고 도절제(都節制)로 자처하면서 각 고을에 명령하여 군사들이 다른데로 빠져 가지 못하게 하였다。

권 률이 리치(梨峙)에 주둔하였다。 그때 령남 지방에 들어 온 도적들의 세력이 극성하여 바로 전라도로 향하여 여러 갈래로 쳐 들어 오고 있었다。 권 률이 적의 세력이 크다는 말을 듣고 전라도로 들어 오는 고개를 튼튼히 막고 대기하였다。

七월에 그는 왜적 떼와 고개 우에서 조우하여 군사를 풀어 급격히 공격하였다。 동복 현감(同福縣監) 황 진(黃進)은 군중에서 가장 용감하였었는데 적탄을 맞아 퇴각하고 전체 부대의 사기가 저상되여 점차 창을 거두고 머리를 숙이고 달아 나기 시작하였다。 그것을 본 적들은 그날 오후에 우리 군대가 피로해 있다는 것을 알고 우리 보루 안에 뛰여 들었다。 권 률이 칼을 뽑아 들고 호령하면서 적들의 칼을 무릅쓰고 완강하게 전투를 지휘하였다。 이에 따라 군사들은 모두 다 결사적으로 저항하여 한 사람이 백명을 당해내지 않은 사람이 없였다。 함성은 천지를 진동하고 화살과 돌맹이는 비오듯 하였다。 왜적들은 도저히 당해내지 못할 것을 알고 무기를 버리고 시체를 끌고 도망하여 버리였다。 진지에는 놈들의 군수품이며 무기들이 랑자하게 널려 있고 류혈이 길바다울 보였다。
그후부터 도적들은 호남 지방을 다시 침범하지 못하였다。이리하여 그 지방은 우리의 근거지로 되였으며 거기에서 동서로 왕래하면서 군수 물자를 공급하여 두절될 때가 없었다。이것은 권 률의 힘으로 된 것이였다。
그해 가을에 그는 라주 목사로 전임되였다가 전라도 순찰사로 승진되였다。그때 그는 교서를 진중에서 받고 서쪽을 향하여 머리를 숙이여 통곡하였다。따라서 부하 장병들도 눈물을 흘리지 않는 사람이 없었다。
권 률이 방어사에게 리치(梨峙) 수비를 위임하고 자신은 전주(全州)로 와서 도내에 있는 군사 만여명을 동원하여 국왕을 수호하기 위하여 그해 九월에 서부 지방으로 행군하여 갔다。
그때 도적의 두목인 행장(行長—소서 행장 (小西行長)—역주)은 벌써 평양을 강점하여 있고 장정(長政—흑전 장정(黑田長政)—역주) 은 황해도에 웅거하고 륭경(隆景—소서천 륭경(小西川隆景)—역주)은 개성부에 들어 있고 평수가(平秀家—부전 수가 (浮田秀家)—역주)는 다른 두목들을 데리고 서울에 주둔하면서 군사를 四방으로 내놓아 략탈을 감행하고 있었다。
이리하여 서부 주선으로 통하는 길은 이미 차단되여 있었다。때문에 국왕을 호위하려 가던 장병들은 모두 강화로 들어가서 물을 의지하여 적의 예봉을 피하고 있었을 뿐이였다。
권 률은 국왕이 의주에 있다는 말을 듣고 장병들을 소집하여 놓고 작전을 계획하였다。
『지금 평양 이남은 전부 적의 소굴로 되여 있고 서울은 놈들의 중심지로 되여 있소。그러니 서울을 먼저 탈환하고 행장(行長)을 견제하여 그 놈이 마음놓고 서쪽으로 진주하지 못하게 한다면 놈들은 별 수 없을 것이요。』
이렇게 말하고 그는 수원(水原)의 독성(禿城)으로 진주하였다。
국왕은 권 률이 독성에 진주하였다는 말을 듣고 즉시 차고 있던 칼을 풀어 권 률에게 전하면서 말하기를
『장병들 중에 명령에 복종하지 않는자 있거든 이 칼로써 처단하라』
하였다。

수가(秀家)는 정예한 권 률의 군대에 위압되여 군사 수만명으로 세 곳으로 분할하여 오산(烏山) 동지에 진을 치고 호상 련락하면서 왔다 갔다 건드려 보는 것이였다.

그러나 권 률은 성문을 굳게 닫고 응전하여 주지 않고 다만 가끔 소 부대로써 적을 대항하여 그때마다 적의 기세를 꺾어 놓았다.

적들은 권 률 부대를 위협하여 보려고 백방으로 애썼으나 아무런 소득도 없었다. 그리하여 며칠 지낸 뒤에 놈들은 자기들의 병영을 소각하고 밤중에 도망하여 버렸다. 그리고 경기도 일대의 다른 왜적 떼도 점차 서울 성안으로 다시 들어 가고 말았다. 그후부터 서쪽 통로가 열려지고 각처 의병들이 벌떼 같이 일어 나서 일제히 호응하였다.

계사(癸巳)년 二월에 권 률이 관하 정병 四천명을 전라 병사 선 거이(宣居怡)에게 나눠 주어 금천(衿川)에 진치고 있으면서 멀리서 서로 호응하여 기세를 올리게 하였다. 그리고 그 자신은 정병 二천 三백명을 거느리고 양천강(陽川江)을 건너 고양(高陽) 행주산성(幸州山城)에 진을 쳤다. 그것은 서쪽으로 가는 통로를 제압하는 동시에 서울을 장악하려는 것이였다.

당시 명나라 대장군 리 여송(李如松)이 대군을 령솔하고 와서 평양을 회복하였다. 따라서 그의 위세는 굉장하였다. 그 바람에 왜적의 두목 가등청정은 함경도로부터 군사를 돌려 서울로 달려 오고 륭경(隆景)이와 장정(長政)이도 쫓아 오고 행장(行長), 의지(義智—종의지(宗義智)—역주), 조신(調信) 등도 놈들의 졸개를 거두어 가지고 서울로 모여 들었다. 이리하여 서울의 적세는 다시 성하게 되였다.

그때 권 률이 먼 데서 군사를 이끌고 깊이 들어 와서 바로 놈들의 군처에 접근하여 있게 된 것이다. 적들은 권 률의 군사가 소수인 것을 알고 단번에 섬멸할 생각으로 그의 떼거리를 전부 끌고 나타났다.

二월 十二일 새벽에 척후병이 보고하기를

『도적들이 좌우 량익으로 나눠져 붉은기 흰기를 들고 본영을 향하여 다가 옵니다』

하였다.

권 률이 전체 군대는 움직이지 말고 있으라고 명령하고 높은데 올라 가서 바라 보았다。 본영에서 五리쯤 되는 곳에 왜적 떼가 벌써 가득 차 있었다 그리고 순식간에 놈들 수만 여명이 본영을 포위하고 말았다。

우리 군대는 결사적으로 항전하였다。 적들은 그의 졸개를 세 부분으로 나눠 진을 치고 차례로 휴식하여 가면서 공격하여 왔다。 그러나 묘(卯)시로부터 유(酉)시(아침 五、七시로부터 저녁 五、七시까지—역주)에 이르기까지 세번이나 접전하였으나 적은 계속 불리한 형편이였다。 놈들은 나뭇단을 묶고 와서 풍세를 리용하여 우리 목책을 소각한다、 성중에서는 물을 쏟아서 불을 끈다、 이 같이 백열전이 계속되였다。

처음부터 승려 군대에게 성의 서북 방면의 수비를 위임하고 있었는데 이때 그들이 약간 퇴각하게 되였다。 이 기회를 타고 왜적들이 소리소리 웨치면서 달려들어 우리 군중에는 혼란이 일어 났다。

그러나 권 률은 칼을 휘두르면서 직접 자신이 독전하고 부하 장령들은 모두 적의 칼날을 무릅쓰고 육박전을 전개하였다。 적은 그러한 기세를 당적해 내지 못하여 결국 퇴각하고 말았다。

그리고 나서 적군의 시체를 네 무더기로 싸 놓고 나무를 모아 태우니 그의 악취가 十리 어간에 뻗치였다。 그리고 남은 시체를 수습하여 머리 一백 三十여개를 자르고 군수품、 투구、 갑옷、 깃발、 무기 등을 무수하게 로획하였다。

당시 리 여송 제독(提督)이 개성에 주둔하고 있으면서 먼저 유격 장군(遊擊將軍) 사 대수(査大受)를 보내여 림진강을 건너 갔다 왔다 하면서 순찰하고 있었다。 리 여송은 사람으로부터 권 률이 대승리를 전취하였다는 말을 듣고 그 이튿날 그의 비장(裨將)을 보내여 전쟁터를 시찰하는 동시에 례물을 보내여 축하하였다。

며칠 뒤에 리 여송의 요청에 의하여 두 장군이 만나보게 되였다。 그때 권 률은 대오를 정제하여 리 여송을 환영하는데 기치가 찬란하고 무기가 정예하고 호령이 엄숙하였다。 리 여송은 권 률을 극히 존경하는 태도로써 대하였다。 그리고 자기네끼리 말하기를

『권씨 부대는 다른 부대와는 다르다。 외국에도 진정한 장수가 있다는 것을 알았다』

고 하였다。

三월에 명 나라 경략(經略) 송 응창(宋應昌)이 자기 나라에 글을 올리기를

『왜적이 조선을 유린하여 국왕이 피란까지 하고 각 지방 군사들은 소리만 듣고 괴주하고 있는 이때 정의를 호소하고 의용군을 초집하여 혼란 상태를 안정시키고 근거지를 창설하여 국운을 만회하려는 한 사람의 걸사(傑士)를 볼 수 없던 차에 전라 관찰사 권 률만은 고립 무원한 처지에서 군중을 소집하여 여러번 교묘한 전술로써 대적을 저항하고 있습니다。 그는 실로 조선에 있어서 란세의 충신이고 중흥의 명장이라고 할 수 있습니다』

고 하였다。

이리하여 권 률에게 붉은 비단 네 끝과 은 五十량중을 주어 충용한 사람의 모범으로 표창하였다。

명 나라 병부 상서(兵部尙書) 석성(石星)이 그의 임금에게

『권 률이 혼자서 고군을 가지고 대적을 저항하고 있습니다』

라고 글을 올리여 명 나라 임금도 권 률을 찬양하였다。

그해 三월에 명 나라 병부에서

『조선은 본래 강국이라고 들었더니 과연 지금 전라도에서는 적군을 살상 포로한 것이 다수에 달하니 그 나라 인민들이 일층 궐기할 수 있을 것이다。』

이러한 뜻으로 된 명 나라 임금의 전언을 가지고 홍 려시(鴻臚寺—대외 관계의 사무를 맡은 중앙 관청—역주) 관리를 파견하여 우리 나라 사람을 격려하였다。

명 나라 대소 관리들은 권 률이란 이름을 듣기만 하면

『전일에 행주 산성에서 승리한 그 사람이야!』

하고들 말하였다。 이리하여 행주 산성의 승리가 중국에서는 국가를 회복하는데 있어 제일 가는 공적으로 알려져 있었다。

권 률은 왜적 떼와 너무 가까이 대치하고 있는 것이 재미 없다고 생각하고 파주 산성(坡州山城)으로 진

저들이 동하였다。 적들은 대거하여 서쪽으로 진격하려 하면서 우선 행주 산성의 패배를 만회하려고 하였다。 그러나 그들은 파주 산성의 성루가 높고 험난한 것을 바라보고 졸개들을 이끌고 그만 물러 가고 말았다。

이로부터 三、四개월 지난 뒤에 수가(秀家)를 위시한 기타 무부들이 자기들의 세력이 약화되어 가는 것을 고려하여 리여송에게 강화를 요청하고 졸개들을 대동하고 도망하고 있었다。

권률이 그것을 알고 밤을 밝혀 서울에 입성하였을 때는 왜적들은 벌써 한강을 건너 갔을 때였다。 이리하여 즉시 선봉부대를 독촉하여 적을 급히 추격하게 하였다。

그때 리여송이 장령들과 의논하기를

『전라 관찰사(권률—역주)는 [illegible] 군사 지휘에도 능숙하므로 군대가 다들 그에게 복종하고 있다。 지금 만일 그가 전체 군대를 동원하여 적을 추격한다면 내가 계획하는 강화 문제는 실패로 돌아가리라는 것은 명백하다。』

이리하여 밤중에 유격 장군 척금(戚金)을 왜진에 보내여 한강 나루에 있던 배란 배는 전부 거두어 버렸다。 그리고 나서 척금이 그의 부장을 권률에게 파견하여 한번 만나 일을 의논하자고 하므로 권률이 그를 만나게 되었다。 그때 척금이

『장군은 우리 장군의 말씀도 듣지 않고 적을 추격하려는 것은 무슨 까닭입니까?』

이와 같이 힐난할 뿐만 아니라 날마다 그의 부하들을 시키여 권률의 용병을 살피면서 왜적 추격을 방해하고 있었다。 그러므로 권률은 부득이 전라도로 회군하고 말았다。

六월에 그는 도원수(都元帥)로 승진되어 영남 지방에 주둔하였다。

갑오(甲午)년에 권률이 병에 걸려 해임을 요청하였다。 국왕은 특히 시의(侍醫)를 보내어 그의 병을 보아 주었다。

무관 하나가 전쟁을 기피하여 전주로 도망하여 명나라 장수에게 의탁한 일이 있었다。 권률이 전주를 시찰하다가 그것을 알고 도피자들 체포하여 오게 하였다。 명나라 장수는 또 주병을 살려 줄 것을 간절히 요청하였으

나 권률은 듣지 않고 단연 도피자의 목을 베고 말았다。 그후 얼마 되지않아 국상이 남조선 지방의 군사를 시찰한 일이 있었다。 그때 도주하였다가 처단된 무관의 가족이 국상에게 권률을 무고하여 그는 결국 해임을 당하고 말았다。

그 일을 당하고 그는 사람들을 보고 웃으면서

『대장된지 三년에 도주병 한놈 죽이고 해임을 당한단 말인가?』

그는 서울로 돌아와서 한성부 판윤(漢城府判尹)에、비변사(備邊司)에 당상관으로 호조 판서(戶曹判書)에 임명되였다。 그러다가 얼마 안 가서 충청도 관찰사로 되여 갔다。

그때 왜적은 의연히 철거하지 않고 있었다。 권률을 다시 원수로 복직시키였다。 그는 글을 올리여 사퇴하였으나 국왕이

『경의 충성과 공로가 현저하고 용맹과 도략이 초월하여 명성이 천하에 떨치고 위신은 적국을 위압하고 있소 지금 원수의 적임자로서 경을 제외하고 누구가 있단 말이요。』

이렇게 말하고、어용마 한 마리를 하사하였다。 권률이 하직하려 할 때 국왕이 그를 불러 보고 위로하였다。

『경에게 다시 수고를 시키게 되였소 흉악한 도적들을 섬멸하고 국가를 편안하게 하여 줄 것을 나는 날마다 기다릴 것이요。』

그때 명 나라에서는 일본에 사신을 보내여 수길(秀吉)을 일본 국왕으로 봉한다는 것을 전하였다。

이리하여 우리 나라에 침입하여 있는 왜적의 두목들이나 우리 나라 장령들이나 다들 군사 행동을 중지하고 대기하고 있었다。

권률이 진지에 도착하여 일곱가지 군무에 관하여 축조 상소하였다。 그것은 왜적의 재 침략을 심각하게 우려한 데서 나온 것이였다。

병신(丙申)년 겨울에 일본으로부터 돌아온 우리 나라 사람 편에서 비로소 일본은 우리편 사절의 말을 거절하고 가등청정이 다시 침입하여 온다는 것을 알았다。 전국 인심이 소란하여 안정될 줄을 몰랐다。

권 률이 그 말을 듣고 사람들에게 이렇게 말하였다.

『설령 청정이가 다시 나온다고 하더라도 그것은 전에 나왔던 그 청정이 외에 아무 것도 아닐 것이다. 중앙의 재상이나 지방의 장령들이나 걱정만 하고 앉아서 무슨 소용이란 말인가 청정이가 온대도 내게는 그놈을 대처할 계책이 벌써 되여 있다.』

진영을 동서로 분리시켜 목책을 련달아 벌려 세우고 호상 응원하는 전술을 건의하여 국왕의 승인을 받았다.

정유(丁酉)년 가을에 왜적들이 여러 갈래 길로 서쪽을 향하여 기여 올라 왔다. 놈들의 선봉은 벌써 충청도에 도달하였다.

조정에서는 한강 계선을 차단하려 하여 권 률을 서울로 올라오게 하고 도체찰사(都體察使) 류 성룡(柳成龍)과 함께 협력하여 왜적을 방어하게 하였다. 이리하여 왜적이 직산(稷山)까지 왔다가 패전하고 퇴각하게 되였다. 조정에서는 서북 지방의 군사도 동원하여 놈들을 추격하는 동시에 권 률에게 남으로 진군하여 인민을 안정시키면서 명 나라 군사와 협력하여 다시 총 공격을 시작하도록 하였다.

겨울에 명 나라 륙명 경리도어사(經理都御史) 양 호(楊鎬)는 제독 총병 마 귀(麻貴)와 함께 四만명을 인솔하고 세 갈래 길로 나뉘여져서 수로로 륙로로 진격하였다.

권 률은 장수들에게 분공을 주어 명 나라 부대와 협력하게 하고 자신은 정예 기병과 용장을 선발하여 제독의 진영에서 행동하였다.

제독은 문경(聞慶)에 도착하여 三로군(三路軍)의 대장들을 소집하고 비밀리에 작전을 계획하였다. 그때 제독은 권 률에게 이렇게 부탁하였다.

『명 나라 군대가 울산에 도달하거든 원수는 해군에 명령하여 함선을 정비하여 포수(砲手)를 대량으로 싣고 앞 바다에서 시위하면서 성세를 돋구도록 하는 것이 좋겠습니다.』

제독이 울산을 공격하였으나 형세 불리하였다. 그때 경리가 권 률에게 우리 나라 군대만을 데리고 불로써 적을 공격할 것을 요청하였다.

권 률이 장령들을 독려하여 돌격을 개시하였다。 그때 뒤떨어진 자 二명을 베여 군중에 시위하였다。 군사들은 함성을 올리면서 용약 진격하였다。 우리 나라 대장、병사、방어사들 이하 전체 장령들이 개미떼 같이 기여 올라 갔다。 그리고 일제히 적의 목책안으로 뛰여 들어 바로 적의 성아래에 육박하였다。 제독이 장막 안에서 바라보고 책상을 치면서 감탄하기를

『원수야말로 군사를 지휘할 능력을 가진 사람이로구나』

하였다。

권 률은 경리에게 이렇게 말한 일이 있였다。

『지금 우리가 도산(島山)을 공격하고 있으나 경상도 연해에는 적진이 라렬하여 있습니다。 그들이 도산이 위급하다는 말을 들으면 필연 졸개들을 합세하여 후원하려 올 것입니다。 미리 일부 부대를 파견하여 후원하려 오는 적을 차단하면 청정의 머리를 얻어 올 수 있을 것입니다。』

명 나라 군대가 도산을 포위한지 十二일 간이나 되였다。 성은 작지마는 견고하고 적들의 수가 많고 튼튼하게 방어하고 있으므로 여러가지 방법으로 공격하였으나 결국 함락시키지 못하였다。 더구나 그뒤 적의 원군이 대대적으로 도착하였다。 그것을 보고 명 나라 군대는 일이 글렀다고 생각하고 무술(戊戌)년에 결국 대군을 회군시키고 말았다。

가을에 총독 군문의 대사마(大司馬) 형 개(邢玠)가 세 사람의 대장을 통솔하고 세 갈래 길로 다시 진군하였다。 제독 마 귀는 울산 길로 진격하고 제독 동 일원(董一元)은 사천(泗川)길로 진격하고 제독 류 정(劉綎)은 순천(順天)길로 진격하였다。 전체 부대들은 출발하면서 모두 권 원수의 부대를 자기들의 부대와 함께 가게 해달라고 희망하였다。 국왕은 결국 권 률을 류 정 부대와 함께 진군하게 하였다。

명 나라 군대가 순천에 도달하여 왜적의 보루를 포위하였으나 점령하지 못하였다。 류제독은 원래 전쟁할 생각이 없였던 것이다。 권 률이 분개하여 각 병영에서 결사대를 선발하여 앞장서 나갈 것을 명령하고 명 나라 군대에게 협력하여 일제히 공격할 것을 요청하였다。 그러나 제독이

『장명들을 소집하여 의논해 보아야 겠소。』

이렇게 말하면서 어물어물하고 있을 뿐이였다。

제독이 왜적을 九일 동안 포위하고 있었으나 끝끝내 아무런 성과도 내지 못하였다。 그러나 그때 권 률이 그 률의 구속을 받기 때문에 자기의 주장을 내세울 수 없었다。

그것도 운명이라고 할 수 있을는지。

조정에서 승려 유 정(惟政)을 왜적의 진중에 파견하였을 때 청정은 제일 먼저 권 원수에 대하여 문안하였다고 한다。 그리고 우리 나라 사신이 명 나라에 갔을 때 병부 상서 석성(石星)이

『귀국의 신하들 가운데 만일 권 률 같은 사람이 두어 사람만 있다면 무슨 걱정이 있겠소』

라고 말하였다。

기해(己亥)년 여름에 권 률이 령남 지방에 있으면서 해소병에 걸리였다。 국왕에게 고향에 가서 죽게 하여 달라고 요청하여 승낙을 받았다。 그해 七월에 사망하니 나이가 六十三세였다。

전쟁이 시작된 이후로 국가 저축이 탕진되여 재상이 죽었더라도 부의(賻儀—사망하였을 때의 원조 물자—역주)를 하지 않아도 상관없이 되였다。 그러나 권 률이 죽었을 때만은 국왕이 랑관(郎官)을 파견하여 조상하고 제사를 지내게 하였다。 그리고 숭정 대부(崇政大夫) 직품에 의정부 좌찬성(議政府左贊成) 벼슬을 증직하였다。 그의 공훈을 평정하여 효충장의 적의협력 선무공신(効忠仗義廸毅協力宣武功臣)이란 칭호를 주었다。 그리고 의정부 령의정을 더 증직하였다。

권 률은 아들이 없고 그의 사위 오성 부원군(鰲城府院君) 리 항복(李恒福)이 그의 공적을 묘비(墓碑)에 새기어 후세에 전하였다。

곽 재 우 전

곽 재우(郭再祐)의 자는 계수(季綏)이고 호는 망우당(忘憂堂)이라고 하였다。 현풍(玄風) 곽씨로서 감사(監司) 곽 월(郭越)의 아들이였다。

곽 재우는 기백있고 호협하고 정의감이 강하였다。 곽 월이 의주 목사(義州牧使)로 있을 때 곽 재우가 그의 측근에 있으면서 三년 동안에 외색을 가까이 한 일이 없어 사람들이 모두 그의 지조가 대단하다고 말들 하였다。

그 뒤에 곽 재우는 곽 월이 명 나라에 사신으로 갈 때에 따라 간 일이 있었는데 상 보는 사람이 그의 얼굴을 보고 이렇게 말하였다。

『반드시 큰 사람이 되여 그의 명성이 세상에 알려질 것이다。』

그는 벼슬에 뜻을 두지 않고 나이 四十여세가 되도록 빈한하게 생활하면서 삿갓과 짚신 차림으로 낚시질이나 하고 세월을 보내고 있었다。 그의 성격은 자유 분방하고 기발한 재주가 있었다。 그는 평소에 아주 호인이여서 흡사히 별다른 능력이 없는 것 같이 보여 당시 사람들이 그의 능력을 알지 못하였다。

선조(宣祖)때 임진(壬辰)년 변란이 일어 났을 때 곽 재우는 의녕(宜寧)의 어떤 농촌에 있었다。 그때 그 지방의 장관들과 장령들은 진지를 버리고 도망하여 진지에는 날짐승 길짐승들만 끓고 있었다。 곽 재우는 그것을 보고 분연히 일어섰다。

『지방 장관이 중대한 사명을 맡아 있으면서 저만 살려 하고 국가의 존망은 생각지도 않으니 이때 우리같은 백성들이 죽음으로 나라를 구하는 수 밖에 없다。』

이렇게 호소하고 가정 노예들과 시골 군사들을 불러 모아 의용군을 조직하여 적을 토벌하려 나섰다。 그리고 자기 재산을 전부 털어 군비에 충당하였다。

그때 왜적은 의녕、삼가(三嘉)、합천(陜川)을 점령하였다。

곽 재우는 첫 전투에서 장사 十여명을 데리고 적을 유격 전술로써 공격하였다。 이리하여 몰려 도망하는 왜적들을 정진(鼎津)、함안(咸安)까지 추격하여 놈들을 격파하고 머리 五十개를 베였다。

그후부터 의용군이 구름같이 모여들게 되였다。 곽 재우는 언제나 붉은 옷을 입고 자신이 선두에 서서 행동하였다。 때문에 왜적들은 그를 『천강 홍의장군(天降紅衣將軍)』이라고 불렀던 것이다。

그는 항상 애국심으로 군중을 격려한 때문에 모두들 격동되여 종군하기를 자원하여 나섰다。 곽 재우는 소를 잡아 군사들을 먹이고 초계(草溪)에 있는 무기와 신창(新倉)에 있는 량곡을 징발하여 사용하였다。

우도 병사 조 대곤(曺大坤)이 전쟁을 도피하여 산중에 엎드려 있으면서 곽 재우가 의용군을 조직하였다는 말을 듣고 그를 지방 강도라고 하여 체포령을 내리였다。 일이 그렇게 되는데 따라서 군사들이 의혹을 품고 두려워 하여 다들 해산하여 가려 하였다。 곽 재우도 대세를 어떻게 할 도리가 없다고 생각하고 두류산(頭流山—지리산—역주)으로 들어가려고 작정하였다。 그때 마침 초유사(招諭使) 김 성일(金誠一)이 내려왔다가 곽 재우의 명성을 듣고 그를 격려하여 의용군을 계속 모집할 것을 권고하였다。 이리하여 그의 세력은 다시 강화하여 천여명으로 확대되였다。

적의 함선 三十여척이 다시 기강(岐江)으로 올라 왔다。 곽 재우는 함성을 올리면서 군대의 위력을 과시하였다。 왜적들은 그의 위세를 바라보기만 하고도 도망하고 말았다。

그때 적의 두목은 안국사(安國寺)의 중 모리(毛利)란 놈인데 휘원(輝元)의 참모장이였다。 그는 원래 제 재주에 자만하고 있는 자로서 이때 와서 호남 지방을 전취한다고 호언 장담하고 있었다。 그는 군사를 끌고 날마다 서쪽으로 행군하여 그의 선봉이 정진에 도착하였다。 이리하여 그들은 곽 재우 부대와 수십리 상거까지 접근하였던 것이다。 그런데 그 부근에는 진탕이 펼쳐 있어 왜적들이 건너 갈수 없었다。 왜적들은 안내자를 미리 보내여 좀 덜 깊은 데를 골라 막대들을 꽂아 표시하여 두고 그 이튿날 새벽에 건늘 작정을 하였다。

곽 재우가 그들의 간책을 알아 채고 밤중에 부하 장사를 데리고 그 곳으로 달려가서 막대를 전부 뽑아 깊은 진탕에다 옮겨 꽂아 두고 복병을 하고 대기하고 있었다。 과연 적들이 멋도 모르고 와서 진탕에 빠져 나오지 못하고 헤매고 있을 때 복병이 일시에 일어나서 왜적을 거의 섬멸하였다。

그후 얼마 되지 않아 왜적 떼가 대대적으로 도착하였다。 곽 재우가 형세를 보아 회전하기 곤난하다고 생각하고 날랜 장사 十여명을 데리고 모두 붉은 옷에 흰말을 타고 함성을 올리면서 바로 적진으로 육박하여 이쪽 저쪽으로 달리면서 적을 유인하였다。 적은 그것이 한줌도 안되는 집단으로 알고 추격하기 시작하였다。 그리하여 十여리쯤 따라 가다가 보니 어느듯 그들 자신이 산골에 들어 섰다는 것을 알았다。 그리고 쫓겨 가던 곽 재우는 연기같이 사라져 버린 것이였다。 놈들이 어리둥절하여 정신을 못차리고 있을 때 바로 앞에 있는 절벽 우에 수십명의 장사가 그 역시 붉은 옷에 흰말을 타고 있는 것을 보았다。 놈들이 경악하여 다시 추격하다 보니 금방 또 없어져 버리고 북 소리 나팔 소리만 산골을 울리였다。 적들이 다시 보니 어느 틈에 깃발이 이편 산 언덕을 덮었다가 금방 살아져 버리고 다시 저편산 언덕에 나타났다。 놈들이 더욱 혼이 나가 모두들 이거야 말로 귀신의 장난이 아닌가 하고 중얼거렸다。 도대체 세력이 얼마나 되는지를 알지 못하여 감히 달려들지도 못하였다。

그때 곽 재우가 우수한 사수들을 중로에 묻어 두어 수림 속에서 놈들을 란사하였다。 도적 떼는 혼란 상태에 빠져 괴주하기 시작하였다。 바로 그때 일제히 일어나서 강 언덕을 내리 덮어 버리였다。 놈들의 시체가 강을 막아 물이 흐르지 못할 지경이였다。 이리하여 안국사 중놈은 결국 철퇴하고야 말았다。

그후에도 적이 들어 오면 공격하고 공격하면 반드시 소득이 있었다。 흰말들은 번개같이 날아 다니여 탄환과 화살이 비오듯 하는 속에서도 한번도 맞지를 아니 하였다。 적들은 더욱 더욱 얼이 빠지였다。

그 뿐만 아니라 어떤 때에는 말을 타고 북을 치면서 천천히 다니기도 하고 어떤 때에는 젓대와 피리를 불면서 다니기도 하면서 왜적들의 정신을 어지럽게 하여 놈들이 끝끝내 감히 접어 들지를 못하였다。

본영으로부터 적진과의 사이에는 두 서너 참의 거리만큼씩 척후를 배치하여 적의 동정에 대한 정보를 전달하도록 하였다。 때문에 적군이 백리 밖에 도착하였을 때에는 벌써 진중에서는 먼저 알고 있었다。 그래서 미리 준비하고 있으면서 대기하는 때문에 언제든지 피로하지 않으며 안정되여 소란하지 않았다。

혹시 적의 대군이 들어 올때에 수많은 모의 병이 수림 속에 배치되여 있고 사방에서 나팔 소리 북 소리가 일제히 일어 난다。 또는 대가리 다섯 붙은 횃불을 들고 밤중에 돌연 대거 습격하여 동서 남북에서 호응한다。 이리하여 작은 군사가 굉장히 큰 세력으로 나타난다。 이 바람에 적은 얼이 빠져서 싸움도 하지 않고 도망치기가 일수다。

그리고 또한 군사가 간혹 적군을 만나 비록 十리 포위중에 빠졌더라도 곽 재우는 반드시 달려들어 그를 구출하고야 만다。 그러나 그는 조그마한 상처도 받지 않는 것이였다。 이리하여 그는 력전하는 사졸들의 지지를 얻게 된 것이다。 그리고 죽음으로써 싸울 각오를 한 사람들이 자발적으로 전쟁에 나간 까닭에 도처에서 승리한 것이다。

곽 재우는 드디여 군사와 군마를 광범히 징모하여 저쪽으로 락동강(洛東江)、이쪽으로 정진강(鼎津江) 사이에 七개의 진지를 설치하여 그 세력이 六十여리에 뻗치였다。 그리고 그는 그 중간에서 군사를 지휘하여 동서로 호응하고 이리치고 저리치고 하였다。 그후에 오는 적군은 모두 그의 형세를 바라만 보고 도망하는 것이였다。

시골 사람들로서 유족한 사람들은 날마다 번갈아 가면서 소를 잡아 군사들을 먹이였다。 그리고 락동강 이쪽의 하도(下道) 백성들은 안정되여 농사할 수 있었다。 이리하여 그의 정의의 명성은 광범하게 전파되였다。

곽 재우가 최초에 의용군을 조직할 때에 길에서 어떤 옥관자 붙인 남자를 하나 만났었다。 그는 바로 가덕첨사(加德僉使) 전 응린(田應麟)이였다。

곽 재우는 말을 세우고 웨쳤다。

『너는 보아하니 도망가는 장수로구나! 나라를 버리고 저만 살겠다고 도망하는 놈은 죽여 마땅하다。』

이렇게 말하고 즉시 그에게 활을 겨누었다。

진 응린이 성을 내면서

『내가 도망하건 말건 네게 무슨 상관이란 말이냐?』

하고 그도 역시 곽 재우를 향하여 활을 쏘려는 것이였다.

곽 재우가 다시 그에게 좋은 말로 타일렀다.

『너는 이미 너의 진지를 떠났으나 나는 지금 의용군을 모집하고 있다. 네가 지금 나를 따른다면 그것은 정의의 행동으로 되는 것이고 나를 대항한다면 반역적 행동으로 된다는 것을 알아야 한다.』

진 응린이 그만 부끄러워 하면서 공손히 사과하였다.

『진실로 당신의 말과 같다면 어찌 감히 명령에 복종하지 않겠소.』

이러하여 그는 곽 재우의 비장으로 되여 종군하다가 결국 전쟁에서 죽었다.

함안(咸安) 군수 류 숭인(柳崇仁) 역시 곽 재우에게로 와서 그 부대에 소속되여 있다가 뒷날 다시 그 고을 군사를 수습하여 왜적과 싸워 빛나는 공을 세웠다.

안국사 중놈이 락동강 우편을 계속 침범하여 유격선 十八척을 끌고 가야(伽倻)로 간다고 떠벌리면서 줄지에 정진강으로 들어 오므로 곽 재우가 다시 그것들을 격퇴하였다.

안국사 중놈이 정진강으로 깊이 들어 갈 수 없다는 것을 알고 증원 부대를 얻어 가지고 령산(靈山) 창녕(昌寧)으로 방향을 돌리여 기강(岐江)을 건너가려 하였다. 그래서 기강 건너편에서는 인심이 아주 소란하여졌다.

곽 재우가 그것을 알고 먼저 달려가서 강언덕을 점령하고 있으면서 창고를 풀어 헤쳐 군사들에게 단단히 음식을 먹이고 방어 시설을 튼튼히 하고는 대기하고 있었다.

안국사 중놈이 기강의 동쪽 언덕에 도착하여 이편을 바라 보았다. 곽 재우 부대는 대오가 정연하고 기세가 엄숙하였다. 중놈은 깜짝 놀라 중얼거리는 것이였다.

『저이는 정진강의 홍의 장군임에 틀림 없다.』

놈들은 늙그머니 강을 끼고 도망하고 있었다。

곽 재우는 강 저편 언덕을 끼고 몰래 그들을 추격하여 성주(星州) 안언역(安彦驛)에 이르러 돌연히 출격하였다。 그러나 원체 중과 부적하여 전투를 중지하고 돌아 왔다。

중놈은 다시 지례(知禮)를 거치여 거창(居昌)으로 침입하였을 때 수비장 리 형(李亨)이 전투에서 전사하였다。

의병장 김 면(金沔)이 그때 고령(高靈)에 있으면서 거창 사변을 듣고 장령들을 대하여

『거창은 진주(晋州) 이북에 있어서 전술상 중추 지대이다。 만일 거창을 확보하지 못하면 경상 우도 十여군이 모조리 와해되고 말것이다。』

이렇게 말하고 달려 가서 우척령(牛脊嶺)을 점령하고 있으면서 린근 고을의 군대들에게 호소하였다。 그때 김 성일(金誠一)이 진주로부터 달려 와서 김 면 부대와 련합하여 결사적으로 방어하였다。

중놈이 경상 우도 지방은 침범할 수가 없다고 생각하고 다시 지례로 해서 바로 전라도 지경 안으로 들어 가서 금산(錦山)을 습격하여 그를 점령하고 호서 지방에 있는 도적들과 련결하여 무주(茂州)에 주둔하고 있으면서 각 지방을 침략하고 전주까지 엿보고 있는 것이였다。 이러하여 방어사 곽 영(郭嶸) 등이 형세만 보고 도망하여 호남 일대는 공포에 싸이게 되였다。

그때 김 덕령(金德齡) 장군이 호남 지방에 있으면서 곽 재우에게 편지를 보내였다。

『장군의 영웅적 성화에 대하여는 들은지 벌써 오래 되였습니다。 장군은 나라의 장성(長城)으로 되여 요지를 장악하고 있으면서 락동강 이서 지방을 끝까지 확보하였습니다。 거듭 위대한 업적을 닦는다면 아마 장군이야 말로 일등의 공훈에 타당할 것입니다。』

곽 재우는 다음과 같은 답서를 보내였다。

『재우가 장군의 명성을 들었을 때 기뻐서 잠을 자지 못하였습니다。 그러다가 지금 멀리서 글을 받아 보니 감격의 마음과 죄송한 생각이 번갈아 일어나고 있습니다。

『장군은 귀신을 울리는 지혜와 세상을 진동하는 대량을 가지고 있습니다。 진실로 장군은 「화살 세개로 천산 만을 평정할 것은 아닙니다」(三箭天下不足定也)。』(중국 당 나라 장수 설 인귀가 천산 부근의 적과 싸울 때 만 화살 세개로 세 사람의 적을 거꾸러 뜨리는 것을 보고 적군은 사기가 저상되여 도망하고 말았다。 그 후로 설 인귀 군중에서는 『장군의 화살 세개에 천산이 평정되고 장사는 노래하며 한관으로 들어 가누나(將軍三箭平天山、壯士長歌入漢關)』 이라는 노래를 불렀던 것이다—역주)

파 재우가 경상 감사 김 쉬(金睟)가 왜적을 막으며 서울에 갔다가 본도로 도망왔다는 말을 듣고 분개하여

『김 쉬는 왜적을 치려고 서울에 올라 갔다가 적을 보지도 않고 지레 도망하여 왔다。 우리의 적은 왜적 뿐만 아니다。 우리는 군사를 이동하여 저놈을 먼저 토벌해야 한다』고 웨쳤다。

김 성일이 가까스로 만류하여 중지시키였다。

그러나 파 재우는 김 쉬에게 일곱가지 죄상을 써서 보내고 다시 그의 죄악을 조정에 보고하여 그를 사형에 처할 것을 요청하였다。 동시에 도내 의병들에게 통문을 돌리여 김 쉬를 성토할 것을 약속하였다。

김 쉬가 그 말을 듣고 겁이 나서 자살하려다가 군관이 말리여 중지하고 함양(咸陽)으로 달려 가서 군사를 모아 경계하고 있었다。 그리면서 일방으로 군관 김 경로(金敬老)를 시키여

『파 재우는 의병에 빙자하여 반역 음모를 하고 있다』 운운 이라는 격문을 돌리였다。

파 재우는 김 쉬의 격문에 대한 대답으로

『애국과 반역은 세상이 분간할 것이고 옳고 그른 것은 공논이 판단할 것이다』 운운의 격문을 발표하였다。

김 쉬는 결국 서울로 사람을 보내여

『파 재우가 반역 음모를 한다』는 무고를 하는 데까지 이르렀다。 그 말을 듣고 조정에서는 대경 실색을 하게 되였다。

김 성일이 그 말을 듣고

『내가 여하히 하더라도 해명하여 드리고 말 것이요.』
이렇게 말하고 급히 보고를 올리여 곽 재우는 나라를 사랑하고 부정의를 분개할 뿐이란 것을 력설하여 조정의 의혹을 풀었다.
당시 리 호민(李好閔)이란 시인이 곽 재우에 관하여 시를 지었다.

『저 사람 홍의 장군
왜적 쫓기를 노루 쫓듯
나라 위하여 생명 바치려니
곽 분양인들 더할 손가』
(곽 분양은 중국 당 나라 현종 때 충신으로 일평생을 그의 조국에 바치였다. 이름은 자의(子儀)였다—역주)

(聞道紅衣將
逐倭如逐獐
爲官終戮力
須似郭汾陽)

체찰사(體察使) 리 원익(李元翼)이 양 총병(楊摠兵—명 나라 사람—역주)에게 그의 부대를 령남 지방으로 이동할 것을 요청하려고 하였다. 곽 재우가 그 말을 듣고
『범이 산에 있을 때에는 그의 위세가 큰 것이고 룡이 못안에 있는 한 그의 변화가 측량할 수 없는 것입니다. 그러나 범이 산에서 내려오면 아이들도 그를 쫓아 버리고 룡이 못에서 나오기만 하면 벌레들도 우습게 보는 것입니다. 지금 명 나라 군사가 충청도 지방에 주둔하고 있는 것은 범이 산에 있고 룡이 못 속에 있는 것과 같습니다. 그들이 만일 경상도 지방으로 나온다면 그것은 범이 산에서 내려온 것이고 룡이 못에서 나온 것과 같을 것입니다』 하였다.

미원이이 다음과 같은 답서를 보내였다.

『지금 나는 서한을 받아 보고 저절로 무릎을 꿇었습니다. 우리 나라에 이 같은 장수가 있으니 무슨 걱정이 있겠습니까.』

그때 왜적이 현풍(玄風) 창녕(昌寧) 령산(靈山) 등지에 대량적으로 주둔하고 있었다. 그리하여 밑으로는 김해(金海)에 통하여 있고 우으로는 성주(星州) 무계(茂溪)에 뻗쳐 있으면서 놈들의 천막이 련달아 늘여 섰다.

곽 재우는 왜적들과는 강 하나를 사이에 두고 대치하여 있었다. 그의 부대는 각종 형태로 여기 번뜩 저기 번뜩, 전혀 없는 듯 하다가 졸지에 들끓는 듯 나타났다.

이리하여 적은 끝끝내 곽 재우 부대에는 접근하지 못하였다.

전(前)목사 오 운(吳澐) 등이 또한 三천명의 의병을 모집하여 곽 재우의 지도하에 들어오게 되여 그의 세력은 더욱 강화되였다.

곽 재우는 락동강 좌편의 인민을 해방시키기 위하여 군사를 이끌고 강을 건너 정병 수백명을 선발하여 바로 현풍성 밖에 다가 들었다. 이리하여 각종 계략으로 적을 끌어 내려 하였으나 적은 종시 움직이지 않는 것이였다. 곽 재우는 밤중에 비파산(琵琶山)에 병사들을 올려 보내여 함성을 올리면서 기세를 보이였다. 총 소리 라팔 소리가 천지를 흔들고 수만개의 횃불이 일제히 비치여 그것이 十여리 상거에 련이였다. 그러다가 어느 틈에 불들이 사라져 버리고 사람의 기척도 들리지 않았다.

그러나 다음 순간에는 현풍성 뒷산에서 또 그와 같은 광경이 벌어지는 것이였다. 불 빛이 성 안을 대낮같이 비치면서 사람들이 한꺼번에 웨치기를

『홍의 장군이 래일 성을 전멸할 것이다. 너희들은 후회하지 말어라.』

그리고는 일시에 불이 사라져 버리고 사람이라고는 종적도 없어졌다.

왜적떼는 혼이 나가 그날 밤으로 도망하고 말았다. 창녕에 있던 왜적들도 그 말을 듣고 달아나고, 령산에 있던 도적만 저희들이 수가 많다는 것만 믿고 버티고 있었다.

곽 재우가 김 성일에게 청하여 세 고을 군사를 더 동원하여 령산 성밖에 육박하였다。 그때 별장(別將) 윤탁(尹鐸)은 싸움도 하지 않고 퇴각하고 말았다。 그러나 곽 재우는 서서히 군사를 수습하여 산으로 올라 갔다。 비장 주 몽룡(朱夢龍)은 말을 달리여 적진에 돌입하여 二、三차나 무인 지경인 듯이 횡행하였다。 그러한 기세에 적은 퇴각하지 않을 수 없었다。

三일간을 두고 대 격전을 계속한 끝에 적들은 결국 당해 내지 못할 것을 알고 밤중에 도망하고 말았던 것이다。

무계(茂溪)에 있던 왜적들도 고립 무원하게 되여 역시 성주로 달아났다。

이리하여 적군의 우로(右路)가 결국 차단되였다。 그때 김 성일이 피란민들에 대하여 다음과 같은 격서를 발표하였다。

『경상 우도의 의병이 보병과 기병 二만명으로 날마다 왜적을 격멸하여 고령 이하의 국토는 거의 완전히 회복되였다。 군사의 사기는 왕성하고 국가의 위신이 제고되였다。 우리 인민들은 산골짜기에 엎디여 구차히 살려고 하지 말고 모두 나와 협력하여 우리를 원조해야 할 것이다。』

그대 고 경명(高敬命)、김 천일(金千鎰)이 선비 곽 현(郭玄)과 량 산도(梁山璹)를 해로로 관서(關西) 지방에 보내여 후퇴하여 있는 조정에 남부 지방의 정형을 보고하였다。 국왕은 그때 二통의 교유문을 호남 지방과 경상도 장수들에게 부송하고 또 다음과 같은 말을 전하였다。

『곽 재우는 계략이 비상하여 왜적을 대량 소멸하였다고 한다。 그리면서도 그 공을 과시하지 않는 데 대하여 나는 그를 기특하게 생각한다。 나는 그의 명성을 너무 늦게 들은 것을 한스럽게 생각한다。』

그리고는 곽 재우에게 벼슬을 주었다。

임진년 十월에 우병사 류 숭인(柳崇仁)이 왜적 우시둥원랑(羽柴藤元郞)과 창원(昌原)에서 전투하여 수차 패배하였다。 우시란 것은 수길(秀吉)의 본성으로 원랑(元郞)은 수길의 종제되는 자였다。

패배한 류 숭인이 단신으로 진주(晋州)로 달려가서 성밖에서 목사 김 시민(金時敏)에게 성문을 열어 달라고

호소하였다。 그러나 김 시민은 그의 부하에게

『만일 병사를 받아 들인다면 군대 지휘자를 바꾸어야 할 것이다。』 (류 숭인은 병사인 때문에 지휘권을 주어야 할 것이고 그에게 지휘권을 주어서는 전패한 자로서 실패를 또 초래할 우려가 있다는 의미!역주)

이렇게 말하고 류 숭인에게 『성밖에 남아 있으면서 성의 방어를 원조하여 달라』고 대답하였던 것이다。

이와 같이 김 시민이 류 숭인을 받아 들이지 않았다는 말을 곽 재우가 듣고 이렇게 말하였다。

『이 처사는 잘된 일로서 김 시민은 성을 확보할 수 있을 것이고 따라서 진주 사람들의 행복으로 될 것이다。』

계사(癸巳)년 六월에 왜적 수길이 수가(秀家)에게 명령하여 뭇 두목들의 병사 三十만명을 합세하여 동래로부터 바로 진주로 진격하여 오는데 그의 기세가 제법 맹렬하였다。 그 바람에 도원수 김 명원(金命元)과 순변사(巡邊使) 리 빈(李蘋)과 병사 선 거이(宣居怡)는 호남 지방으로 퇴각하고 감사 권 률(權慄)은 기강(岐江)을 건너 전진하려 하였다。

곽 재우와 고 언백(高彦伯)이 권 률에게 말하기를

『적군은 지금 그의 부대를 련합하여 있고 우리 군대는 오합지졸이 많을 뿐 아니라 군량도 모자라는 형편이니 가볍게 전진하는 것은 위험한 일입니다』 하였다。

권 률은 그 말을 듣지 않고 리 빈과 선 거이 등과 함께 함안(咸安) 빈 성에 들어가서 풋감을 따먹고 있었는데 군사들이 모두들 투지를 상실하였다。 그러다가 왜적의 떼거리가 륙로로 수로로 들을 덮고 강을 가리우고 진격한다는 말을 듣고 군대들이 달아 나기만 위주하였다。 리 빈이 곽 재우에게 지시하여 정진(鼎津)을 차단하게 하였으나 세력의 차이가 격심하여 퇴각하였다。

김 천일(金千鎰)、최 경회(崔慶會)、황 진(黃眞)이 도망가는 군사를 수습하여 진주로 들어가려 하였다。 그때 곽 재우가 황 진에게 이렇게 말하였다。

『진주성은 강가에 있는 까닭에 만일 적들이 요충을 차단하고 외부의 원조를 단절하여 버리면 위험하게 될 것입니다。너구나 공의 사명은 다른 도를 관할하는 데 있고 또한 조정의 명령도 없는데 하필 반드시 죽게 될 곳에 들어갈 필요가 있습니까。』

황 진이

『창의사(김 천일—역주)와의 약속을 위반할 수 있소。란리를 당하여 구차하게 살고 싶지는 않소』

하고 대답하였다。

곽 재우는 술을 내여 황 진과 작별하였다。

그후 곽 재우는 김 덕령、홍 계남(洪季男) 등과 함께 거제(巨濟)에 있는 적을 공격할 때 적의 대포가 우리 함선을 뚫고 나가 바다에 떨어져서 바다물이 끓었지마는 곽 재우는 이야기하고 웃고 하며 보통 때와 조금도 다르지 않았다고 한다。

八월에 왜장 청정이 서생포(西生浦)로부터 방향을 돌리여 경상 좌도로 향하여 들어왔다。그의 졸개가 十만명이라고 떠들었다。

방어사 곽 재우가 즉시 네 고을 군사를 이끌고 창녕 대왕성(大旺城)으로 달려 가서 그를 사수하고 있었다。

청정이 와서 그 성을 바라 보았을 때 성은 절벽에 놓여 있고 성안은 정숙하였다。

청정은 바라만 보고 일주야 동안 대치하고 있다가 종시 아무런 행동도 감행하지 못한채 물러가고 말았다。

놈들은 그 길로 안양(安陽)과 남원(南原)을 함락시키였다。충청、전라、경상 각 지방의 방어선은 곳곳에서 붕괴되고 원수 이하 장령들은 말만 듣고 후퇴하고 있었다。그러나 오직 곽 재우만이 그의 진지를 고수하여 움직이지 않았다。

체찰사 리 원익이 곽 재우가 고립 무원하여 유지하기 어려우리라고 생각하고 그에게 후퇴할 것을 지시하였다。

그러나 곽 재우는

『옛날 중국 제(齊)나라 성 七十개가 다 떨어져도 즉묵(卽墨)성만이 혼자 남아 있었고 당 나라 군사 백만명을 안시(安市)성 하나가 버티여 내였습니다。 다른 고을들이 차제로 쓰러진다 하더라도 이 성 하나라고 지키지 못할 것은 없습니다。』하였다。

뒷날 곽 재우는 어머님의 상사를 당하여 울진(蔚珍)벽촌으로 들어가서 두문 불출하면서 자제들과 함께 삿갓을 결어 그것을 팔아 생계를 꾸리고 있었다。 국왕이 루차 거상중에 등용하려 하였으나 종시 듣지 않았다。

그 뒤에 찰리사(察理使)로 되여 조선 남쪽 변강을 수비하고 있었다。 경자(庚子)년에는 경상 좌병사로 되였다。 그때 도산(島山)에 대규모의 공사를 일으키여 산성을 쌓고 불락(不落)의 진지를 구축할 것을 조정에 요청하였으나 승낙을 얻지 못하였다。

곽 재우는 강경한 글을 올리는 동시에 단연 벼슬을 사퇴하고 임지를 떠나 집으로 돌아오고 말았다。

그 글 내용은 대략 다음과 같다。

『오늘 조국의 형편은 극히 위태하게 되여 있습니다。 국왕은 마땅히 각성하고 분발하여 인재를 등용하고 간신을 추방하여 국가의 운명을 회복할 계획을 세워야 할 것입니다。 신하들도 마음을 합하고 힘을 다하여 위태한 조국을 구출해야 할 것입니다。

그러나 오늘 조정에는 동인、서인、남인、북인 등 온갖 종파들로 나뉘여져서 큰 신하 작은 신하 할 것 없이 모두 종파에 가담하지 않은 자가 없습니다。 이리하여 각각 제 파에 가담하면 환영하고 떨어져 나가면 배격하여 서로서로 비방하고 기만하는 것을 일상 사업으로 하고 있습니다。 필경 국왕으로 하여금 국가를 멸망시키고야 말 모양입니다。 이야 말로 한숨 쉬고 눈물 흘리다 못하여 통곡을 해도 시원찮는 일입니다。

중국 송 나라가 망한 것은 강화론자들의 죄악입니다。 그 당시 강화론자들인 진 회(秦檜)와 왕 륜(王倫)도매의 죄악은 영원히 남아 있을 것입니다。

만일 당시에 종택(宗澤)과 악비(岳飛)들에게 그의 능력을 제대로 발휘하도록 맡겨 주었다면 송 나라의 무성은 날을 꼽아 가면서 기대할 수 있었던 것입니다。 그러나 결국 송 나라는 강화론자들의 죄악에 의하여 멸망하고야 말았으니 어찌 통탄할 일이 아니겠습니까!

오늘날 왜적은 당시 송 나라에 있어서 금(金) 나라 침입군과도 같은 것입니다. 지금 강화를 주장하는 자는 바로 송 나라의 진회 그것입니다 (중국 송 나라 휘종(徽宗), 흠종(欽宗) 당시에 동북 지방 일대에 녀진족이 건국한 금 나라의 침공에 의하여 전쟁이 시작되였다. 고종(高宗) 시기에 송 나라는 남중국으로 압축되고 북중국 일대는 상실하게 되였다. 그러나 송 나라 명장들인 종택과 악비 등은 금 나라 군대와 싸워 승리하고 있었다. 그러면서 그들은 끝까지 싸워 중원을 회복할 것을 주장하였다. 그러나 금 나라의 앞잡이로 전락한 진회와 왕륜 도배들이 중원의 대부분을 할양하는 조건으로 강화할 것을 주장하며 대 승리를 거듭하는 악비를 소환하여 죽이고 종택을 울분으로 죽게 하고 기타 주전론자들을 전멸시키는 망국적 조건으로 강화를 성립시킴으로써 송 나라가 장차 완전 멸망할 운명을 결정하였다—역주).

그러나 제갈 량(諸葛亮—중국 三국 시대 명장이며 정치가—역주)은 군사 행동에는 적을 속일 수도 있다고 말하였고 정 백(鄭伯)은 적에게 복종하는 체 하면서 결국 자기 나라의 독립을 보장하였고 구천(句踐)은 적국에 대한 예속적 처지를 참아 오다가 나중에는 자기 나라를 강국으로 회복시켰습니다(중국 춘추 시대 월(越) 나라 임금 구천이 오(吳) 나라와 전쟁하다가 회계(會稽) 지방에서 패배하고 굴욕적 조건으로 강화를 체결하고 十년동안을 두고 꾸준히 준비하여 결국 적국을 멸망시키고 자기 나라를 강대한 국가로 회복시키였다—역주). 그러므로 형편을 보아서 융통성있는 정책을 쓰는 것은 할 수 있는 일일 것입니다.

그렇다고는 하더라도 대체로 강화라는 것은 말은 다 같은 강화이지마는 각각 다른 뜻을 가지고 있는 두가지 종류가 있습니다. 강화를 무조건 신뢰하고 준비를 망각하는 자는 결국 망하고야 말 것이고, 강화를 하면서도 전쟁을 대비하여 불의의 사태에 대처하는 자는 존속할 것입니다.

적국을 견제하여 그의 감정을 늦구어 주고 화근을 완화하는 것도 강화이고 적을 방심하게 하고 침략을 못하게 하여 군사를 쉬게 하고 인민을 안정시키는 것도 강화입니다.

그러므로 강화를 무조건적으로 반대하는 것은 고집 불통이라고 할 수 있을 것입니다. 적에 대한 경각심을 견지하면서 강화를 말하는 것은 아무런 잘못도 아니라고 생각합니다.

당시 송 나라는 고립하여 있었지마는 오늘날 우리 나라는 명 나라의 원조를 받고 있습니다. 적이 강화를 요청한다면 우리 나라와 명 나라는 동일한 의견으로 대해야 할 것입니다.

그러나 왜적의 사절을 잡아 가두었다는 말이 있으니 그것이 사실이라면 저는 강도들의 감정을 도발하여 국가의 화란을 촉진하는 것이라고 생각합니다. 그런데도 국왕을 위하여 바른 말을 하여 드리는 사람은 한 사람도 없습니다. 통탄할 일입니다.

통탄한들 무슨 소용이 있겠습니까. 국가에 아무런 도움도 주지 못 하는 저는 물러 가는 수 밖에 없습니다.

전일에 리 원익(李元翼)이 령상(領相)이 되였다는 말을 듣고 전체 인민이 모두 인재를 얻었다고 좋아하였던 것입니다.

그러나 며칠이 못되여 그를 교체하고 말았다니 현명한 재상이 세상에 용납되지 않는다는 것은 한스러운 일입니다.

그의 언론을 듣고 그의 실천을 본다면 조국을 걱정하고 인민을 사랑하는 마음이 그의 지성에서 나오는 것이며 공평하고 청렴한 작풍은 그의 천성에서 나온다는 것을 알 수 있습니다. 그야 말로 진실로 애국 투사입니다. 그런데도 전하께서는 그를 신뢰하시지 않고 그로 하여금 조정에서 안심하고 일할 수 없이 하였습니다. 이런 일이 저를 심히 괴롭게 하고 있습니다.

괴로워 한들 무슨 소용이 있겠습니까. 때문에 저는 물러 가려는 것입니다.

원하옵니다. 작위로써 저를 결박하시지 마시고 직위로써 저를 구속하시지 마시여 한적한 시골에서 마음 놓고 살아 가게 하여 주시기를 바라나이다.

종파를 구성하여 국가의 존망을 망각하고 있는 이때에 국가에 아무런 도움도 주지 못하고 일신만을 보전하려는 자도 나올 수 밖에 없습니다.』

대간(臺諫) 홍 여순(洪汝淳) 등이 『파 재우는 임금에 대하여 불손한 글을 올렸다』고 하여 탄핵한 결과 그는 령암(靈岩)으로 귀양살이를 하게 되였다.

그후 얼마 되지 않아서 다시 소환하여 그의 군공으로써 우윤(右尹)으로, 통제사(統制使)로, 함경 감사(咸鏡

監司)로 임명하였으나 전부 사퇴하고 부임하지 않았다。

그때 사람들은 그에게 전적인 책임의 일을 시키지 않았기 때문에 그의 재능을 다 발휘하지 못하였다고 말하였던 것이다。

그는 서울에서 벼슬을 하고 있을 때에 항상 솔잎만을 먹고 살았다고 한다。

그는 사람들에게 하는 말이

『고양이를 기르는 것은 쥐를 잡으려는 것이다。 그런데 지금 도적들은 평정되였으니 내가 할일이라고는 없어졌다。 나는 그만 두고 돌아 가야 할 것이다』하였다。

결국 비파산(琵琶山)에 들어가서 곡식을 전폐하고 솔잎만을 먹고 지내였는데 몇해를 지내가도 배고픈 줄을 몰랐고 신체도 건전하였다。 그 뒤에 그는 취산(鷲山) 창암(滄巖)으로 돌아가서 영원히 세상에 나오지 않고 말았다。

광해(光海—리조 一五대 왕—역주)때 영창 대군(永昌大君)을 구출하고저 글을 올리였다 (영창 대군은 광해왕의 동생이였다。 리 이첨(李爾瞻)이 정권을 장악하려는 생각으로 임금에게 무고하여 영창 대군의 어머니 인목대비(仁穆大妃)의 아버지인 김 제남(金悌男)과 함께 영창 대군을 살해하였다—역주)。

『영창 대군은 지금 나이 겨우 여덟살 밖에 안 됩니다。 여덟살 먹은 어린 아이가 장래의 반역 음모를 미리 할 수가 있단 말입니까。

대군에게는 털끝만큼도 죽일만한 죄가 없다는 것은 전체 인민이 알고、세상이 다 알고 있는 일입니다。

만일 대군을 죽인다면 어머님께서 견디여 내시지 못할 것입니다。 만일 어머님께서 그 일로 돌아가시기라도 한다면 길이 후세에 어떻게 하시렵니까。』

승지 박 수홍(朴守弘)이 아직 과거 보기 전에 재우가 그의 사택을 방문한 일이 있었다。

『자네는 장래 무엇을 하려는가。』

『과거를 보려네。』

『이 때는 과거 볼 때가 아닐세。』

이렇게 서로 주고 받고 하면서 술상을 대하였다。

그는 술 네 댓잔을 먹고 즉시 견디지 못할만큼 취하였다。그러나 이상하게도 먹었던 술을 귀를 통하여 전부 그릇에다 쏟아 놓았다고 한다。

인조(仁祖) 때 여러번 소환하였으나 종시 응하지 않고 시골에서 세상을 떠났다。돌아 갈 때에 이상한 일이 많았다고 하여 세상 사람들은 그가 신선이 되여 갔다고들 말하였다。

정 문 부 전

정 문부(鄭文孚)의 자는 자허(子虛)이고 해주 정씨였다。 젊었을 때부터 독서하기를 좋아하고 글도 잘지었다。

선조(宣祖) 당시 무자(戊子)년에 문관 시험에 선발되여 괴원(槐院—삼공(三公)이 집무하는 최고 관청—역주)에 속하였다가 북도 병마평사(北道兵馬評使)로 되여 갔다。

임진(壬辰) 란리 당시에 왜장 행장(行長)이 청정(淸正)과 함께 림진강(臨津江)을 건느면서 선조가 북부 지방으로 들어 갔는지 모른다고 해서 그들은 두갈래로 나뉘여 행장은 서부 방면으로、 청정은 북부 방면으로 각각 침입하였다。

청정은 그의 용맹이 다른 놈들보다 뛰여나고 그가 인솔한 병졸들도 횡포하기 짝이 없었다。

놈들은 곡산(谷山)을 거쳐 르리현(老里峴)을 넘어 철령(鐵嶺) 이북에 진출하였다。 지방 수비군은 차례로 붕괴되였다。 청정은 하루에 수백리씩 행군하여 풍우같이 몰아 들었다。 놈들이 지나간 곳은 닭 한마리 개 한마리도 남지 않는 아주 적지로 되고 말았다。

감사 류 영립(柳永立)은 산골에 숨어 있었는데 반란자들이 놈들을 안내하여 그를 붙잡아 갔다。 그때 북청부(北靑)에 사는 김 응전(金應田)이란 사람이 감사의 종으로 가장하고 적진중에 드나들다가 어느날 밤에 감사를 업고 몰래 임금 있는 데로 달아났다。

판관 류 희진(柳希津)은 역시 반란자들에게 붙들려 가서 항복하고 병사 리 혼(李渾)은 갑산(甲山)으로 달아

낫다가 반란자들한테 살해되였다。 갑산 반란자들이 또한 그 고을 부사(府使)를 죽이고 왜적에게 항복하였다。

그때 왕자 순화군(順和君)이 철원에 갔다가 왜적들이 강원도에 들어 왔다는 말을 듣고 철령을 넘어 함경남도로 들어가서 림해군(臨海君)과 동행하게 되였다。 그후 두 왕자는 함경남도에서 다시 함경북도로 피란하였다。

청정이 함경북도에 침입하였다。 병사 한 극함(韓克諴)은 진패하여 포로되고 남병사 리 영(李瑛)도 마천령에서 패배하고 각 고을이 모조리 함락되였다。

그 보다 먼저 두 왕자는 그 지방에 들어가서 종들을 내놓아 인민들을 소란하게 하여 극도로 인심을 잃고 있었다。 이리하여 회령 아전 국 경인(鞠敬仁)과 경성(鏡城) 판노(官奴) 국 세필(鞠世弼)과 명천(明川) 사노(寺奴) 정 말수(鄭末守)가 각각 성중에 웅거하여 있으면서 두 왕자와 그들을 따라가던 신하 김 귀영(金貴榮)、황정욱(黃廷彧) 등 수십명을 붙들었다。

청정은 두만강까지 밀고 들어와서 六진의 성새를 점령하고 국 경인에게 왜국의 벼슬로 판형(判刑)이란 것을 주고 국 세필을 체백(體白)에다 함경북도 병사(兵事)로 만들고 정 말수를 대장이라고 하여 각각 북관(北關)을 분할 통괄하도록 하였다。

그 당시 정 문부는 병마 평사(兵馬評事)로서 경성(鏡城)에 있다가 란리를 만나 산중에 은신하고 있었다。 그때 경성에는 리 붕수(李鵬壽)와 최 배천(崔配天)이란 선비들이 살았다。 그들은 정 문부를 만나 보고 의병을 조직하여 왜적을 토벌할 것을 권고하였다。 정 문부는 그 말을 듣고 흔연히 승낙하고 나섰다。 그는 대장으로 추천되어 지방 군사들과 장사들을 소집하여 수백명에 달하였다。 그리고 남아 있는 지방 관리들과 변방 장병들도 모두들 쫓아 왔다。

북부 방면으로 들어온 왜적들은 기회를 타 변경 지방을 노략질하고 있으므로 국 세필은 인심이 소란하여 화가 저희들에게 미칠 것을 우려하고 있었다。 최 배천은 본래 국 세필과 좋게 지내고 있었던 관계로 혼자 세

편에게 가서 항복하는 체 하였다。 세필의 어미가 그것을 보고 세필에게 말하기를

『최 배천은 비범한 사람이다。 그와 친근하게 지내지 않는 것이 좋을 것이다。』하였다。

그러나 세필은 그 말을 듣지 않았다。 최 배천이 틈을 보아 세필에게

『왜적들의 세력이 강한 것 같지마는 정의를 당할 수는 없는 것이다。 정평사(鄭評事)가 지금 위신이 대단하니 그를 맞아들여 함께 도적을 막는다면 대적할 것이 없을 것이다。』

라고 하니 세필이 그럴 듯이 생각하므로 최 배천이 정 문부에게 돌아가서 그 말을 전하였다。 정 문부가 바로 달려가서 글을 보내여 세필을 설유하였다。 세필이 처음에는 의혹을 가지고 전투 태세를 취하고 정 문부를 기다리고 있었다。 정 문부가 군사를 멈추고 장막에 다가가서 직접 세필을 만나보고 설유하였다。 그제야 세필은 문부를 맞아들이고 병사 사명을 정 문부에게 바치였다。

이리하여 정 문부는 군중에 다음과 같은 명령을 내리였다。

『백성이나 군사나 할 것 없이 누구에게나 과거의 죄과를 불문에 붙일 것이다。』

그리고 세필에게 전일과 같이 군대를 지휘하게 하였다。

다른 장령들이 세필을 죽이려 하였으나 정 문부는 그것을 허락하지 않았다。 더구나 일찌기 정 문부 자신을 쏘아 부상을 입힌 반란병을 등용하여 비장으로 삼았다。

세필은 그래도 안심을 하지 못하여 그의 부실을 시키여 정 문부의 흉근에서 그를 호위한다고 하면서 그의 동정을 살피게 하였다。

정 문부는 새로 소속시킨 군대들을 성 우에 올려 보내여 전투 훈련을 시키다가 밤에야 내려오군 하였다。

어느 때 왜적이 남편 졸개들을 인솔하고 슬그머니 성밖에 와서 성문을 두드리는 것이였다。 정 문부가 세필에게 말하여 왜장을 문안으로 맞아들이게 하여 그놈을 생포하고 안원 권관(安原權管) 강 문우(姜文佑)에게 명령하여 그놈의 졸개들을 격퇴하였다。

정 문부는 각 고을의 반란병들에게 격문을 반포하여 그들이 투항하여 올 것을 설유하였다。

륙진(六鎭)의 반란병들은 정 문부가 반란자들을 륙사하였다는 말을 듣고 제가끔 용서를 빌러 왔다。 그리고 사방의 장사들과 호걸들이 경쟁적으로 응모하게 되였다。

이리하여 변경의 성들을 전부 회복하고 따라서 인민들이 다소 안정되였다。

정 문부는 회령에 있는 국 경인에게 글을 보내여 투항할 것을 해설하였다。 그러나 경인은 복종하지 않을 뿐 아니라 길주에 주둔하고 있는 왜적들과 공모하여 경성을 량편에서 협공하려 하였다。 그때 회령 사람 오 윤적(吳允迪) 등이 그 고을 향교(鄕校)에 모여 경인을 토벌하여 가지고 정 문부에게 호응하려 하였다。 경인은 간첩을 통하여 그 말을 듣고 향교를 급거 포위하고 주창자는 나서라고 위협하였다。 오 윤적은 부득히 앞으로 나와 체포 투옥되고 말았다。

그때 회령부 아전 신 세준(申世俊)이 경인의 호각을 훔쳐 내여 객사문 밖에서 그것을 불어댔다。 반란병들은 경인이 출병 명령을 내린줄 알고 일제히 참집하였다。 신 세준이 그들을 지휘하게 되였다는 뜻을 선언하고 복종하지 않는 자를 처단하였다。

이리하여 군사를 이끌고 전진하여 경인에게 말하기를

『성중의 군사는 벌써 전부 내게로 돌아왔다。 오 윤적을 석방하면 물러가려 한다』

라고 하니 경인이 혼이 나서 오 윤적을 돌려 주었다。 신 세준은 경인의 목을 잘라 경성으로 보내고 계속하여 오 윤적도 군사를 이끌고 경성으로 달려갔다。

그 뒤에 명천 사람들이 청년들을 소집하여 정 말수를 공격하고 정 문부에게 호응하려다가 도리여 말수에게 패배를 당하였다。 정 문부가 그 말을 듣고 오촌 권관(吾村權管) 구 황(具滉)과 안원 권관 강 문우를 몰래 명천으로 보내였다。 그들은 기병 六十여명을 데리고 밤 낮으로 행군하여 돌연히 명천에 들어섰다。 말수는 황겁하여 성을 버리고 도망하므로 그를 추격하여 붙잡아 죽이였다。

이리하여 령북(嶺北) 지방의 고을들은 전부 회복되고 오직 길주만이 왜적들에게 점령되여 있었다。

정 문부는 군사와 백성들을 안정시키고 군사를 모집하여 三천여명에 달하였다。 군사들은 모두 적을 쳐서

봉을 세우려고 하였다。

정 문부는 이에 대장기를 세우고 남문루(南門樓)에 올라가서 장령들의 치하를 받았다。 장령들이 일제히 문부에게 말하기를

『왜적을 토벌하려는 이때 나라를 배반한 적이 아직 군중에 남아 있으니 그들을 먼저 처치해야 하겠습니다』

라고 하자 즉석에서 국세필과 그의 잔당 十三명을 잡아 죽이고 군중에 선포하였다。

『최초에 반란을 주장한 자는 이들 뿐이다。 그 밖에 그들을 추종한 사람들은 불문에 붙이는 것이 원래 정 문부의 계획이다。』

이리하여 군대의 위신이 제고되고 사기는 십배로 앙양되였다。 즉시 최 배천을 임금있는 처소로 파견하여 경과를 보고하니, 임금은 문부를 찬양하여 그에게 의복、신발、환약 등을 보내 주었다。

그러나 부사 정 현룡(鄭見龍)은 자신이 경성에 주둔하기 위하여 정 문부에게 트집을 잡았다。

『본래 의병을 일으킨 것은 국가를 위해서 일 것이다。 그러나 문부가 수비만 하고 왜적을 진격하지 않고 있다는 것은 반역 도당의 본을 보려는 것이 아닌가。』

이렇게 말하고 사람들에게 물어 볼 것을 요청하였다。 그 이튿날 아침에 군중을 남문 밖에 집합시켜 놓고 정 문부와 정 현룡은 누가 옳고 누가 그른 가를 물어 보았다。 모두들 정 문부가 정당하다고 말하였다。

그때 왜적의 두목들인 직정(直正)、거도문(巨道文)、도관(都關)、여문(汝文) 등이 길주에 웅거하고 있으면서 령동(嶺東)지방에 목책을 부설하고 졸개를 주둔시켜 남북 련락로를 개통하고 오고가면서 략탈 방화를 자행하고 있었다。

정 문부는 소속 부대를 인솔하고 명천으로 이동하여 주둔하고 있으면서 고령 첨사(高嶺僉使) 류 경천(柳擎天)과 방원 만호(防垣萬戶) 한 인제(韓仁濟)와 종사관(從事官) 원 충서(元忠恕)를 비밀히 파견하여 길주 성 밖에 은신하여 왜적들의 정형을 정찰하고 있었다。

병진(丙辰)일 새벽에 왜적들은 六백명의 졸개를 동원하여 가피(加陂)에서 략탈하여 가지고 돌아오는 길이였다。

원 충서가 기병 二백명으로 먼저 달려가서 적을 공격하였다. 선두에 섰던 도적들이 놀래여 무너지려 하던 차에 왜적의 대군이 성중에서 몰려 나와 그들을 원조하였다. 원 충서는 산으로 물러가 요지를 확보하고 한 인제는 구 황과 강 문우의 기병 三백여명을 데리고 달려와서 원 충서와 련합하여 대규모의 전투를 전개하였다. 왜적 직정(直正)、도관(都關)、여문(汝文)이 정예한 선봉 부대 四백명을 끌고 먼저 나섰다.

한 인제의 군사들은 돌격 기병으로 적을 공격하여 어느름에 없어졌다가 별안간 출현하군 하였다. 전투가 해질 무렵까지 계속되였을 때 왜적들의 앞뒤 부대가 퇴주하기 시작하였다. 그때 류 경천이 군사를 보내여 놈들의 회로를 차단하고 량쪽에서 협공하여 놈들을 철저히 분쇄하였다.

직정、도관、여문 등 다섯놈의 두목을 베고 적들의 머리 八백개를 자르고 군복과 무기 천여점을 로획하고 놈들이 략탈한 물건들을 탈환하여 돌아왔다.

구 황과 강 문우는 북부 지방에 있어서 가장 용감한 장수들이였다.

정 문부가 승리한 그 기세로 길주 왜적을 진공하여 수일간 전투를 계속하였으나 승리하지 못하였다. 그때 명동의 왜적들이 또한 대거 침입하여 왔다. 정 문부가 그들을 쌍개포(双介浦)에서 요격하였으나 실패하고 군대를 이동하여 명동에 있는 왜적의 목책을 공격하였으나 역시 승리하지 못하였다.

정 문부는 길주 지방에 벌려서 주둔하고 있으면서 왜적들의 략탈 행동을 저지하고 놈들의 량도를 차단하면서 지구전으로 들어 갈 계획을 세웠다.

그 보다 먼저 중신 윤 탁연(尹卓然)이 왕자를 따라 북부 지방에 들어 왔다가 간계로써 중로에 혼자 떨어졌다. 그는 갑산으로 들어 가서 별해보(別害堡)에 도착하였다.

조정에서는 윤 탁연을 함경도 감사로 임명하였다.

윤 탁연이 그때 정 문부가 승리하였다는 말을 듣고 시기하여 그의 공로를 반대로 보고하였을 뿐만 아니라 그의 군사 지휘권을 박탈하고 종성 부사(鍾城府使) 정 현룡으로 북병장을 만들었다. 이것을 보고 군사들이 분개하여 다수가 흩어져가고 말았다.

정 문부는 군대를 인계하고 북쪽 변경의 륙진(六鎭)으로 가서 군사와 백성을 고무하며 군사를 모집하고 있였다。 그때 변방 종족들이 변경을 자주 략탈하므로 정 문부가 복병하고 있다가 그들을 격파하여 모두 귀순시키였다。 그리고는 밀서를 중앙에 보내여 보고하였다。

또 유생 리 희록(李希祿)、김 응복(金應福)이 윤 탁연에게 요청하여 의용군을 모집하는 동시에 중앙에 보고하였다。

조정에서는 무관 과거를 보여 백여명을 선발하였다。 그때의 무관 출신인 류 응수(柳應秀)、리 유일(李惟一)、박 중립(朴中立)、정 해택(鄭海澤)과 생원(生員) 한 경상(韓敬商)이 군사를 모집하여 三천여명을 획득하였다。 그들은 여러번 왜적과 전투하여 번번이 승리하였다。 그것을 보고 윤 탁연이

『저따위들이 왜적을 토벌하는 것을 보니 왜적이란 원래 걱정할 거리가 안 되는 모양이다。』

이렇게 말하고 갑산부사 성 윤문(成允文)을 대장으로 만들고 묘파 권관(廟坡權管) 백 응상(白應祥)을 함흥판관으로 만들어 부대들을 통솔하고 독산(獨山) 앞에 진군하였다。 그러나 왜적이 밤에 관군을 습격하였을 때성 윤문은 어쩔 줄을 모르고 쩔쩔매다가 알몸만 빠져 도망하고 전체 부대가 괴멸 상태에 빠지고 말았다。 오직 백 응상、리 유일、류 응수、박 중립、정 해택 등이 다른 진지에서 적을 소멸하고 더러는 돌격하여 적을 살장하였다。

한 인제、류 응수、리 유일은 모두 함흥 사람들로서 전공으 하여 세상에서는 그들을 함흥 삼걸(三傑)이라고 말하였다。 한 인제는 그의 공으로써 북우후(北虞侯)가。 백 응상은 연안(延安)사람으로 용맹과감하여 잘 싸우다가 결국 전사하였다。

당시 북도 방어 책임자들이 모두들 도망가는 것을 일수로 생각하고 있었으나 단천 군수 강 찬(姜璨)만은 남북도 중간에 끼여 고립 무원하였으나 오히려 군사를 모집하여 왜적을 토벌하였으므로 세상 사람들이 그를 찬양하였다。

윤 탁연은 정 문부의 군대를 탈취하고 장수들을 여러번 교체하였으나 전투에 실패가 많았으므로 처벌을 받

을 것을 두려워 하여 다시 정 문부를 올려 세워 장수로 만들고 군사들을 위하여 잔치를 열었다。 그리고 구 황을 시키여 기병 二백명을 선발하여 단천 군수 강 찬을 원조하여 왜적 二백명을 죽이고 돌아왔다。 원 충서도 적장을 길주성 앞에서 쳐 죽이였다。

청정은 행장의 패보를 듣고 경기 지방으로 가서 철퇴할 것을 계획하려 하였다。 그러나 길주를 정 문부가 장악하고 있는 때문에 제 힘만으로는 빠져나갈 수 없으므로 졸개 二만명을 끌고 마천령(摩天嶺)을 넘어 령동(嶺東) 지방에 있는 왜적들과 협세하여 가지고 통과하려 하였다。 부가 그러한 정보를 듣고 전체 군대 三천여명을 인솔하고 먼저 림명(臨溟)을 점거하여 복병을 설치하여 기하고 있었다。

계미(癸未)일 새벽에 적군이 그 곳을 통과하면서 정 문부 대가 소수인 줄을 알고 그를 제쳐두고 지나가려 하였다。 정 문부가 복병을 일으켜 적의 후위 부대를 단절하고 그를 좌우로 포위하고 기병으로 무수히 살상하였다。 놈들의 류혈은 들판을 적시였다。 그때 리 붕수(李鵬壽)와 리 희당(李希唐)이 적탄에 맞아 쓰러졌다。

청정이 기를 쓰고 혈로를 뚫어 도망가는 것을 정 문부 부대가 六十여리를 두고 추격하였다。

그러나 서부 지방의 교통이 단절되여 그 방면의 소식을 들을 수가 없고 적의 세력이 다시 강화되여 또 밀고 올는지도 알 수 없으므로 후퇴하여 명천에 주둔하였다。

그날 밤에 청정은 시체들을 소각하고 몰래 철병하면서 밥도 먹지 못한채 빔을 타고 성을 넘어 도망하였다。 놈들은 함관령(咸關嶺) 남쪽에 있는 우리 군대가 전로를 차단할가 두려워 하여 령을 넘지 못하고 해변을 따라 도주하므로 리 유일이 그들을 추격하였다。

왜적 청정은 길성(吉盛)、중룡(重隆) 등을 데리고 강원도 각처에 있던 떼거리를 전부 철거시켜 가지고 모두 서울로 모여 들었다。

정 문부가 중앙에、보고하여 유공한 장병들을 표창할 것을 요청하였다。 그러나 윤 탁연이 중간에 들어 방해하여 리 유일은 겨우 볼하 첨사(乶下僉使)로、류 옹수는 삼수 군수로、정 문부는 통정(通政) 직품에 길주 목사로 각각 임명되었을 뿐이다。 이러고 보니 북부 지방의 장병들이 모두 떠나 버리게 되였다。

왜적의 난리가 평정되고 나서 누구 하나 정 문부에 대하여 말하여 주는 사람이 없는 때문에 그는 ·한가한 세월을 보내고 있었다。 그러다가 인조(仁祖) 때에 와서 북부 지방에 사변이 생겼다는 경보가 있으므로 장수될 만한 사람을 추천할 것을 명령하였는데 누가 정 문부를 원수로 추천하였다。 정 문부가 그 말을 듣고

『나는 인제 죽었구나.』

이렇게 말하였다。

과연 얼마되지 않아 누가 정 문부가 지은 시구 중에서 몇개 문자를 떼여 내 가지고 죄를 만들어 무고하였다。 그리하여 결국 그를 잡아다가 고문하여 죽이고 말았다。 그것을 들은 북부 지방 인민들은 원통한 일이라고 생각하지 않는 사람이 없었다。

뒷날 택당(澤堂) 리 식(李植)이 북평사로 되여 가서 지방 인민의 말을 듣고 조정에 보고하였다。 그때 비로소 의논이 옳게 되여 정 문부의 원한을 풀어주고 그의 공을 표창하였다。

지방 인민들은 경성(鏡城) 어랑사(漁郞社)에 정 문부 사당을 세우고 임금이 그 사당에 창렬사(彰烈祠)란 액호를 주었다。

황 진 전

황 진(黃進)은 자를 명보(明甫)라고 불렀는데 장수(長水)사람으로 익성공(翼成公) 황 희(黃喜)의 五대 손이였다.

그는 사람된 품이 엄격하며 기백이 장하고 의리가 강하였다. 키는 훨씬 크고 수염이 훤칠한 데다가 얼굴이 준수하였다. 어릴 때부터 활 쏘기 말타기를 련습하였는데 완력이 특출할 뿐 아니라 새갈이 날쌔였다. 선조(宣祖) 때 병자(丙子)년에 무과에 급제하였다.

경인(庚寅)년에 그의 종숙(從叔)되는 황 윤길(黃允吉)을 따라 일본에 사신으로 들어 갔었다. 그때 왜적의 괴수 수길(秀吉)이 벌써 우리 나라에 대한 침략을 획책하고 있었으므로 우리 나라 사신들에 대하여 위협, 공갈 못하는 짓이 없었다. 사신 일행중 대부분은 놈들의 위협에 떨고 있었으나 황 진만은 그의 기백이 조금도 꺾이지 않았을 뿐 아니라 더욱 완강하였다. 왜적이 저희들의 재주를 과시하기 위하여 길 가에서 활을 쏘는데 사장이 겨우 五十보에 불과한 것이였다. 황 진이 조그마한 표적을 방(榜) 결에 붙여 놓고 그것을 향하여 쏘는 대로 마쳤을 뿐만 아니라 련속 두번을 쏘아 새 두 마리를 떨어뜨리였다. 그것을 보고 왜인들이 탄복하지 않는자가 없었다.

사신들이 귀국할 때에 황 진이 주머니를 털어서 칼 두자루를 사면서 이렇게 말하였다.

『오래지 않아서 이 도적놈들이 반드시 행동을 개시할 것이다. 그때에 이것을 사용하려 한다.』

사신들이 돌아 와서 다들 왜적들이 반드시 대거 침입할 것이라고 말하였으나 부사(副使) 김 성일(金誠一)

마는 국왕 앞에서 왜적들이 절대로 침입하지 않을 것이라고 호언 장담하므로 조정에서는 전적으로 그의 말을 신임하고 군비를 중지하고 말았다。

황 진이 이것을 보고 분통이 터질듯 하여 김 성일을 사형에 처하라는 것과 국방 계획에 대한 것을 국왕에게 건의하려 하였으나 그 일가들이 한사하고 만류하여 결국 실행하지 못하였다。

그는 동복 현감(同福縣監)이 되여 장차 부임하려 하면서 말 한마리를 사는데 여위기는 하였으나 좋은 말이란 것을 알아보고 비싼 값을 주고 구입하였다。 부임한 후로 그 말을 잘 먹이고 손질하여 공사가 파하고 나면 즉시 갑옷을 떨쳐 입고 말을 타고 十여리씩 달리는 것이였다。 그리고 돌아 올 때에는 반드시 협선루(挾仙樓)에 달려 올라가 보군 하였다。

그렇게 하는 것은 모두 그가 왜적이 반드시 침입할 것이라고 판정하고 그 때를 예상한 준비였다。 그리고 뒷날 왜적과 전투할 때에 언제나 어디서나 그 말을 사용하였던 것이다。

과연 임진년에 왜적이 대거 침입하여 왔다。 황 진은 동복 현감으로서 전라도 순찰사 리 광(李洸)을 따라 국왕을 호위하려고 북상하였다。 그때 병사 최 원(崔遠)과 경상 감사 김 쉬(金睟)도 북상하여 룡인(龍仁)에서 집합하였다。 그들은 왜적과 전투한 결과 전체 부대가 붕괴 상태에 빠졌다。 그러나 황 진만은 그의 부대를 완전히 확보하였을 뿐만 아니라 화살 하나도 상실한 것이라고는 없었다。

그때 비장 하나가 그에게 소속한 군사를 전부 잊어버리고 황진에게 와서

『어떻게 하면 좋겠습니까?』 하고 비명을 올리였다。

황 진이 숨어 있는 도주병들에게 자기 친서를 보내여 설유한 뒤에 호각을 한번 불었을 때 도주병들이 대부분 모여 들었다。

비장이 그것을 보고 황 진의 손을 잡고 감탄하였다。

『공이야 말로 정말 장군입니다。』

적들이 처음 진안(鎭安)에 들어 왔을 때 도내에 있는 장병들이 모두 웅치(熊峙)를 수비하고 있는데 황 진도

계거에 참가하였다。

황 진은 군사들을 데리고 진안 통로를 정찰하고 있다가 적군을 만났다。 그는 즉시 달려가서 놈들의 선봉을 쏘아 죽이고 그 밖의 것들을 패주시키였다。

적군이 남원을 침범할 기세가 보인다는 말을 듣고 황 진은 군사를 이동하여 남원 지경을 수비하고 있었다。 다시 적이 전주를 치려 한다는 말을 듣고 그는 웅치로 돌아와서 전주로 달려 갔다。 그러나 적은 벌써 안 덕원(安德院)으로 건너가고 수비하던 장수들은 모두 후퇴하였다。 황 진은 바로 안덕원으로 달려가서 적을 요격하여 철저히 깨뜨려 놓았다。 그때의 전공에 의하여 황 진은 훈련 판관으로 되였다。

정승 정 철(鄭澈)이 남부 지방을 시찰하면서 황 진의 명성을 듣고 그를 소환하여 림시로 익산 군수에 조방장(助防將)을 시켰다。 그후 중앙에서 황 진에 관한 보고를 듣고 정식으로 임명하였다。

그는 절도사 선 거이(宣居怡)를 따라서 북진하여 수원에 주둔하였다。 그때 척후로서 적정을 정찰하다가 왜적을 만나 그 놈의 말을 탈취하여 돌아 왔다。

절충(折衝) 장군으로 승진되여 충청도 조방장으로 나갔다가 계사(癸巳)년 봄에 발탁되여 충청 병사로 되였다。

서울에 있던 왜적들이 퇴각하므로 황 진은 놈들을 상주(尙州) 적암(赤巖)까지 쫓아 가면서 여러번 접전하여 련속적으로 승리하였다。

그해 六월에 왜적의 두목 청정이 대거하여 진주(晋州)를 침범하게 되였다。 황 진이 창의사 김 천일(金千鎰)、절도사 최 경회(崔慶會)、김해 부사 리 종인(李宗仁)등과 함께 진주에 참집하였다。

그해 황 진이 창의사에게 말하기를

『전체 부대가 한꺼번에 성안으로 들어 갔다가 만일 포위를 당하게 되고 외부의 후원이 없다면 성은 위협하게 될 것입니다。 그러므로 나는 한 부대를 인솔하고 성 밖을 지키고 있다가 안팎이 호응하여 적군의 세력을 분할시키는 것이 좋을 것입니다。』

창의사가 난색을 보임으로 황 진이 부득이 함께 들어가서 성을 사수할 계책을 세웠다。

그는 처음 진주에 들어 갈 때 의병장 곽 재우를 창원(昌原)에서 만났는데 그는 황 진에게

『진주성은 앞에는 강이 있고 뒤에는 산이 막아 섰기 때문에 적군이 만일 요지를 점령하게 되고 원군은 오지 않는다면 형세는 위협하게 될 것입니다。 더구나 장군은 충청도 병사인 데다가 조정에서 장군더러 기어이 진주를 지키라는 명령을 한 것도 아니니 들어 가지 않드라도 상관 없지 않습니까? 국가 대사에 전력하여 왜적을 토벌하는 것을 자기 사명으로 하는 사람으로서 장군을 덮을 사람이 없습니다。 기어이 위협 지대로 들어 갈 필요는 없을 것 같습니다。』

『벌써 창의사와 함께 약속을 한 이상 어찌 난관을 당하여 약속을 위반할 수가 있겠습니까 비록 죽는 한이 있더라도 배신을 할 수는 없습니다。』

곽 재우는 황 진을 만류할 수 없는 것을 알고 술을 나누면서 작별하였다。

진주는 결국 적들에게 포위되였다。 왜적이 황 진의 명성을 듣고 그를 생포할 생각으로 포를 쏘지 않고 포위하고만 있었다。

포위 당한지 오래 된 어느날 황 진은 돌연히 말에서 내리였다。 사람들은 그것을 보고 모두 무슨 까닭인지 알지 못하여 당황하였다。 그러나 포위를 돌파하기 위하여 잠간 동안 휴식하려는 것이였다。 그는 조금 있다가 번개 같이 말을 타고 채찍을 휘두르면서 일약하여 달아 나갔다。 긴 칼을 뽑아 들고 왜적들을 좌충 우돌하는데 왜적들이 뿜는 피는 황 진의 수염을 적시여 붉은 고드름을 달고 있는 듯 하였다。 보든 사람들은 모두 다리가 벌벌 떨릴 지경이였다。

그달 十五일에 왜장 청정이 다시 각처 졸개를 끌어 모아 三十만명이라고 떠벌리면서 바로 진주 성을 향하여 달려 들었다。

처음에는 말탄 왜적 二백여명이 진주 동북방 산상에 출몰하고 있었다。 그 다음 二十二일 진(辰)시에는 왜적 五백여명이 말을 타고 북쪽 산에 올라가 늘어서서 시위를 하고 있을 뿐이였고 행동은 하지 않았다。 사

(巳)시에는 왜적 떼가 대량으로 계속 도착하여 두패로 나누어져서 한 패는 문경원산(聞慶院山) 중턱에 진을 치고 다른 한패는 향교 앞 길에 진을 쳤다。

그러나 최초의 일전에 놈들의 사상은 다수에 달하여 졸개를 거두어 퇴각하고 말았다。

초경(初更)에 놈들이 다시 와서 대접전이 벌어졌다。 전투는 장시간 계속되어 二경이 되어서야 놈들이 퇴각하였다。 三경에 적이 다시 몰려 왔다가 五경에 몰려 갔다。

그 보다 먼저 성중에서는 적장이 온다는 말을 듣고 『성남쪽 방면은 절벽으로 되여 있고 북쪽은 산인 때문에 그 두 방면은 험난하여 왜적들이 덤벼 들지 못할 것은 분명하고 오직 서북 방면으로는 적이 들어 올 수 있다』고 보고 성밖에 못을 파고 물을 대여 두었던 것이다。 그러나 왜적들이 와서는 흙을 져다 못을 메우고 말았다。

二十五일에는 세번 전투하여 세번 적을 격퇴하였다。

그날 밤에 다시 네번 전투하여 네번 물리쳤다。

왜적들은 접전할 때마다 한꺼번에 소리소리 웨치여 천지를 흔드는 듯 하였다。 그러나 성안에서 빗발치듯 사격하여 죽은 놈들의 수를 계산할 수도 없었다。

그 이튿날 외적들은 졸개를 더 데리고 습격하여 와서 마현(馬峴=말머리)과 성의 동편에 웅거하였다。 그 다음 날에는 왜적들이 동문 밖에 흙을 쌓 올려 산을 만들고 산 우에 굴을 뚫어 참호를 만들고 거기에 엎치여 성안을 내려다 보면서 사격을 시작하여 탄환이 우박 쏟아지듯 하였다。

황 진이 역시 성안에서 적의 포대를 대하여 산을 쌓 올리는 데 자신이 직접 웃옷과 전립을 벗어 제끼고 돌이나 흙을 져 날랐다。 그것을 본 성 중의 남자、녀자할 것 없이 너무나 감격하여 울어가면서 마지막 힘을 다하여 흙을 이고 지고 원조하여 하룻밤 사이에 포대를 완성하였다。 거기에서 대포를 발사하여 적의 참호를 파괴하면 적들은 그것을 다시 구축하군 하였었다。 그 날에도 세 차례 전투하여 세 차례 격퇴하고 또 다시 네 차례 싸워 네 차례 퇴각시켰다。

그 이튿날에는 왜적 놈들이 궤짝을 만들어 소 가죽이나 말 가죽으로 싸고 그것을 뒤집어 쓰고 와서 탄환과 화살을 막으면서 성을 허물기 시작하였다。 그러나 성안에서는 큰 돌들을 내려 굴리여 왜적을 쫒아 버리였다。

왜적들은 또 수십길이나 되는 커다란 나무 두개를 동문 밖에 세우고 그 우를 련결하여 판자 집을 만들어 놓고 그 속에 왜적들이 들어 있으면서 성안에 불을 던지여 가옥들이 소각되고 연기가 성안에 가득하여 사람들을 알아 볼 수 없을 형편이였다。

그러나 그때 황 진 부대는 더욱 질서가 정연하고 행동이 침착하였다。

그때 마침 비가 쏟아져 활들이 빗물에 늘어나서 사용하기 곤난하게 되였다。

왜적들은 우리 군대가 피로한 줄 알고 성안에 저희들의 글을 던져 보내였다。

『명 나라 군대는 벌써 투항하였는데 너희들이 감이 대항할 생각을 하는가。』

황 진이 이에 대하여 회답하기를

『우리는 결사적으로 싸울 뿐이다。 더구나 명 나라의 三十만 대군이 방금 이곳으로 진격하고 있으니 너놈들을 쥐잡듯 모조리 잡아 버리고야 말 것이다。』

왜적들은 그 글을 보고 팔장을 걷어 붙이고 손벽을 치면서

『명 나라 군대는 벌써 다 철퇴하였다』

고 웨치는 것이였다。 그날 일주야 동안에 일곱번이나 전투하였다。

그 이튿날에는 왜적들이 동문과 서문 밖에 흙을 다섯 무더기로 쌓고 대나무 울타리를 둘러 막고는 성안을 내려다 보고 탄환을 퍼붓는 것이였다。

그때 성중에서 전사자 三백여명을 내였다。 왜적들은 또한 나무 궤짝을 만들어 그 속에 왜적을 담아 사륜차(四輪車)에다 싣고 갑옷 입은 놈 수십명이 밀고 와서 철정으로 성을 뚫는 것이였다。 리 종인이 갑옷 입은 놈 五六명을 죽여 버리니 그밖의 놈들이 궤짝을 버리고 도망하고 말았다。 성안에서 커다란 횃불을 던져 궤짝에 들어 있는 놈들이 모조리 타 죽고 말았다。

또 그 이튿날 왜적놈들의 정예 부대가 모조리 쓸어와서 성아래에 육박하였다。 황 진은 공 시억(孔時億) 등

세 사람과 그의 종 수이(壽伊)와 함께 결사적으로 대항하였다。 그때 황 진은 적의 탄환에 다리를 맞아 피가 신발에 가득하였으나 그것도 모르고 더욱 용감하게 싸웠다。 황 진의 화살은 련이어 끊어지지 않고 날아갔다。 세 사람이 화살을 날랐으나 미처 대여주지 못할 형편이였다。 왜적들의 죽은 놈이 몇 백명인지 알 수 없었다。 황 진은 엄지 손가락이 꿰여졌으나 앞은 줄도 모르고 활쏘기를 잠시도 쉬지 아니하였다。 그의 화살은 한개가 왜적 두어 놈씩을 꿰 뚫었고 화살에 한번 맞은 놈은 당장 죽지 않는 놈이라고는 없었다。

왜적 떼는 크게 패배하여 도망하고 놈들의 더러운 시체는 수리(數里)어간에 뒹굴어져 있었다。 그러나 우리 군대는 한 사람의 사상자도 없었다。

그러나 그때 왜적 한놈이 잠복하고 있으면서 황 진을 향하여 총을 쏘아 그의 이마를 맞치였다。 그는 그만 쓰러지면서 운명하고 말았다。

이것을 보고 왜적들은 다시 덤벼 들어 오므로 공 시억이 전력을 다하여 격퇴하였다。

부하 장병들이 황 진의 령구를 메고 동복(同福)으로 돌아가는 도중에 전주를 경유할 때 인민들이、 남녀 로소할 것 없이 다들 음식을 차려 와서 맞으면서 령구 앞에서 절하고

『우리 장군이 왜적들을 분쇄하지 않았더라면 이 땅의 생령들은 남아 있지 않았을 것입니다。』

진주성은 결국 함락되였고 왜적들은 진주를 페허로 만들어 버리였다。 당시 성안에서 죽은 사람이 六만에 달하였던 것이다。 성안에서 탈출한 사람들은 다들

『황 장군이 만일 살아 있었다면 성은 함락되지 않았을 것이다』라고 말하였다。

그러나 장군은 이미 죽고 성은 함락되였으나 적의 기세는 장군의 위력에 의하여 진주에서 좌절되였으므로 놈들이 호남으로 침입하기 위하여 석주(石柱)까지 왔다가는 철퇴하지 않을 수 없었다。 호남을 두번이나 위험한 지경에서 구출한 것은 장군의 힘으로 된 것이였다。

뒷날 순찰사 리 상신(李尙信)의 추도문에는 다음과 같은 말이 있었다。

『장군이 있을 때에 성이 있었고 장군이 없을 때 성이 없어졌다。 조금 더 살았던들 진주를 확보했을

것을……』

백사(白沙) 리 정승(리 항복—李恒福—역주)이 황 진을 표창하기 위한 추천서에는 군중의 의사에 기초하여 다음과 같이 말하였다.

『진주성을 방어하는 전투에는 황 진이 제일위의 공을 차지하고 있다는 것은 군중의 공평한 여론입니다.』

황 장군이 평소에 사랑하던 말이 장군의 묘앞에 지나 갈 때마다 비명을 하면서 종시간 그 곳을 차마 떠나지 못하였다 한다. 사람들은 장군의 위대한 영향이 짐승에까지 미쳤다고들 말하였다.

휴정、유정전

휴정(休靜)은 자를 현응(玄應)이라고 하고 호를 청허자(淸虛子)라고 불렀다。 향산(香山)에 오래 동안 있었던 까닭에 서산(西山)이라고도 하였다。 그의 속성(俗姓)은 완산(完山) 최(崔)씨이고 이름은 여신(汝信)이였다。 외조부인 현감(縣監) 김우(金禹)가 연산(燕山) 때에 죄를 짓고 안릉(安陵)으로 귀양살이를 갔던 관계로 휴정은 아주 안주(安州) 사람으로 되여 버렸다。

그의 부친 최세창(崔世昌)은 지방의 추천에 의하여 기자전 참봉(箕子殿參奉)으로 되였으나 취임하지 않고 시 짓기、술 먹기를 락으로 하고 있었다。

휴정의 모친 김씨가 늙으막까지 아들이 없었는데 어느 날 꿈을 꾸었더니 어떤 로파가 하나 와서 말하기를 『부인께서 장부를 잉태하였으므로 치하하러 왔습니다』 하였다。

그 이듬해인 경진(庚辰)년 三월에 과연 휴정을 탄생하였다。

휴정이 세살되던 때였다。 그해 정월 보름날 밤에 그의 부친이 취하여 누워 있었다。 그때 어떤 로인이 와서

『조그마한 스님을 찾아 왔습니다。』

이렇게 말하고 두 손으로 아이를 받쳐 들고 주문을 두어 마디 외우고 그의 이마를 쓰다듬으면서

『이 아이의 이름을 운학(雲鶴)이라고 하시오』

하고 문밖으로 나가서는 종적이 없어졌다。 이리하여 그의 아명을 운학이라고 불렀던 것이다。

그는 아이들과 놀 때에 돌을 세워 부처를 만들기도 하고 모래를 모아 탑을 쌓기도 하였다。 자라면서 그의 풍신이 영특하고 준수하였다。 그러고 쉬지 않고 공부하고 부모에게는 효성이 지극하였다。 그가 아홉살 때에 모친이 사망하고 열살 때에는 부친이 사망하였다。 이리하여 그는 고아로 되여 의탁할 데가 없었다。 안주 원은 그를 불상하게 생각하고 서울로 데려가서 서당에 입학시켜 주었다。

그는 항상 우울하게 지내면서 마음 붙이는 데가 없었다。 그는 동창생 두어 사람들과 지리산(智異山)을 탐험하여 자연의 경승을 유람하고 불교 경전을 열람하였다。

그는 어렸을 때 부모를 여의고 난 뒤로 사람의 생사 문제에 대하여 항상 생각하고 있었던 것이다。 그러다가 그번 유람에서 불교 선가(禪家—불교의 하나의 종파인 선종의 신도—역주)들의 돈오법(頓悟法—돌연히 진리를 깨닫는다는 불교 선종의 주장—역주)에 마음을 두고 명관 대사(靈觀大師)에게서 그 돈오법을 배우기로 하고 숭인장로(崇仁長老) 손에서 머리를 깎았다。 그리고 그는 七、八년간을 두고 각처 명산을 두루두루 편답하였다。

그는 설흔살 먹어서 선과(禪科)시험에 급제하여 대선(大選)에서 선교량종판사(禪敎兩宗判事)로 승급하였다。

그러나 어느날

『내가 중으로 된 본의가 어찌 여기에 있단 말인가?』

이렇게 말하고 바로 인수(印綬—관직을 증명하는 인과 그것을 매는 끈—역주)를 끌러 바치고 지팡이 하나로 금강산으로 돌아 가면서 삼몽사(三夢詞)를 지었다(사의 번역은 약한다—역주)。」

그는 향로봉(香爐峯)에 올라가서 다음과 같은 시를 지었다。

『만국의 수도들이 개아미 집 아닐런가
수많은 호걸들이 벙아리 시체인양
달빛이 창에 가득 빈방에 누웠어라
무수한솔 바람만 높고도 낮을시고』

(萬國都城如蟻垤
千家豪傑若醯鷄
一窓明月淸虛枕
無限松風韻不齊)

그때부터 들어 엎드려 산에서 한걸음도 나오지 않았으나 그에게 배우려 오는 사람들은 날마다 늘어 갔다。

기축(己丑)년에 대 검거 사건이 있었다。 그때 못된 중놈 무업(無業)의 무고에 의하여 휴정이 붙잡혀 갔다。 그러나 그의 공술이 분명 적절하여 선조(宣祖)는 그가 무죄하다는 것을 알고 그 자리에서 석방하였다。

국왕은 휴정의 시를 달라라 하여 보고 극구 찬양하였다。 그리고 묵화로 대를 그리여 주면서 그 그림에 대한 시를 지으라고 하였다。 휴정은 즉석에서 절구(絶句—한시에서 네구로 구성된 시 형식—역주) 한수를 지었던 것이다。 선조도 또한 절구를 지어 그를 찬양하고 선물을 많이 주고 위로하여 산으로 돌려 보내였다。

임진년에 왜적이 三경(서울、개성、평양—역주)을 함락시키고 국왕이 룡만(龍灣—지금 의주 지방—역주)으로 후퇴하게 되였다。

그때 휴정이 길가에서 국왕을 만나 보았다。 국왕은 휴정을 보고

『지금 나라 일이 난관에 봉착하였다。 너는 부처님의 자비심을 발동시켜 나라를 구할 수 없는가?』

휴정이 눈물을 흘리면서 절하였다。

『저는 늙고 병들어 종군은 할 수 없으나 저의 제자들이 각 지방에 흩어져 있습니다。 각처 산중에 있는 승려들에게 호소하여 의병을 조직하고 각 산중에서는 불공을 올리여 나라의 구조를 기도하도록 하겠습니다。』

국왕이 그 말을 옳다고 생각하고 그를 팔도 십륙종 총섭(八道十六宗摠攝)으로 임명하여 산중으로 찾아 다니면서 설유하고 호소하도록 하였다。

그때 유정(惟政)은 승려군 七백여명을 인솔하여 관동(關東) 지방에서 일어나고 처영(處英)은 승려 一천여명

을 거느리고 호남 지방에서 궐기하였다。

휴정은 그의 제자들과 자기가 모집한 승려 一천五백명 합계 五천여명을 거느리고 순안(順安) 법흥사(興寺)에 집결하였다。 그때 관가에서는 승려군에게 무기와 군량을 공급하였다。

휴정이 승려군을 지휘하여 적군의 인후를 장악하고 명 나라 군대와 호응하였다。 승려군은 모두 다 결사적으로 투쟁하여 명 나라 군대와 앞서거니 뒤서거니 서로 원조하면서 모란봉 밑에서의 전투에서 수많은 적을 도륙하였다。

계사(癸巳)년 일월에 또 명 나라 군대와 함께 평양성 북쪽에서 도적들을 철저히 격파하여 놈들이 무기를 거두어 가지고 밤중에 도망할 수 밖에 없이 하였다。

三경이 다 회복된 뒤에 휴정이 용사 백명을 데리고 국왕을 호위하여 수도로 돌아왔다。

명 나라 제독 리 여송(李如松)이 휴정에게 편지를 보내여 찬양하였다。

『국가를 위하여 도적을 로벌하는 충성은 태양을 관통할만 합니다。 존경하는 마음을 금할 수 없습니다……』하고 계속하여 시를 지어 보내였다。

『공명에 뜻없어서
불경에 전심터니
나라일 급하단 말에
산에서 나왔어라』

(無意圖功利
專心學道禪
今聞王事急
摠攝下山巓)

문관이나 무관이나 할 것 없이 다투어 가면서 휴정에게 글을 보낸다 선사를 한다 하였다。

도적들이 구축되고 나서 휴정은 국왕에게

『저의 나이가 八十에 가까워 근력이 다 되였습니다。 군사 일은 저의 제자인 유정과 처영에게 위임하고 총섭의 인은 돌려드리고 향산 옛집으로 돌아가려 합니다。』

선조가 그의 뜻을 칭찬하고, 그의 늙은 것을 측은하게 생각하여 일국도대선사 교도총섭 부종수교 보제등계존자(一國都大禪師敎都摠攝扶宗樹敎普濟登階尊者)라는 호를 주었다。 그 후로 그의 공부는 더욱 심오하였고 그의 명성은 더욱 높아갔다。 그는 두류산(頭流山)、 풍악산(楓岳山)、 묘향산(妙香山) 등 여러 산들에 왕래하였는데 그에게는 항상 제자 천여명이 따라 다니였고 그 중에 출세한 사람도 七十여명이나 되였다。

갑진(甲辰)년 一월 二十三일에 휴정은 제자들을 묘향산 원적암(圓寂庵)에 모아 놓고 향불을 피우고 설법(說法—불교의 경서 강의—역주)을 하고 나서 그의 초상화의 후면에 다음과 같은 글을 썼다。

『八十년 전에는 네가 바로 내더니만 八十년 후에는 내가 바로 네로구나(八十年前渠是我、八十年後我是渠)』

편지를 써서 유정에게 부치고 나서 부가(趺跏—다리를 포개고 앉는 불교도의 독특한 정좌법—역주)식으로 앉아 운명하였다。 당시 그의 나이는 八十五세였고 출가 이후의 나이는 七十七세였다 (이 다음 五十八자의 번역은 략한다—역자)。

유정의 자는 송운(松雲)인데 휴정의 수제자였다。

정유(丁酉)년에 왜적이 다시 침입하였다가 패배하고 강화를 요구하여 왔다。 조정에서는 유정을 사신으로 하여 왜국에 파견하였다。 유정을 보내게 된 것은 왜인이 불교를 숭상하고 있어 평소에 유정의 이름을 잘 들어 알고 있는 때문이였다。

유정이 결연히 바다를 건너갔다。 그의 기개가 몹시 준엄하였다。 때문에 왜인들이 모두다 그를 존경하고 두려워 하였다。 유정이 일본 강호(江戶)에 도착하였을 때 수길(秀吉)이 그와 회견하고 그의 인격에 감복하였을 뿐 아니라 유정의 말에는 도저히 대항할 도리가 없었다。 수길이 한번은 유정에게 조용히 물어 보았다。

『귀국에서는 진귀한 보물들이 많다고 하니 제일 좋은 보배는 무엇입니까?』

유정이 즉시 대답하기를
『왜인의 머리를 제일 좋은 보배로 알고 있소。』
수길이 크게 웃고 유정을 더욱 후대하였다。 유정이 일을 마치고 돌아왔을 때 국왕은 그를 찬양하고 특히 사명대사(四溟大師)란 중의 별호를 주었다。

유정의 제자로 령규(靈圭)라는 중이 있었는데 그는 임진년 사변에서 승려군을 인솔하고 청주(淸州)에서 궐기하여 문렬공(文烈公) 조 헌(趙憲)과 함께 왜적을 금산(錦山)에서 포위 공격하다가 문렬이 전사하고 령규도 역시 전력을 다하여 죽을 때까지 싸웠다。

정종(正宗—리조 二二대왕—역주)때인 갑인(甲寅)년에 서부 지방의 향산과 남부 지방의 진주에 휴정과 유정의 사당을 세우고 때를 따라 제사 지내게 하고 향산의 그것에는 수충사(酬忠祠)、 진주의 그것에는 표충사(表忠祠)라는 액호를 각각 주었다。 그리고 서산영당(西山影堂)(휴정의 초상화를 안치한 집—역주)에 국왕이 비문을 지어 보내였다。 (원문에는 국왕이 하사한 비문 전문이 기재되여 있다。 그러나 글 내용은 불교에 관한 이야기에 불과하므로 접부하지 않는다—역주)

정 기 룡 전

정 기룡(鄭起龍)의 자는 경운(景雲)이고 처음 이름은 무수(茂樹)였다。 그는 무과에 급제하였다。

선조가『룡 한 마리가 종로에서 일어나 하늘로 올라 가는 꿈』을 꾸고 물색한 결과 정 기룡을 발견하게 되여 이상하게 생각하고 그에게 기룡(起龍)이란 이름을 지어 주었다고 한다。

그는 어릴 때부터 비상한 기백이 있었고 그의 위엄이 다른 아이들을 위압하여 누구 하나 그의 명령을 위반하지 못하였다。 성격이 청렴하고 강개하며 언제나 남의 곤난한 일을 보면 자신을 희생하고서라도 돌보아 주었던 것이다。

임진년에 왜적이 동래로부터 시작하여 각 지방을 련속적으로 함락시키고 있었다。 그때 감사 김 쉬(金睟)와 장령들인 박 홍(朴泓)、리 각(李珏) 등은 겁결에 도망하고 말았다。

조정에서는 리 일(李鎰)을 순변사(巡邊使)로 하여 중도(中道)로 내려 보내고、조 경(趙儆)을 우방어사로 하여 서로로 보내고、류 극량(劉克良)과 변 기(邊璣)를 조방장(助防將)으로 하여 조령(鳥嶺)과 죽령(竹嶺)을 각각 지키게 하였다。

조 경이 령남 지방으로 내려갈 때 정 기룡이 무과 출신으로서 자원하여 종군하게 되였다。

조 경이 장령들에게 왜적을 구축할 계책을 물어 보았다。

그때 기룡이

『왜적이 침략을 준비한지 오래 되여 졸개들은 정예하고 무기도 정교하나 우리는 평화를 믿고 훈련도 하지 않은 군사로서 대 결전으로는 승리하기 어려울 것입니다。 그러므로 좋은 말과 용감한 군사를 선발하여 유격대를 조직하여 먼저 보내여 적들을 불의에 습격하고 보병이, 적당한 기회를 타서 협력한다면 반드시 승리할 수 있습니다。

최초의 전투에서 승리를 획득하고 나면 왜적이 우리를 두려워 하게 될 것이며 우리는 적의 장점과 단점을 간파하게 될 것이고 따라서 승리에 대한 신심도 생길 수 있을 것입니다。 이 밖에는 별다른 신통한 계책이라고는 없습니다。」

조 경이 그 말을 옳다고 생각하고 그를 돌격장으로 삼았다。

그때 적군이 김해로부터 우로로 들어 왔다。 정 기룡이 혼자서 기병 열명을, 데리고 적의 선봉 五백명을 거창(居昌)땅 신창(新倉)에서 포착하였다。 모두들 겁을 내고 있을 때에 정 기룡이 먼저 말을 달리여 적 백 여명을 베여 죽이니 그것을 본 군사들도 기운을 얻어 돌진하여 적을 격파하였다。

그 뒤에 적들은 성주(星州)、개녕(開寧)을 연거퍼 함락시키고 금산(金山)에 도달하였다。 그때 조 경은 추풍역(秋風驛)에 갔다가 전패하여 적들에게 포로로 되였다。 정 기룡이 그것을 보고 적중에 뛰여들어 왜적의 목을 베고 조 경을 탈환하여 겨드랑에 끼고 돌아왔다。 적들은 바라만 보고 사방으로 흩어져 버리는 것이였다。

정 기룡은 담력과 용기가 초월하고 두 눈이 횃불 같이 타올랐다。 적진을 달리는 것이 평지를 밟는 듯 하여 적들이 총들을 한목으로 들며대고 일제 사격을 하였으나 종시 맞힐 수가 없었다 (이하 一二자 번역하지 않는다。 方酣戰 飢渴則剖倭抽肝大嚼—역주)。 용기가 북바쳐 오를 때는 그가 탄 말이 여섯 발 되는 참호를 뛰여 넘고 층암절벽을 매나 소리개 같이 날아 오르는 것이였다。

일찌 기병 八명과 함께 거창 객사에서 류하고 있을 때였다。 밤중에 왜적이 대량으로 들어닥치여 정 기룡 일행을 포위하였다。 그때 다른 사람들은 혼이 나가서 얼굴돌이 새파랗게 질려 있었으나 정 기룡만은 가만히 앉아 꿈쩍도 하지 않았다。 날이 밝은 뒤에 기병들을 데리고 일약하여 원장을 뛰여 넘어 몇겹으로 둘러싼 적의 포위를 돌파하고 몇놈의 머리를 베여 말 안장에 말아 매고는 번개같이 달리였다。 왜적들은 저희들의 졸개가 많운 것만 믿고 정 기룡을 추격하였다。 그러나 정 기룡은 몸을 돌리여 놈들 十여명을 단번에 쏘아 거꾸러뜨리니 한 놈도 감히 다시는 추격하지 못하였고 따라오던 기병들도 완전히 탈출할 수 있었다。

그때부터 부하들이 정 기룡을 진심으로 신뢰하고 적을 무서워 할 줄을 몰랐다。 그리고 정 기룡은 얻어 온 왜적들의 머리를 부하 사졸들에게 나누어 주어 마음대로 처리하게 하였다。

조 경은 상처를 앓아 절에 누워 있었는데 정 기룡이 그가 아무 일도 할 수 없다는 것을 알고 그와 리별하고 곤양(昆陽)에 가서 어머니를 모시기로 하였다。

전일 금산 전투에서 실패하고 나서 정 기룡은 곤양 군수 리 광악(李光岳)에게 가 있었던 것이다。 그때 리 광악이 정 기룡에게 그 고을 일을 부탁하고 자신은 진주로 향하였다。

김 성일(金誠一)이 리 광악에게서 정 기룡의 명성을 듣고 불러 보고 하는 말이

『정군의 장래는 한량 없이 발전할 것이다。 그는 다른 날 국가에 유위한 인물로 될 것이니 이 진주 한곳에 매여 둘 필요는 없을 것이다。』

이리하여 그를 한후장(捍後將)으로 삼고、국왕에게 추천하는 동시에 상주(尙州) 가판관(假判官)으로 임명하였다。

그때 왜적의 두목 모리 휘원(毛利輝元)이 상주성에 둥지를 틀고 있었는데 놈들의 진지가 그 일경에 펀이어 있었다。

상주 지방 사람 전 봉교(奉敎)인 정 경세(鄭經世)등이 의병을 모집하여 왜적을 공격하였으나 실패하였고 전 봉사(奉事)인 윤 식(尹埴)과 선비 정 벌(鄭橃)과 그의 아우 정 월(鄭樾)도 다 전사하였다。 그때 상주 목사(牧使) 김 해(金澥)는 그 지방 서쪽에 있는 룡화동(龍華洞)에 들어가 숨어 있었다。 그 룡화동이란 곳은 지세가 험준하고 깊숙하다고 해서 백성들이 많이 그 곳으로 모여들었던 것이다。

정 기룡은 상주로 달려가는 길로 바로 갑장산(甲長山) 속의 암자에 들어 가서 관병과 의병을 소집하고 있었다。 그때 왜적놈들이 룡화동에 들어 왔단 말을 듣고 그는 그 곳으로 급히 달려 갔다。

그 곳에 도착하였을 때 왜적들은 벌써 부락에 들어가서 강도질에 착수하려는 참이였다。

정 기룡은 정세를 관망하고 이렇게 말하였다。

『너무 서둘러 공격하다가는 우리 인민을 상하게 할 것이다。』

이리하여 그는 왜적들 진지에서 건너다 보일만한 지점에서 말을 세우고 큰 소리로 호통을 한번 하였다。 그리고 나서는 말 우에서 일어나 서기도 하고 눕기도 하고 금방 없어졌다가 어느 틈에 불쑥 나타났다가 뛰고 굴고 변화 무궁한 재주를 보여 주었다。

왜적들은 바라다 보고 이상하게 생각하고 그것을 산 채로 잡아 보려고 전력을 다하여 추격하여 왔다。

정 기룡은 달아나다가 정지하다가 하면서 왜적들을 평지에로 끌어내였다。 그리고는 칼을 휘둘러 놈들을 거의 모조리 베여 죽여 버리였다。 이렇게 하여 룡화동 사람들 가운데 한 사람의 사상자도 내지 않고 왜적을 섬멸할 수 있었다。 사람들은 말하기를

『정 기룡이 만일 반나절 동안만 늦게 왔더라면 상주 사람들은 씨도 남지 않았을 것이다』

라고 하였다。

전투가 끝나고 나서 정 기룡이 룡화동 안에 있는 김 해를 찾아 가니 그가 대단히 기뻐하여 대소사를 불문하고 그와 의논하게 되였다。

그 후로 정 기룡은 날마다 혼자서 칼 두개를 들고 출격하여 왜적들의 머리를 전후 三백여개나 베였다。 이리하여 왜적들은 모두 겁을 내여 성안에 틀어박혀 잘 나오지를 못하였고 사람들의 행로도 비로소 개통되였다。

정 기룡이 목사 김 해와 함께 점차 그 고을 군사 천여명을 산중에 소집하여 성을 탈환할 계획을 세웠다。 밤마다 북을 맹렬하게 치면서 곧 대거 습격할 것같은 기세를 보이였다。 왜적들이 정신이 나가 어쩔 줄 모르다가 날이 경과하는 데 따라서 놈들이 다시 예사로 생각하게 되였다。

정 기룡은 왜적들이 피로하여진 이때 공격할 것이라고 생각하고 부락 인민들을 전부 발동시켜 소나무 홰를

대망으로 수집하였다。 그리고 밤중에 길다란 나무를 성 밖에 죽 늘여 세우고 나무 하나에 홰 서너 자루씩 달아 매였다。 또한 여러 곳에 장작 더미를 쌓두어 불로써 공격할 준비를 갖추었다。 그 다음에는 여러 장수들에게 성의 서문、 남문、 북문으로 쳐들어 가게 하고 동문만을 놈들이 도망할 수 있게 남겨 두고 수림 속에 정병을 매복시키였다。 그리고는 늙은 사람과 약한 사람들은 모조리 성 밖에 늘여 세워 거사시에 함성을 올리여 군대의 기세를 돋우게 하였다。

이와 같은 만반 준비가 다 되고 난 어느날 수만개의 횃불이 일제히 켜졌다。 정 기룡은 커다란 횃불을 들고 적의 천막들로 뛰여들어 사방에 불을 붙여 놓았다。 맹렬한 불 꽃은 하늘에 가득하고 함성은 대지를 흔들어 놓는 것이였다。

왜적들은 정신을 잃고 덤벼치다가 오직 동문이 저희들의 활로인 줄만 알고 그 곳으로 탈주하였다가 복병에 포착되여 산산이 두둘겨 맞아 시체가 삼대같이 쓰러졌다。

이리하여 적장 모리 휘원은 그만 참패를 당하고 개녕(開寧)으로 도망하여 그 곳에 주둔하고 있었다。

그 뒤의 일이였다。 왜적들이 함창(咸昌) 지방 당교(唐橋)에 주둔하고 있는데 그 곳의 지형은 방어하기에 편리하고 놈들의 병력도 어느 때보다 강하였다。 더구나 그것들은 우으로는 조령(鳥嶺)에 있는 왜적의 진지에 통하고 밑으로는 좌도와 우도로 가는 통로의 요지를 장악하고 있었던 것이다。

좌도 감사 한 효순(韓孝純)과 병사 박 진(朴晉)이 부대를 련합하여 안동(安東)에 주둔하고 있었다。 그들은 두어달 동안이나 대기만 하고 있으면서 자신들은 먼저 나서지 못하고 좌도 의병에게만 적을 당적하라고 하였다。 그러나 의병들도 모두 왔다가는 패배하고 마는 것이였다。 그 고을 의병장 리 봉(李逢) 등이 상주 의병장 정 경세 등과 부대를 련합하여 적을 공격하였으나 역시 승리하지 못하였다。

이리하여 그들은 정 기룡에게 후원을 요청하였다。 정 기룡은 그들과 련합하여 왜적을 철저히 격파하고 남은 놈들이 대승산(大乘山)으로 도주하는 것을 추격하여 거의 몰살하였다。

그리고 건장한 장수 수십명을 나누어서 근방 각 고을의 요지들에 배치하여 두었다。 그들은 왜적을 만나는 대로 습격하여 번번히 적의 머리를 수십、수백개씩 베였다。

왜적들은 서로 서로 경계하여 상주 근처에는 얼씬도 못하게 하였다。 그리하여 상주 일경이 비로소 안정되였던 것이다。

이에 적의 시체들을 거두어 매장하고 그들의 머리는 왜적의 물자와 교역하여 전재민들을 구조하여 무수한 인민을 살게 하고 그 중에서 건장한 사람들은 군사로 모집하였다。 그러므로 모두들 감복하여 죽기를 결심하였다。 원방으로 둔전(屯田)을 일으키고 파괴된 제방을 수리하고 식량을 공급하고 경작을 장려하여 일경 인민들이 안정한 생활을 할 수 있게 하였다。

계사(癸巳)년 五월에 조정에서 정 기룡을 정식으로 상주 판관으로 임명하였다。

그때 호남、호서 량 지방에 지방의 좀도적들이 발호하여 수 천명에 달하였다。 그들이 선현(扇峴) 산골에 모여 있으면서 무시로 부락으로 나와 략탈하는 것을 일로 하고 있었다。 프리다가 그들은 드디여 경상좌도까지 진출하게 되였다。 그러므로 경상 감사 전 륵(全玏)이 여러 고을 군사를 정 기룡에게 주어 지방 도적들을 평정하는데 성공하였다。

충지 윤 승훈(尹承勳)이 국왕의 명령에 의하여 남부 지방에 왔다가 정기룡의 공훈이 크다는 것을 알고 조정에 보고하고 림시로 목사 일을 집행하게 하였다。 그리다가 그후 얼마 안 되여 조정에서 정식으로 상주 목사로 임명하였다。

왜적들은 다시 군사를 나누어 의녕(宜寧)、삼가(三嘉)로부터 성주(星州)에 육박하고 또 락동강을 타고 고령(高靈)에 침입하여 그 지방 일대에는 놈들의 둥지가 가득하였다。

정 기룡이 상주 부대에 속한 아홉 고을 군사를 지휘하여 금오성(金烏城) 수비장 리 수일(李守一)과 함께 금오성을 수비하고 있었다。

그때 리 원익이 권 률(權慄)과 곽 재우(郭再祐)에게 장수 될만한 인재를 물어 보았는데 다들 『정 기룡이 아니면 될 수 없다』고 말하였다。 즉시 그를 소환하여 장수로 하고 二十八개 군의 군사를 맡기여 주면서 왜적을 토벌하게 하였다。

정 기룡이 고령 록가전(綠檟田)에 주둔하고 있으면서 척후장 리 희춘(李希春)、황 치원(黃致遠)에게 군사 四백명을 주어 밤에 적정을 정찰하게 하였다。 그들이 대나무 숲에서 적의 복병을 만나 머리 백여개를 베고 그 이튿날에는 전체 부대를 동원하여 진격하였다。 적군 수만명은 룡담천(龍膽川)가에 출진하고 정 기룡 부대와 강 이쪽 저쪽에서 마주 보고 있으면서 호상 일진 일퇴하는 형편이였다。

정 기룡이 리 동현(李同峴) 근방에 군사를 매복시켜 놓고 퇴각하는 체 하여 적들을 유도하였다。 놈들이 리 동현 고개 아래까지 따라 왔을 때 군사를 돌리여 반격을 개시하였다。 정 기룡은 북을 치고 큰 칼을 휘두르면서 적진에 뛰여들었다。 그때 왜적들 중에서 붉은 옷에 흰 말을 탄 놈이 칼춤을 추면서 덤벼드는 것이였다。 정 기룡이 말을 탄 채로 바로 그 놈을 끌어내려 잔뜩 결박하여 가지고 큰 깃대 우에 달아매여 놈들에게 시위하고 함성을 울리면서 들이치니 관군은 승전의 기세에 더욱 용감히 싸웠고 또 매복하였던 복병이 궐기하였다。 그들은 모두 다 붉은 군복과 전립으로 비호같이 적진에 돌입하였다。 왜적들은 수습할 수 없는 혼란 상태에 빠지고 말았다。 정 기룡이 군사들을 사방으로 내놓아 왜적들을 여지없이 짓밟아 버리였다。 그때 살아서 도망한 놈은 천명에 불과하고 죽은 놈의 머리만 끊어 모은 것이 졈채같은 무더기로 여섯개나 되였다。 그리하여 성주 고령 이하 다섯 고을에 있던 왜적 떼는 고령 전투의 패한 소문만 듣고 달아나 버리였다。

정 기룡이 고령현에 들어가서 매 부모의 사적 련습과 연회를 열고 장병들은 북치고 춤추면서 승리를 축하하였다。 정 기룡 부대의 위신과 명성은 사방에 떨치였다。 지방 유지들은 모두들 군문에 모여들어 감사를 드리는 것이였다。

『만일 장군이 아니였던들 우리들은 전멸되였을 뿐이지요。』

리 원익은 정 기룡이 승리하였다는 소식을 듣고 대단히 기뻐하여

『정군은 과연 명장이로구나』

라고 하면서 극구 찬양하였다。

최초에 정 기룡이 전쟁에 나오게 되였을 때 리 원익을 만나 부하로서 례절을 지키지 못하였다고 하여 리 원익의 부하들이 그를 경시하였던 것이다. 그때 원익은

『장수가 어찌 소소한 례절에 구애될 것인가? 그대들은 화낼 것 없이 그의 대 승리를 구경이나 하라.』

과연 정 기룡이 왜적들의 머리를 몇마리의 말에 잔뜩 싣고 오는 것을 보고는 평소에 정 기룡을 경멸하던 사람들에 서로 돌아 보면서 부끄러워 할 뿐 아니라 감복할 수 밖에 없었다.

그때 경상우도 병사 김 응서(金應瑞)가 패전한 죄로 파면되였으므로 리 원익이 정 기룡에게 병사 임무를 대행시키였다.

충청 병사 리 시언(李時言)이 군사 二천명으로 리동원(李同院)에 주둔하여 관망만 하고 있다가 정 기룡이 승리하였다는 말을 듣고 항복한 왜적들을 몰래 전쟁터에 보내여 죽은 왜적들의 머리를 훔쳐 가려 하였다. 정 기룡이 왜적의 머리를 훔쳐 가는 도적놈들을 추격하여 칼로 쳐죽이고 충청 병사가 왜놈 대가리를 도적한다는 사실을 체찰사에게 보고하려 하였으나 리 시언이 여러번 와서 간절하게 사죄하므로 그만 두었다.

정 기룡이 유격병 四백명을 데리고 보은(保恩)땅 적암(赤巖)으로 들어 갔다. 그때 마침 왜장 청정이 소사(素砂)에서 패배하고 전 부대가 도주하다가 좁은 길에 안개를 만나 옴쭉 달싹을 못하고 있었다. 정 기룡이 왜적들의 바로 앞에서 엄연히 말을 세우고 놈들 수십명을 쏘아 죽였다. 청정이는 상대편 세력을 알지 못하여 꿈쩍도 못하고 있을 때 정 기룡이 일부러 버티고 서 있으면서 사람을 보내여 왜적들이 통과하게 될 지방 인민들에게 통지하여 전부 피란하게 하였다. 그 일이 완수되고 나서야 정 기룡은 서서히 물러 갔던 것이다. 그리하여 삼남 지방 인민들로서 왜적의 화를 면한 사람들이 수십만명에 달하였다.

고령 전투에서의 전공에 의하여 정 기룡은 경상 우병사로 승진되여 성주에 본영을 두었다.

정유(丁酉)년 十二월에 명 나라 장수 양 호(楊鎬)와 마 귀(麻貴)가 부하 장령들을 데리고 청정이를 울산(蔚山) 지방에서 공격하고 있었다. 그때 권 률은 고 언백(高彦伯)과 정 기룡을 데리고 양 호와 마 귀 부대를 협력하였다.

선봉으로 되여 있던 명 나라 장수 패 새(擺賽)와 정 기룡이 먼저 적의 보루를 육박하여 활을 쏘아 도전하는 데 따라서 왜적들이 응전하여 성을 나왔다. 패 새가 쫓겨가는 체 하면서 적을 유도하였다. 그때 양 등산(楊登山)도 기병 二천여명을 거느리고 도착하였으므로 군사를 련합하여 적을 철저히 깨뜨려 놓았다.

도산(島山) 전투에서는 명 나라 군대가 불리하게 되는 데 따라서 정 기룡은 왜적들에게 일시 포위를 당한 일이 있었다. 그러나 그는 칼을 휘두르고 말을 몰아쳐 나오는, 바람에 적진이 량쪽으로 짝 갈라지고 말았다. 그는 유유히 흩어진 군사들을 모아 가지고 돌아왔으나 왜적들은 한놈도 감히 덤벼들지를 못하였다.

명 나라 부총병 리 절(李梲)이 정 기룡과 함께 함양에 있는 왜적을 쳐서 머리 三백개를 잘랐다. 그러나 리 절은 적탄에 맞아 전사하였다. 리 절이 죽고나서 그가 거느리고 있던 군대는 모두 정 기룡 부대에 속하여 싸울 것을 자원하여 나섰다. 그러한 사연을 명 나라 임금이 듣고 그것을 용허하였으므로 정 기룡이 명 나라 부총병을 겸하게 되였다. 그때 사람들이 그것을 영예로 칭송하였다.

당시 왜적들이 각 지방에 흩어져 있었으므로 정 기룡이 유격대를 인솔하고 돌아 다니면서 놈들을 소멸하였다. 그리고 잘라온 왜적의 머리를 모조리 그가 지휘하고 있는 명 나라 군사들에게 주어 그들의 공으로 보고하게 하였다.

그 전에 명 나라 임금이 조 승훈(祖承訓)에게 마 귀(麻貴) 부대에 속하여 공을 세워 죄를 면하게 하라고 명령하였던 것이다(조 승훈은 전쟁 초기에 평양에서 소서행장 부대와 싸워 로동으로 도주하였던 일이 있었다—역주).

정 기룡이 이때 왜적의 머리를 조 승훈에게 양도하였으나 그는 받지 않았다.

그때 부총병 해 생(解生)은 협천에 주둔하고 정 기룡은 삼가에 주둔하고 있었는데 왜적이 그 두 고을 경계에 둥지를 틀고 있으므로 그것들을 량쪽에서 족쳐 없애 버리고 놈들에게 포로되였던 백여명의 시민을 탈환하고 소득한 왜적의 머리는 모두 명 나라 군대에게 돌려 주었다.

왜장 도진의홍(島津義弘)이 졸개 천여명을 보내여 산음(山陰) 지방에 들어와 도적질을 하고 있으므로 정 기룡이 그것들도 소탕하였다.

명나라 장수 마귀는 좌도에 있으면서 본도의 장령들을 끌어가서 그의 호위군으로 만들고 있었으나 정 기룡은 혼자 우도를 담당하게 되여 형세가 아주 고립 무원한 처지에 있었다. 그런데다가 왜적들이 기여든다는 소식은 매일 닥쳐오고 더구나 후방 기관에서는 명 나라 군대를 먹일 것도 모자란다고 하면서 군량 공급을 전연 중지하고 말았다. 정 기룡이 군량을 조정에 요청해 보았으나 역시 아무런 소득도 없었다. 부득이 군사들을 대부분 돌려 보내고 四백여명만을 데리고 있었다. 그러면서도 한번도 기세가 꺾여본 일 없이 엄연히 우도의 장성(長城)인 듯 든든하였다.

사천(泗川)에 있던 왜적 도진의홍의 부대는 그 자리에서 해를 묵이고 있는데 놈들에게 포로된 우리 인민들은 모두 피로하고 병약하여 있었다. 정 기룡이 조정에 요청하기를

『적진중에서 탈출한 사람들의 말에 의하면 적장이 七월 이후에는 증원 군대를 얻어 재거한다고 떠버리고 있습니다. 바로 이때에 기선(機先)을 제하여 그들의 모략을 깨뜨려 준다면 힘은 적게 들이고 성과는 클 것입니다. 이때에 도원수에게 명령하여 각 부대를 련합하여 급속히 진격하여 왜적들을 섬멸해 버려야 할 것입니다. 저는 응당 생명을 걸고 앞장을 서서 나가겠습니다.』

그러나 조정에서는 그 말을 듣지 않기로 결정하였다.

무술(戊戌)년에 왜적의 두목 의홍이 또 五백명을 내놓아 령산(靈山)을 습격하였으나 정 기룡이 놈들을 요격하여 쫓아 버리였다. 또 의홍이 그의 부하 절안도(折安道)를 보내여 진주에 둥지를 틀고 있었다. 정 기룡이 그놈들을 없앨 수 있다는 정보를 들었으나 군사가 너무 적어서 독력으로는 곤난하므로 성주로 달려가서 명 나라 장수 모 국기(茅國器)와 로 득공(盧得功)을 만나 보고 병력을 련합하여 진주의 왜적을 공격할 것을 루차 간청하였으나 그 두 장수는 경리(經理—명 나라 군대의 총지휘관—역주)의 명령이 없다는 구실로 거절하였다. 기룡이 돌아와서 노발대발 칼을 빼여 땅을 치기까지 하였다.

그 후에 명 나라 두 장수는 왜장 의홍과 강화에 관한 교섭을 비밀리에 진행하고 있었다. 정 기룡이 그 말을 듣고 력설하기를

『교활한 왜놈들과 강화하기는 곤난한 것이요。』

두 명 나라 장수가 그 말을 듣고 화를 내여 정 기룡을 위협하는 것이였다。

정 기룡이 정색을 하면서

『나는 침략자를 격퇴할 책임을 지고 있소。 그러므로 나는 전쟁에 대하여서만 말할 수 있을 뿐이고 강화에 대하여 말할 수는 없소。 항차 나와 왜적은 불구 대천의 원쑤이요。 놈들의 사지를 찢어 놓아도 분이 풀릴 수 없겠거늘 항차 강화란 말은 참을 수 없소。』

두 사람은 두말 하지 못하였다。

정 기룡이 혼자서 한 지방을 담당하고 있으면서도 매일 유격 전술로써 왜적 수천명을 살상 포로하였다。 그가 단성(丹城)까지 출격하였으나 명 나라 장수가 부르므로 부득이 고령으로 돌아와서 주둔하고 있었다。

왜장 의홍이 항상 정 기룡에 대하여 이를 갈면서 복수하려 하였다。 그 놈은 우선 정 기룡 부대를 격파하고서야 명 나라 부대를 습격하고 서울을 침범할 수 있다고 생각하고 졸개들을 전부 진주에 집중시키고 암암리에 정예 천여명을 선봉으로 만들어 급히 달리여 정 기룡을 습격하게 하였다。 초엿샛날 해질 무렵에 놈들이 돌연 고령 지경에 나타났다。 정 기룡이 그것을 알게 되였을 그때에는 벌써 적과의 거리가 三十리도 되지 않았다。

정 기룡은 엄숙한 전투 태세를 취하고 대기하고 있었다。 왜적들은 우리가 얼마나한 력량이 있는가를 알 수가 없으므로 감히 접근하지 못하고 있었다。 그 이튿날 정 기룡이 급히 그 고을 뒤로 돌아가서 적을 불의에 습격하였다。 왜적들은 황황히 퇴각하여 덕산(德山)으로 들어가므로 놈들을 진격하여 련전 련승하였다。 왜적들은 필경 견디여 내지 못하고 야간 도주를 하고 말았다。 그후 얼마 안 되여 적장 의홍의 비장 리로사모(里老沙毛)가 찾아와서 항복하였다。

정 기룡은 임진, 조국 전쟁에서 대소 六十여회의 전투를 지휘하였으나 언제든지 소수 병력으로 적의 다수를 공격하여 한번도 패배해 본 적이라고는 없었다。 어느 때에는 기병 단 五十명으로 왜적 수천명을 분쇄한 적도 있었다。

그는 싸울 때마다 반드시 앞장을 서서 적군을 충격하였으나 자신은 생채기 하나도 내지 않았다。 군대를 령도하는 법이 아주 능란하여 그 부대가 가는 곳은 인민들이 모두 안심할 수 있었다。 그런 때문에 사람들은 그를 존경하고 사랑하였던 것이다。 전하는 말에 의하면 일본 풍속에는 어린 아이가 울 때『정 기룡이 온다』고 하면 아이가 울음을 그치였다고 한다。

도전의홍이란 놈은 다른 놈들보다 용맹이 특출하고 그 놈이 인솔한 군대는 모두 포악하기로 유명한 살마주(薩摩州) 군대였다。 그것이 사천(泗川) 동양창(東洋倉)에 둥지를 틀고 있었던 것이다。

명나라 장수 동 일원(董一元)이 기병과 보병 三천명을 데리고 와서 원조하고 정 기룡 자신이 四천명을 지휘하여 사천의 왜적을 분쇄하고 그의 부장(副將)이란 것의 목을 베였다。

그해 十월에 동 일원이 정 기룡의 말을 듣지 않고 독단적으로 행동하다가 사천에서 패배하고 많은 장령들이 모두 도망하고 말았으나 조 승훈과 정 기룡만은 전체 부대를 완전히 인솔하고 돌아왔다。

그전 정 기룡이 성주 목사로 있을 때 례천(醴泉) 권씨에게 재취 장가를 갔었다。 그러나 장가 가는 바로 그날 밤에 장가 간 사람이 졸지에 없어져 버렸다。 원 집안이 발끈 뒤집어진 채 밤을 새고난 그 이튿날 정 기룡이 왜놈들의 대가리를 잔뜩 싣고 왔다。 누라서 놀래지 않겠는가。

그전에 그의 초취 부인 강씨는 진주에 있던 그의 친정에 가 있었던 것이다。 진주성이 왜놈들에게 함락당하게 되였을 때 강씨는 손가락을 깨물어 그의 적삼에 글을 써서 남편에게 보내고 그의 어머니와 시누이를 데리고 촉석루(矗石樓)에 올라가서 강에 떨어져 죽였다。

김 시 민 전

김 시민(金時敏)은 목천현(木川縣) 사람이였다. 그는 소년 시절에 려경에 빠지여 공부도 잘 하지 못하였다. 그는 자랄수록 장대하고 피걸하였다. 무과에 급제하여 선조(宣祖)때 임진년에 진주 통판(通判)으로 되였다.

왜적이 대거 침입하여 진해(鎭海)、고성(固城)을 강점하였다. 우수사(右水使) 원 균(元均)은 도망하고 남쪽 해안 지방의 수비장들은 모두 진지를 버리고 달아나려고만 하였다. 그때 김 시민은 군대를 향하여

『달아나는 놈은 사형에 처한다』

고 포고하고 지방 인민들을 동원하여 진주 성안으로 들어갔다. 남자 녀자 할 것없이 함께 대오를 편성하여 진주성 방어 계획을 세웠다.

김 시민은 최초 전쟁이 일어났을 때 화약 一백 五十여근을 구워두고 일본 총을 모방하여 七十여자루를 제조하고 그 지방의 유능한 사람을 특별히 선발하여 일상적으로 사격 훈련을 시키고 있었다.

왜적들은 진주를 점령한다고 떠벌리고 있었다. 그바람에 진주 목사 리 경(李璥)은 지리산(智異山)속으로 도망하였다. 령남 초유사(嶺南招諭使) 김 성일(金誠一)은 리 경이 도망갔다는 말을 듣고 진주로 달려 와서 김 시민에게 목사(牧使) 일을 보게 하였다.

김 시민은 무기를 수리하고 성을 수축하고 군사를 모으고 하여 성을 고수하고 있었다.

김 성일이 김 대명(金大鳴)을 소모관(召募官)으로 임명하고 각 장령들에게 분공하여 고성에 있는 왜적들을

격퇴하였다。 그러나 왜적들은 다시 고성、진해、사천을 함락시키고 진주로 침입하려 하였다。
그 전에 김 시민이 순찰사의 명령에 의하여 정예 기병 五十여명을 인솔하고 령산(靈山)으로 진군한 일이 있였다。 그때 참퇴장(斬退將) 윤 택(尹鐸)과 함안 군수 류 숭인(柳崇仁)은 적을 만나 실패하고 그들이 인솔한 군사 백여명이 전부 전사하였다。 그리고 류 숭인 혼자서 강물에 떨어져 헤염쳐 나왔으므로 김 시민이 자기 옷을 벗어 입혀 가지고 함께 돌아왔던 것이였다。

어느날 김 쉬(金睟—당시 경상 감사—역주)가 김 시민에게 군관을 보내여 전령하기를

『적들이 벌써 고성을 향하여 떠났으니 빨리 앞길을 차단하라』는 것이였다。

김 시민이 즉시 고성 방면으로 진격하였으나 왜적들이 벌써 고성을 점령하고 있었으므로 소수 병력으로는 적을 공격하기는 곤난하므로, 진주로 회군하였다。 그가 진주로 돌아와 보니 군사들이 대부분 분산되여 버렸으므로 그들을 다시 소집하여 군사 력량이 점차 강화되여 갔다。

김 시민은 온갖 고통을 그의 군사들과 함께 겪어 가면서 성을 사수할 것을 맹세하였다。 그때 곽 재우도 김 시민이 성을 고수한다는 말을 듣고 후원하려 오고 김 성일도 각 고을 군사를 독촉하여 진주를 후원하게 하였다。 이리하여 군대 위력은 대단히 강화하였으므로 왜적 떼가 강 언덕까지 왔다가는 강을 건느지 못하고 도망하였던 것이다。

그때 김 성일도 도착하여 독전(督戰)하게 되고 김 시민은 조 대곤(曹大坤)과 함께 정예군 천 여명을 인솔하고 적군의 성 앞에 육박하였으나 놈들이 감히 나오지 못하였다。 그 이튿날 다시 진격하는 도중에 십수교(十水橋)에서 왜적들을 만났는데 그 곳은 적들이 주둔하고 있는 데까지 五리 가량 밖에 되지 않았다。 사람들은 모두 결사적으로 싸워 몇 놈의 목을 자르고、 쏘아 죽인 것은 수도 없었다。 그리고 도망치는 놈들을 그들의 성 밑까지 추격하여 대 승리를 얻였다。

왜적들은 성을 버리고 야간 도주하여 놈들의 고성(固城) 부대와 합작하였다。 김 시민이 고성의 그것들을 습격하기 위하여 정병을 선발하여 진주 남쪽에 진을 치고 대기하다가 밤에 가만히 행군하여 몰래 대진(大陣

嶺을 넘어 새벽녘에 적성에 육박하였다。 함성을 올리며 시위하는 바람에 석이 벌벌 떨고 二、三일간 들어박혀 있다가 또 야간 도주하여 진해에 있는 왜적들과 합쳐 가지고 도망하였다。 김 시민이 그것들을 추격하여 깨뜨려 주고 교묘한 계책으로 진해에 있던 적장 평소대(平小大)를 포로하여 중앙으로 보내였다。 그리고 계속 세개 성을 회복하여 군대 위신이 굉장히 제고되였다。 그의 군공에 의하여 진주 목사로 승진시키였다。

그때 금산(金山)、개녕(開寧) 등지에 적들이 창궐하고 있었다。 우도 감사(右道監司) 김 성일이 세개 고을의 군대를 더 동원하여 김 면(金沔)에게 붙여 주었다。 김 면은 김 시민이 장병들의 존경을 받는다는 말을 듣고 그에게 통지하여 후원을 요청하였다。

김 시민이 정병 천여명을 인솔하고 거창(居昌)으로 달려가서 김 면 부대와 련합하여 사랑암(沙郎巖) 앞에서 싸웠다。 김 면이 칼을 휘둘으고 말을 달리면서 김 시민을 향하여

『국가에서 김공을 우대하는 것은 오늘날을 위한 것이요。 남자가 죽는 한이 있더라도 퇴각해서는 안될 것이요。』

김 시민이 활을 쏘면서 적진에 돌입하여 왜적 몇 놈을 연거퍼 거꾸러뜨리니 적군이 붕괴되고 말았다。 한이를 뒤에 또 싸워 수 많은 왜적의 머리를 베였다。 그때 김 시민이 적의 칼을 맞아 발에 부상을 당한 것을 보고 김 면이 눈물을 흘리면서 위로하였다。 그 후 김 시민은 진주로 돌아왔다。

적장 우시등원랑(羽柴藤元郎)이 금산에 있는데 그 놈의 병력이 아주 강한 데다가 동해와 김해에 있는 적 三만여명을 합하고 게다가 우도에 해적을 발동시켜 웅천(熊川) 항구에 둥지를 틀고 있으면서 호남 방면의 우리 해군을 막으려 하고 있는 것이였다。

우병사(右兵使) 류 숭인(柳崇仁)이 창원(昌原)에서 왜적과 싸워 실패하고 분산된 군사를 소집하여 또 싸웠으나 역시 패배하였다。

이리하여 十월 무자(戊子)일에 왜장 등원랑이 우쭐대면서 함안으로 침입하게 되였으며 연변 여섯 고을 군사가 모두 무너져 버리고 전후 전사자가 천여명에 달하였다。 경인(庚寅)일에는 왜적이 세 갈래로 나누어서 바로

진주로 달려드는데 놈들의 선봉인 기병 천 여마리는 벌써 진주 동편 산 우에 올라섰다。

그때 패배한 류 숭인이 혼자서 말을 달리여 진주성 앞에 이르러 『빨리 성문을 열어 달라』고 소리치는 것였다。 그 소리를 듣고 김 시민이 그의 부하들에게

『만일 우리가 류 병사를 받아 들이면 지휘자를 바꾸어야 할 것이다。 그렇게 되면 통제가 약화될 것이고 두 사람이 다 아무 일도 못하게 될 것이고 따라서 대사는 틀려지고 말 것이다。』

김 시민이 이렇게 말하고 류 숭인에게 대답하기를

『적들이 지금 서두르고 있으니 성문을 경솔하게 열 수가 없습니다。 병사는 성 밖에 남아 있으면서 성의 수비를 원조하는 것이 좋을 것입니다。』

류 숭인은 부득이 돌아 나오다가 왜적을 만나 사천 현감 정 득열(鄭得悅)과 오배량 권관(吾背梁權管) 주 대청(朱大淸) 등과 함께 싸우다가 전사하였다。

곽 재우가 김 시민이 류 숭인을 받아 들이지 않았다는 말을 듣고 감탄하였다。

『그러한 계책을 쓰는 것으로 보아 성을 확보하기에 넉넉하다。 진주 사람들은 참으로 복이 많다고 할 수 있다。』

임진(壬辰)일에 왜장 등원량이 드디여 진주성을 포위하였다。 그때 성 안의 우리 군사는 통털어 三천 八백명에 불과하였다。 김 시민이 군사를 나누어 각 성첩들을 지키게 하면서 대기하고 있었다。 그저 한 사람 한 마음으로 죽어도 같이 죽자고 군사들을 교양하고 자신이 음식을 가지고 돌아 다니면서 군사들의 기갈을 구하여 주었다。 그는 적의 란환이 비오듯 하는 속에서도 태연 자약하여 자기 할 일을 다하고 있는 것이였다。 그는 눈물을 흘리면서 군사들을 대하여

『이 성을 우리가 만일 확보하지 못한다면 성 안의 수천 수만명이 왜적놈들 칼끝의 귀신으로 될 것이다。』

이렇게 설유하는 것이였다。 군사들은 누구 하나도 죽음을 각오하고 싸우지 않는 사람이 없었다。

전루가 장기간 계속되는 때 따라서 어느름에 화살이 다 되였으므로 김 시민이 성을 넘어 가서 감사에게 련

라할 사람을 구하였으나 마땅한 사람이 없으므로 후한 상을 주기로 하고 영리(營吏) 하 경해(河景海)란 사람을 파견하였다. 하 경해가 밤에 성을 넘어 감사에게 달려가 화살 백여부(部)를 구하여 왔다. 그리하여 계속 화살을 사용하면서 싸울 수 있었다.

진주성이 포위된지 여러 날이 되고, 후원군도 오지 않았으나 성 안은 평상시와 같이 끄떡하지 않고 있었다. 김 시민은 그의 처족(妻族)들과 함께 술이랑 밥이랑 지어 군사들을 먹여가면서 밤낮으로 쉴 때가 없었다. 그것을 본 사람들은 너무나 감복하여 눈물을 흘리면서 저사하고 왜적들을 격파하고야 말 것을 결심하였다.

왜적은 무수한 깃발이며 일산이며 쇠 탈바가지, 새털 벙거지들을 한 놈들의 복색이란 기괴 망측하였다. 그것들은 번쩍거리고, 펄렁거리며 낮도깨비가 나타난듯 하였다.

두목 여섯 놈이 나누어져서 독전하고 저격수 수천명이 산 우에서 일제히 사격을 하는데 번개가 갈기는 듯 우박이 쏟아 지는듯 천지를 흔들어 놓는 것이였다.

그러나 김 시민은 어디까지나 침착하여 군사들에게 움직이지 말고 침중에 침묵을 지키고 있으라고 명령하였다. 그리하여 놈들의 총 소리가 약하게 될 때를 기다려 포를 쏘고 함성을 올리면서 응전하였다. 그리고 밤에는 사람을 시키여 성 문루에 올라 가서 피리를 불게 하여 성 안에서는 무사히 잘 있다는 것을 적에게 보여주었다.

의병장 최 강(崔堈)과 리 달(李達)이 고성으로부터 후원하러 와서 밤에 망진산(網陳山)에 올라가 수 많은 햇불을 잡고 북소리, 웨치는 소리를 하여 산천을 진동케 하였다. 그리고 곽 재우는 그의 부하 장수 심 대승(沈大承)을 보내여 군사 二백명으로 야간에 진주 뒷산에 올라 가서 호각을 불고 햇불을 들어 성안 군사들과 호응하면서 소리 소리 웨치기를

『홍의 장군(紅衣將軍—곽 재우를 말하는 것으로 당시 왜적들은 홍의 장군이라고 하면 이름만 듣고도 떨고 있었다—역주)이 남쪽 군사와 련락하여 그의 대군이 즉시 도착할 것이다.』

이 말을 듣고 왜적들은 대경 실색하여 어쩔 줄을 몰랐다.

의병장 최 경회(崔慶會)도 군사 二천명을 인솔하고 후원하러 달려 오고 김 준민(金俊民)도 군사를 명솔하고 와서 단성(丹城)에서 놈들을 격파하고 한후장(捍後將) 정 기룡(鄭起龍)도 왜적을 살천(薩川)에서 깨뜨려 주였다。

왜장 등원량은 졸개들을 각 방면으로 내보내여 후원군을 막게 하고 그리고는 대나무、소나무를 많이 베여 울을 둘러 막고 그 안에서 우리 군대가 알지 못하는 사이에 축대를 쌓는 것이였다。 아침에 보니 축대는 벌써 쌓여 있었다。 그리고 대나무 사다리를 만들어 수천개를 린상(鱗狀)으로 련결하여 그것을 멍석으로 덮어 가지고 여러 놈이 한꺼번에 기여 오를 수 있도록 만들었다。 놈들이 쌓은 三층 축대는 우리 성을 내려 볼 수 있게 되였는데 그 우에 졸개들을 올려 보내여 새총을 발사하는 것이였다。

김 시민은 미리 불 도구를 준비하여 두었었다。 종이에 화약을 싸서 나뭇단 속에 넣어 두고、성 우에는 대포를 여러 곳에 설치하고 큰 돌멩이를 쌓아 두었다。 성첩(城堞) 내에는 큰 가마에 물을 끓이고 쇠를 달구고 마름쇠를 준비하여 대기하였다。 또 현자(玄字)총으로 놈들의 축대 우에 있는 왜적을 쏘아 떨어뜨리군 하였으므로 왜적들이 저희들의 쌓놓은 축대에 올라 가지를 못하였다。

병신(丙申)일 四경쯤 되여 적장 등원량이 졸개들에 명령하여 횃불을 켜잡고 각 부대가 짐들을 잔뜩 싣고 퇴각하는 체 하고는 횃불을 일제히 꺼버리고 진주 동문 밖에 몰려들었다。 왜적들은 제가끔 사다리 한개、방패 한개씩 들고 다가들어 대가리를 싸매고 한꺼번에 성으로 기여오르는 것이였다。 그리고 후렬에 있는 놈들은 수 많은 총으로 일제히 사격하여 사람이 성 우에 서 있기 곤난한 형편이였다。

김 시민이 군사를 지휘하여 결사적으로 항전하였다。 활、총、진천뢰(震天雷)、질려포(蒺藜砲)들을 련속적으로 퍼붓고 돌멩이야 섯물이야 불붙는 나뭇단이야 끓는 물이야 마름쇠야 마구 쏟아 놓아 놈들의 공격 무기를 모조리 깨뜨려 주었다。 왜적들은 덤비는 족족 거꾸러져 들어눈 시체가 첩첩히 쌓이는 것이였다。

전투가 한창 진행될 때에 왜적 놈들의 또 한 떼가 밤을 타서 졸지에 성 북쪽에 달려들었다。 북쪽 성을 수비하던 군사들이 퇴각하였다。 그러나 만호(萬戶) 최 덕량(崔德良) 등이 한사하고 저항하는데 따라서 흩어졌던 군사들이 모여 와서 아침까지 막아내였다。

전루는 조금 느꿈하였다。성 안에서는 나무 막대기나 돌멩이까지도 거의 다 되고 가옥들의 지붕이란 지붕이 다 없어졌다。그런 데다가 김 시민이 적탄을 맞고 기동할 수 없이 되였다。그러나 곤양 군수(昆陽郡守) 리광악(李光岳)이 김 시민을 대신하여 전후를 지휘하면서 왜장 한놈을 쏘아 죽이였다。

그날 점심 때쯤 하여 두목 등원량이 졸개를 이끌고 도망하게 되는데 놈들이 포로한 녀자들과 략탈한 소나 말할 것없이 그냥 버려 두고 달아났다。

김 준민이 단성에서 진주로 달려 왔을 때는 왜적들이 벌써 도망하고 난 뒤였다。최 강이 도주하는 놈들을 추격하여 목도 자르고 포로도 하여 가지고 돌아왔다。

김 시민은 앓으면서도 조국의 운명을 념려하여 때때로 머리를 들어 보면서 눈물을 흘리는 것이였다。아! 김 시민은 결국 다시 일어나지 못하고 말았다。성 안에서는 비밀에 붙이고 발상하지 않았다。시민들은 자기 부모를 잃기라도 한 것같이 슬퍼하였다。어떤 사람은 일년간을 두고 소밥을 먹으면서 그를 추도하였다고 한다。조정에서는 진주 승전의 보고를 듣고 김 시민을 우병사로 임명하였으나 발령이 미처 닿기 전에 그는 벌써 이 세상 사람이 아니였다。

조정에서는 서 례원(徐禮元)으로 김 시민을 대신하게 하였다。

당시에 일국의 군대가 대부분 붕괴되고 한 사람도 자기 지방을 지키겠다고 나서는 사람이 없을 때에 김 시민만은 외부 원조를 받지도 않고 외로운 성을 고수해 내였던 것이다。이리하여 그는 비단 경상우도만을 보전한 것이 아니라 전라도로 통하는 요지를 확보하여 왜적들이 내지로 깊이 들어오지 못하게 한 것이다。김 시민의 공로의 위대성은 여기에 있다。왜놈들까지 진주에서 패배한 후로 항상 김 목사를 찬양하였다고 한다。

왜장 우시등원랑은 거창으로 쫓겨가 있으면서 분통이 터져 죽어 버렸다。왜적의 기타 두목들이 수길(秀吉)에게 증원을 요구하여 이듬해 봄에 대거하여 호남으로 진공할 것을 획책하고 있었다。

리 정암 전

리 정암(李廷馣)의 자는 중훈(仲薰)인데 경주(慶州) 리씨였다.

명종(明宗—리조 一三대왕—역주) 때인 신유(辛酉)년에 과거에 급제하여 사국(史局)에 들어 갔다.

그때 윤 원형(尹元衡—명종의 외숙으로써 당시 정권을 좌우하던 사람—역주)이 리 정암의 이웃 집에서 살면서 만나 보자고 요청하였으나 종시 거절하였다. 또 그는 정 여립(鄭汝立)의 흉악한 심술을 알고 있었다. 다른 사람들이 모두 그를 훌륭한 사람이라고 인정하였으나 리 정암만은 통렬히 반대하고 그와 절교하였다. 이러한 성격이 그의 벼슬살이에 손해로 되였던 것이다.

그는 연안 부사(延安府使)로 나갔었는데 조정에서 왜적들이 두통거리라고 생각하고 그를 동래 부사로 옮기였다.

그전부터 일본에 물품을 보낼 때는 쩨를 들면 쌀에 물을 섞어 보내기 때문에 그것이 바다를 건너 가는 동안에 썩어서 못 먹게 되군 하였던 것이다.

리 정암이 동래 부사로 가서 그것을 알고

『이런 일은 린방과 친선을 도모하는 데 있어서 성실치 못한 행동이다.』

이렇게 말하고 그런 짓을 엄금하였다.

임진년에 왜적이 불의에 침입하여 왔다. 그 당시 리 정암은 리조 참의(吏曹參議)로 있었는데 그 부인에게 말하기를

『나라 일이 이 지경이 된 이상 살아서 무엇 하겠는가。』

이렇게 말하고 방안에 들어가서 자기 목을 맨 일이 있었으나 집안 사람들이 말리여 죽지는 아니하였다。

국왕이 서부 지방으로 후퇴하고 리 정암은 국왕을 따라 송도(松都)까지 왔다。 그때 리 정암의 아우 리 정형(李廷馨)이 송도 류수(留守)로 있었는데 그가 임금에게 요청하기를

『저의 형은 지금 맡아 보는 일이 없으니 여기 남아 있으면서 저와 같이 일하게 하여 주시기를 바랍니다。』

국왕이 그렇게 하라고 허락하였다。

국왕은 벌써 관서 지방으로 떠났다。 리 정암이 송도가 수비하기 곤난한 곳이라는 것을 알고 그의 어머니를 모시고 연안(延安)으로 갔더니 그 지방 사람들이

『이 어른은 우리의 이전 사또이다。』(과거의 연안 부사이라는 의미—역주)

이렇게 말하면서 반갑게 맞아 주었다。 그때 왜적들은 서부 지방으로 침입하여 각 고을을 돌아 다니면서 떠벌리기를

『우리를 환영하는 자는 상을 줄 것이고 도망하는 자는 목을 벤다』라는 것이였다。

이리하여 백성들이 동요하고 있을 때에 리 정암이 각 지방에 호소하여 조국을 위하여 적과 싸울 것을 설유하였다。 그리고 일방으로 의병을 소집하는데 김 덕함(金德諴)、조 정견(趙廷堅)같은 사람들이 달려 오고 하여 관군 수천명을 얻었다。 대장기(大將旗)를 세우고 깃발에는『분충토적』(奮忠討賊)이라는 네자만을 썼다。

왜적들은 리 정암 부대가 아직 전투 준비가 충분히 되여 있지 않은 것을 알고 여러 곳에 있는 졸개를 모아 가지고 공격하였다。 불과 연기가 하늘에 자욱하였다。

사람들은 모두 정암더러 피신할 것을 권고하였으나 그는 분연히 하는 말이

『죽근의 로신으로서 이미 직접 국왕을 호위하여 가지는 못하였을망정 전쟁에 나가 죽기를 각오하고 싸울 뿐이다。 어찌 구차하게 살기를 원할 수 있는가。 더구나 인민들을 설유하여 성안에 모아 놓고 그들을 버리고 나 혼자 간단 말인가。』

즉시 명을 나리기를

『성안에 남아 있기를 원하지 않는 사람들은 나가도 좋다.』

성안의 사람들이 모두 감복하여 싸울 결심을 하였다. 용사 四백여명을 조직하고 성안 사람들 수천명과 합께 밤 낮을 가리지 않고 성을 수리하여 방어할 준비를 진행하였다.

준비 사업이 끝나자마자 왜적들이 또 한떼 닥쳐 왔다. 성안에 있는 사람들이 리 정암에게 말하기를

『우리들이 전력을 다하여 싸우려는 것은 사또를 위하여서이고 사또가 떠나지 않는 것은 우리를 위하여서입니다. 지금 왜적들이 이미 닥쳐 온 이때 사또의 마음이 조금이라도 견실하지 못한 것이 있다면 성안 수천의 생명은 어떻게 하렵니까?』

리 정암이 말하기를

『그대들은 아직 나의 마음을 의심하는가?』

이렇게 말하고 사람을 시키여 성안 높고 외딴 곳에 작은 집 한채를 지어 놓고 그 주위에 나무를 둘러 싸고는 다음과 같이 명령하였다.

『이 성이 만일 함락되거든 그대들은 빨리 불을 놓아라. 나는 여기서 죽을 것이다.』

백성들은 모두들

『사또가 이렇게까지 한다니 우리들도 죽음을 각오할 뿐입니다.』

왜적 떼가 성 밑에 육박하여 성 우를 바라보고 공격하는데 화살과 돌멩이가 비오듯 하였다.

성안에서는 늙은 사람들은 돌멩이를 날라와서 던지고 녀자들은 물을 길어 와서 왜적들의 대가리에 쏟아 놓는다.

왜적들은 어떤 놈들은 사다리를 타고 어떤 놈들은 나무 판자를 뒤집어 쓰고 어떤 놈들은 죽은 놈을 이고 성벽을 타기도 하고 흙을 쌓기도 하여 개미 떼처럼 기여 오르는 것이였다.

성안 사람들이 한꺼번에 나뭇단에 불을 붙여 던지니 연기가 하늘에 자욱하였다. 왜적들은 결국 기여 오르

지 못하고 성 밖에 三층 집을 세우고 그 우에서 성안을 내려다 보고 불질을 하는 것이였다。 그러면 성안에서는 판자 집을 사방에다 세워 적을 대항하였다。

왜적들은 밤 낮으로 교대하여, 가면서 담배들면서 온갖 흉계를 다하여 공격하여 왔으나 성안에서는 그때마다 적절한 대책을 세워 응전하였다。

이러하여 때 전투가 五일간을 두고 계속된 후에 왜적은 물러가지 않을 수 없었다。

성안에 있는 사람들이 말하기를

『왜적들은 교대로 싸워 쉴 시간이 있었으나 우리 군대는 밤 낮을 가리지 않고 계속 교전을 계속하여 눈 한번 붙여볼 사이가 없었고 기운이 다 빠져 있었던 것이다。 그러나 만일 우리가 하루라도 느꾸었더들 놈들을 막아 내지 못하였을 것은 명백하다。 사또의 조국에 대한 한량 없는 충성과 적개심에 감동되지 않았다면 우리들은 벌써 왜적들의 탄환의 귀신으로 되고 말았을 것이다。』

그후로부터 왜적들은 배천(白川)에 있으면서 거기에서 연안까지는 하루 길인데도 놈들은 감히 침범하지 못하였다。 강화(江華)에서 연안으로 연안에서 극왕있는 곳으로 통할 수 있었고 또 남부 조선의 호남、호서、평남 지방과의 통로를 보장하게 된 것은 다 연안을 확보하고 있었던 때문이였다。

조정에서 리정암을 가선대부(嘉善大夫—종二품의 위계—역주)로 승진시키고 세자(世子)는 그에게 교서를 보내 초토사(招討使)라고 불렀다。 그리고 얼마 되지 않아 그를 순찰사로 임명하였다。

그전에는 왜장 등경(藤景)이 때 병력을 가지고 송도에 주둔하고 그의 졸개들이 황주(黃州)、봉산(鳳山) 일대에 널려 있으면서 남부 지방의 왜적들과 련락하고 있었다。 이러하여 관서(關西) 지방이 위태한 지경에 빠졌던 것이다。 그 우에 두복 장정(長政—흑전 장정—역주)은 해안 지방에 눌러 있고 졸개들이 함부로 각처 인민들을 략탈하여 남부 조선으로 통하는 길이 차단되여 있던 것이였다。

그러나 연안 일전은 왜적들의 발톱과 잇발을 잘나 버리고 말았다。 놈들은 병신놈이 되여 움츠리게 있으면서 연안성 근처에는 발 머이는 놈도 얼씬거리지 못하였다。 이러하여 서부 조선 열세 고을들을 다시 확보할 수 있였고 보면, 호남 지방의 군대들이 아산(牙山)에서 용강(龍岡)으로 해서 조정에로 통할 수 있었다. 진행하고 보고하는 길이 개통되였고 해로로, 륙로로 수송에 지장이 없어졌다.

그런데도 리 정암의 승전 보고에는 간단히

『왜적이 어느 날에 왔다가 어느 날에 퇴각하였습니다. 우리 군대의 사망자는 없었습니다.』

이렇게만 씌여져 있었다. 우리 선배들과 어른들은 이 보고문을 평하기를

『성을 고수하고, 왜적을 격퇴하기는 할 수 있는 일이나 공을 세우고도 공을 자랑하지 않는 것은 어려운 일이다. 그는 송 나라의 조 빈(宋—曹彬)이 중국 강남 지방을 정벌하고 개선하여 황제를 볼 때에 간단한 경과를 보고하고 자기의 공훈을 자랑하지 않는 것과 같다』하였다. 그리하여 리 정암을 선무훈(宣武勳)으로 등록하고 월천군(月川君)으로 봉하고, 자헌대부(資憲大夫—정二품의 위계—벼슬)의 지위로 승진시키였다.

그는 六十세에 사망하였다.

림 중량 전

림 중량(林仲樑)의 자는 중임(仲任)인데 그의 선조들은 울진(蔚珍) 사람이였으나 그는 중화(中和)에서 살았다。

키는 八척이나 되고 얼굴이 준수하며 해학을 잘 하였다。

선조(宣祖) 때에 임진 사변이 일어났다。 중화 군수 김 요립(金堯立)은 그 고을 인민을 버리고 저 혼자 도망하고 말았다。 왜적들은 평양을 강점한 뒤 각처의 주민들을 략탈하고 있었으나 관군은 놈들의 예봉을 당해내지 못하였다。

림 중량은 그때 담복(禫服—부모가 사망한 후 三년 거상을 마쳤으나 三개월 동안에 입는 흰 옷과 흰 갓을 쓰는 복제를 말한 것—역주)·중에 있었다。 그의 고향 장사(壯士)들인 윤 붕(尹鵬)、윤 린(尹麟)、김 덕겸(金德謙)같은 사람들이 의병을 일으키면서 림 중량을 대장으로 추천하였다。

림 중량은 부모 거상을 완전히 마치지 않았으므로 나서기를 사양하였다。 그러나 여러 사람들이 기어이 주장하였을 때 그는 결연히 말하였다。

『나라 일이 이렇게 되였는데 어찌 나 혼자 사사 례절에 구애되여 있을 것인가? 상복 입고 종군한 옛사람들을·배우며 한다。』

소를 잡아 군사들을 먹이고 종군을 자원하는 사람 四백여명을 모아 그 고을 서진(西鎭)에 성을 쌓고 체찰사에게 요청하여 그 고을 무기를 받아 성을 수비하는데 쓰기로 하고 또 각 부락에 사람을 파견하여 기와장、돌멩이、도가지 동속을 끌어 모아 성안에 쌓아 두었다。 그리고 또 성 주위에 못을 파고 물을 대여 두었다。

왜적들이 들 가운데 높은 곳에 자리 잡고 있으므로 두루 사방 十리 밖에서도 왜적들의 수를 력력히 셀 수 있었다。 이리하여 왜적들이 온다고 하면 성안으로 들어 가고 간다고 하면 쫓아가 치군 하였다。 이와 같이 하여 죽인 것만도 무수하였다。

서진은 평양으로부터 四十리 상거밖에 되지 않은 곳으로 놈들이 림 중량 부대에 두통을 앓고 온갖 간책을 다하여 그를 섬멸하려 하였으나 림 중량은 그때마다 적절한 전법으로 대항하여 놈들을 분쇄하지 못한 때가 없었다。

그때 강동(江東)에서 귀양살이하던 전도사(前都事)이였던 조 호익(曹好益)이 소모관(召募官)으로 되여 성천(成川)에서 의병을 일으키여 중화(中和)와 상원(祥原)어간에서 역시 왜적놈에게 타격을 주고 있었다。 왜적들은 림 중량과 조 호익 부대 때문에 얼마나 단련을 받았던지 놈들이 그 두 장군의 등신을 만들어 놓고

『너는 조 호익이지、너는 림 중량이지』하고 칼로 쳤다고 한다。 놈들이 얼마나 두 장군을 무서워 하였는가를 이것으로도 짐작할 수 있다。

림 중량이 어느날 커다란 나무를 깎아 다음과 같은 글을 써서 대동강 변에 세워 두었다。

『래일에는 우리가 너희들의 둥지를 짓밟아 버릴 작정이다。 네놈들이 싸울 용기가 있거든 오고、용기가 없거던 빨리 도망하라。』

왜적들은 성이 상투끝까지 올라와서 졸개들을 통털어 끌고 떠들어 대면서 쫓아 오는 것이였다。 림 중량은 싸우다가는 퇴각하군 하며 서진까지 끌고 왔다。 그리고는 사람을 시키여 웨치기를

『네놈들이 여기에 기여든 것은 오직 죽으려고만 온 것이다。 이 성의 동편 북쪽 모퉁이가 네놈들이 죽기에는 가장 알맞은 장소이니 그편으로 오라。』

왜적들이

『우리가 수천리를 들어 오는 동안에 그럴듯한 저항을 받아 본 일이 없었는데 너는 어떤 사람이기에 감히

우리를 대항한단 말이냐。이 성을 깨뜨리고 나서 너를 잡아 포를 떠서 죽일 것이니 그리 알아라!」

림 중량이 허허 웃고나서

『개、돼지 같은 너희들이 너희 임금을 죽이고 우리 나라의 방비가 아직 약한 름을 타서 여기까지 침범하여 온 것이다。짐승 같은 네놈들은 한놈도 남기지 않고 섬멸하고야 말 것이다。오늘 안으로 요정을 짓고야 말 것이니 내 목숨이 살아 있는한 너희들이 살아 돌아 갈 수는 없다。』

드디여 진격을 개시하여 무어차례 접전하다가 패하는 체 하고 성안으로 들어가서 기를 날리고 북치는 것도 중지하여 버리고 돌멩이、기와장 같은 것으로 응전하고 있었다。왜적들은 아주 낮잡아 보고 사다리를 타고 성 우로 기여 오르는 것이였다。

그 전루가 있기 전에 림 중량이 성안 사람들을 시키여 흙을 뭇쳐 허리가 잘룩한 것을 무수히 만들어 그것을 불에 구어가지고는 길다란 끈에 비끄러매여 회초리 끝에 달아 두었다。그리고 수많은 가마를 걸어 놓고 물과 나무를 준비하여 두고 대기하고 있었던 것이다。

이때 왜적들이 성우에 올라 서기는 하였으나 성이 훨씬 높은데다가 깎아내린 듯이 위태하여 뛰여 내리기가 곤란하게 되여 있었다。그래서 왜적들이 내려오려고 어름어름 하고 있을 때 성안 사람들이 자루가 길다란 바가지로 끓는 물을 떠서 일제히 끼얹으니 놈들은 상판대기를 데여 넘어지고 자빠지는 것이였다。일방으로는 준비하여 둔 회초리로 놈들의 모가지를 휘감아 새새끼 옭듯 하여 끌어내리였다。

이리하여 놈들이 떨어지는 대로 처죽이는 것이였다。

놈들의 피는 도랑물 같이 흐르고 시체는 성 높이만큼 쌓여 못물이 흐르지 못할 지경이였다。

왜적들이 결국 정신을 잃고 도망하는데 림 중량이 그들을 추격하여 수 없이 베여 죽이였다。그후는 왜적들이 서진에는 얼씬거리지도 못하였다。

그때 명 나라 제독 리 여송(李如松)은 군사 四만명을 거느리고 료동(遼東)에 주둔하고 있었는데 경략(經略) 송응창(宋應昌)이 그에게 보고하기를

『적이 침공할 때 중화성에서 그의 예봉을 좌절시키였다』고 하였다。 림 중량이 얼마나 잘 싸웠는가 하는 것은 이와 같은 명 나라 장수들의 평가에서도 볼 수 있는 것이다。

림 중량은 전투 중에 말에서 떨어져 발을 다치였다。 부득이 성 밖 이웃 집에서 치료하고 있는 동안에 부장(副將) 윤 붕(尹鵬)이 대신 성을 지키고 있었던 것이다。 마침 질은 안개가 끼여 지척을 분별하지 못할 때를 리용하여 왜적들이 성을 불의에 습격하여 결국 함락시키고 말았다。

림 중량이 조정으로 달려가서 대죄하였다。 선조(宣祖)는 그에게 대죄를 그만두게 하였을 뿐만 아니라 오위장(五衛將)으로 내금위장(內禁衛將)으로 또 그 이튿날에는 안주 부사(安州府使)로 련속 승진시키였다。 그리고 교서를 내리여

『중화 인민들은 의병을 일으키여 왜적을 토벌하였으니 찬양할만 하다』고 하고 중화군을 중화부로 승급시키였다。

그리고 중화 서진 전투에서 전몰한 용사들을 조사하여 다 증직(贈職)을 하였다。

국왕이 영유(永柔)에서 강서(江西)로 가는 도중에 가마가 진펄에 빠져 위험하게 된 일이 있었다。 그때 어떤 사람이 임금이 탄 가마를 겨드랑에 끼고 높은 데로 엉금 엉금 걸어 나왔다。 국왕이 돌아 보면서 『이 사람이 누구인가』하고 물었다。 사람들이 『그 사람은 서진 의병장 림 중량입니다』하고 대답하니 국왕이 『이 사람이 아니였더면 나는 또 다시 위험하게 될번 하였다。』

림 중량의 아들、 사위、 아우、 조카들에게 모두 실직(實職—문무관의 본직—역주)을 주었다。

임진 사변이 평정되고 나서 림 중량이 이때는 물러 갈 때라고 생각하고 벼슬을 내놓고 고향으로 돌아 갔다。 농촌에서 한가하게 지내면서 『서호(西湖)에서 나귀 타는』 (중국 송 나라 문호들인 구 양수、 소 동파가 서호에서 놀고 있었다—역주) 취미를 가지였다。 장가에서 정자를 세우고 왔다 갔다 하면서 즐겨하였다。

그 지방의 감사가 언제인가 그 집에 와서 다음과 같은 시를 지었다。

『백발이 성성한 서진 장군
공훈을 간직한채 시골 사람 되였구나
한폭의 기린화(麒麟畵)라도

(중국 한 나라 선제(宣帝)가 공신들의 초상화를 그리여 기린각에 안치한 데로부터 시작하여 기린화는 공훈에 대한 귀중한 표창을 의미한다—역주)

농촌의 가을과는 바꾸지 않으리』

(西鎭將軍已白頭、功成還向水鄕遊
雖將一幅麒麟畵、換此千畦穲稏秋)

그는 병자(丙子)년에 세상을 떠났다。 그때 나이는 六十五세였다。 고을 사람들이 그를 추모하여 매년 한식날이면 서진에서 제사 지내였던 것이다。

김 덕 령 전

김 덕령(金德齡)은 광주(光州) 석저촌(石底村) 사람이였다。

그는 체구는 작으나 기백과 용기는 절륜하였다。 한번 화를 내면 눈에서 불꽃이 튀여 캄캄한 밤에도 수십보 여간을 빛이였다고 한다。 그는 두어길이나 되는 집채를 뛰여 넘기도 하고 말을 좁은 문안에까지 달리여 들어오는 길로 그 자리에서 다시 말을 돌리여 뛰여 나가기도 하였다。 또 지붕우에 올라가서 가로누어 굴러서 마루 안에 떨어지기도 하였다。 산 언덕에서 칼을 빼여 들고 좌우 쪽을 휘둘러 치면서 지나가면 나무들이 파랑개비 같이 떨어지는 것이였다。

그는 스스로 이 모든 것을 변신술의 소치라고 하였으나 리 귀(李貴)만은 그를 알아 보고

『범을 따라 잡고 공중으로 날아 다니며 지혜는 제갈 량(諸葛亮)과 같고 용맹은 관 운장(關雲長)과 같은 사람이다』라고 말하였다。

김 덕령은 본래 기개가 있고 자부심도 없지 않았으나 집안이 미천하여 서당에 다니면서 아담하고 겸손한 자품을 배우고 있었기 때문에 사람들이 그를 알아 보지 못하였던 것이다。

선조(宣祖) 당시 임진 사변이 일어났을 때 그의 형 김 덕홍(金德弘)이 고 경명(高敬命)의 참모로 있다가 금산(錦山) 전투에서 전사하였다。 이리하여 김 덕령은 세상 일에 뜻이 없어지고 그의 어머니 거상을 하면서 집안에 박혀 있었다。

그때 관군과 의병들이 왜적들을 만나기만 하면 쫓겨 가고 명 나라 군대도 사태를 바라만 보고 있는 형편이

였다。

김 덕령의 매부 김 응회(金應會)는 애국 지사였다。 김 덕령에게 여러번 의병을 모집할 것을 권고하였으나 그는 결정하지 못하고 있었다。 그때 마침 담양 부사(潭陽府使) 리 경린(李景麟)과 장성 현감(長城縣監) 리 귀가 번갈아 가면서 김 덕령을 조정에 추천하고 그 도의 감사가 또한 무기를 보내면서 국란을 당하여 궐기할 것을 권고하였다。 그뿐 아니라 세자(世子)가 군사를 위무하기 위하여 남부 지방으로 왔을 때에 김 덕령에게 일어날 것을 설유하였다。

드디여 김 덕령은 그와 친근한 장사 최 담령(崔聃齡) 등 수십명을 데리고 궐기하였다。 그는 그의 토지와 가옥을 팔아 무기를 장만하고 인민들에게 호소하여 의병을 모집하는데 응모자가 구름같이 모여들어 순식간에 정병 五천여명을 얻을 수 있었다。 그는 그 자신이 직접 군사들에게 손수 전법을 가르쳐 주었다。

세자가 그의 용맹을 시험하여 보고 그에게 익호 장군(翼虎將軍)이라는 칭호를 주었다。 그때 장군의 나이는 二十六세였다。 그는 항상 백근씩이나 되는 철퇴 두개를 몸에 차고 다니였던 것이다。

그때 진주 목장에는 거센 말이 하나 있었는데 높은 곳을 뛰여 넘고 험한 데를 달리기를 마치 날아 가는 것만 같아 사람들이 그 말에는 범접을 못하였다。 김 덕령이 그 말을 듣고 슬그머니 말 곁으로 가서 재갈을 먹이고는 올라 타니 말은 그만 순순히 말을 들었다。

갑오(甲午)년 정월에 국왕은 사람을 보내여 의병장 김 덕령을 위무하고 그에게 『충용(忠勇)』이란 군호(軍號)를 주었다。 二월에 충용 의병장 김 덕령은 광주 선비 최 담령을 별장(別將)으로 삼아 령남 지방으로 진군하게 되였다。 왜적들은 그의 이름만 듣고 『바위 밑에서 나온 장군』이라고 하면서 벌벌 떨었다。 그것은 놈들이 김 덕령이 석저촌(石底村) 사람이란 말을 듣고 돌 밑에서 나온 사람이라고 생각한 까닭이다。

김 덕령이 출동하려 하면서 먼저

『담양에서 출발하여 순창(淳昌)、 김해(金海)、 동래(東萊)、 부산을 거쳐 바다를 건너 대마도(對馬島)로 해서 일본 대판성(大阪城)으로 들어 간다』는 진군 로정을 발표하였다。

그리고 령남 지방에 격문을 보내였는데 그 가운데는 다음과 같은 말이 있였다。

『나의 본래의 뜻은 글 공부나 하려는 것이고 군사 일이 아니였다。 더구나 어머니가 세상을 떠나고 형은 전사하였다。 잠간 동안 종군하였다가 승리 후에 즉시 시골로 돌아 가려 한다。

나라 일을 생각하고는 밤중에 일어 나서 몇번이나 칼을 만져 보았으며 형의 원쑤에 속을 썩이여 밥을 눈물로 적시여 먹을 지경이다。 집안의 재화는 후회하지 않지마는 어머님이 돌아가신 후 복제도 거의 되였으니 나의 몸을 국가에 바칠 수도 있다。』

김 덕령은 권 률(權慄)을 찾아 가서 그의 지휘를 요청하고、곽 재우(郭再祐)에게 글을 보내여 함께 원쑤 갚을 것을 요청하였다。

왜적의 두목 청정이 졸개를 보내여 경주(慶州)를 침공하므로 고 언백(高彦伯)이 여러 장령들을 데리고 그를 역습하여 분쇄하였다。 그때 청정이 김 덕령의 재를 넘어 경상도로 온다는 말을 듣고 몰래 화공을 보내여 그의 초상을 그려가서 보고는 『정말 장군이로구나』 하고는 그만 군사를 거두고 략탈을 금지하고 각 지방에 있던 소소한 부대를 전부 철수하여 세 곳으로 집결하여 두고 대기하고 있였다。

그 이후로는 놈들의 작폐가 오래 동안 중지되였고 따라서 각 지방의 소란이 완화되였다。

그해 四월에 조정에서는 각처 의병들에게 물자를 공급하는데 폐단이 있다고 하여 다른 의병 부대는 전부 해산하여 충용군(忠勇軍)(김 덕령 부대—역주)에게 소속시키였다。 이리하여 정 인홍(鄭仁弘)、임 계영(任啓英)、심 사정(沈士貞) 등은 모두 군대를 해산하고 돌아가게 되였다。

김 덕령은 최 강(崔堈)의 용감성을 사랑하여 그를 별장으로 삼았다。 김 덕령 부대의 위세는 더욱 더욱 높아갔다。 드디여 그는 군대를 이끌고 진군을 개시하면서 일본에 통문을 보내였다。 각처 사람들이 호응하여 오고 장병들의 용기는 백배로 제고되여 투지에 불타고 있였다。

하필 그때 조정에서는 강화설이 대두되여 전체 장령들에게 교전하지 말도록 명령하였다。

김 덕령은 부득이 진주에 주둔하고 있으면서 병력을 더욱 강화하고 전투 준비를 더욱 열성적으로 진행하였다。 둔전(屯田—군사들이, 군량 보충을 위하여 휴식 시간에 경작하는 토지—역주)을 광범하게 설치하고 진격과 방어 계획을 수립하고 있었다。 그리고는 누차 조정에 대하여 전투할 것을 요청하였으나 승인을 받지 못하였다。

그때 김 덕령의 명성을 시기하는 자들이 그의 성공을 질투하여 온갖 방법으로 방해하고 있었다。 김 덕령이 아직 성사도 하기 전에 불측한 재화가 있을 것을 예감하고 항상 울분한 마음으로 밤 낮으로 술을 먹게 되였다。 하루는 그의 아우 김 덕보(金德普)를 보고

『네게는 나의 용기가 있고 내게는 너의 지각이 있다면 오늘 같은 이 꼴을 당하지는 않았을 터이지。』

그의 정신적 타격이 너무나 심하여 그는 병을 얻게까지 되였다。

그전부터 윤 두수(尹斗壽)는 주전론자로서 작전 계획을 가지고 있었다。 그리다가 이때 와서 그는 비로소 도체찰사로 되였었다。 그는 거제(巨濟)있는 왜적놈들을 먼저 토벌할 것을 요청하여 국왕의 승낙을 받았다。 윤 두수는 남원(南原)으로 내려 와서 그의 군대 수천명으로 선 거이(宣居怡) 부대와 련합하여 고성으로 진주케 하였다。 그리고 권 률, 리 순신, 김 덕령에게 지시하여 거제에 있는 왜적을 련합 공격하게 되였다。 권 률은 또한 곽 재우, 홍 계남(洪季男)더러 원조하도록 지시하였다。

그때 곽 재우와 김 덕령과의 사이에는 다음과 같은 문답이 있었다。

『금번 전투는 장군의 용력을 시험해 보는 전투라고 들었는데 사실입니까?』

『그런것 같습니다。』

『장군은 바다를 건너가서 왜적들을 섬멸할 수 있습니까?』

『없습니다。』

『국가에서는 장군을 믿고 거사하게 되였고 군사들은 장군을 신뢰하고 적을 치려 하는데 장군이 이렇게 말씀한다면 어떻게 될 것입니까?』

『바다 우에 둥지 틀고 있는 왜적놈들은 실상 용이하게 제압할 수 없다는 것은 알고 있지마는 조정의 명령을 위반할 수 없을 뿐입니다。』

곽 재우는 한숨을 길게 쉬면서

『알만한 일입니다。 장군의 명성이 적국을 위압하고 있으므로 왜적들이 무서워 하여 움츠러져 있는 이때 경솔히 진격하다가 만일 장군의 위신에 손상이라도 있게 된다면 장차 올 일을 어떻게 한단 말입니까?』

곽 재우는 즉시 권 률에게 이번 거사는 옳지 않다는 것을 하루에 세번이나 요청하였으나 권 률은 끝끝내 승낙하지 않고 말았다。

김 덕령은 부득이 바다로 내려가서 리 순신 장군과 련합하여 거제로 진군하는데 군대의 위세는 굉장하였다。

선 거이는 김 덕령에게 이렇게 말하였다。

『장군의 용맹을 오늘에야 시험해 볼 수 있을 것입니다。』

김 덕령은 『충용(忠勇)』이란 깃발과 『익호(翼虎)』란 깃발을 배 우에 높다랗게 세우고 함성을 올리면서 적진에 진격하였다。 그러나 왜적들은 즉시 성문을 굳게 닫고 성 우에 가뜩 올라 서서 대기하고 있었다。 김 덕령이 홍 계남과 함께 언덕으로 올라가서 칼을 휘두르며 말을 달리면서 도전하였으나 왜적들은 종시 나오지 않고 대포만 발사하고 있었다。

우리 군사는 왜적들의 성루에 접근만 하면 즉시 부상만 당하고 돌아 오는 형편이였다。 형세를 보아 용이하게 공략할 수 없다는 것이 명백하게 되였다。 이리하여 각 부대는 부득이 회군하고 말았던 것이다。

그때로부터 김 덕령의 위신이 떨어지게 되였다。 그 기회를 타고 그를 중상 무고하는 자가 더욱 많아졌다。 그해 九월에 윤 근수(尹根壽)가 채방사(採訪使)로 되여 호남 지방을 시찰하는 도중에 김 덕령이 부하 장병들을 함부로 처벌하거나 살해한다는 말을 듣고 그를 진주에 억류하여 두고 조정에 보고하였다。 이리하여 조정에서는 결국 그를 붙잡아 가서 루옥하고 말았다。

병신(丙申)년 二월에 남부 조선 인민들이 그의 석방을 요청하고 우상(右相) 정 탁(鄭琢)이 또한

『원쑤들을 아직 평정하지 못하고 있는 이때 우리 장사부터 먼저 죽이여 적국을 기쁘게 하는 것은 옳지 않습니다』

라고 력설한 결과 국왕이 즉시 그를 석방하라고 명령하였다。

그후 얼마 되지 않아서 홍산(鴻山) 사람 리 몽학(李夢鶴)이 반란을 일으켰으므로 도원수 권 률과 전라 감사 박 홍로(朴弘老)가 김 덕령과 함께 반란군을 토벌하고 있었다。 그 당시 『김、최、홍이 반란자들과 결탁하였다』는 류언 비어가 류포되여 있었다。 김이란 김 덕령을 의미하는 것이고 최는 최 담명、홍은 홍 계남을 각각 가리키는 것이였다。 더구나 적당을 체포하여 심문한 결과 그 류언 비어가 사실인듯이 주장할 뿐만 아니라 곽 재우、고 언백도 저희들의 복심이라는 것이였다。

리 시언(李時言)、김 응서(金應瑞) 등은 평소에 누구보다도 김 덕령을 시기하는 자들이였다。 그들은 이 거회에 김 덕령을 살해하고야 말겠다고 결심하고

『김 덕령이 모반한다』는 상소를 비밀이 올리였다。

그 말을 들은 국왕은

『김 덕령은 그의 용맹이 전체 군대에서 탁월할 뿐만 아니라 제 자신 군대를 가지고 있으니 만일 붙잡지 못한다면 어쩐단 말이냐』고 대경 실색하는 것이였다。

영의정 류 성룡(柳成龍)은 『무어 그럴 념려는 없겠지요』 하면서 앉았고 승지(承旨) 서 성(徐渻)은

『김 덕령은 반란하지 않을 것이니 사람 하나만 보내여도 체포할 수 있습니다。 하필 사특한 계책을 쓸 필요는 없습니다。』

이렇게 말하였다。

국왕은 서 성을 대하여 화를 내면서

『그러면 네가 잡아 오라!』

고 명령하였다。

서 성이 진주로 가기 전에 권 률이 목사(牧使) 성 윤문(成允文)과 함께 국왕의 비밀 분부에 의하여 『군무로 의논할 일이 있다』고 하여 김 덕령을 소환하였다。

김 덕령이 혼자서 달려 왔다。 성 윤문이 그의 손을 잡고

『조정에서 그대를 체포하라는 명령이 있소。』

김 덕령이 즉시 꿇어 앉으면서

『국왕께서 그러한 명령을 하시였다면 어찌 나를 이렇게 대접하십니까?』

성 윤문은 그가 원통하게 붙잡혀 가는 것을 설어하면서 그의 손만 결박하여 가지고 데리고 가게 하였다。 전체 장병들이 차마 김 덕령을 바라 보지도 못하고 묵묵히 서로 자신들의 얼굴만 쳐다 보는 것이였다。

김 덕령이 성 윤문을 보고 이렇게 말하였다。

『나는 아마 무고에 의하여 화를 당하는 것입니다。 당신은 나를 엄중하게 구속하여 보내는 것이 좋습니다。 만일 그렇게 하지 않으면 당신이 공연한 손해를 당할는지도 모르는 것입니다。』

그 말을 듣고 눈물을 흘리지 않은 사람이 없었다。

김 덕령이 처형되는 것은 원통한 일이라고 하여 체부(體府)에 신소하려 오는 사람들이 매일 수백명씩 들어 밀렸다。 이것을 보고는 조정에서는 도리여 더욱 김 덕령을 의심하게 되여 철쇄、 지떼 등 온갖 형구로 김 덕령을 결박하였다。

그러나 김 덕령은 태연히 웃으면서

『내가 모반을 할 생각이 있다면 이따위를 가지고 금지할 수 있을 것인가?』

이렇게 말하고 성을 내여 한번 힘을 주니 철쇄가 짚오라기 같이 끊어져 버리는 것이였다。 그리고 나서 다음과 같이 진술하였다。

『저는 나라의 두터운 은혜를 입은 몸으로써 침략한 왜적을 섬멸하고야 말겠다고 맹세하였을 뿐입니다。 개같은 역적들을 추종하였을 리가 있겠습니까。 제게 만일 딴 뜻이 있였다면 최초부터 무슨 까닭으로 왜수의 명령에 복종하여 역도들을 토벌하였으며 그리고 미 몽학을 처단하고 나서 무슨 까닭으로 군사를 돌리여 본진으로 돌아 왔겠습니까?

다만 저는 부모의 거상중에 의병을 일으키여 조그마한 공도 세우지 못하였으니 나라에 대한 충성도、부모에 대한 효성도 한꺼번에 상실한 것으로 되였습니다。 이것이야 말로 죽어 마땅한 죄인 것입니다。

그러나 저는 이러한 죄로 죽어도 원통할 것은 없지마는 최 담령은 아무런 죄도 없으니 저 때문에 죽이지는 말아 주시기를 바랍니다。』

국왕이 여러 대신들에게 『어떻게 하면 좋을 것인가』를 물어 보았다。 그때 정 탁과 김 응남(金應男)같은 사람들은 모두 김 덕령이 결코 모반하지 않을 것이라고 말하였으나 류 성룡 혼자만은 대답이 없었다。

이리하여 가혹한 고문을 가한 결과 김 덕령은 결국 옥중에서 죽고 말았다。 그가 죽을 때에는 다리 뼈가 부서져 버렸고 전신의 살은 성한 데가 없을 지경이였던 것이다。 그러나 김 덕령은 최후의 일순간까지 얼굴빛도 변하지 않았다고 한다。

곽 재우、 최 담령、 최 강도 그 사건으로 투옥되였다가 그 뒤에 석방되였다。

김 덕령은 평소에 선비 기풍이 있였다。 언젠가 그는 시를 지어 자신의 뜻을 표시한 일이 있였다。

『글 공부와 군사 일은
같은 것이 아닐더라
뜻밖에 칼 춤 추며
군중에 달리 놋다
평화가 다시 오면
손씻고 돌아가서
강호에 낚시 질로
여생을 보내리라』

(絃歌不是英雄事、
劍舞要須玉帳遊。

他日洗兵歸去後
江湖漁釣更何求)

그가 의병을 일으킨 후로 사람들은 모두 그를 신장(神將)이라고 말하였던 것이다。 그러나 그가 전쟁에 나간지 三년이 되였으나 특출한 공훈이 없는 데다가 그를 시기하는 사람이 많았기 때문에 결국 억울한 죽음을 당하고 말았다。 원통히 생각하지 않는 사람이 없었다。

그후로 三남 지방 인민들은 부자 형제 간에 제발 의병을랑 될 것이 아니라고 경계하기까지 되였다。 그리고 서로 만나 눈물을 흘리면서

『충용 장군이 없는 오늘날 우리들은 고기밥이 되고야 마는 것이다。』

이렇게들 말하고 서로 슬퍼 하였다。

왜적은 과연 김 덕령이 죽였단 말을 듣고

『인제 호남、호서 지방은 문제 될 것도 없다』

고 하면서 좋아라고 날뛰였던 것이다。 이것은 마치 금 나라 사람들이 악 비(岳飛)가 죽였다는 말을 듣고 술을 마시면서 서로、축하를 하였던 것과 같은 사실이였다 (금 나라가 송 나라를 정복하려 하면서 그들은 송 나라의 명장 악비를 제일 두려워 하였던 것이다。 그러나 송 나라의 반역자 진 회(秦檜)의 무고에 의하여 악비는 살해를 당하였다。 그것을 본 침략자들이 축하한 것은 물론이였다—역주)。

김 덕령의 아우 김 덕보는 그의 형이 비명에 죽은 것을 통탄하고 지리산(智異山)으로 들어 가서 세상을 등지고 살았다。 조정에서 여러번 불렀으나 종시 나가지 않고 여생을 산 속에서 보내고 말았다。 김 덕령의 처 리씨는 정유(丁酉)년 란리를 당하여 왜적들이 그의 집에 침입하였을 때에 놈들을 호령호령 꾸짖으면서 절개를 굽히지 않고 죽였다。

그러나 윤 근수(첫번째 김 덕령을 구금한 사람—역주)는 김 덕령을 다음과 같이 비평하였다。

『김 덕령이 비록 초월한 용맹이 있었으나 무고한 사람을 함부로 죽이였으니 그러한 행동은 포용성 없는

행동이고 남과의 약속을 지키지 않았으니 그것은 무신한 행동이라고 할 수 밖에 없다。 그런 때문에 그는 훌륭한 장수 가운이라고 할 수는 없다。』

김 덕령이 일찍 갑오(甲午)년 十월에 진주에서 전사한 장병들을 위하여 제사 지내면서 다음과 같은 추도문을 읽었다。

『아!
광활한 저 하늘이여
아!
답답한 이 땅이여
손바닥만한 전쟁터가
영원한 기념비로 되다
령전에 눈물 뿌리며
피로하며 말하노라
전쟁、란리、변고
어느 때를 없으리요마는
아! 이 강로에
오늘의 이 변피란
왜적의 발자취 이르는 곳
치욕、굴욕、폐허
튼튼하던 성이란 종이집이냥 무너지고
철벽의 관문이 열려진채 있다니
그러나 이 진주만은
백만 사람이 한 사람 같아라。

장순과 허원도 여기에 있고
휘양성도 바로 여기로구나
(슈양성(睢陽城)은 지금 중국 하남성(河南省) 지방에 있었다。옛날 당나라 때 장순(張巡)과 허원(許遠)이란 두 명장이 이 성을 고수하여 반역자 안록산(安祿山)을 막아 내였던 곳이다—역주)

산천도 기뻐하고
일월도 빛날시구
김 덕령이는 재주도 없으면서
명달아 뛰여 나와
군중의 분노에 싸였구나
언제까지나 한곳에 주저 앉아
큰 소리만 일삼다니
땅 치며 탄식한들 무슨 소용인가?
지하의 용자들이여
내 무슨 낯으로 그대들을 대할 것인가?
그러나 그러나 부디 그대들의 때는 쎄지 말어라!
명혼아 영원히 죽지 말어라!
저승에서도 군대되여
탄환의 우박을 쏟아 놓고
불벼락을 퍼부어라
온갖 것을 다하여서
원쑤를 소탕하고야 말과저
아!

진주 산 높고 높고
진주 물 흘러 흘러
한 없는 이 원한
풀 간데가 어디인가。」

김 덕령은 최초에 의병을 일으키고 나서 무등산(無等山)에 들어가 길다란 칼 한개를 제조하였다。 그때 이상하게도 밤중에 청 백색의 서광이 산골에 가득하였을 뿐 아니라 五、六일간을 두고 그 산이 우렁우렁 울었다고 한다。 그 말을 들은 사람들은 모두 이상한 일이라고 말하였다고 전한다 (이다음 열제자(識者皆以爲不吉之兆、至是果驗)는 번역하지 않는다—역주)。

김 덕령이 죽은지 一백 五十년 동안에 三남 지방 사람들이 누구 하나 그의 죽음을 원통히 생각지 않는 사람이 없었지마는 조정에서는 그의 원한을 풀어 주지 않았던 것이다。 그러다가 백헌(白軒) 리 경석(李景奭)이 그의 원한을 풀어 줄 것을 요청하였으나 역시 조정의 의견이 일치하지 않았다。

영조(英祖—리조 二一대왕—역주) 초엽에 리 광덕(李匡德)이 호남 지방을 시찰하는 도중에 김 덕령이 무고에 의하여 원통하게 죽었다는 사실을 자세히 듣고 해명하여 보고한 결과 비로소 그의 사당을 세우고 그의 망령을 위로하여 주게 하였다。 인민들이 얼마나 기뻐하였는지 모른다。

정 충 신 전

정 충신(鄭忠信)은 전라도 광주 사람으로서 자를 가행(可行)이라고 불렀는데 고려 명장 정 지(鄭地)의 후손이였다。

정 충신은 미천하게 태여 나서 어릴 때에 절도사 병영의 정병(正兵)으로 있으면서 통인을 겸하였다。

선조(宣祖) 때 임진년에 왜적이 대량으로 침입하여 왔다。 그때 권 률(權慄)이 광주 목사로 되여 군사를 동원하여 왜적들을 토벌하였다。 정 충신은 통인으로서 항상 권 률의 측근에 있으면서 그의 총애를 받았다。

어느 날 권 률이 적진에 정찰을 보내게 되는데 정 충신이 저도 따라 가겠다고 나서는 것이였다。 권 률이

『어린 아이가 무얼 한단 말이냐』

하고 꾸짖었으나 부득부득 가겠다고 조르므로 부득이 보내 주었다。

이리하여 정 충신이 좋아라고 적진에 달려 갔다。 그러나 그가 갔을 때에는 왜적들이 벌써 물러가고 없을 때였다。 그는 마을 사람들의 집 속에 왜적들이 숨어 있지나 않나 하고 두루두루 살피고 있노라니 어떤 집에 깨여진 독 하나가 뒤집혀져 있었다。 그래서 정 충신은 그 독을 장난삼아 한번 쏘았더니 병든 왜적 하나가 그속에 숨어 있다가 정 충신의 화살에 맞아 죽고 말았다。

정 충신은 그놈의 머리를 베여 깃대에 달아 가지고 돌아 왔다。 권 률이 그것을 보고 기특히 생각한 것은 물론이였다。

국왕은 의주(義州)로 후퇴하고 권 률은 순찰사로 승진되여 의병을 일으키여 왜적을 토벌하고 있었다。 권 률이

어느날 군사일로 조정에 보고하려고 의주까지 보고서를 가지고 갈만한 사람을 물색하였으나 가겠다고 나서는 사람이 없었다。 그 때 정 충신이 뛰여 나오면서 제가 가겠다는 것이였다。 그의 나이는 당시 열 일곱살 밖에 되지 않았었다。 당시에 왜적들이 모든 통로에 개 끓듯이 끓였다。 그러나 정 충신은 단신으로 밤낮 수 천리를 걸어 의주에 당도하여 자기 임무를 완수하였다。

그때 오성(鰲城) 리 항복(李恒福)이 병조판서(兵曹判書)로 있였다。 그는 심부름군에게

『이 아이는 멀리 와서 어데 류숙할 데도 없을 것이니 내 집에 류하게 하라』고 지시하여 그 아이에게 의복과 음식을 주어 류하게 하였다。 그리고 려사를 가르쳐 주었다。

정 충신은 재주가 비상하여 공부가 놀랠만큼 빠르게 전진하였을 뿐 아니라 그는 여하한 일이든지 어려워 하는 것이 없었다。 리 항복이 대단히 좋아하여 그를 아들과 같이 사랑하였다。 그러나 리 항복의 제자들인 연양(延陽) 리 시백(李時白)과 신풍(新豐) 장 유(張惟)와 완성(完城) 최 명길(崔鳴吉) (연양、신풍、완성은 그들에게 봉한 부원군(府院君)의 호ㅡ역주)은 모두 정 충신보다 년치가 훨씬 많았고 지벌과 지위가 높음에도 불구하고 서로 그와 종유하였다。 백사(白沙)(리 항복의 별호=역주)는 그들에게 항상 이렇게 말하였다。

『정 충신은 만일 무기를 버리고 글공부를 한다고 하더래도 한 세상의 훌륭한 선비로 될 수도 있을 것이다。』

그해 가을에 정 충신은 무과 과거에 선발되였다。 국왕이 오성을 보고

『경이 항상 정 충신의 재능에 대하여 말하더니 지금 그는 출세하였구나』

하고 정 충신을 직접 만나보고

『아직 나이가 젊었으나 차차 커가면 큰 인물이 될 것이다。』

이렇게 격려하여 주었다。

정 충신은 장 만(張晩)의 비장노릇을 하였는데 장 만도 역시 그를 몹시 사랑하였다。 또한 오 윤겸(吳允謙)을 따라 일본까지 갔다 오기로 하였다。 그는 여러번 등용되여 창주(昌洲) 첨사(僉使)로 되였다。

그는 어데서나 이름을 날리였던 것이다。

광해(光海)(리조 五대왕—역주) 때 광해가 그의 어머니를 유폐(幽廢—티 이점의 무고에 의하여 인목대비(仁穆大妃)를 유폐한 사건—역주)하려 하므로 백사가 그것이 옳지 않다고 항의하다가 북청(北靑)으로 류형을 가게 되였는데 그때 정 충신이 그를 따라갔다。

그는 그때 산길 물길 온갖 곤난을 당하면서도 전심력을 다하여 당시 시국의 변고와 류형 생활의 자초 지종과 심지어 로정기라든지 인심과 풍속에 이르기까지 죄다 세밀하게 기록하여 그것으로 북천록(北遷錄)이라는 책을 만들었다。 그리고 백사가 사망하고 나서 그는 마음으로 三년동안 거상을 하였던 것이다。

정 충신은 체구는 작으나 눈이 샛별같고 얼굴이 아름답고 말 잘하고 영명하고 과감할 뿐 아니라 정의심이 강하였다。 그리고 앞 일을 잘 예측하였는데 지나고 보면 그의 예측이 대부분 적중하였다。

신유(辛酉)년에 조정에서 정 충신을 건주(建州)의 정형을 알아오게 하였다。 그때 모 문룡(毛文龍)이 가도(椵島)에 진을 치고 있으면서 (명 나라 장수로서 당시 만주인을 견제하기 위하여 그 곳에 주둔하고 있었다—역주) 명 나라에 등을 대고 우리 나라에 대하여 온갖 무리한 요구를 다할 뿐 아니라 우리 동정을 살피여 만주 사람들에 대하여 우리를 리간시키려는 눈치였다。 조정에서는 만주 사람들로부터 공연한 의심을 받을는지도 모르겠다고 생각하고 정 충신을 미리 비밀리에 만주로 보내여 그들의 정형을 알아 오도록 하려는 것이였다。

그러나 정 충신은 이렇게 말하였다。

『이번 일은 남의 의혹을 사지 않기 위한 것이라고 하면서 결국은 사건이 발로되여 도리여 의혹을 사게 할 것이다。』

이렇게 말하고 국왕에게 다음과 같은 글을 올리였다。

『지금 제가 가는 것은 암살자나 간첩으로 가는 것도 아니고 전연 자취를 감출 수는 없는 것입니다。 요동천하에 한두 사람이 모 문룡에게 알려 줄 사람이 없을 수 없습니다。 더구나 모 문룡은 한량 없는 욕심꾸러기로서 우리의 재물을 바라고 있습니다。 그만 만일 우리가 만주와 련락한 사실을 뒤집어서 명 나라에 무고한다면 증삼(曾參)의 어머니가 세번째에는 북을 던지고 만 격으로 될 것입니다 (옛날 중국의 증자 어머니가 자기 아들이 사람을 죽이였다는 무고를 듣고도 두번까지는 믿지 않고 의연히 베를 짜고 있었다。 그러나 세번째에는 그만 북을 던지고 도망하였다。 거짓말이라도 여러번 거듭하면 현명한 사람도 믿게 된다는 의미이다—역주)。 명 나라 조정에 정식으로 보고하여 모 문룡의 진지로 통지하도록 하고 제가 떠난다면 일이 공명 정대하여 뒷날 후회될 일이 없을 것입니다。 만일 그렇게 하지 않는다면 저는 비록 죽는 한이 있더라도 명령에 복종할 수 없습니다。』

조정의 의논이 정 충신의 말대로 귀결되여 경략부(經略府)에 정식으로 통지하여 모 문룡에게 련락하게 하고 나서 정 충신이 떠나게 되였다。

그가 만주에 들어가서 만주 사람들의 우두머리들과 담화하는 데 따라서 그들이 모두 정 충신의 말에 감복하게 되였다。 그들이 정 충신에게 묻기를

『당신네는 우리들을 항상 도적이라고 하는 것은 무슨 까닭이요?』

『너희들이 세계를 도적질할 생각을 가지고 있으니 그것이 도적이 아니고 무엇인가?』

그들이 허허 웃고 말았다。 이리하여 볼 일을 다 보고 돌아 오면서 모 문룡을 방문하고 적정에 대하여 전부 이야기하고 왔다。

그는 사람들에게 이렇게 말하였던 것이다。

『만주 사람들은 장차 천하의 우환거리로 될 것이고 우리 나라만의 문제거리가 아닙니다。』

그는 만포 첨사(滿浦僉使)로 타발되였다가 평안도 병마우후(兵馬虞侯)로 옮겨 갔다。 그리고 인조(仁祖)(리조 一六대왕—역주) 때 계해(癸亥)년에는 안주 목사에 방어사를 겸하게 되였다。

그후 얼마 되지 않아 리 괄(李适)이 반란을 일으키였다。 그 전에 장 만(張晩)은 도원수로서 평양에 주재하고 리 괄은 부원수로서 녕변(寧邊)에 있으면서 만주인의 침입을 방어하고 있었던 것이다。

리 괄은 효용한 장수로서 본래 군사 지휘에 능숙하였다고 한다。 그리하여 정병 수만명과 항복하여 온 왜인의 검사(劍士)들이 모두 리 괄에게 속하여 있었다。

인조(仁祖) 반정의 공훈을 평정하는 데 있어서 리 괄이 자신에 대한 대우가 좋지 못하다고 해서 불평을 가지게 되였으며 동시에 반기를 들려고 음모하고 있었다。 그의 부하 문 회(文晦)가 리 괄의 음모를 조정에 보고하여 체포령이 발표되였다。

리 괄은 체포하러 온 선전관(宣傳官) 금부도사(禁府都事)를 죽여 버리고 구성부사 한 명련(韓明璉)과 약속하고 군대를 동원하여 결국 반란을 일으킨 것이다。

어떤 사람이 장 원수에게 말하기를

『정 충신은 원래 리 괄과 잘 지낸 터인데 리 괄에게 리용되는 일은 없을는지요?』

『그가 어찌 나라를 배반하고 역적을 추종할 리가 있겠소。』

원수는 이렇게 대답하였다。 이런 이야기가 막 끝나자마자 정 충신이 그 곳에 도착하였다。

원수는 이러한 때에 말은 성을 제 마음대로 버리고 온 데 대하여 정 충신을 처벌하려 하였다。

정 충신이 말하기를

『적이 그저 빨리 달려 가려고만 하고 있기 때문에 그들은 반드시 안주를 경유하지 않을 것입니다。 더구나 안주는 군사도 없는 곳으로 군사 없이 성을 지킨다는 것은 쓸 데 없는 죽음을 의미하는 것입니다。 그러므로 저는 달려와서 명령을 듣고 다시 간다든지 남아 있다든지 하려는 것입니다。』

그 말을 듣고 원수가 정 충신에게 앉으라고 하여 묻기를

『리 괄이 장차 어떻게 행동할 것이라고 생각하는가?』

『그에게는 상책(上策)、중책、하책이 있을 것입니다。』

『어떻게 한단 말인가?』

『가령 그가 처음으로 일어나는 기세로 바로 한강을 건너 후퇴하는 국왕을 추격한다면 일이 어떻게 될지 모르는 것입니다。

이것이 그에게는 상책으로 될 것입니다。

그리고 량서·지방에 걸터 앉아 모 문룡과 결탁하여 서로 호응하고 있는 날이면 조정에서도 그를 제압하기는 용이치 않을 것입니다.

이것이 중책으로 될 것입니다.

그가 만일 사잇길로 서울에 들어가서 빈 성을 지키고 앉는다면 그는 필경 아무 일도 할 수 없을 것입니다.

이것이 하책으로 될 것입니다.』

『그대의 생각에는 그가 어떻게 할 것으로 예측되는가.』

『리 괄은 용맹은 있어도 꾀가 없는 자이므로 반드시 하책으로 나올 것입니다.』

정 충신이 자기 진지로 돌아 가게 되는데 미처 안주까지 다 가지 못해서 적이 벌써 사잇길을 좇아 떠났다는 것이다. 정 충신이 원수에게 통첩을 보내여 요청하기를

『안주는 지금 벌써 적의 후방에 있으니 그것을 지키고 있댔자 아무런 소용도 없겠습니다. 원수 막하에 들어가서 지도를 받게 하여 주심을 바랍니다.』

원수가 그렇게 하라고 승낙하였다. 리 괄은 정 충신이 장 원수를 따라 갔다는 말을 듣고 아연 실색하면서 무서워 하는 기색이 있었다고 한다.

원수가 드디여 출병을 하게 되는데 어떤 사람이 그 날은 마침 직성 칠살(直星七殺)날로서 군사 행동을 하는 사람들이 기하는 날이라는 것이였다. 정 충신이 그 말을 반대하여

『부모가 병에 걸렸다는 말을 듣고도 날받아 가지고 떠날 것인가. 더구나 군사는 직(直)한 것이 더욱 좋은 것이다. 되잖은 점쟁이의 말에 귀를 기울이고 있을 때가 아니다.』

사람들이 모두 그 말이 옳다고 하여 결국 출동하게 되는데 원수는 정 충신을 선봉 대장으로, 남 이흥(南以興)을 계원대장(繼援大將)으로 임명하였다.

남 이흥도 또한 당시 명장으로서 담략이 비상하였다. 그리고 그의 사위 류 효걸(柳孝傑)도 용맹이 전체 군

대에 멸치였다。 그러나 그들은 전일에 모두 죄를 범하고 투옥되여 있었던 것이다。

장 원수가 서부 방면으로 나가게 되였을 때 그들의 능력에 대하여 력설하였다。 그리고

『나라 일이 이다지 위급한 때 조그마한 결함이 있다고 해서 일국의 간성(干城)으로 되여 있는 장수들을 내버려서는 안 될 것입니다。』

이와 같이 거듭 말하여 국왕이 그들을 석방하게 되였던 것이다。 그들은 놓여 나오는 그날로 장 원수를 따라 종군하였다。

남 이흥은 원래 명문의 아들로 태여나서 자만심이 대단하였다。 그는 정 충신을 신분이 미천하다고 해서 평소에 그를 경멸하고 서로 교제하기를 부끄럽게 생각하고 있었다。 이리하여 그 두 사람은 사이가 좋지 않게 되였고 한 자리에서 이야기하기도 싫어하였다。

어느날 원수가 그 두 사람을 불러다 놓고 국가가 중대한 난국에 처해 있는 이때 우선 국가 일을 생각할 것이고 사사 일은 뒤으로 돌려야 한다는 것과 오직 충성과 정의 이것을 위하여 전체를 바쳐야 한다는 말로써 그들을 타일렀다。 그 말을 듣고 두 장수는 비로소 각성하여 서로 악수하고 술을 나누어 먹고 형제의 의를 맺었다。

그후 그들은 협력하여 나라에 큰 공훈을 세웠던 것이다。

장 원수가 사람을 알아 보고 두 장수의 감정을 풀게 한 데 대하여 사람들이 감복하였다는 것은 물론이다。

장 원수 부대는 적을 추격하여 황주(黃州) 신교(薪橋)에서 전투하였으나 정형은 불리하였다。 그러나 계속 경기도 파주(坡州)까지 적을 쫓아 갔다。

당시에 인조(仁祖)는 벌써 남부 지방의 공주(公州)로 후퇴하고 리 괄은 서울에 들어가서 경복궁(景福宮) 안에 주둔하고 있으면서 흥안군(興安君) 리 제(李瑅)를 임금이라고 해서 추대하였다。 그리고는 리 충길(李忠吉)을 대장이라고 명명하여 서울을 수비하게 하였던 것이다。

장 원수가 장령들을 모아 놓고 작전을 계획하는데 제가끔 제 주장을 주장하여 양보하려 하지 않았다。

그때 정 충신이 언성을 높이여

『이미 우리들은 전력을 다하여 역적을 섬멸하지 못하였습니다。 때문에 역적은 서울을 침범하였고 국왕이 후퇴까지 하였으니 이만해도 우리의 죄는 죽어 마땅한 것입니다。 승패는 뒤 문제로 하고 우선 싸워야 하겠습니다。

먼저 북산(北山)을 점령한 자가 승리하게 될 것입니다。 만일 안령(鞍嶺)을 점령하여 거기에 진을 친다면 그곳은 서울 시가를 내려다 볼 수 있는 곳입니다。 역적들은 응전하지 않을 수 없을 것이고 싸움이 붙기만 하면 적들은 쳐다 보는 반면에 우리는 내려다 보고 싸울 것이니 승리가 우리의 것이란 것은 명백합니다。』

남 이흥이

『충신의 말이 옳습니다』

고 말하고 원수도 그말대로 하게 되였다。 이리하여 정 충신이 먼저 떠나고 다른 부대들이 그 뒤에 따랐다。 원수는 서서히 행군하면서 형편을 보라고 하였으나 정 충신은 군대들에게 도리여

『원수가 빨리 가라고 명령하신다』고 하면서 채찍을 휘둘러 몰아쳤다。

이때 경기도 순찰사 리 서(李曙)가 원수에게 다음과 같은 편지를 보내였다。

『적이 벌써 서울을 점령하고 있으니 용이하게 격파하기는 곤난하게 되였습니다。 원수는 서쪽에서 나는 동쪽에서 각각 진치고 있으면서 적의 량도(糧道)를 차단하면 그들이 반드시 곤난하게 될 것입니다。 그리고 그 사이에 남부 지방의 군대들이 올라 오는데 따라서 그와 련합하여 토벌하는 것이 만전의 계책으로 될 것입니다。』

모든 장령들이 다들 그 말이 옳다고 하였으나 연양(延陽) 리 시백(李時白)은

『그렇지 않습니다。 적이 서울 안에 하루를 더 있으면 더 있는 그만큼 그를 추종하는 자들이 모여들 것입니다。 오래 버티고 있어 무슨 리익이 있을 것입니까。 지금 적들의 반역 행동은 명백하게 되였고 군사들의 적개심은 고조에 달하여 있는 이때 적들이 안정되기 전에 정 충신이 질풍같이 몰아치고 있으니 두말 없이 승리는 우리의 것입니다。』

원수가

『그렇소。 내가 정 충신의 성격을 알고 있지마는 그는 벌써 안령에 올라 갔을 것이요。』

아닌게 아니라 이러한 한담을 하고 있는 동안에 전군이 벌써 안령에 올라섰다는 보고가 들어왔다。 원수가 리 연양을 보고

『용감하다 정 충신이여! 그대가 과연 정 충신을 안다고 말할 수 있소。』

그 동안에 정 충신은 먼저 날랜 기병 수십명을 가만히 령우에 올려 보내였다。 그들은 령우에 올라가서 봉화(국가적 사변이 야기하였을 때에 이 산에서 저산으로 불을 비치여 신호하여 급보를 목적지까지 전달한다。 그러한 신호 불을 봉화라고 한다—역주) 밑은 졸개를 포로하고 불을 보통 때와 같이 들고 있었다。

해가 지고 날이 어두워지는 데 따라서 전체 부대가 차례로 드착하여 령우에 포진하였다。

정 충신과 리 희건(李希建)부대는 전군으로서 령 남쪽에 진을 치고 남 이홍과 변 흡(邊潝)부대는 동군으로、김 완(金完)부대는 서군으로、신 경원(申景瑗)부대는 후군으로、황 익(黃瀷)부대는 중군으로 각각 배치되였다。 그리고 별도로 정병 수백명을 보내여 치마 바우(裳巖) 뒤에 숨어 있으면서 창의문(彰義門)을 수비하고 있었다。

그 이튿날 아침에야 적들이 이러한 정형을 알게 되였다。 어떤 자가 리 괄에게

『정예한 군사는 전부 정 충신에게 속해 있고 장 원수는 따로 떨어져 벽제(碧蹄)에 고립하여 있으니 원수를 일거에 사로잡을 수 있습니다。 만일 원수가 패배한다면 정 충신 부대는 제대로 도망하고 말 것입니다。』

그러나 리 괄은 정 충신 부대가 소수인 것을 보고

『여러 말할 것 없다。 저건 문제거리도 안 된다。』

이렇게 말하고 즉시 명령을 내리였다。

『저것을 처치하여 버리고 아침밥을 먹게 하라。』

리 괄의 군대는 성문을 열고 나와 두 갈래로 나누어 산을 포위하고 올라 오는 것이였다。 한 명련이 선봉으로 되여 바로 정 충신의 전군에 육박하여 왔다。 그때 동풍이 강하게 불어 왔다。 적들은 바람을 타고 맹렬한 공격을 가하는 것이였다。 화살과 탄환이 빗발치듯 하였다。

이편 군사들은 산꼭대기에 서서 모두 결사적으로 싸우고 있었다。 그때 마침 바람이 서북풍으로 방향을 변하면서 적들이 바람 밑에 들게 되었다。 바람은 먼지, 모래 할 것 없이 적군의 얼굴에 몰아 쳐주는 것이었다。 관군의 사기는 더욱 왕성하여졌다。 치열한 전투가 묘(卯)시로부터 사시(巳)(오전 七시경으로부터 一一시경=역주)까지 계속되었다。

이리하여 적장 리 양(李壤)은 탄환에 맞아 죽고 한 명련도 화살에 맞아 물러 갔다。 그때 리 괄 군대는 다른 부대로 교체하려고 움직이기 시작하였다。 남 이흥이 그것을 바라 보고 『리 괄은 패전하였다』 하고 큰 소리로 외쳤다。 적병이 그 소리를 듣고 한꺼번에 도망하기 시작하여 서로 밀치락 닥치락 밟고 밟히고 산골에 떨어져 죽은 자도 한정이 없었다。 일부분은 서강(西江)과 마포(麻浦) 방면으로 달아나므로 관군이 추격하여 노도같이 무찔렀다。 하나가 열을 당해내지 않는 사람이 없었다。

이리하여 적은 여지없이 패배하고 말았다。 때는 갑자(甲子)년 二월 十一일이었다。 그때 서울 시민들이 서편 성우에 올라 서서 전투 정형을 구경하고 있었다。 그들은 리 괄 부대가 궤주하는 것을 보고 소의문(昭義門)과 돈의문(敦義門)을 닫아 걸고 성안으로 들어 오려는 적군을 거절하였다。

철저히 패배한 리 괄은 성을 돌아 남대문으로 달려 들어 가고 있었다。 정 충신이 리 괄을 계속 추격하려 하였으나 남 이흥이 그를 말리였다。

『오늘의 우리의 승리는 우연히 얻은 것이 아니오。 며칠 못가서 도적의 두 두목의 머리가 반드시 우리 손에 들어오고야 말 것이니 끝까지 추격할 필요는 없을 것이오。 더구나 성안에는 주민이 많아서 적들이 복병을 두어 둘 위험성이 없지 않소。 잘못되어 실수라도 한다면 어떻게 하겠소?』

정 충신이 반대하였다。

『청천 벽력에 귀 가리울 사이가 어디 있단 말이오。 리 괄과 한 명련은 벌써 혼이 나갔을 터인데 어느 여가에 그들이 복병을 둘 생각을 한단 말이오。 지금 바로 추격하면 광통교(廣通橋)를 지나가기 전에 그들을 사로 잡을 수 있소。』

그러나 남 이흥이 한사하고 주장하므로 추격을 중지하고 서울 동쪽 교외에 박 진영(朴震英)을 파견하여 적을 요격하게 하였다。

적군은 밤중에 수구문(水口門)으로 탈출하여 남쪽 방면으로 달아 나는 것이였다。 정 충신이 류 효걸(柳孝傑)등을 데리고 추격하여 경안역(慶安驛)에서 그들을 따라 잡았다。

적군은 싸움도 하기 전에 붕괴되고 말았다。

그 이틀날 적의 부하가 리 괄과 한 명련의 머리를 베여 가지고 후퇴 중에 있는 조정으로 달려오고 리 제(李瑅)도 또한 체포되여 사형에 처하였다。

리 괄이 반란을 일으킨지 열 이레만에 완전히 평정되였다。 그리고 나서 다른 장수들은 후퇴하였다가 돌아오는 국왕을 마중하기 위하여 서울에 체재하고 있었으나 정 충신만은 안주로 돌아 가면서

『나는 변강을 지키는 무신으로서 역도를 제때에 처단하지 못하고 국왕을 후퇴까지 하게 하였으니 죄가 작지 않다。 그러므로 임지로 돌아 가서 명령을 기다리려 한다。』

국왕이 서울로 돌아와서 즉시 정 충신을 소환하여 만나보고 금과 비단 등으로 표상하고 일등 공훈으로 평정하고 『갈성분위 출기효력 진무공신』(竭誠奮威出氣效力振武功臣)이란 칭호를 주고 금남군(錦南君)으로 봉하고 정헌대부(正憲大夫—정二품의 문무관의 위계—역주)로 정하여 주고 평안도 병마 절도사로 등용하였다。

정 충신이 글을 올리여 완강하게 사양하였으나 국왕은

『경은 재능도 있고 지혜도 있어 되놈의 두목이 온다고 하더라도 말로써 당적해 낼 수 있다。 사양하지 말기를 바란다。』

그후 정 충신은 병으로 사직하고 서울로 돌아왔다。

정묘(丁卯)년 사변에 정 충신이 별장으로 되여 체찰사 장 만의 막하에 달려 왔다。 대신의 추천에 의하여 군중에서 부원수로 임명되였다。 각도 군대를 편성하여 방어할 계획을 세우고 있을 때 만주 사람들은 강화를 체

결하고 돌아가고 말았다。

정 충신이 전일에 장 유(張惟)에게

『적이 침입하여 와서는 반드시 강화를 하고 돌아갈 것이니 걱정할 것은 없소』

하고 말한 일이 있었는데 과연 그 말이 적중하였다。

그뒤에 서쪽 변경에서 모 문룡이 조선을 향하여 출병하였다는 헛 보고가 들어온 일이 있었다。 국왕이 정 충신에게 어떻게 하면 좋으냐고 물었다。 그러나 정 충신은 례사로

『결코 그럴 리가 없습니다』

고 단언하였다。

경오(庚午)년에 만주 태군이 의주에 침입하여 주둔하여 있고 그의 장수 영아아대(英俄兒代)가 정예 기병을 인솔하고 안주로 몰려왔다。 국내 물정이 소란하게 되였다。

정 충신이 그때 이렇게 말하였다。

『저들이 장차 대거하여 산해관(山海關)이내로 들어가서 중국을 침략하려 하기 때문에 우리가 그때에 그들의 후방에서 말성을 부릴가봐 하는 것이니 우리를 위협해 보는데 불과한 것이고 다른 걱정은 없을 것이다。』

과연 침입자들의 행동은 정 충신의 말 그대로였다。

정 충신은 도총관(都摠管)에 비변사 제조(備邊司 提調)를 여러번 겸하고 있였다。 정 충신은 자조 병에 걸리였다。 그 말을 들으면 국왕은 즉시 의원을 보내여 진찰하게 하고 선물이 끊어지지 않았다。

모 문룡이 죽고 진 계성(陳繼盛)이 대신하였으나 류 흥치(劉興治)가 진 계성을 살해하고 청(淸) 나라에 내통하였다。

인조(仁祖)가 군대를 동원하여 류 흥치를 토벌하려 하면서 누가 이 일을 맡아 하겠느냐고 물었다。 그때 정 충신이 자기가 나가겠다고 자원하였다。 국왕이 기뻐하여

『경은 앓으면서도 전쟁에 나가려 하는가。 경은 나라를 위하여 자기 몸을 망각하려 하니 내게 무슨 걱정이

있겠는가?』

정 충신은 해군을 인솔하고 총융사(總戎使) 리 시(李嵵)는 육군을 병솔하여 육로로, 수로로 병진하여 나갔다.

정 충신이 해군을 이끌고 진격을 개시하니 가도(椵島—류 흥치가 주둔하고 있었다—역주) 사람들이 겁을 내여 벌벌 떨고 있었다.

그때 류 흥치가 명 나라 국왕의 명령을 받았다고 하면서 용서를 비는 것이였다. 명 나라 경략(經略) 손 승종(孫承宗)이 또한 그의 임금에게 요청하여 그를 용서하고 정 충신은 조선 임금의 명령에 의하여 회군하고 말았다.

그 원정에서는 전투도 하여 보지 않았으나 정 충신의 명성은 중국 천지에 떨치였다. 그 뒤에 명 나라 병부에서는 조선 국왕에게 글을 보내여

『전일에 만일 귀국에서 류 흥치를 제거하여 주지 않았다면 산동 지방을 확보하지 못하였을 것입니다』

하고 감사하다는 뜻을 전하여 왔다.

정 충신은 일찌기 서북 변강에 오래 동안 있으면서 만주 사람들의 세력이 성하여 가고 있는 것을 보고 대단히 우려하였다. 그는 임금에게 조처할 방책에 대하여 수차 건의하였다. 그 가운데는 다음과 같은 말도 있었다.

『정묘변에 강화는 우리의 위력으로 그들을 제압한 것이 아닙니다. 그들은 특히 명 나라를 정벌하기 위한 일시 조처이란 것을 알아야 할 것입니다. 그것은 마치 사슴을 쫓는 개가 승냥이를 돌아 보지 않는 격입니다.

저들이 버릇 없이 되여 두려워할 줄을 모르는 것은 우리가 군비를 강화하지 않고 있는 때문입니다. 저들이 명 나라를 진감케 하고 나서도 온순히 요하 이북에 엎드려 그의 여생을 보내리라고는 생각되지 않습니다. 그것이 우리 나라의 우환거리가 안 될 수 없습니다.

제때에 군비를 튼튼히 하여 불의의 사태에 대처하는 것을 두려워 해서는 안 될 것입니다. 이때를 당하여 주저할 리유는 아무 것도 없습니다.

서북 지방의 큰 고을들은 각각 근방의 고을들과 협력하여 성을 쌓고 지키게 할 것입니다. 이리하여 무사할

때에는 나가서 농사하고 사변이 있을 때에는 청야(淸野) 전술로써 성을 고수해야 할 것입니다。

그리고 초도(椒島)에 군사를 주둔시키고 또 하나 광량진(廣梁津)을 설치하여 해상으로부터 들어올 적을 방비해 두어야 합니다。 안주는 요새 지대이며 지킬 수 있는 지방으로서 방어상 녕변과 서로 불가 불리의 관계에 있으니 이 두 지방에 각각 지휘관을 두고 군대를 증강시켜야 할 것입니다。 그리고 서부 지방의 요충에 상장군을 두어 총 지휘부를 설치하고 서부 지방의 전체 력량을 동원하여 방어에 전력케 할 것입니다。 그렇게 하면 서북 六도 인민이 안정되여 생산에 종사할 수 있을 것입니다。 그렇게 한다면 또한 오늘과 같이 변방에서 불의의 사변이 한번 일어나기만 하면 일시에 전국이 소란하였던 것과 같은 일이 없을 것입니다。

지금까지는 언제나 사변이 일어나면 삼남 지방의 군대를 대량으로 이동하여 서쪽 끝까지 장거리 행군을 하게 되니 급한 경우에 소용이 없을 뿐 아니라 군대들이 오고 가는 길에 인민들의 손해가 막심하게 됩니다。

당연히 각도에 명령하여 한해에 三천명씩만 징모하여 안주에 주둔시키고 五년만에 한번씩 교대하도록 할 것입니다。』

정 충신은 또 다음과 같은 글도 올리였다。

『우리가 사신을 저들에게 보내지 않기 때문에 저들의 감정을 상하게 하고 있는 것입니다。 기왕 화친을 하기로 하였다면 지금 와서 저들의 지변 허물을 계산하고 있을 필요가 있겠습니까? 응당 시급히 말 잘하는 사람을 파견하여 잘 타일러 저들의 감정을 풀게 해야 할 것입니다。』

이와 같은 건의들을 조정에서는 대개 채용하지 않고 말았다。

그 전에 만주 장수 소도리(所道里)가 와서 세폐(歲幣—매년 보내는 선물—역자)를 요청한 일이 있었다。

그때 국왕이 신하들을 모아 놓고 의논하는데 모두들 그럴 수 없다고 말하였으나 김 시양(金時讓)과 리 서(李曙)만은

『옛날부터 적국과 화친을 하게 되면 선물이 있는 법입니다』 하고 선물을 주어 보내기를 주장하였으나 국왕이 듣지 않았다。 그리하여 만주 장수는 성을 내고 돌아갔던 것이다。 조정에서는 회답사로서 신 득연(申得

淵)을 보내였다。 그러나 신 득연이 심양에 들어 갔을 때 만주인의 우두머리는 그를 만나 보지도, 우리 편지를 받아 보지도 않았다。

그때는 평화가 한동안 유지된 뒤였다。 그러나 만주인은 조선에 대하여 침탈할 기회만 노리고 있는 데도 불구하고 그들과의 국교를 단절할 것을 위정자들은 시끄럽게 주장하고 있었다。 그것이 소위 『결백한 의논』(淸議)이란 것이고 당시 대신들이 그러한 의논을 덩달아 추종하였던 것이다。

이때 와서도 그러한 의논에 립각하여 김 대건(金大乾)을 만주에 파견하여 세폐를 폐지한다는 것을 통지하는 동시에 전국의 군대를 장발하여 강도(江都)를 수비하면서 장차 올 사변을 대기하기로 하였던 것이였다。

그때 정 충신은 체찰사 김 시양과 함께 안주에 있었는데 이와 같은 조정의 처사가 있다는 것을 듣고

『이것은 화를 자진하여 불러들이는 방법이다。 아직 침입하지 않은 적을 이편에서 끌어 들이는 법이 있단 말인가? 적군은 김 대건의 발굽치에 붙어 들어 오리라는 것은 명백하다。』

할 수 없이 그들은 김 대건을 국경 근처에서 만류하여 놓고 임금에게 만주에 보내는 문서를 수정하여 공연히 적의 감정을 도발하지 않게 하는 것이 좋겠다는 뜻의 글을 두 사람의 명의로 련서하여 올리였다。

임금은 그들의 글을 보고 성을 내여 명령하기를

『김 시양과 정 충신이 사신을 저의 마음대로 만류하고 조정에 대하여 지시하는 버릇없는 행동을 감행하고 있으니 그들의 머리를 베여 다른 사람들을 경계하지 않는다면 조정의 의논을 통일시킬 수 없다。』 이리하여 그들의 머리를 효시(梟示)(머리를 베여 높이 달아 사람들에게 보이는 형벌—역주) 할 데 대하여 의논하게 되였다。 여러 대신들이 이렇게 말하였다。

『그들의 죄행은 전쟁 중의 과오와는 다른 것이니 우선 잡아다 신문하여 보는 것이 좋을 것입니다。』

이렇게 하여 그들을 심문하게 하였다。

그러나 일방으로 그들의 말대로 만주에 보내는 문서의 내용을 완화하여 적국의 감정을 상하지 않게끔 개작하여 보냈다。

그런데도 불구하고 김 대건이 심양에 들어 갔을 때 적은 우리 사신을 대하여 노발대발하였다。 따라서 사신은 아무런 회답도 받지 못하고 돌아왔다는 것은 물론이다。 이런 일을 당하고 나서야 국왕은 세폐를 보낼 것을 승낙하지 않으면 안 되였던 것이다。

정 충신이 이런 일을 보고는 국력이 약해 가지고는 강적을 당해낼 수 없는 것이고 말만 주절거리는 그러한 인간들에 대하여는 아무 것도 무서울 것이 없다는 것을 더욱 절실히 알게 되였다。

병자(丙子)년 사변(인조 一四년에 청 나라 군대가 제二차로 조선에 대거 침입한 사변—역주)을 겪고 난 뒤에 국왕이 김 시양의 글에 대한 답서에서

『전일 내가 남한 산성(南漢山城)에 있을 때에 항상 경의 말을 생각하였다』 라는 말을 하게 된 것은 지난날 김 시양과 정 충신 두 사람의 상소를 말하는 것이였다。

상소 사건으로 정 충신은 법관에게로 넘어가서 당진(唐津)에 류형갔다가 얼마 후에 석방되여 광주(光州)로 돌아 왔다。

정 충신은 군인인데도 불구하고 평소에 자체 교양에 주의할 뿐만 아니라 좌씨전(左氏傳)(춘추 좌씨전의 략칭으로서 중국 고대사 춘추(春秋)를 해설한 서적。 중국 고대 로(魯)나라 사관(史官) 좌구명(左丘明)의 저술로 전해지고 있다—역주)과 대사공(太史公)(중국 한 나라 력사학자 사마 천(司馬遷)—역주)의 저술을 읽기 좋아하였다。 그는 이미 대공을 세우고 지위는 대장에 올랐지마는 사생활이 극히 청렴하고 검박하여 의복은 미미한 서생 차림에 불과하였다。

모든 대신들이 정 충신의 그 비상한 모략과 항상 조국을 위하여 전력을 다하는 열성을 보고 모두들 그를 신뢰하고 존경하였다。

그는 포도 대장으로 내섬시(內贍寺) 제조(提調)로 등용되였다가 경상우도 절도사로 나갔다。 그러나 그는 병때문에 교체되여 돌아왔다。

병자년 여름에 그의 병이 위중하게 되였을 때 국왕이 의사에게 명령하여 그를 구하도록 하였다。 그리고 매월 환자의 음식물을 보내 주었다。

의사가 국왕에게 정 충신을 위하여 인삼 두어근을 써야 하겠는데 너무 자주 요구하여 황송하다고 하였다。

그 말을 듣고 국왕이 말하기를

『만일 이 사람을 낫게 할 수만 있다면 국력을 기울이드라도 아까울 것이 없는데 인삼 두어근이 무엇이란 말인가?』

정 충신은 결국 사망하고 말았다。 국왕은 부음을 듣고 다음과 같은 의미의 교서를 내리였다。

『정 충신 그 사람은 원래 명문에 태여나지는 않았으나 충성을 다하여 조국을 평안하게 하였다。 그는 국가 사업에 너무 수고하였기 때문에 신체가 쇠약하여 사망한 것이다。 나는 그의 죽음을 한량없이 슬퍼하지 않을 수 없다。』

해당 부서에 명령하여 정중하게 장사지내게 하면서 궁중 사신을 보내여 호상(護喪)을 시키고 자신의 옷옷으로써 수의(襚衣)(사망한 사람에게 입히는 옷—역주)를 짓게 하였다。

정 충신이 죽은 그해 봄에 왜적이 들어 올 것이란 류언비어가 서울 안에 퍼졌다。 정 충신이 그 말을 듣고 이렇게 말하였다。

『왜적은 불러도 오지 않을 것이다。 우리 나라의 두통거리는 만주 사람들이란 것을 알아야 한다。』

조정에서는 만주와의 단교론이 다시 대두하여 결국 단교를 결정하고 그것을 통고하는 사신을 보내게 되였다。

정 충신이 그 말을 듣고

『국가의 존망은 금년내로 결정될 것이다』

하고 통단하여 마시지않았던 것이다。

그해 十二월에 과연 만주 대군이 침입하여 남한 산성 포위의 치욕을 당하였다。

정 충신은 최초에 정병(正兵)으로 있을 때에 항상 절도사 병영에 출입하였다。 한번은 늙은 기생 하나가 절도사 연회 끝에 남은 음식을 정 충신에게 주는 것이였다。 정 충신은 그것을 단연 거절하였다。

『대장부로 태여나서 자신이 절도사로 되여 먹고 남은 것을 다른 사람에게 먹일 것이다。 그러한 내가 어째

남의 턱밑 찌끼를 먹고 있단 말이냐?』

라고 하였다。 어려서부터 그의 기상은 이같이 고결하였다。

그가 불하 첨사(乶下僉使)로 있을 때에 이와 같은 시를 지었다。

『천년 지낸 자취
새들만 오락 가락
문숙공 남은 빗돌
이끼로 덮였어라
六진 설치 큰 포부도
헛일로 돌아가고
한당없는 신고 끝에
생명 부지가 어렵다니』

(千年往跡鳥飛間
文肅公碑碧蘇斑
可笑玉門斑定遠
幾年辛苦乞生還)

(이 시는 고려 명장 윤 관의 사적을 노래한 시이다。 그의 사적은 윤 관전에 자세하게 나와 있다—역주)

이 시에서도 그의 평소의 고상한 리상을 짐작할 수 있다。 그가 한미한 처지에서 생장하여 나라를 침략자의 발톱으로부터 구출한 탁월한 명장으로 된 것은 우연한 것이 아니다。

김 응하、김 응해 전

김 응하(金應河)는 자를 경의(景義)라고 불렀다。 강원도 철원 사람이였다。 신장은 八척이 넘고 위의가 준수하고 기상이 늠늠하였다。 술을 몇말씩이나 먹어도 주정하는 일이라고는 없였다。

스물 다섯살에 무과에 급제하였다。 선조(宣祖)가 사망하였을 때 그는 주색을 가까이 하지 않고 애도하였다。

백사(白沙) 리 항복(李恒福)이 그를 한번 만나 보고 즉시 반가하여 경원(慶源) 판관(判官)으로 추천하였다。 얼마 안 되여 선천 군수(宣川郡守)로 조동하고 조방장(助防將)을 겸임시키였다。

그는 도임하는 그날로 그 지방 인재모으는 것을 가장 긴급한 임무로 하였다。 효성이 있다든지 친우간에 의리가 있다든지 정의의 행동을 한다든지 하는 사람이 있다면 반드시 그와 친근하며 존경하고 지혜있고 용감하고 기운 있는 사람이 있단 말을 들으면 즉시 불러 보고 사귀는 것이였다。 그렇기 때문에 그 고을 백성들이 그에게 감복하지 않는 사람이 없고 모두들 김 응하를 위하여서는 죽어도 한이 없다고 생각할만큼 되였다。

김 응하는 무서운 중국 말 한 마리를 얻어 항상 타고 달리였다。 그는 말을 타고 달리면서 자기 투구나 전통같은 것을 땅에 던지고는 말에서 뛰여나려 그것을 주어 가지고 달리는 말에 바로 뛰여 오르는 것이다。 그가 용감하고 날쌘 품은 이 한가지 실례로써도 넉넉히 알수 있다。

그런데도 그의 성질은 관대하고 온후하다。 사람을 대할 때에 공손하며 선비를 사랑하며 존경하였다。 그리고 옳고 그른 일을 당장에 판단하여 소송을 제기한 사람들이 기다리는 일이 없였다。

이리하여 녕변있는 리 계방(李繼芳)、리 명달(李命達)、철산 사는 정 기남(鄭奇男)、정 사검(鄭思儉)、백봉경(白鵬京)、림 동검(林東儉)、곽산있는 탁 송민(卓松敏)、성천 사는 황 이충(黃以忠)、라 여취(羅汝就) 등 수백명이 그의 좋은 협력자로 되였던 것이다。

기미(己未)년 심하(深河) 전역 당시에 김 응하는 좌영장(左營將)으로서 강 홍립(姜弘立)의 지휘를 받게 되였다。 그가 출발하려 할 때 그의 아우 김 응해(金應海)가 따라 가려고 나섰다。 그러나 김 응하는 자기 아우에게

『형제가 한꺼번에 죽을 필요가 없다』고 하면서 극력 제지하였다。 그리고 가족들과 최후의 작별을 하고 그의 공인을 단단히 싸서 고을 아전에게 전하면서

『내가 이번 전쟁에 나가면 죽어서 돌아 올 것이다。 그러니 이 공인을 가지고 갈 수 없다』

는 것이였다。 그는 야마 그때 벌써 죽음을 각오한 모양이였다。

때는 무오(戊午)년이였다。 강 홍립이 의주에 체류하다가 창성으로 이주하여 있으면서 겨울이 다 지나가도 출발할 생각을 하지 않고 있었다。

그러저러 섣달 그믐 날이 박두하였을 때였다。 김 응하의 통인 철현(鐵賢)은 당시 열아홉살 먹은 소년이였다。 그는 새로 장가든지 두어달 밖에 안 되였다。 년말을 당하여 자기 집에 다녀 올 것을 요청하므로 김 응하는 승낙하여 주었다。 그러나 군대가 압록강을 건너 출정하게 되는 날까지 철현은 돌아 오지 않았다。 그리하여 사람들은 모두 그 아이는 돌아 오지 않는 것이라고 단념하였던 것이다。 그러나 수일 지낸 후에 철현은 압록강 저쪽 二백리 밖에서 행군 부대를 따라 잡았다。

김 응하가

『왜 늦어졌느냐?』

하고 물으니

『졸지에 병이 나서 말을 탈 수가 없었습니다』

하고 철현이 대답하였다。 그는 그 후에도 언제든지 김 응하의·측근에서 심부름을 하고 있었다。

[illegible] 기미년 정월에 명 나라 경략(經略)이 우리 군대에게 행군을 독촉하는 통첩을 또 보내였다。 그것은 二월 二十四일에는 두 나라 군대가 경마전(暻馬田)에서 만나자는 것이였다。

약속한 날짜에 좌영군(김 응하 부대—역주)이 먼저 약속한 장소에 도착하여 보니 명 나라 군대는 벌써 전부 도착하여 있었다。 김 응하는 도독 류 정(劉綎)을 만나 보았다。 류 정이 묻기를

『왜 늦었소。 그리고 원수는 어디 있소?』

『우리 군대는 전부 보병으로서 달릴 수가 없기 때문에 늦어질 수 밖에 없었소。 우리 원수의 대군은 곧 당도할 것이요。』

명 나라 도독이 김 응하의 응대가 청산 류수 같고 그의 군대가 엄숙한 것을 보고 감탄하여 마지 않았다。

『동방에도 이 같이 훌륭한 인물이 있었던가!』

그날 해질 무렵에 강 홍립이 도착하였다。 도독이 밤에 강 홍립을 그의 군중으로 불러가서 진군할 계책을 의논하였다。 그때 강 홍립이 이렇게 말하였다。

『후방 부대는 아직 도착도 하지 않았고 군사들은 굶주리고 있소。 좀 더 기다려야 할 형편이요。 더구나 적군의 지대는 광활하여 군사를 이끌고 깊이 들어 가게 되면 진군하기는 쉬워도 퇴각하기는 어려울 것이니 어떻게 하겠소?』

도독이

『우리 대군이 진격하는 곳에 적은 썩은 나무통 같이 넘어지고 말 것이요。 그리고 우리는 이미 속전 속결 방침을 정하고 있소。』

강 홍립이 아무 말도 하지 못하고 물러가고 말았다。

도독이 성을 내여 혼자 하는 말이였다。

『조선 조정의 사람 쓰는 법이 이 모양이니 실패하지 않을래야 않을 수 있나。 정말 영웅이 바로 눈 앞에

있는 데도 불구하고 교활한 어린아이를 사령으로 내놓다니?』

강 홍립은 어떤 때에는 임금의 비밀 분부가 있다느니 어떤 때에는 군량이 다 되였다느니 이 핑게저 핑계하고 천연하는 데만 전력을 하고 있었다。 김 응하가 강 홍립이 전루할 생각이 없다는 것을 알고 군대 한 부대를 거느리고 선두에서 진군하겠다고 요청하였다。 강 홍립이 그렇게 하라고 승낙하고 보병 五천명을 나누어 주었다。

군대가 마가채(馬家寨)에 도착하였을 때 강 홍립이 이러한 명령을 발표하였다。

『만주 사람을 헛으로 한 사람이라도 죽이면 사형에 처한다!』

이와 같은 명령을 받은 장령들이 모두 기막혀 하고 있을 때 김 응하가 단연 반대하였다。

『군중에서는 임금의 명령도 듣지 않을 수 있다。 적을 만났을 때 칼을 칼집에 넣으라는 명령을 들을 수는 없다。』

심하(深河)까지 四、五十리 어간에 청 나라 군대가 군데 군데 진치고 있었다。 명 나라 군대와 우리 좌영군은 그놈과 싸워 살상 포로한 것이 상당한 수에 달하였다。

선봉 부대가 二十리가량 앞서 갔을 때 부평(富平) 명에 산을 등진 촌락이 커다란 마을을 이루고 있는 것을 보았다。 명나라 장수가 그 촌락으로 달려 들어 략탈을 자행한 끝에 미처 대오를 정돈하기 전이였다。

청 나라 장수 영아아대(英俄兒岱)가 三만명의 기병을 산골에 매복하고 있다가 졸지에 뛰여 들었다。 명 나라 군대가 한꺼번에 무너지기 시작하였다。

김 응하가 적의 세력이 보통이 아닌 것을 보고 대지급으로 사람을 강 홍립에게 보내여 구원을 요청하였다。

그러나 강 홍립의 회답은 이런 것이였다。

『너는 전쟁이 무엇인지 알지도 못하면서 마음대로 사람을 죽이는 주제에 구원은 왜 바라는 것이냐?』

그리고는 강 홍립이 중영군과 우영군에 명령하여 산곡대기에 결진하고 전투하는 구경만 하고 있는 것이였다。

청 나라 대 부대가 바로 좌영군을 향하여 덤벼들었다。 김 응하가 군대를 독려하여 결사적으로 항전하였다。

『포 쏘는 사람은 화약을 재고 활 쏘는 사람은 화살을 먹이고 있으면서 내가 북을 치거든 일제히 발사하라!』

이와 같이 하여 적의 선봉이 탄환과 화살을 맞고 삼대같이 쓰러지는 것이였다。

그러나 그때 마침 줄지에 북풍이 일어나서 돌과 모래가 공중으로 날고 화약이 흩어지고 화살이나 탄환이 맥을 못추게 되였다。 이 기회를 타고 적군은 맹렬히 공격하여 왔다。 우리 군대는 사력을 다하였으나 중과 부적으로 진지 한쪽이 무너지게 되였다。

군사들은 모조리 단병 접전으로 들어가서 결국 한사람도 헛되게 죽은 사람은 없었다。

김 응하는 대세가 벌써 글렀다는 것을 알았으나 버드나무에 의지하여 대황(大黃—큰 활의 일종—역주)을 쏘았다。

그의 화살은 한개에 반드시 몇 놈씩 넘어지는 것이였다。 그러나 우리 군대는 전멸 상태에 빠지고 말았다。

그러한 북새통에서도 철현이 혼자는 달아날 생각도 하지 않고 갑옷 속에 들어 앉아서 김 응하에게 화살 三백개까지 날라 주었다。 그러나 화살도 다 되였다。 철현이 큰 소리로 웨치기를

『전통이 비였습니다。』

이때 김 응하는 긴 칼을 들고 적을 후려 갈기기 시작하였다。 그러나 그 자신도 적에게서 수십개의 상처를 입었다。

그는 철현을 돌아보면서

『너는 달아나지 않으려느냐?』

철현이

『저는 장군과 함께 죽으렵니다。』

김 응하는 그만 버드나무에 기댄채 운명하고 말았다。 칼을 짚고서서 살아 있는듯 성낸 눈이 부리부리하여 적들이 감히 범접을 못하였다。 때는 기미년 四월 초四일이였다。 그 전투는 대개 한 낮에 시작되여 해질 무렵까지 계속되였던 것이다。

강 홍립은 우리 군대의 그와 같은 비참한 최후를 끝까지 수수 방관하였을 뿐 아니라 부원수까지 꼭 붙들고 구원하지 못하게 하여 결국 그러한 대 참사를 초래하였다。

영아아대가 전투를 끝내자 허둥지둥 군사를 수습하고 나서 하는 말이

『내가 몽고 일대를 횡행하였으나 가는 데마다 여태 나의 적수를 발견하지 못하였더니 정말 조선 군대가 이처럼 용감할 줄이야 생각도 못하였다。 만일 산곡대기에 있는 저 부대(홍립이 인솔하고 있는 부대를 가리킨다는 것은 물론이다―역주)가 일제히 합력하였다면 나는 앞 뒤로 적을 맞게 되였을 것이다。 그렇게 되면 전멸을 도저히 면할 수는 없었을 것이다。』

유격 장군 교 개(喬盖)도 『조선의 군대는 정예하고 장수는 용감하였다』고 말하였다。 청 나라 사람이 김 응하가 죽은 버드나무 밑을 지날 때마다

『버드나무 장군이 또 싸우게 된다면 무서운 일이다。』

이렇게 말하군 하였다。

이리하여 그들은 김 응하 시체를 매장하면서 그에게 하는 말이였다。

『진실로 당신은 쾌남아입니다。 당신이 만일 다른날 재생하는 일이 있다면 꼭 우리에게로 돌아오시기를 바랍니다。』

조정에서는 그에게 령의정을 증직하고 시호를 충무공(忠武公)이라고 부르게 하였다。 그리고 의주에 사당과 비를 세웠다。

명 나라 조정에서도 장군에게 료동백(遼東伯)을 증직하였다。 그리고 국고에서 백금 一만여량을 내여 조선을 원조하고 김 장군 가족을 구호하였다。

조정에서는 철현의 위령제를 지내고 화가 손 십대(孫十代)를 시키여 철현의 초상을 김 응하 초상밑에 그리여 앉히고 춘추로 제사지내게 하였다。 그러나 뒷날 병자년 사변에 청 나라 사람들이 그 초상들을 소각하여 버렸다。

그 뒤에 청 나라에서는 글을 보내여 친선할 것을 요청하여 왔다。 그때 우리 군사 종사관(從事官)인 정 응정(鄭應井)과 리 장배(李長培)가 청 나라 사신을 그 나라에까지 전송하였던 것이다。 그들이 돌아와서 청 나라 사람들의 말을 다음과 같이 전하였다。

『당시 좌영군(심하 전역 당시의 좌영군으로서 김 응하가 지휘하던 부대—역주)의 한 장수가 칼을 가지고 적군을 무수하게 쳐 죽이고 몸에는 두터운 갑옷을 입었는데 화살이 전신에 박혀 마치 고슴도치같이 되였였다。 그때 적군 하나의 창으로 그의 등을 엄습하여 넘어지기는 하였으나 손에 잡고 있던 칼은 죽어서도 놓지 않았다。』

그 이야기의 주인공은 물론 김 응하였다。

리 장배가 또 다른 청 나라 사람의 말을 전하였다。

『내가 지휘관의 명령에 의하여 전사한 시체들을 매장하게 되였는데 명 나라 군사나 조선 군사나 할 것 없이 다들 부패하였으나 시체 하나만은 얼굴빛도 산사람 같고 손에는 의연히 칼을 쥐고 있었다。』

이 이야기도 물론 김 응하를 두고 한 말이였다。

김 응하와 동시기에 계 강(桂杠)이란 사람이 있었는데 그는 선천 사람이였다。 그는 용맹이 절륜하고 완력도 초월하였다。 그는 고을 안에서 횡행 좌우하여 누구를 물론하고 어떻게 할 수 없는 망나니 행사를 하고 있었다。 그 지방 사람들이 그를 두통거리로 생각하고 처치하여 버릴 작정을 하였던 것이다。

그 지방에 깊은 못이 하나 있고 바로 그 못 언덕은 충암 절벽으로 되여 있었다。

고을 사람들은 그 언덕에서 계 강과 함께 술을 먹게 되였다。 계 강이 술이 반쯤 취하였을 때 사람들은 그를 돌연히 바위 밑으로 떠밀어 버리였다。

그러나 계 강은 채 못 물에까지 떨어지기 전에 솟구쳐 언덕 우에 올라섰다。 그를 죽이려고 음모한 사람들이 이 꼴을 보고는 정신이 아찔하였다는 것은 물론이다。 그러나 계 강은 태연히

『너희들 겁낼 것 없다。 내가 잘못했다。』

그 후로 계 강은 수양을 쌓서 착한 사람이 되였다。 료동 원정(심하 전역을 말한 것—역주) 당시에 계 강은 김 응하

와 함께 적을 무수하게 살상하고 결국 그도 비장한 최후를 마치였다。

김 응하의 아우 김 응해는 기미년 모동 원정 당시에 희천(熙川) 군수로 있었다。그는 해三 충성으로 종군하려 하였으나 자기 형이 『형제가 다 죽을 필요는 없다』고 하여 중지시키였던 것이였다。

김 응해는 심하 전투에서 우리 군대가 패배하였다는 말을 듣고 통탄하여 밤낮으로 속을 태이고 있었다。

병자(丙子)년에 그는 원수의 추천에 의하여 별장(別將)으로 되여 정방산성(正方山城)을 수비하고 있었다。

그해 十二월에 청 나라 군사가 바로 서울에 달려 드는 때였다。김 응해가 정예한 기병 三백명을 인솔하고 적의 통로를 차단하여 수십차의 전투에 승부가 결판나지 않고 있었다。그러다가 김 응해가 탔던 말이 불의에 적의 화살에 맞아 넘어지고 말았다。

김 응해는 부득이 큰 바위에 의지하여 적군 세놈을 쏘아 거꾸러 뜨리였으나 적군은 결국 그를 몇겹으로 포위하고 말았다。김 응해는 도저히 탈출할 수 없다는 것을 알고 큰 소리로 외치기를

『심하 전투에서 버드나무 앞에서 눈을 부릅뜨고 활을 잡고 죽은 사람이 바로 나의 형이다。내가 오늘날 너희 들을 섬멸하지 못하고 산다면 무슨 낯으로 조국을 대하며 죽는다면 무슨 낯으로 형님을 대할 면이냐?』

하며 칼을 빼아 들고 적진에 뛰여 들어 놈들을 수없이 처치하였다。그리고 나서 자기 목을 찔렀다。적들은 김 응해가 죽은 줄 알고 퇴각하였다。김 응해의 비장이 무수한 시체 가운데서 김 응해의 시체를 발견하였을 때 그의 성난 두 눈은 아직 감기지 않고 그의 기상이 금시에 움직이는 것 같았다。

그를 장안으로 메여 들여 좋은 약을 써서 구해 내였다。그의 갑옷에는 화살이 아홉개나 박혀 있어서 거의 그의 가슴을 관통할번 하였다。

그가 소생하였을 때에는 전란이 이미 평정되여 있었다。

국왕이 김 응해의 애국심은 그의 형에 못지 않다고 찬양하였다。그는 여러번 등용되여 어영 대장(御營大將)까지 하였다。

그는 七十세가 되었을 때 벼슬을 그만 두고 고향 경원으로 돌아가서 최후까지 두문불출하였다。

김 응해는 처음에는 자기 몸을 희생하여 나라에 바쳤으니 그것은 충성이라 할 것이고 나중에는 벼슬을 사양하고 깨끗하게 마쳤으니 그것은 용기라고 할 것이다。 충성하고도 용기 있었으니 김 응하의 아우되기에 부끄럽지 않다。

림 경 업 전

림 경업(林慶業)의 자는 영백(英伯)이였다. 달천평(獺川坪)에서 출생하였다.

소년 시절에 그는 항상 군사 전법을 유희로 하고 있었다. 동네 초동과 목동들을 모아 놓고 지개를 버려놓고 돌 가운데서 진을 치고 놀았다. 그럴 때면 그 진중을 통행하는 자를 금지하였던 것이다. 그리고는 진진과 퇴각 훈련을 하는데 어떤 사람도 그의 군법을 위반할 수 없었다.

림 경업이 그러한 유희를 하고 있을 때 어떤 령남 관가 행차가 림 소년의 진루 유희하는 장소에 이르러 지게들을 치워 버리라고 호령하였다. 그러나 소년 장군은

『절대로 진을 깨뜨릴 수 없다』

고 단연 거절하고 진지를 고수하여 움직이지 않았다. 이리하여 관가 행차는 길을 둘러가지 않을 수 없었던 것이다.

그가 자라서는 대장부(大丈夫)란 세 글자를 써서 차고 다니였다.

일찍부터 무과에 당선되여 관청에 출입하면서 온갖 직책을 훌륭히 감당해 내였다. 당시 대관들이 다들 그는 확실히 인재라고, 칭송하였다.

인조(仁祖)때 계유(癸酉)년에 그는 그의 아버지 상사를 당하였다. 그때 평안도 관찰사 민 성휘(閔聖徽)가 서부 변강을 수비하는 일에 대하여는 림 경업 아니고는 의논할만한 사람이 없다고 요청하여 특히 거상중에 녕변부사로 임명하였다.

그해 二월에 림 경업이 부임하였을 때에 명 나라의 반역자 공 유덕(孔有德)、경 중명(耿仲明)이 천가장(千家庄)에 와서 주둔하고 있었다。

림 경업이 군대를 동원하여 그를 정벌하게 되였다。 그는 방어사로 승진되여 국경에 주둔하고 있었다。 명 나라 장군 주 문욱(朱文郁)、소 구소(蕭九韶) 등도 와서 그와 련합하였다。 량국 군대의 위력에 압도되여 적군은 그만 도망하고 말았다。

주 문욱 등이 림 경업의 공훈에 대하여 자기 나라에 보고한 결과 명 나라 임금이 림 경업을 찬양하고 특히 총병(摠兵)으로 임명하고 상도 많이 주었다。

갑술(甲戌)년에 림 경업은 의주 부윤으로 부임하였다。 그는 국가 창고를 설치하고 인민들의 생산 사업을 도와 주었다。 송골산(松鶻山)과 봉황산(鳳凰山) 우에 봉화를 설치하고 량곡은 성중으로 운반해 들이고 성 주위에는 못을 파고 물을 대여 두었다。

그리고는 용사 정 대기(丁大器)、문 사립(文士立)、한 경생(韓景生)、박 희복(朴希福) 등을 모집하여 청 나라 사람같이 머리를 깍고 변복시켜 심양 지방으로 보내여 적국의 정형을 내탐하게 하였다。 그리고 또 조정에 대하여 황해도 군대 二만명을 자기에게 소속시켜 줄 것을 요청하였다。 그러나 간관(諫官—사헌부、사간원 관원들의 통칭으로 임금에게 간하는 일을 맡은 직책—역주)들이 대량의 군대를 변경지키는 장수에게 주는 것은 위험한 일이라고 하여 반대하였기 때문에 일이 틀리고 말았다。

병자년 十二월 十二일에 송골산과 봉황산의 봉화가 한꺼번에 들리여 위협 신호를 보여 주는 것이였다。

림 경업이 즉시 서울로 보고를 띄워보내는 동시에 성안을 시찰하여 보았다。

그때는 정묘(丁卯)년(인조 五년 청 나라 장수 아민(阿敏)이 대군을 끌고 조선에 침입한 사변—역주)이 있은지 얼마 되지 않은 관계로 성안에 있는 사람은 남녀 로소할 것 없이 천명 미만에 불과하였다。 그러한 형편으로는 도무지 방어할 계책을 세울 수가 없였다。 부득이 성문을 굳게 닫고 고수할 작정을 하고는 동쪽을 바라보고 눈물을 흘리기까지 하였다。

비변리에 병사 류 림(柳琳)에 글을 보내였다。

「적들이 필연코 장기간 강점하고 있을 것입니다。 후퇴한 조정이 포위를 당하고 있는 데도 불구하고 적을 격퇴할 방책이 없는 형편입니다。

이때 우리는 함께 군사 一만명을 거느리고 바로 심양을 습격해야겠습니다。 그렇게 하면 적들은 반드시 조선 원정군까지를 합하여 전체 국력을 들어서 우리에게 달려 올 것입니다。 그리고 우리는 그때 일거에 적의 근거지를 복멸하여 버려야 할 것입니다。 이것은 손빈(孫臏—중국 전국 시대 명장으로 유명한 전략가 손무의 후예—역주)이 바로 위(魏) 나라 수도를 습격하여 한(韓) 나라를 구한 방법입니다。」

류 림은 국왕을 호위하기에 바쁘다고 하여 림 경업의 계책을 듣지 아니하였다。

당시 청 나라 침입자들은 바로 남으로 달리여 서울을 강점하고 정부가 후퇴하여 있는 남한 산성을 포위하고 있었다。 그리고는 그의 두목중 하나인 요추(要醜)가 정예한 기병 三백명을 인솔하고 심양(瀋陽)으로 보고하러 가면서 의주에 도착하였다。

림 경업이 그들을 추격하여 그의 졸개들을 모조리 소탕하고 포로하여 가던 남녀 백여명과 략탈하여 가던 말 六十여 마리를 탈환하였다。

그 이듬해인 정축(丁丑)년에 삼학사(三學士—주전론자들인 홍 익한(洪翼漢)、 윤 집(尹集)、 오 달제(吳達濟)—역주)는 침략자들에게 굴복하자는 주장을 반대하였다는 죄로 체포되여 만주로 들어가게 되였다。 당시 여론은 그 삼학사 때문에 침략을 초래하여 화를 촉진한 것 같이 주장하였다。 그리하여 삼학사가 통과하는 연선에는 지방 수령들이 그들과 이야기하기도 무서워 하였다。 그러한 환경에서 림 경업은 삼학사를 흔연히 마중하여 그들의 손을 잡고 간곡히 말하였다。

「남자로 태여나서 죽을 때 죽는 것이 어려운 것입니다。 용감한 장수는 태산 같이 숭고한 것입니다。」

림 경업은 그들을 잘 대접하고 로자도 후하게 주어 보내였다。

정축년 三월에 자기 나라로 돌아가는 청군의 장수 고 산(高山)이 영유(永柔) 덕지동(德池洞)에 주둔하였다。

그리고는 한 윤(韓潤)은 문화(文化) 고을, 담이진(淡伊津)에 주둔하고 있으면서 가도(椵島—명 나라 군대가 주둔하고 있었다—역주)를 공격하려 하면서 우리 나라에 청병하므로 림 경업이 해군 사령으로 되여 출전하였다.

그러나 림 경업은 임금의 명령에 의하여 종군은 하였으나 명 나라와의 친선 관계를 고려하여 그를 공격하는 것은 옳지 않다고 생각하였다. 그래서 척후장(斥堠將)으로 있는 철산 사람인 김 려기(金礪器)를 비밀리에 가도 도독 심 세괴(沈世魁)에게 파견하여 다음과 같은 말을 전하였다.

『우리 나라는 세력이 약하여 청군을 대항하기 곤난하기 때문에 부득이 강화를 체결하였소. 그런데 돌아가는 청군이 지금 가도를 공략하려 하니 그의 형세가 극히 위급하게 되였소. 미리 조처한다면 화를 면할 수 있을 것이요.』

이와 같이 통고한 뒤에 그 섬으로 진주하였다. 섬에 상륙하였을 때는 벌써 섬에는 아무 것도 남겨놓지 않고 이미 등주(登州)로 철수하고 난 뒤였다.

정축년 이후로, 침략자의 실정을 명 나라 조정에 알려 주려 하였으나 보낼만한 사람이 없었다. 그러던 차에 향산(香山)에 중이 하나 있었는데 이름은 신 헐(申歇)이고 중으로서의 이름은 독보(獨步)라고 하였다. 그는 본래 의분심을 가진 사람으로서 그를 보낸다면 자기 임무를 완수할 수 있을 것이라고 다들 말하였다. 그래서 그 중을 불러 잘 대접하고 통신 련락 사무를 맡아 줄 것을 요청하여 승낙을 받았다.

완성(完城) 최 명길(崔鳴吉), 연양(延陽) 리 시백(李時白)과 의논하고 그를 파견하였다. 신 헐은 석성도(石城島)에 가서 글을 전하고 돌아 왔다.

그때 림 경업은 신 헐에게 과대한 로자를 주어 보냈다고 해서 철산부(鐵山府)로 귀양을 갔었다. 그후 경진(庚辰)년 봄에 청 나라에서 다시 명 나라의 금주위(錦州衛)를 치려 하면서 조선 해군의 원조를 요청하므로 조정에서는 림 경업의 귀양을 해제하고 해군 상장(上將)으로 임명하여 출전시켰다. 그때 청 나라 통역관이 종사관(從事官)을 대동하고 가자는 것이였다. 그 말을 들은 비국(備局) 당상관(비변사 내에 있는 당상관—역주) 리 명(李瞑)이 장계를 올리기를

『허 관(許瓘)이 전일에 병을 칭탁하고 가지 않았습니다。 그것은 대단히 엄중한 일입니다。 이번에도 그를 보내기로 하는 동시에 만일 또 전과 같이 핑게하고 가지 않는다면 전번의 죄과와 겹쳐 처벌해야 할 것입니다。』

림 경업은 이 말을 듣고 즉시 다음과 같은 장계를 올리였다。

『작은 배에 군사를 너무 많이 태우는 것은 위험한 것입니다。 청 나라 역관이 요청한다고 해서 다들을 필요는 없습니다。 만일 종사관을 데리고 가게 된다면 따로 배 하나를 더 준비해야 하겠으니 그렇게 되면 폐단만 커질 것입니다。』

이렇게 말하고는 그만 떠나고 말았다。 림 경업은 다시 신 헐을 등주(登州)로 파견하여 지금 청국의 강요에 의하여 출동하게 된 사유를 전달하였다。 신 헐은 그 걸음으로 가서 다시 귀국하지 않고 말았던 것이다。

그해 四월에 림 경업이 부장(副將) 리 완(李浣)과 함께 해군을 인솔하고 석성도에 도착하였다。 그는 청군에 대하여 풍랑을 만났다고 보고하고 그 곳에 체재하여 있으면서 통사(通事) 김 영철(金英哲)과 장관(將官) 리 수남(李秀南)을 등주로 파견하여 청군이 금주 진격을 개시하였다는 것을 통지하여 주었다。

그해 六월에 림 경업은 개주(蓋州)에 당도하여 명 나라 선박 四十척을 만났다。 이리하여 쌍방에서 교전 상태에 들어 갔으나 서로 탄환없는 총과 활촉없는 화살을 쏘고 있었다。

이 모양으로 한동안 싸우다가 림 경업은 패배한 체 하고 돌아왔다。

청 나라 장수가 림 경업의 이러한 행동에 의혹을 가지게 되였다。 그래서 자기 군대를 일부를 나누어 멀직이 진을 치게 하고 마치 명 나라 군대인 것 같이 가장하여 두었다。 그리고는 림 경업에게 그것을 공격하게 하였다。

림 경업은 그들의 모략을 알아 차리고 정말 탄환과 화살로 맹렬하게 공격하였다。 청 나라 장수는 아무리 보아도 림 경업이 명 나라 군대와 련락이 있는 것 같이 생각되므로 결국 그를 본국으로 돌려 보내고 말았다。

그때 림 경업이 헤염 잘 치는 사람을 뽑아 명 나라 땅으로 보내서 조선이 청나라로부터 침략과 위협을 당하고 있는 사실을 자세하게 설명하고 명 나라에 대한 친선의 감정은 변하지 않는다는 것을 표시하였다。

그전부터 청 나라 사람들이 림 경업의 지략을 들어 알고 있었다。 그를 특히 지명하여 보내 달라고 요청한 것은 그의 힘을 빌어 명 나라를 침공하려는 것이였다。 그러나 정작 전투가 시작되고 보니 싸우기만 하면 퇴각하므로 전투를 중지하고 회군하지 않을 수 없었다。 회군할 때 그들은 림 경업에게 해로로 돌아 가라고 하였다。

그러나 림 경업은 『선박들도 낡아졌고 군량도 다 되였다』 하여 륙로로 회군할 것을 요청하였다。 청 나라 사람들은 부득이 그의 륙로 회군을 승인하였다。 림 경업은 원래 금주위로 원정을 떠날 때 담배를 대량적으로 싣고 갔던 것이다。 그는 회군할 때에 그 담배를 막대한 돈으로 바꾸어 군량을 구입하고 사망한 군사들의 관에 표식을 붙이고 거마를 빌리여 전부 고향으로 싣고 돌아왔다。

림 경업은 임오(壬午)년에 평안 병사로 되였다。 그때 명 나라 총독 홍 승주(洪承疇)가 청 나라에 항복하고는 림 경업이 명 나라와 련락한 전후 사실을 죄다 고자질하여 바치였다。 그리고 또 선천 부사 리 계(李烓)는 림 경업이 승려 독보(獨步)를 몰래 명 나라에 보낸 일을 청 나라 사람들에게 알려 주었다。

청 나라 장수가 그제야 속은 줄 알았다。 청 나라 임금은 노발대발하여 빨리 림 경업을 붙잡아 들이라는 것이였다。 그리고 그때 청음(清陰) 김 상헌(金尙憲)도 한꺼번에 붙잡혀 가게 되였다。 그는 청 나라에 항복하는 글을 찢어버리고 굴욕적 강화를 반대하였다는 리유로 그렇게 된 것이다。

림 경업이 칼을 집고 따라 나서면서

『대장부가 공연히 이땅에 태여난 것이 아니다。 까닭없이 저것들 앞에 가서 죽는단 말인가? 에라 명 나라로나 들어 가서 거기서라도 사력을 다하여 원쑤를 갚아야겠다。』

이렇게 혼자 탄식하고는 금교역(金郊驛)에 당도하였을 때 밤중에 몰래 달아나고 말았다。 청 나라 사자 방오(旁午)는 조선 조정에 대하여 책임을 추궁하고 조정에서는 대대적으로 수색하였으나 결국 발견하지 못하였다。

림 경업은 머리를 깎고 중으로 가장하여 시골서 은신하기도 하고 친구 집에 묵기도 하였다。 그러다가 최후에 수안(遂安) 리모의 집에 들리였다。 그 리모라는 이는 림 경업이 전일 의주에 있을 때 그의 군관으로 있었던 사람이다。

장군이 밤중에 그 집에 들어가서 주인의 손을 잡고 기가 막혀 하는 말이 『우리 나라 조정에서는 저것들의 압력에 눌리고 또 나를 기피하는 사람이 많게 되였네그려。 일이 이 모양으로 된 이상 나는 개죽음을 할 수는 절대로 없네。 바다 하나만 건너 간다면 명 나라 천지가 아닌가。 거기가서 자네와 내가 협력하여 피비린내를 풍기는 저것들을 청소하고 우리 나라와 함께 명 나라의 독립을 회복하여 임진년 사변에 우리를 원조하여 준 은공을 갚아 주고 그 나라 조정에서 활보하고 살다가 뒷날 청사에 이름을 남기도록 하여 보세。 우리가 한평생 풀 속에서 썩고 말아서야 되겠는가?』

주인 리모는

『장군의 뜻은 과연 위대하다고 할 수 있습니다。 장군의 충성은 과연 거룩한 것입니다。 그러나 명 나라는 지금 아무래도 망국의 운명을 당한 것 같습니다。 대신들이 모두 사욕에 눈이 어둡고 환관들의 작폐가 한 나라、 당 나라 말년과 다른 것이 없고 편협한 당파 투쟁은 남북조(南北朝)—중국 남방의 동진 이후 송、 제、 량、 진、 제국과 북방의 북위、 북제、 북주들의 쟁패 시기—역주) 시기 보다 더욱 심한 형편입니다。 신종황제 五十년간을 두고 간신들만 신임하기 때문에 현명한 사람들은 종적을 감추게 되였습니다。 더구나 동방 원정을 일으키여 세상이 소란한 데다가 거의 해마다 천재가 발생하고 도적들이 사방에서 일어나고 있습니다。 이런 기회를 노리고 만주 사람들이 대군으로 몰아쳐 썩은 나무 처치하듯 하는 형편입니다。 이때 장군이 한자 밖에 안 되는 칼로 무엇을 하시렵니까? 하물며 저야 미천한 집 자식으로 세상 일에는 원래 간예할 위인이 못 됩니다。 원하노니 장군이나 혼자 해 보시오!』

그리고 나서 얼마 되지 않아 리모는 기찰에 걸리여 심문을 받게 되였다。 그때 그는 다음과 같이 진술하였다。

『장수와 부하의 관계는 아비와 아들 관계와 같은 것이다。 때문에 림 장군이 설사 내 집에 계신다고 하더라도 말하지 않을 터인데 더구나 그림자도 없는 데야 무엇을 말한단 말이냐?』

계미(癸未)년 二월에 림 경업은 고양군(高陽郡) 행주(幸州)에 가서 마포(麻浦) 뱃사람 리 소원(李小元)을 시키여 해미(海美) 상인들인 박 수원(朴守元), 차 재룡(車再龍), 리 성남(李成南)에게 다음과 같은 거짓 말로 속이였다。

『어떤 스님이 쌀을 평안도에 싣고 가서 팔려고 하는데 당신들이 그 쌀을 실어다 주면 선가는 꼭 많이 받게 하여 드릴 터이니 생각이 어떻소?』

상사치들이 모두들 그럴듯이 생각하였다。 그리하여 그들은 림 경업과 함께 배를 타고 떠나게 되였다。 그 배가 해주 연평도(延平島)에 도달하였을 때 림 경업은 별안간 중의 장삼을 벗어 던지고 칼로 뱃전을 쩡하고 치면서

『내가 누구냐 하면 림 병사란 말이야, 알았어?』하고 호통하였다。

모두들 정신을 잃고 절을 너부죽 하게 하고 말았다。

돛을 높이 달고 가도(椵島)를 경유하고 삼산도(三山島)를 거쳐 등주(登州)를 바라보고 달리였다。

그러나 림 경업은 뜻밖에 맹렬한 풍랑을 만나 해풍현(海豐縣) 해안으로 밀려 갔다。 그곳 사람들은 림 경업을 청 나라 사람인줄 알고 살해하려고 하였다。 림 경업이 그의 성명과 그 곳에 오게 된 연유를 써서 보였더니 해풍현 수령이 감옥에 가두어 두고 포정사(布政司—성의 행정 장관—역주)에게 보고하였다。

포정사는 그 말을 듣고

『아! 이 사람이 바로 명 나라를 위하여 공 유덕과 경 중명을 토벌하던 사람이 아닌가? 이 사람이야 말로 명 나라와의 친선의 의리를 알고 있는 사람이다。』

이렇게 말하고 그의 옥중 생활을 완화하게 하는 동시에 공급을 풍족하게 하여 주고 자기 나라 조정에 보고하였다。

그 당시 해군 총병 황 종예(黃宗裔)가 등주를 수비하고 있었는데 그가 조선에서 망명하여 온 장수가 해풍에

역류되여 있단 말을 듣고 관리를 파견하여 탐문하여 보았다。 그 결과 사실이란 것을 알고 즉시 옥문을 열고 림 경업을 영접하여 돌아 갔다。

그는 그날 밤으로 림 경업과 함께 청군을 공격할 의논을 하였다。 일방으로 명 나라 황제도 림 경업을 그대로 등주에 머물러 있으라고 하였다。

갑신(甲申)년 四월에 리 자성(李子成)이 명 나라 수도를 함락시키였다。 한 종예가 그 말을 듣고 중군 마 홍주(馬弘周)에게 부대를 대신 통솔하게 하고 자신은 리 자성에 대한 토벌을 원조하러 갔었다。 그후 얼마 되지 않아 산해관(山海關) 수비장 오 삼계(吳三桂)가 청군을 끌어 들여 리 자성을 공격하였다。 그 길로 청 나라 임금은 그만 북경에 들어 앉게 되였던 것이다。

그때 림 경업은 마 홍주 부대에 류하고 있었는데 그는 마 홍주가 청 나라에 항복할 의사가 있는 것을 알고 그 곳을 빠져 나가려 하였으나 기회를 얻지 못하였다。 때마침 남경에서 그 곳으로 온 장사 배가 있었다。 림 경업이 밤에 그 배를 타고 도망하려 하였으나 마 홍주가 그것을 알아 차리고 경계를 엄중히 하고 있었다。 게다가 종놈 독보(獨步)가 림 경업이 도망하려는 것을 고발한 까닭에 일은 실패로 돌아 가고 말았다。

정유(丁酉)년 四월에 배 다섯 채가 남경에서 왔다고 하면서 다음과 같은 말을 전하는 것이였다。

『적이 벌써 등주성에 가까이 왔으니 오래 지체하지 말고 중군장은 림 대장과 함께 타고 오시라 합니다。』

마 홍주는 즉시 량식을 배에 싣고 막 남쪽으로 떠나려 할 그때 불시에 기병 수백명이 해안을 따라 오는 것이였다。 마 홍주가 그것을 보고 배를 돌리여 해안에 대여놓고 쫓아 오는 청군을 맞아 들이였다。 청군은 선착수로 마 홍주와 기타 장수들의 머리부터 깎아 주고 그 다음에 림 경업의 머리를 깎기 위하여 그의 갓을 벗기려는 것이였다。 그러나 림 장군은 소리소리 호령하여 그들을 얼씬도 못하게 하였다。 그러나 림 경업은 결국 포박을 당하여 북경으로 가서 구금되고 말았다。 그가 수년 동안을 두고 구금되여 있으면서도 끝까지 그 지조를 굽히지 않았지만 청 나라 사람들이 그를 죽이지 않은 것은 오직 그들도 림 경업의 고결한 인격을 존경하지 않을 수 없었던 까닭이다。

청 나라 임금이 북경에 들어 앉은 이후로 전체 중국을 제압하여 남경(명 나라 남부 수도—역주)을 석권하고는 우리 나라에 그러한 사유를 통고하는 것이였다。 이리하여 우리 나라는 청 나라와 외교 관계를 맺게 되였고 따라서 병술(丙戌)년 三월에 외교 사절로서 백헌(白軒) 리 경석(李景奭)이 정사로 되고 잠곡(潛谷) 김 육(金堉) (백헌은 리 경석의 별호, 잠곡은 김 육의 별호—역주)이 부사로 되여 북경에 갔던 일이 있었다。 그때 그들은 림 경업을 돌려줄 것을 요청하였다。 그 나라 섭정왕(攝政王—임금을 대신하여 임금 노릇을 하는 사람—역주) 다이곤(多爾袞)의 승인을 얻어 림 경업을 데리고 본국으로 돌아 왔다。

림 경업은 비록 청 나라 사람들의 의복은 입지 않을 수 없었으나 머리는 끝까지 깎지 않고 있었다。 그가 임오(壬午)년에 망명 생활을 시작한 후 처음으로 평양을 결박된채 통과하였다。 그때 평양 사람들이 그 모양이 되여 오는 림 경업을 보고 눈물을 흘리지 않은 사람이 없었다。

당시 김 자점(金自點)이 정권을 좌우하면서 나라를 배반할 음모를 하고 있었다。 그리하여 그는 미리 조정에서 정의의 인사를 제거하여 버리려던 참이였다。 더구나 림 경업과 그와의 사이는 전날부터 감정이 좋지 않았였다。 김 자점은 三년전 갑신(甲申)년의 심 기원(沈器遠)의 무고 사건과 관련시켜 일을 허위로 꾸며 가지고는 림 경업에게 가혹한 고문을 가하게 하였다。

림 경업이 그때 이렇게 호령하였다。

『나라 일이 아직 해결되지 않고 있는 이때 나를 죽이고 만단 말이냐?』

그는 필경 옥중에서 죽고 말았다。 그가 죽는 날 산천 초목이 서리를 맞은 듯이 시들어 졌었다고 한다。 사람들은 충신이 원통하게 죽은 때문에 초목도 눈물을 흘리는 것이라고들 말하였다。

본래 림 장군이 타고 다니던 말은 하루에 반천리씩 달리는 말이였다。 그 말은 몇발씩 되는 개천을 뛰여 넘기도 하였다。 장군이 단신으로 망명하게 되면서 말재갈을 끌러 버리고

『아! 천리마가 지금 내게 무슨 소용이냐!』

이렇게 말하고 말을 해방시켜 주었다。

그 말은 목을 늘어뜨리고 눈물을 흘리였다고 한다。 그 후에 그 말은 사복시(司僕寺—옛날 궁중에서 어용거마를 관리하던 기관—역주)에 어용마로 들어 갔었다。 그리다가 림 장군이 원통하게 죽었을 때 말먹이는 사람이 그 말 앞에 가서

『너의 그전 주인은 돌아가시였다』

고 말하였더니 말은 먹던 것을 중지하고 한울을 쳐다 보고 몇번 울고 나서 쓰러져 버렸다고 한다。 그 말은 관운장(關雲長)의 적토마(赤兎馬)와 다를 것이 없었다 (관운장이 사용하던 말이 관우가 전사하였을 때에 순사하였다고 한다—역주)。 그런 이야기를 들은 사람들은 다들 슬퍼하였다고 한다。

그 당시 성주(星州)에 리 사룡(李士龍)이란 사람이 있었다。 인조(仁祖) 六년 무인(戊寅)년에 청 나라가 명 나라를 침공하려 하면서 우리 나라에 출병할 것을 강요하였다。

조정에서 부득이 리 사룡에게 군사를 주어 출동시키였다。 리 사룡이 금주위(錦州衛) 송산보(松山堡)에 도착하니 청군이 명 나라 장군 조 대수(祖大壽) 부대와 대진하고 있었다。

청 나라 사람들이 우리 군사가 전투 기술이 훌륭한 것을 알고 보루뒤에 우리 군사들을 엄폐하여 저편의 화살 같은 것을 막게 하고 포를 발사하게 하였다。 그리고 만일 잘 맞힌다면 상을 후하게 준다는 것이였다。

리 사룡이 그때 탄환을 재우지 않고 발사하였다。 청 나라 사람들은 그것을 알고 돌연히 리 사룡의 목에 칼을 걸었다。 그러나 리 사룡은 눈도 깜짝하지 않았다。 청 나라 사람들은 그를 특별히 용서한다고 하면서 다시 말하기를

『만일 또 이런 일이 있으면 꼭 죽을 줄 알아라。 그와 반대로 만일 맞히기만 한다면 상당한 상을 줄 것이다。』

리 사룡은 련속 세방의 헛총을 쏘았다。 청군은 노발대발하여 리 사룡을 난도질 하여 죽이였다。 명 나라 장수 조 대수가 그러한 정보를 듣고 큰 깃발에 『조선국 의사 리 사룡』(朝鮮國義士李士龍)이란 여덟글자를 커다랗게 써서 세웠다。 청 나라 사람들도 그를 죽이기는 하였지만 그의 인격을 존중하여 전투가 끝나는 데로 그

의 시체를 수습하여 고국으로 돌아가서 장사하게 하였던 것이다。

당시 청 나라 사람들이 조선에 대하여 출병을 강요한 것이 한 두번이 아니였다。무인년에 리 시영(李時英)、경진년에 림 경업、신사년에 류 림이 다 출병하였고 국내의 모든 좋은 포들은 청 나라가 우리의 우방에 대한 침략을 협조하는 데 동원되였다。

그러나 그때 훌륭한 사람들은 모두 탄환과 활촉을 뽑아 버리고 전투하였던 것이다。중국 사람들이 지금까지 조선의 의사들을 칭송하고 있는 것은 리유 없는 것이 아니다。

정 봉 수 전

정 봉수(鄭鳳壽)의 자는 상수(祥叟)라고 하였다。 그의 본은 하동(河東)이였다。 근세에 들어 와서 하동 정씨는 철산(鐵山) 지방의 대성으로 되였다。

그는 어릴 때부터 경서와 력사를 공부하였다。 그는 또한 담력이 절륜하였다。 그가 사는 마을에 커다란 구렁이 한 마리가 있었는데 그것은 사람을 보기만 하면 쫓아와서 물려고 하는 것이였다。 그래서 누구도 그 짐승 있는 데는 근처에도 가려고 하지 않았다。

어느 날 정 봉수가 동네 아이들과 의논하기를

『저 물건을 잡아 죽이여 사람들을 위하여 해독을 제거해야 한다。』

동리 아이들은 모두

『저것은 날 짐승같이 빨라서 어른들이라도 다들 도망치는 판인데 우리들 같은 아이들이 어떻게 한단 말이야。』

정 봉수가

『내 말대로만 하면 된다』

하고는 풀을 묶어 十여개의 움집을 세우는데 三면만 둘러 막고 한 편을 티워 두었다。 그리고 그 속에 아이들을 막대기 무장으로 매복시키였다。 그리고는 정 봉수 제 혼자 구렁이 있는 데로 가서 돌멩이를 던지였다。 구렁이는 과연 대가리를 추켜 들고 혓바닥을 날름거리면서 정 봉수에게 달려 드는 것이였다。 정 봉수는 옆으로 뛰여 움 있는 데로 달려 갔다。 움 속에 매복하여 있던 소년 부대가 차례로 출격하여 구렁이를 타도하였다。

그때 부터 정 봉수는 비범한 아이라고 소문이 났던 것이다。

그는 자라났다。 임진 사변을 당하여 공부하던 책을 덮어 두고 무과 과거를 보아 당선되였다。 그 후로 그는 누구보다도 오래 동안 왜적을 격멸하는 사업에 종사하였다。

선조(宣祖) 때 그를 호성원종훈(扈聖原從勳)이란 공훈으로 표창하고 부장(部將)으로 임명하고 사복시(司僕寺) 주부(主簿)를 맡게 하고 또 감찰(監察)을 경유하여 령산 현감(靈山縣監)으로 내려 보냈다。 그후 그는 벼슬을 사퇴하고 자기 집으로 돌아 가서 三十여년간을 두고 들어 앉아 있었다。

정묘(丁卯)년 정월에 강 홍립(姜弘立—기미년 료동 심하 전투에서 김 응하를 배반한 자로서 결국 청 나라에 투항하고 말았다—역주)이 한 윤(韓潤)、박 란영(朴蘭英) 등등과 함께 우리 나라에 침입하여 왔다。

그들의 불의의 습격을 당하여 의주 부윤 리 완(李莞)은 전사하고 린근의 모든 성들이 파멸 상태에 빠지고 말았다。 리 희건(李希健)은 평소에 제법 용장이라고 자처하던 자로서 당시 룡천 부사(龍川府使)로 있었다。 그러나 그는 룡골 산성(龍骨山城)에 들어 엎드렸다가 그 성조차 버리고 남쪽으로 탈주하였다。 그러나 그는 결국 적에게 잡혀 죽고 말았다。 미관첨사(彌串僉使) 장 사준(張士俊)은 룡골 산성에 의거하여 머리 깎고 적에게 항복하였다。 그 덕으로 그는 매일 고기 술에 파묻혀 있었다。

정 봉수는 그때 섬으로 들어 갔다가 적을 맞났었다。 그는 그 적을 즉시 쏘아 죽이고 그의 아우 정 린수(鄭麟壽)와 함께 그들의 친척 수십명을 데리고 룡골성으로 들어갔다。 룡천 장관 김 종민(金宗敏)이 정 봉수의 계책을 채용하여 몰래 장 사준을 처치하려고 하였다。 그러나 성사하기 전에 장 사준이 정 봉수의 계책을 눈치채고 적에게 급보하였다。 그리하여 적장이 글을 보내여 만일 장 사준을 죽이면 너희들을 몰살하고 말겠다고 위협하였다。 그러나 정 봉수는 그러한 위협은 들은 체도 하지 않고 장 사준을 처형할 준비를 갖추었다。 건장한 군사를 시키여 장 사준을 포박하여 형틀에 올려 놓고 그의 죄상을 준렬하게 선고하고 나서 목을 베여 죽이였다。 동시에 그의 도당 十여명도 처단하였다。 전체 군대가 모두들 통쾌하다고 생각하였다。

그 성안에 아직도 수천개의 무기가 있고 군량도 남아 있었다。 정 봉수가 군대들과 죽더래도 함께 죽을 것울 맹세하고 군대 사기를 앙양시키였다。

적은 대군을 집결하여 급격히 그 성을 공격하여 왔다。 정 봉수가 갑옷을 입고 성 우에 올라 가서 선두에서 싸웠다。 이에 고무되여 사람들이 모두 전력을 다하여 항전하였다。 화살、돌맹이、대포할 것 없이 우박 쏟아지듯 하였다。 싸움은 하루 종일 계속되였다。 적군이 다섯 번이나 다가 들었으나 다섯 번 다 쫓겨 갔다。 살상 포로도 무수하고 적에게 포로되였던 백성 수천명을 탈환하였다。

그 당시 룡천、의주 등지 사람들로서 적의 앞잡이로 된 자들이 의주에 모여 있으면서 자칭『소 부대』(牛軍)라고 하면서 인민을 략탈하고 행악하는 품이 적군보다 더 심한 정도였다。

정 봉수가 상을 많이 주고 사람을 모집하여 그 배반자들을 여러 가지 방법으로써 설복시키였다。 그 결과로 옳은 길로 들아 선 자가 천여명에 달하였다。

이리하여 정 봉수의 명성이 전국에 알려지게 되고 따라서 국왕도 그 말을 듣고 글을 보내여 찬양하고 가선 대부(嘉善大夫)로 뛰여 승진시키였다。 그리고 룡천 부사에、조방장(助防將)을 겸하게 하였다。 그후 얼마 되지 않아 방어사에、의주 부윤까지 겸임시키였다。 그리고 의복과 자금도 보내 주었다。

당시에 모 문룡(毛文龍)이 가도(椵島)에 주둔하고 있었다。 정 봉수가 승리하였기 때문에 모 문룡 자신도 안전을 보장할수 있었다。 이리하여 명 나라에서도 정 봉수를 도사(都事)로 임명하고 금과 비단도 보내 주었다。

그해 六월에 적군이 룡골 산성에서 퇴각하고 나서 처음으로 정 봉수는 안주(安州)로 나왔다。 그해 겨울에는 구성 부사(龜城府使)로 옮겨 가게 되고 국왕이 자신의 의복과 방한구를 보내 주었다。

조금 뒤에 그는 개천(价川) 군수로 옮겨 갔다가 만기가 되고 나서 오위장(五衛將)으로 임명되고 국왕이 친히 만나 보고 술을 권하였다。

경오(庚午)년에는 부총관으로서 전라 수사(全羅水使)로 되였다가 신미(辛未)년에 경상 병사로 옮겨 갔다。 가선 대부에 올라갔다。

섬 안에는 공 유덕과 경 중명의 잔당이 장난하고 있으므로 비국(備局)에서 요청하여 정 봉수를 청북 방어사

(淸北防禦使)로 임명하였다。 그는 해군을 인솔하고 가서 그 잔당들을 평정하였다。

갑술(甲戌)년에 정 봉수는 전라 병사로 되였다。 그는 성을 전방、후방으로 분담하여 수비하고 있으면서 전력을 다하여 무기를 준비하였다。

국왕은 정 봉수에게 어용마를 보내여 주고 동중추부사(同中樞府事)에 부총관(副摠官)에 훈련 도정(訓鍊都正)으로 임명하였다。 그는 본래 병에 잘 걸리였으므로 어의를 보내여 자주 진찰하게 하였다。 그는 은퇴하여 자산(慈山) 타향에 우거하고 있었다。

병자년 겨울에 그는 자모성(慈母城)에 들어 가서 서문을 수비하는 지휘관으로 되여 있었다。 그는 성의 동서 량 문을 시찰하고 나서

『이 성은 능히 싸우기에 적당한 곳입니다。 동부 지방과 서부 지방의 통로 중간에 위치하여 있기 때문에 기습 작전으로 적을 친다면 승리할 수 있습니다。 그런데도 불구하고 한 달 동안을 두고 문을 닫고 들어 앉았으니 어떻게 할 작정인지 알 수 없는 일입니다。 정예한 군사 수천명만 주시기를 바랍니다。 순안(順安) 지경 요지에 매복하고 있으면서 적을 습격하거나 적을 유인한다면 완전히 승리할 수 있습니다。』

이렇게 요청하고 일방으로 성의 서문으로부터 순안에 이르는 통로에 눈을 치우고 길을 닦아 적을 유인할 계책을 여러번 요청하였으나 수문장은 결국 그 계책을 채용하지 않고 말았다。

그후 수년 지내여 정 봉수는 자산에서 사망하였다。 부고를 듣고 국왕이 무척 슬퍼하였다。 사람을 보내여 제사지내고 철산 고향으로 반장하게 하였다。

숙종(肅宗—리조 一九대 왕—역주)때인 정해(丁亥)년에 평안도 관찰사가 정 봉수의 충성을 조정에 보고하여 정려(旌閭—무드러진 행적이 있는 사람을 기념하기 위하여 세운 집—역주)를 세우게 하고 병조 판서(兵曹判書)를 증직하고 양무공(襄武公)이란 시호를 주었다。

양무공이 사망한 지는 벌써 백 수십년을 경과하였다。 그러나 그의 무장과 깃발은 펄렁거리거나 썻기기만 하면 청명한 날에도 날카로운 바람이 일어난다고 한다。

류 형 전

통제사(統制使) 류 형(柳珩)은 류 림(柳琳)의 종형이였다。 사람된 폼이 괴걸하였다。 어릴 때부터 자유 분방하여 구애되는 일이 없었다。 여러 소년들과 놀 때에 모두들 류 형에게 절대 복종하였다。 그는 항상 말 달리기、칼 쓰기를 일로 하고 생산 사업에는 거들떠 보지도 않았다。 언제나 활달하고 강직하였다。

그러다가 그는 돌연 과거의 행동을 일변하여 열성을 다하여 공부하고 호탕한 습성을 일변하여 독실한 군자로 되였다。

그러나 그는 혼자서 개탄하기를

『대장부란 본래 온갖 것을 다 알아 둘 필요가 있는 것이다。 글구에만 밤낮으로 매달려 있을 필요야 있는가?!』

그때부터 그는 아침에는 나가서 사격 련습을 하고 저녁 때에는 들어와서 글을 읽군 하였다。 그는 항상 놀랠만한 공훈을 세웠거나 위대한 절개를 지닌 사람들을 흠모하고 조국을 위하여 격앙하는 감정을 억제하지 못하였다。 이리하여 그는 항상 울안에 들어 있는 호랑이 같은 심사를 간직하고 있었다。

임진 사변 당시에 창의사 김 천일(金千鎰)이 군사를 모집하여 강도(江都)에 주둔하고 있을 때 류 형은 결연히 그를 따라섰다。

그 뒤에 류 형은 정부가 후퇴하여 있는 의주로 가서 선전관으로 임명되였다。 그리고 잡오년 무관 과거에 당선되였다。 국왕 선조(宣祖)가 무신들이 사격하는 것을 사열하는데 류 형의 모습이 특출한데 주의를 돌리게 되였다。 더구나 그가 백발 백중하는 것을 보고 국왕이 그를 불러 그의 조선(祖先)들의 이름을 물어 보고 이렇게 다일러 주었다(류 형은 중종 당시 명신 류 진동(柳辰仝)의 후손이라는 것은 다음 류 림전에 나와 있다—역주)。

『국가 사업에 전력을 다하여 너의 조선의 영예를 훼손시키지 말아야 할 것이다。』

그리고 국왕은 그에게 특별히 말한 마리까지 주어 격려하였다。 류 형은 감격하여 마지 않았다。 그의 등에다 『진충 보국』(盡忠報國)이란 네 글자를 새겨 그의 결심을 굳게 하였다。

그는 중앙으로부터 해남(海南) 현감으로 나갔다。 한음(漢陰) 리 덕형(李德馨)은 류 형이 현감으로 나간데 대하여

『그 사람은 정치에나 군사에나 다 유능한 인재이다。 그는 군사 방면으로는 절도사를 맡겨 주어도 훌륭히 해낼 수 있을 터인데 현감 같은 작은 일을 맡긴다는 것은 잘 된 일이 아니다』라고 말하였던 것이다。

한산도(閑山島)에서 우리 해군이 붕괴되고 원 균(元均)이 전사하였다。 류 형이 그 말을 듣고 통곡하면서

『우리는 해군을 상실하면 남부 조선의 근거지인 호남、호서 지방을 확보하기 곤난할 것이고 만일 호남、호서를 상실하게 되면 조국의 운명은 위태하게 될 것이다。 우리가 조국을 위하여 생명을 바칠 때가 왔다。』 이렇게 말하고 사람들 앞에서 피를 뿌리며 맹세하고 각 고을 인민에 호소하여 의병을 모집하고 통제사 리공(충무공 리 순신 장군—역주)을 따라 해군을 다시 수습하여 해상을 경비하고 있었다。 충무공은 류 형에게 군사상 중요한 일과 작전 계획에 참여시키였다。 군대의 위신은 다시 제고되여 갔다。

명 나라 도독 진 린(陳璘)이 언제인가 류 형과 함께 왜적을 추격하여 항구안으로 들어 갔던 일이 있었다。 그때 한참 전투가 격렬하게 진행되는 통에 조수의 물러 가는 시각을 넘기고 말았다。 그래서 명 나라 큰 합선 三척이 명바닥에 주저 앉아 버리였다。 그것을 발견한 왜적들은 그 합선들에 대하여 화공(火攻)을 개시하는 것이였다。 통제사와 제독이 미처 생각지 못하고 있을 때 류 형이 여러 선박들에게 명령하여 주저 앉은 배들을 다른 배들에 련결시켜 전력을 다하여 끗게 하였다。 이리하여 배 세척을 온전하게 구출할 수 있었다。 전체 군대가 류 형의 지혜에 탄복하였다。

언제인가 순천(順天)에 있는 적들이 사천(泗川)에 있는 적들과 불을 들어 신호하면서 서로 호응하는 것을

보았다。 류 형은 이렇게 말하였다。

『량처의 왜적들이 협력하여 우리 군대를 공격하려는 것이다。 그것은 놈들이 탈출하려는 계책이란 것이 분명하다。 사천에 있는 적을 습격하여 놈들의 퇴로를 차단해야 한다。』

이리하여 류 형은 함성을 올리면서 적군에 돌진하여 하루 종일 력전 고투하였다。 그는 적탄 여섯개를 맞았는데 세개는 그의 투구를、두개는 바지를 뚫고 나가고、한개는 그의 바른편 옆구리를 뚫었다。 그러나 그는 조금도 의기를 상실하지 않고 똑바로 서서 적을 쏘고 있는 것이였다。 흐르는 피가 어리여 주먹 같은 핏 덩어리가 몸에 붙어 있었다。

그는 그제야 천막 안에 들어 가서 한동안 지내고 나서 비로소 다시 의식이 회복되였다。 그는 깨여 나면서 제일 먼저 묻는 말이

『대장께서 어디 계시는가?』(여기에서 말한 대장은 리 충무공을 가리키는 것이며 당시 전투는 충무공의 최후의 전투였던 것이다—역주)

『적탄을 맞고 돌아가시였다』는 말을 듣고 류 형은 한 없이 통곡하였다。 그는 잇발을 악물고 왜적들을 족치였다。 왜적들의 시체가 바다를 덮을 지경이였다。 그때 살아 도망간 놈이라고는 도무지 몇놈되지 않았다。

만주인들이 침략을 기도할 때에 류 형은 또 회령에서 그들을 방어하고 있었다。 당시 그는 회령 부사로 있다가 북병사로 승진되였다。 평안도 지방에는 또 만주 침략자들의 두목이 귀찮게 하므로 류 형을 평안 병사로 옮기였다。 그리고 또 황주(黃州)에 성을 쌓는 문제가 대두되였을 때 그는 다시 황해 병사로 전임되였다。

류 형은 항상 적의 정형을 타산하여 작전을 계획하고 교묘한 전술로써 적을 제압하군 하였다。 그렇기 때문에 『왜적을 방어하는 데는 함선이 중요하고 만주 적을 막기 위하여는 산성(山城)이 필요하다』는 것을 그가 항상 주장하고 있는 것은 임진 사변과 정축 사변에서 얻은 체험에서 나온 결론이다。

류 형은 역시 일대의 명장이라는 것은 두말할 것도 없다。

류 림 전

류 림(柳琳)은 자를 여온(汝溫)이라고 하였다。 진주 사람이였다。 중종(리조 一一대 왕—역주) 당시 유명한 재상 류 진동(柳辰仝)의 후손이였다。

그는 고아로 자라났다。 임진 조국 전쟁 때 그의 형마저 전사하였다。 열두살 난 그는 형의 시체를 모시고 고향으로 돌아 가서 장사지내고 그의 종형인 류 형(柳珩)에게 의탁하였다。

류 림은 울분한 심정을 억제하지 못하여 서당에서 뛰여 나와 군사 방면으로 진출하였다。 그는 키는 작으나 애국심이 강렬하고 지략이 풍부하였다。 항상 옛날 명장들의 위훈과 절개에 관한 글을 읽으면 그만 격앙하는 감정을 이기지 못하는 것이였다。

문충공 리 항복(李恒福)이 그를 첫번 만났을 때 즉시 알아 보고 조정에 추천하였다。 류 림은 十년이 못가서 세번이나 등용되여 황해 병사로 나갔다。 그는 황해도에서 자기 종형 류 형이 착수한 성쌓는 일을 계승하였다。 인조(仁祖—리조 一六대 왕—역주)가 국가 규률을 강화하는데 따라서 중앙과 지방 관리들이 대부분 파면되였다。 그러나 류 림만은 청렴 결백한 까닭에 처벌을 면할 수 있었다。 그때부터 조정에서 그의 재능과 식견을 무척 소중히 여겼던 것이다。

갑자(甲子)년에 남한 산성을 수축할 때에 그는 남양 부사(南陽府使)로 있다가 또 광주 목사(廣州牧使)로 옮겨 가서 성을 쌓고 못을 파고 건물을 세워 방어 시설을 튼튼하게 하였다。

정묘(丁卯)년에 리 인거(李仁居)가 횡성(橫城)에서 반란을 일으키였다。 오 숙(吳䎘)이 강원도 관찰사로 되여 서울 군대를 인솔하고 그를 로별할 때 류 림이 중군의 지휘관으로 되여 출전하였다. 그러나 그때 적을 만나기 전에 리 인거는 생포되여 버리고 말았다.

경자(庚子)년에 가도(椵島) 류 흥치(劉興治―명 나라 사람으로 반란을 일오키여 청 나라에 투항한 자―역주)가 도독 진 계성(陳繼盛)을 살해하고 계속 우리 나라를 침범하려는 것이였다. 완풍군(完豐君) 리 서(李曙)가 상장으로 되여 숙천(肅川)에 주둔하여 있고 류 림은 전라 우수사에 호남, 호서 지방의 도 방어 사도 겸하여 해군을 인솔하고 삼화(三和)에 당도하였다.

청 나라에서는 장수 영아이대(英俄爾岱)를 조선에 파견하였다. 그러나 평안도 병사는 비겁하여 그와 상대를 하지 못하였다. 류 림이 그를 대신하여 평안 병사로 되고 그리고 순변사(巡邊使)까지 겸하였다. 청 나라 장수가 류 림을 처음 만나 보고 방약 무인한 태도로 공갈 위협을 제멋대로 하다가 나중에는 칼을 빼여 자리를 치기까지 하였다. 그러나 류 림은 그 꼴을 보고도 눈섭 한개도 까딱하지 않고 말하는 품이라든지 기백이 조금도 꺾이지 않았다. 그것을 보고 청 나라 장수가 하는 말이

『내가 당신을 시험해 보았소』 하고는 돌아가고 말았다.

계유(癸酉)년에는 류 림이 녕변 부사(寧邊府使)로 되였다. 그는 사변이 일어날 것을 예견하고 약산 동대(藥山東臺)에 성을 쌓고 군량과 무기를 준비하여 두었다. 과연 병자년 사변이 일어 났을 때 녕변 시민은 완전히 화를 면할 수 있었다.

갑술(甲戌)년에 류 림은 다시 평안도 병사로 되였다.

二년 후인 병자년에 만주 사람들은 청(淸)이라는 국호를 정하는 동시에 우리 나라에 사신을 보내여 왔다. 그러나 우리 나라에서는 그 사신을 추방하여 버리고 말았던 것이다. 그리고는 걱정이 되여서 류 림을 부원수로 하고 평안도 병사는 본래 대로 돌려 주었다.

그때는 정묘(丁卯)년 사변(인조 四년에 만주인이 제一차로 대거 침입하던 사변―역주)을 겪은지 얼마되지 않은 때라 인심이 아직 안정되여 있지 않았던 것이다.

류 림은 장병들을 독려하고 공격 무기와 수비 무기를 수리하고 새로 대포를 제조하고 성첩을 더 높게 쌓올리고 성 주위의 못을 더 깊게 파두고 전투 훈련을 강화하고 군사들을 잘 먹이였다。 그리고 공을 세운 군사들에게는 은이라든지 비단 등속으로 표창하였다。 군사들은 안정되여 루지를 다지고 있었다。

그해 겨울 十二월에 청 나라 군사가 압록강의 얼음을 타고 건너 왔다。 그들의 선봉대인 기병 五백명은 바로 서울로 달려가면서 안주를 번개같이 지나갔다。

류 림이 그 선봉 부대 뒤에는 반드시 대군이 들이 닥치리라고 예상하고 성안의 울타리란 울타리를 전부 철회하여 그것으로 멍석을 만들어 성을 둘러 싸고 거기에 물을 뿌려 얼어 붙게 하였다。 그것은 흡사히 겹성 같이 보였다。 그리고는 군대와 시민들에게 명령이 있을 때까지 움직이지 말고 있으라고 일러 두었다。

二、三일 지난 뒤에 과연 청 나라 임금(청 태종—역주)이 청천강 가에 와서 진을 치고 있으면서 커다란 락타를 타고 안주성을 바라 보았다。 성첩은 훨씬 높고 웅장하며 적연히 사람 소리를 들을 수 없었다。 청 태종이 그의 부하들을 보고 이런 말을 하였다。

『우리 대군이 바로 성 밑에 박근하였는데도 저렇게 돈담 무심하고 있을 때는 필시 까닭이 있는 일이다。 저 성을 공격해서는 안 된다。』

그들은 그만 군사를 거두어 남쪽으로 행군하여 가고 말았다。

류 림이 녕변 부사 리 준(李浚)에게 격문을 보내여 자신의 일을 위임하는 동시에 결코 경솔하게 행동하지 말것을 당부하고、일방으로 장사를 선발하여 청 나라 대군이 남쪽으로 내려 간다는 사실을 후퇴하여 있는 정부에 보고하고 자신은 五十여명만을 데리고 순찰사 홍 명구(洪命耈)와 자산(慈山)서 련합하여 동편 도로를 경유하여 금화(金化)로 진출하였다。

그때 청군은 강화(江華—당시 조정의 일부와 왕실 및 고관의 가족들이 강화에 후퇴하여 있었다—역주)를 함락시키고 수만의 기병으로 몰연 홍 명구 전선에 나타났다。 홍 명구는 산록에 진을 치고 대기하고 있었다。 그때 류 림이

『적은 다수이고 우리는 소수이니 고지를 점령하여 저항해야 하겠습니다』하고 권고하였으나 홍 명구가 그 말을 듣지 않았다。

류 림은 자기 부대만을 인솔하고 산 곡대기에 진을 치고 잣 나무 숲에 의지하여 울타리를 둘러 막고 대기하였다。

청군은 먼저 바른편 진지를 침범하게 되였다。 홍 명구는 전력을 다하여 싸우다가 결국 전사하고 말았다。 적은 승리한 여세를 몰아 류 림의 진지로 육박하여 왔다。 그러나 류 림은 적을 격퇴하였다。

홍 명구의 패잔병이 류 림의 진중으로 쏟아져 들어 오는 통에 질서가 다소 혼란하게 되였다。 그러므로 류 림이 단연 그들을 거절하여 진중에 들어 오지 못하게 하였다。

그 산은 원래 준험한 데다가 잣나무 밀림이 햇빛도 안들어 올만큼 우거져 있었다。 군마들과 적들이 도저히 발 붙일 곳이 없고 활을 쏘아도 사람을 맞칠 수가 없었다。

그러나 우리 군대는 나무 름에 총구만 내놓고 쏘면 한 방에 몇 놈씩 거꾸러지는 것이였다。

적이 다소 퇴각하였을 때 류 림이 명령을 내리였다。

『화살도 돌멩이도 넉넉치 않으니 절대로 랑비해서는 안 된다。』

적이 이번에는 바로 十여보 밖에 접근하여 우리 깃발을 발견하고 다가들게 되였다。 그때 류 림이 명령하여 군복 소매들을 찢어서 그것으로 눈을 담아 총신을 싸 가지고 발사하게 하였다。 그렇게 한 때문에 총을 계속 사용하였으나 총신이 상하지 않았다。

적은 군사를 나누어서 거듭 진격하였으나 그때마다 섬멸당하군 하였다。 그날 해질 무렵에는 적이 전체 력량을 총동원하여 공격하여 왔다。 그때 흰말 탄 놈이 전투를 지휘하고 있었다。 류 림이 저격수들에게 지시하여 일제 사격으로 그 놈을 넘어뜨리였다。 날이 아주 저물게 되여서야 적이 물러 갔다。

하루 종일 고전을 계속한 끝이라 군사들이 극도로 피로하였다。 그때 류 림이 군사들에게 지시하여 개선의 노래를 합창시켜 사기를 고무하였다。

군사들의 원기가 어느 정도 회복되였을 때 류 림이 그들에게 말하였다。

『탄환이나 화살이 다 되여 여기서는 더 싸울 수 없다。 그러므로 우리는 이곳에서 손해 없이 철수하여 사이 길로 남한 산성으로 진출해야 한다。』 (당시 조선 국왕과 중앙 기관들이 남한 산성에 후퇴하여 있었고 적은 그 곳을 포위하고 있을 때였다—역주)

이렇게 말하고 고장 난 총들을 끌어 모아 수 많은 나무들에 한개씩 잡아 매였다。 그리고는 그 총들에다 화약을 재고 화승(火繩—불 심지로써 당시의 총 포에는 이 화승으로 화약을 폭발시켜 발사하였던 것이다—역주)에 불을 붙이여 화약에 끼여 두었다。 그런데 화승들은 전부 긴 놈、 짧은 놈、 더 긴 놈、 더 짧은 놈 등 가지각색으로 만들어 발사될 때에 련속적으로 장 시간 폭발되도록 하였던 것이다。 이와 같은 준비가 다 끝나고 나서 류 림은 전군을 이끌고 감쪽같이 철수하고 말았다。 총 소리가 밤새도록 련속적으로 계속되였기 때문에 적군이 그 근처에 얼씬도 못하였다는 것은 물론이였다。 그 이튿날 아침 총소리가 끊어지고 나서야 적들이 그 곳에 결사적으로 돌입하였을 때는 이미 빈 산에 불과하였다。 적이 대경 실색하였으나 때는 이미 늦었다。

당시 홍 명구가 전사한 것은 류 림이 그를 구출하지 않았기 때문이라고 해서 류 림을 비난하는 사람들도 있었다。 그러나 그 뒤에 문정공(文正公) 송 시렬(宋時烈)과 문렬공(文烈公) 박 태보(朴泰輔) (문정공、 문렬공은 송 시렬과 박 태보의 시호—역주)가 류 림과 홍 명구의 전쟁터를 직접 시찰하고 류 림의 진지 형편을 세밀하게 기록하여 보고한 결과 류 림에 대한 부당한 비난이 시정되였다。

류 림이 금화 전투를 끝마치고 춘천으로 해서 서쪽으로 진군하였을 때는 정전이 성립되고 남한 산성의 포위도 해제되였을 때였다。

조정의 명령에 의하여 류 림은 군사를 인솔하고 안주로 돌아 왔다。 당시 청군은 안주 지경에 주둔하고 있었다。 청장 다이곤(多爾袞)이 류 림의 지략과 용감성에 대한 명성을 듣고 안주 성안에 들어 와서 그와 만나 보게 되였다。 다이곤은 만족해 하면서 좋은 말 두 마리를 선사하고 돌아 갔다。

류 림은 다이곤에 대한 답례차로 그를 방문하게 되였다。 그는 일부러 날이 어둔 뒤에 출발하면서 그를 따라、

가는 군사들에게 각각 전립(氈笠) 한개씩을 품안에 넣어 가지고 가게 하였다。 그리면서 그는

『내가 다이곤과 함께 술을 먹게 될 터인데 그때 그를 호위하는 자들에게도 술을 실컷 권할 것이다。 그때서 그들이 잔뜩 취하고 난 뒤에 너희들은 포로되여 있는 우리 사람들에게 전립을 씌워 가지고 함께 돌아 와야 한다。』

그와 같은 계책은 적중하여 포로되였던 사람 수백명을 데리고 돌아 올 수 있었다。 청장이 술을 깨여 그러한 사실을 알고 대단히 놀래였으나 감히 어찌하지 못하고 말았다。

청 나라가 가도(椵島)를 공략하려 하면서 우리 나라에 특히 류 림을 지휘관으로 하는 원군을 요청하였다。 류 림이 청군의 진영으로 가서 그의 지휘관에 대하여 하는 말이

『우리 나라 법에는 전쟁을 하여 만일 승리한다면 승리한 부대중에서 가장 탁월한 전공을 세운 자에게 일체 포로와 보물을 주어야 하는 것으로 되여 있습니다。 내가 비록 병들어 있지마는 선봉으로 되여 출전하여 그 섬을 점령하기는 문제가 되지 않습니다。』

청장이 눈이 둥글해 가지고 한참 동안 바라 보더니

『당신의 병을 보아하니 바다를 건너 진공하기는 곤난할 것 같습니다。 당신은 그만 두고 림 경업(林慶業)으로 대신하도록 하겠습니다。』(림 경업이 가도 전투에서 어떻게 하였는가 하는 데 대하여서는 본서 림 경업전에 나와 있다—역주)

이리하여 류 림은 그러한 침략전에 참가하지 않을 수 있었던 것이다。

명 나라 조정에서 류 림에 관한 말을 듣고 그에게 총병관(摠兵官)이란 칭호를 주어 찬양하였다。

경 중명(耿仲明—자기 조국 명 나라를 배반하고 청 나라에 투항한 자—역주)이 곽산(郭山)을 지나갈 때 그에게 포로된 우리 사람들이 극도로 피로하고 쇠약하여 도중에서 넘어지는 사람이 속출하였다。

류 림이 경 중명에게 말하기를

『저 다 죽어가는 사람들을 데리고 가서 무엇에 쓰겠소。 오직 그들을 죽이는 것 뿐이라고 생각하오。 그

보다는 차라리 내가 그 포로들을 전부 매수하겠으니 당신 생각이 어떻소。』

경 중명은 그 편이 오히려 리익이라고 생각하고 그렇게 처리하게 되였던 것이다。 그러한 방법으로 반환한 포로가 五백여명에 달하였다。 청군은 가도 정벌을 끝내고 나서 그 곳에서 략탈한 보물들을 우리 나라 장병들에게 나누어 주는 것이였다。 류 림은 그것을 받지 않고 전부 포로와 교환하고 말았다。

그해에 청 나라에서는 류 림과 림 경업에게 청 나라로 들어 오라고 하였다。 류 림이 하는 말이

『지금 우리들을 오라고 하는 것은 가도 정벌 당시에 전공이 있다고 해서 상을 주려는 것이다。 림 경업은 갈는지 모르나 나는 가지 않기로 결심하였다。』

이리하여 끝끝내 사절하고 말았다。 청 나라에서는 단단히 화를 내여 우리 조정에 대하여 류 림을 처벌할 것을 요청하였다。 조정에서는 부득이 류 림을 의주 백마산성(白馬山城)에 머물게 하여 두었다가 그 이듬해에 석방하여 다시 평안 병사로 복직시키였다。 이리하여 류 림이 평안 병사로 된 것이 이번까지 네번째였다。

경진(庚辰)년에 조정에서 중 독보(獨步)를 선발하여 해로로 명 나라에 파견한 일이 있었다。 그후 얼마 안되여 그 사건이 발각되였다(이에 대하여 자세한 것은 림 경업 전에 나와 있다—역주)。 청장이 의주에 진주하여 조선 조정의 대신들에 대하여 책임을 추궁하면서 류 림을 김 상헌(金尙憲)、최 명길(崔鳴吉)과 함께 붙잡아 가겠다는 것이였다。 당시에 류 림이 통영(統營)에 있다가 그 말을 듣고 의주로 갔었다。 그가 의주에 도착하자마자 문제는 해결되였던 것이다。

신사(辛巳)년에 류 림은 서추(西樞)로서 비국(備局)의 당상관(堂上官)을 겸하고 기밀(機密—군사상 중요 회의—역주)에 참여하였다。

청 나라 사람들이 다시 금주(錦州)를 공격하면서 또 우리 조정에 청병을 하는 동시에 꼭 류 림을 지휘관으로 하여 보내라는 것이였다。 그리고 조정에서도 류 림을 기어이 가라고 하였다。

류 림이 종군하여 병이 심하다고 하면서 전투에는 참가하지 않고 탄환과 활촉없는 사격을 하도록 비밀히 일러 두었다。 그 일이 탄로되여 죽은 사람도 있었으나 류 림은 죄를 면하였다。

그보다 먼저 금주에 있는 명 나라 군대는 금주성을 고수하고 있었기 때문에 청군이 여러번 패배하게 되였다。 그래서 청 태종 자신이 금주 침공 부대를 구원하려고 출동하면서 당시 심양에 가 있던 조선 세자(世子)와 기타 왕자를 위협하여 금주로 동행하였다。 청 나라 사람들이 행군을 심히 독촉하는 바람에 세자 일행이 극도로 피로하였을 뿐만 아니라 밤길、새벽길을 걸어 산을 넘고 물을 건느지 않으면 안 되였다。 그때 류 림이 성동(城東) 근처에 주둔하고 있으면서 건장한 말을 선발해 보내여 세자 일행을 원조하여 주었다。

그 전에 류 림이 금화에서 전투할 때 적장 중에서 탄환을 맞아 죽은 자가 청 태종의 바로 매부였던 것이다。 그래서 청 태종의 누이 동생이 류 림이 왔을 때 복수하여 줄 것을 청 태종에게 울며 불며 호소하였으나 청 태종이 그 말을 듣지 않고

『신하에게는 누구나 다 그 자신의 임금이 있는 것이다』라고 말하고 류 림을 돌려 보내였다。 그가 귀국하였을 때 국왕이 그를 위로하고 지중추(知中樞)로 승진시키고 계속 총융사(總戎使)로 임명하였다。 류 림이 사망하고 나서는 좌의정(左議政)을 증직하고 충장공(忠壯公)이란 시호를 주었다。

＝해동 명장전＝

1956년 5월 26일 인쇄회부 1956년 7월 18일 발행

저 자 홍 량 호

역 자 강 병 도

편 집 자 김 현 봉

발 행 소 국 립 출 판 사

인 쇄 소 문화 선전성 중앙 인쇄 공장

ㄱ—30056 (값 83 원) 발행부수 20,000부

海外우리語文學硏究叢書 81

해동명장전

1996년 1월 10일 인쇄
1996년 1월 20일 발행

저자 홍 량 호
발행 국립출판사
영인 **한국문화사**
133-112 서울시 성동구 성수1가 2동 13-156
전화 464-7708, 499-0846
팩스 499-0846
등록 제2-1276호

값10,000원

ISBN 89-7735-210-×